**Droemer
Knaur®**

Freundschaften

Gewinnausschüttung

»Sozialhilfe«

Grundstücksgeschäfte

Olympiarausch

Imagepflege

Staatsfunk

Medienkartell

Sportförderung

Spekulanten

MATHEW D. ROSE

BERLIN

HAUPTSTADT VON FILZ
UND KORRUPTION

DROEMER KNAUR

Die Deutsche Bibliothek – CIP-Einheitsaufnahme

Rose, Mathew D.:

Berlin : Hauptstadt von Filz und Korruption / Mathew D. Rose. –
München : Droemer Knaur, 1997
   ISBN 3-426-26930-9

Die Folie des Schutzumschlages sowie die Einschweißfolie sind PE-Folien und biologisch abbaubar.
Dieses Buch wurde auf chlor- und säurefreiem Papier gedruckt.

Umschlaggestaltung: Agentur ZERO, München
Umschlagabbildungen: Norbert Dallinger, Puchheim; actionpress, Hamburg
Texterfassung: Brigitte Apel, Laatzen
Umbruch: im Verlag, Ventura 4.2
Gesamtherstellung: Franz Spiegel Buch GmbH, Ulm
Printed in Germany
ISBN 3-426-26930-9

5 4 3 2 1

INHALT

Vorwort

Während einer der langen Fahrten von einem Drehort zum nächsten für unsere Fernsehreportage über den 1. FC Union erzählte ich meinem Kollegen Christian Booß (ORB-Magazin »Klartext«) über mein Vorhaben, dieses Buch zu schreiben. Er hörte sich alles in Ruhe an und meinte darauf: »Wahrscheinlich kann nur ein Ausländer ein solches Buch schreiben. Es gibt politische Klüngel, die sind uns so selbstverständlich, daß wir gar nicht mehr die Strukturen dahinter wahrnehmen. So regen wir uns nicht darüber auf.«

In der Tat. Nach Jahrzehnten von CDU- und SPD-Filz haben sich die Berliner an diese Zustände gewöhnt. Ein Skandal jagt den nächsten, und niemand ist mehr überrascht. Im Gegenteil. Die Wähler gehen immer wieder brav zur Wahl und geben ihre Stimme für eine der beiden großen Volksparteien ab – zumindest die, die überhaupt noch wählen gehen. Bei den Berliner Abgeordnetenhauswahlen von 1990 gab es eine Wahlbeteiligung von 80,8 Prozent. 1995 waren es nur noch 68,6 Prozent, wobei die Stimmen für die Oppositionsparteien stark zugenommen hatten.[1] Hätten CDU und SPD den Berlinern vor der letzten Wahl die tatsächlichen wirtschaftlichen Eckdaten der Stadt – nämlich ihre Herunterwirtschaftung – bekanntgegeben, wäre die Wahlbeteiligung wahrscheinlich noch dramatischer gesunken.

Daß die meisten Menschen in dieser Stadt mit der gegenwärtigen Regierung unzufrieden sind, ist ein offenes Geheimnis. Trotzdem war die Recherche außerordentlich schwierig. Ich stieß immer wieder auf eine Mischung aus Zurückhaltung, Vorsicht und sogar Angst. Für dieses Buch habe ich weit über dreihundert Gespräche mit verschiedenen Personen geführt – mit Menschen aus allen Parteien, der Wirtschaft, aus Oppositionsgruppen, Sport und Vereinen usw. Die meisten äußerten sich zunächst sehr offen und kritisch über die politische Lage dieser Stadt. Als jedoch der Moment kam, in dem ich die Frage stellte: »Darf ich das zitieren?«, verwandelten sich bei vielen meiner Gesprächspartner ihre vorherigen Bekenntnisse zu Zivilcourage, kritischen Prinzipien und demokratischen Werten in kleine Schweißperlen auf der Stirn. Mir wurde sogleich klar, daß es hier keine Möglichkeit des Zitierens geben würde. Die Angst vor sozialem Ausschluß, vor Verlust von Amt, Arbeitsstelle oder Aufträgen ist groß – und vor allem gerechtfertigt. Wer gegen die politisch Herrschenden in Berlin aufmüpfig wird, muß bereit sein, dafür einen Preis zu zahlen. In einer Atmosphäre, wo Zensur so verinnerlicht ist, braucht man keine Stasi, die existiert schon in den Köpfen der Menschen.

Daß die Berliner nicht mehr an eine Gerechtigkeit seitens des Staates glauben, ist kein Wunder. Im Laufe der Recherche ist mir immer klarer geworden, daß ich möglichen Informanten nur abraten kann, mit ihren Informationen zur Staatsanwaltschaft zu gehen. Besser sollten sie ihr Wissen gleich über die Medien lancieren. Wie ich mehrfach in diesem Buch aufzeige, werden Ermittlungen der Staatsanwaltschaft gegen den Berliner Filz, besonders wo es gegen führende Mitglieder der CDU geht, fast ausschließlich eingestellt. Anzeige zu erstatten hat wenig Sinn: denn ob eine Ermittlung von der Berliner Staatsanwaltschaft gar nicht erst eingeleitet oder später eingestellt wird, läuft letzten Endes auf dasselbe hinaus.

Das gleiche gilt für parlamentarische Untersuchungsausschüsse. Diese angeblichen Aufklärungsgremien erfüllen in der Praxis die genau entgegengesetzte Funktion – sie sorgen für die Versandung von politisch brisanten Skandalen. Ausführlicher belege ich das in diesem Buch an zwei Beispielen: an den Untersuchungsausschüssen zu Olympia 2000 und zum Flughafen Schönefeld. Schon durch die Personalbesetzung eines solchen Ausschusses, in dem die regierende CDU-SPD-Koalition auch die absolute Mehrheit der Ausschußmitglieder stellt, ist die fehlende Aufklärung bereits vorprogrammiert.

Im Fall »Olympia« – den finanziellen Exzessen des Berliner Senats und seiner Seilschaften auf Kosten der Steuerzahler – war der Höhepunkt der Ironie, daß sich die Fraktionen von CDU und SPD im Berliner Abgeordnetenhaus (viele davon waren selber Nutznießer des Olympia-Selbstbedienungsladens) selbst und ihre Parteigenossen von allen Vorwürfen freisprechen konnten. Auch wenn der Landesrechnungshof – eine der wenigen Institutionen dieser Stadt, die nicht im Filz eingebunden sind – einen vernichtenden Bericht über diese Exzesse veröffentlichte, scherte das die Großkoalitionisten kaum. Sie wissen nur zu gut, daß der Landesrechnungshof – zwar jede Menge Berichte und Empfehlungen erarbeiten darf, aber mit keinerlei Macht zu deren Durchsetzung ausgestattet ist. Ein umfassendes Werk über Filz und Korruption in Berlin zu schreiben war nicht mein Ziel. So schnell, wie sich die Machenschaften in diesem Bereich verändern und weiterentwickeln, kann man gar nicht nachkommen. Eine auch nur annähernd komplette Zusammenfassung würde Dutzende von Bänden füllen.

Deswegen habe ich mich für einen Umriß entschieden – ein Sittenbild. Dieses Buch ist ein Porträt der politischen Kultur in Berlin, zeigt mithin nur einen sehr kleinen Ausschnitt der Spitze eines immensen Eisbergs. Immerhin vermittelt es den Lesern einen Einblick in die Berliner Politik – und den dazugehörigen Filz und die Korruption.

Schwerpunkt des Buches ist die Zeit nach der Berliner »Antes-Affäre« von 1986. Ich sehe es als ein Anschlußwerk an das Buch *Antes & Co.* von Michael Sontheimer und Jochen Vorfelder[2] aus jenem Jahr an. Seitdem hat sich allerdings der Berliner Filz modernisiert.

Besonders die CDU zeigte sich lernfähig. Nach der »Antes-Affäre« hat sie ihre Kuvertwirtschaft – die direkte Annahme von Umschlägen voller Geldscheine von dankbaren Unternehmern – abgeschafft. Heute verfügt die CDU über eine ausgedehnte Klientelwirtschaft. Pöstchen und öffentliche Gelder werden verschoben. Irgendwann ist der Begünstigte dann dran, seine Schulden zu begleichen. Diese Seilschaften und gegenseitigen »Freundschaftsdienste« überziehen Berlins Politik, Wirtschaft und Vereine wie ein Netz. Die gleichen Namen tauchen an den verschiedensten Orten immer wieder auf: einmal in der CDU, dann im Aufsichtsrat eines landeseigenen Betriebs, vielleicht noch beim »LTTC (Lawn-Tennis-Turnier-Club) Rot-Weiß« oder im »International Club Berlin«, später als Gäste der mit Steuergeldern finanzierten Olympia GmbH bei der Vergabe der Olympischen Spiele in Monte Carlo.

Viele, die dieses Buch lesen – insbesondere die vielen Informanten, die mir ihr Insider-Wissen anvertraut haben –, werden sich sicherlich fragen, warum bestimmte Politiker und Skandale hier nicht erwähnt werden. Die Antwort ist, daß die dominierende politische Kraft dieser Stadt die CDU und ihre Seilschaften sind. Deswegen spielen sie in diesem Buch die Hauptrolle. Die Aufteilung der Pfründen zwischen CDU und SPD wird wohl thematisiert. Trotzdem mache ich einen Bogen um den spezifischen Filz der SPD, die auch ihre eigenen Seilschaften führt. Die Einbeziehung der SPD und ihrer Machenschaften hätte den Rahmen dieses Buches jedoch gesprengt. Ich habe mich auch bemüht, so wenige Namen und Zahlen zu verwenden wie möglich. Sonst hätte dieses Werk mehr Ähnlichkeit mit einem Telefonbuch als mit einem politischen Sittenbild.

Sicherlich wird auch die Frage auftauchen, warum ich nichts über die Bau- und Immobilienwirtschaft geschrieben habe. Leider ist mir Eva Schweitzer vom *Tagesspiegel* mit einem Buch ausschließlich zu diesem Thema zuvorgekommen (*Großbaustelle Berlin. Ein Blick hinter die Kulissen*). Frau Schweitzer hat damit meiner Meinung nach ein Paradebeispiel für entpolitisierten Journalismus vorgelegt. Sie hätte sicherlich anders gekonnt. Aber jedesmal, wenn sie an heikle Fragen von Filz und Korruption stieß, sprang sie gleich zum nächsten Thema weiter. Ich frage mich inzwischen, warum der Berliner Filz sich nicht von Frau Schweitzers Buch dazu hat inspirieren lassen, einen hochdotierten »Wolfgang-Antes-Preis für kritischen Journalismus« auszuloben? Frau Schweitzers Vorgehensweise ist nur zu typisch für einen Großteil der Berliner Medien, die einer der wichtigsten Komplizen des Berliner Filzes sind.

Berlins Olympiabewerbung habe ich deshalb soviel Raum gegeben, weil es selten zuvor eine so große Anzahl von harten Beweisen für Filz und Korruption in Berlin gab. Außerdem lassen sich am Beispiel Olympia die Seilschaften säuberlich auflisten. In der Euphorie über die Wiedervereinigung war der Berliner Filz bei der Olympiabewerbung so selbstsicher, daß er sich in einer wahren Orgie von Gier und Macht nicht mal mehr die Mühe machte, seine Spuren zu verwischen. Diesen Fehler werden sie so bald nicht wiederholen. Die Unterlagen, die Nawrockis Reißwolfaktion überlebten, sind für jeden Journalisten eine wahre Fundgrube.

Wer in diesem Buch vermißt, wie Berlin die Mitglieder des Internationalen Olympischen Komitees schmierte, dem sei das Buch *Das Olympia-Kartell* von Andrew Jennings[3] empfohlen.

Das Kapitel zu Radio Hundert,6 hatte ich eigentlich gar nicht geplant. Die Institution Radio Hundert,6 wollte ich ursprünglich nur auf ein paar Seiten darstellen. Dank Erich Marx kam es dann ganz anders. Ich hatte Dr. Marx ein Transkript unseres Interviews zur Autorisierung zugeschickt. Das Interview war zwar interessant, aber Dr. Marx weiß sein öffentliches Image zu pflegen. Er umschiffte die heiklen Punkte. Was aus dem Haus Marx dann als autorisiertes Interview zurückkam, war nicht mehr unser Gespräch, sondern ein Werbetext für eine Hochglanzbroschüre. Jeder Journalist weiß, was dies zu bedeuten hat: Es soll offensichtlich etwas verheimlicht werden. Ich benutzte den autorisierten Text als eine Art Schablone, die ich über den ursprünglichen Text legte – und strich dann das alles aus dem unautorisierten Interview. Was übrigblieb, erzählte eine eindeutige Geschichte. Mit dem, was Dr. Marx der Öffentlichkeit vorenthalten wollte, konnte ich meine weiteren Recherchen gezielter angehen. Danach waren die von Dr. Marx zensierten Passagen überflüssig.

Es sagt schon sehr viel, daß ich den Personen, die meine hilfreichsten Quellen waren, nicht öffentlich danken kann. Sie haben sowohl ihre finanzielle Sicherheit als auch ihre berufliche Laufbahn aufs Spiel gesetzt, um mir bei meinen Recherchen zu helfen. Sie wissen, wie sehr ich ihren Mut und ihre Unterstützung schätze.

Ich möchte auch einigen Kollegen besonders danken, die meiner Arbeit mit ihrem Wissen, Rat und persönlichen Engagement zur Seite standen: Michael Sontheimer, Udo Ludwig und Wolfgang Bayer vom *Spiegel*, Jens Weinreich, Christian Booß vom ORB-Magazin *Klartext*, Helmut Höge, Severin Weiland, Uwe Rada und Dirk Wildt von der *taz* sowie Mathias Werth von *Monitor*. Hier muß ich leider auch die Namen von Kollegen auslassen, die über Berliner Politik berichten, da ihnen sonst möglicherweise keine Interviews mehr gewährt werden.

Andrew Jennings hat mit seinem scharfen Verstand, seiner großen Erfahrung und ständigem Rat dieses Buch stark geprägt.

Stefan Sack, Imma Harms, Hauke Benner und Reinhard Großpietsch sahen mühevoll die einzelnen Kapitel durch und korrigierten sie so, daß sie verständlich und grammatikalisch richtig sind, gleichzeitig aber meinen persönlichen Schreibstil bewahren.

Ohne die selbstlose Unterstützung von Birgit Kursawa und Harald Feldmann wäre dieses Projekt gar nicht zustande gekommen.

Danken möchte ich außerdem Diana Beck, Achim Becker, Martin Busche, Lothar Gosten, Jürgen Grässlin, Walter Kaczmarczyk, Veit Müller, Brendan Pittaway, Ida Schillen, Andrea Strasser, Beate Tillmann, Ursula Volz-Walk und Elizabeth Ziemer.

Meinen besonderen Dank auch an Sylvie, Gwyneth, Christoph, Annette und Rüdiger für ihre Teilnahme und Unterstützung.

Berlin,
im Januar 1997

Freundschaften

1 Alter Filz in neuen Schläuchen

Es ist noch keine zwölf Jahre her, daß in der Nacht vom 1. auf den 2. Oktober 1985 in der Tiefgarage des Gebäudekomplexes Salzbrunner Straße 5 in Berlin-Wilmersdorf – also dem feineren Westen Berlins – zwei Schüsse fielen. Diese Schüsse läuteten den größten politischen Skandal in der Nachkriegsgeschichte Westberlins ein: inzwischen bekannt als die »Antes-Affäre«.

Überraschend an der »Antes-Affäre« und den diversen Folgeskandalen und -affären war weniger das, was über Praktiken und Verwicklungen der damaligen Berliner Politik mit der Bauwirtschaft ans Licht kam, als vielmehr die Tatsache, daß diese illegalen Praktiken überhaupt aufgeflogen sind.

Die den Schüssen folgende zögerliche Aufklärung der »Antes-Affäre« – bei der unter anderem offenkundig wurde, daß die CDU Tiergarten, der Kreisverband, dem Diepgen und der Organisator der mächtigen »K-Gruppe«, der heutige Berliner Abgeordnete im europäischen Parlament Peter Kittelmann, angehörten, munter mit einer »schwarzen Kasse« hantierte – schuf eine dauerhafte Stimmung des Zynismus in der Halbstadt.

Anfang der achtziger Jahre hatte die Hausbesetzerbewegung, die auf ihrem Höhepunkt 169 leere Altbauten okkupiert hatte, Westberlin stark polarisiert. Die Besetzer waren anfangs durchaus populär, denn die Zer-

störung von billigem Wohnraum, der nicht unbeträchtliche Wohnungs-
leerstand und die für die Mieter teuren Modernisierungen hatten zumindest die Bewohner der Sanierungsgebiete gegen Senat und Bauwirtschaft gleichermaßen aufgebracht. Die Besetzer, die von der
Alternativen Liste, von Pfarrern und vielen linksliberalen Intellektuellen
in der Stadt unterstützt wurden, machten vor aller Augen offenkundig,
daß Spekulanten und große Bauträger, wie etwa die Klingbeil-Gruppe
oder Groth und Graalfs, sich dank der üppigen Subventionen mit den
Modernisierungen im Rahmen des sozialen Wohnungsbaus risikolos
eine goldene Nase verdienten.

Vermutungen, daß bei dem »Kampf« um lukrative Grundstücke und
Subventionen auch Bestechung im Spiel sein müßte, konnten die Haus-
besetzer allerdings nicht belegen. Diese Arbeit übernahmen ein paar
Jahre später – 1986 – die Staatsanwaltschaft und die Sonderkommission
»Soko Lietze«. Ihr gehörte u. a. der legendäre Kripo-Mann Uwe »Ku-
gelblitz« Schmidt an, der heute als Chef circa 300 Fahnder in denjenigen
Referaten des Landeskriminalamtes unter sich hat, die sich mit organi-
sierter Kriminalität befassen. Die »Soko Lietze« brachte mehr als ein-
tausend Ermittlungsverfahren in Gang. Kaum ein wichtiger Mann
aus der Bauszene blieb von ihr verschont. Etliche Politiker, vor allen anderen solche der Christdemokraten, wurden wegen Bestechlichkeit verurteilt.

Drei Senatoren, darunter der CDU-Rechtsaußen und damalige Innensenator Heinrich Lummer – heute ziert er die Unionsfraktion im Bundestag –, mußten zurücktreten. Auch Eberhard Diepgen, der von dem Bauunternehmer Kurt Franke illegale Parteispenden in bar angenommen
hatte,[1] blieb in der »Antes-Affäre« dank der auffällig sanften Ermittlungen eines Staatsanwalts einigermaßen ungeschoren.

Die Geschichte des CDU-Klüngels in Berlin beginnt lange vor den nächt-
lichen Schüssen des 1./2. Oktobers 1985. Entstanden ist er bereits Anfang der Sechziger in Dahlem, als sich an Berlins Freier Universität viele
Mitglieder der späteren CDU-»K-Gruppe« immatrikulierten – viele von

ihnen an der juristischen Fakultät: Klaus-Rüdiger Landowsky, Eberhard Diepgen, Peter Kittelmann, Heinrich Lummer, der inzwischen verstorbene Schatzmeister und Abgeordnete Jürgen Wohlrabe, der Berliner Bundestagsabgeordnete Gero Pfennig, die Berliner Senatoren Jürgen Klemann und Peter Radunski,[2] der Steglitzer CDU-Abgeordnete Heinz-Viktor Simon,[3] der CDU-Hausanwalt und Vorstandsvorsitzende vom »Verein der Freunde der Nationalgalerie«[4] Peter Raue (später unter CDU-Kritikern als der »Einstweilige Raue« bekannt), der spätere Präsident des Berliner Verfassungsgerichts und CDU-Abgeordnete sowie Großkanzleichef Klaus Finkelnburg, um nur ein paar zu nennen.[5] Aus dieser »Crew«[6] – wie Landowsky sie gern tituliert – entstand der damalige Kern der Jungen Union und des Rings Christlich Demokratischer Studenten (RCDS) an der FU Berlin. Manche aus der »Crew« waren auch Mitglieder von schlagenden studentischen Verbindungen. 1963 wurde Eberhard Diepgen als Vorsitzender des Allgemeinen Studentenausschusses (ASTA) an der FU, nur siebzehn Tage nach seinem Amtsantritt, abgewählt. Die Abwahl des Jurastudenten Diepgen wurde verursacht durch dessen Mitgliedschaft in der schlagenden Studentenverbindung »Saravia«.[7] Offensichtlich war es dem angehenden Juristen entgangen, daß schlagende Verbindungen damals an der Freien Universität Berlin verboten waren.[8]

Die Kommilitonen Landowsky und Diepgen schlossen also erst einmal zusammen ihr Jurastudium ab. Danach gründeten die beiden zusammen mit Gero Pfennig eine gemeinsame Anwaltskanzlei. Diepgen und sein Kollege Kittelmann zogen bereits 1971 ins Abgeordnetenhaus ein und begannen so endlich ihre Karrieren als Berufspolitiker. Vier Jahre später folgten ihnen Landowsky und eine Reihe der Gesinnungsgenossen ins Berliner Abgeordnetenhaus nach.

Es war in jener Zeit, als sich in der Kanzlei von Landowsky und Diepgen diese jungen Mitglieder der CDU-Abgeordnetenhausfraktion regelmäßig versammelten, um ihre Männerfreundschaft zu pflegen und ihre politischen Entscheidungen strategisch zu koordinieren. Allmählich wurden sie nach dem Organisator als der »Kittelmann-Kreis« oder kurz die

»K-Gruppe« bekannt.[9] Ein anderer Treffpunkt der »Crew« war offensichtlich der »Fördererkreis Junge Politik e. V.«.

1981 dann stürzte Berlins SPD-Regierung – ausgelöst durch die Affäre um einen Bauunternehmer namens Garski, der das Weite gesucht hatte und die Halbstadt auf 116 Millionen Mark ungedeckter Landesbürgschaften sitzenließ. Damit war die sozialdemokratische Ära in der Stadt einen Riesenschritt ihrem Ende entgegengegangen. Was folgte, war die erste CDU-Regierung in Berlin seit Kriegsende, und zwar unter der Führung des späteren Bundespräsidenten Richard von Weizsäcker. Der aus Westdeutschland importierte Weizsäcker versprach den Westberlinern: »Parteibuchwirtschaft und Ämterpatronage haben sich in Berlin ausgebreitet … Die CDU wird eine alte Parteibuchwirtschaft nicht durch eine neue ablösen. Der öffentliche Dienst muß als Dienstleistungsunternehmen für die gesamte Bevölkerung von einer Beutepolitik politischer Parteien befreit werden.«[10] Dieses Versprechen konnte Weizsäcker nicht einhalten.

Vielleicht wußte Weizsäcker bei seinem Amtsantritt, mit wem er es bei den Berliner CDU-Politikern zu tun hatte. Jedenfalls holte er für einige Senatorenämter mehrere Parteifreunde aus Westdeutschland an die Spree. So kam es, daß Leute wie Elmar Pieroth, Hanna-Renate Laurien und Wilhelm Kewenig die Berliner Politik administrierten. Eberhard Diepgen mußte sich mit dem Fraktionsvorsitz im Abgeordnetenhaus abfinden.

Dennoch: Man vergißt nur allzuleicht, daß einer der größten politischen Skandale, den sich jemals eine Landesregierung in der Geschichte der Bundesrepublik geleistet hat, unter der Ägide Richard von Weizsäckers bereits klammheimlich seinen Ausgang genommen hatte. Anfang 1985 war Weizsäckers Amtszeit zu Ende. Er kandidierte nicht wieder und kehrte nach Bonn zurück.

Am 9. Februar 1985 wurde dann Eberhard Diepgens großer und langgehegter Traum wahr: Er wurde in das Amt des Regierenden Bürgermeisters von Berlin gewählt. Keine acht Monate später fielen die »Startschüsse« der »Antes-Affäre«.

Wolfgang Antes war bis 1985 Baustadtrat und Vorsitzender des CDU-Kreisverbandes im Bezirk Charlottenburg. In seinem Amt als Baustadtrat bot er Investoren und Bauunternehmern kleine Gefälligkeiten an – gegen Bares versteht sich. Dazu zählten u. a. die Verschiebung eines Grundstücks oder die Erteilung von Baugenehmigungen und eben alles, was man in diesem Geschäftsfeld halt so braucht. Bereits 1984 wurde ein Disziplinarverfahren gegen Antes eingeleitet, weil er 2000 Senatswohnungen zum Spottpreis von je 4000 Mark verkaufen wollte.[11]

Laut der Aussagen des damaligen CDU-Bezirksbürgermeisters von Charlottenburg, Lindemann, stand dieses Sonderangebot im Zusammenhang mit einer Parteispende von einer Million Mark, die der CDU in Aussicht gestellt worden war.[12] Der Deal platzte. Das Disziplinarverfahren auch.

Lindemann erteilte seinem Parteifreund Antes lediglich einen Verweis und verhinderte damit ein Disziplinarverfahren.[13] Diese sehr milde Art, die verschiedenen Vorwürfe von Bestechlichkeit zu ahnden, die Antes gemacht wurden, wurde vom damaligen Regierenden Bürgermeister Eberhard Diepgen bestätigt.[14]

Daß es überhaupt zu diesem Verweis kam, war keine Selbstverständlichkeit. Laut dem Charlottenburger Rechtsamtsleiter Lothar Gosten, einem der wichtigsten Zeugen vor dem Antes-Untersuchungsausschuß, war diese Handlung sogar eine »Heldentat«.[15] Bezirksbürgermeister Lindemann wurde unter Druck gesetzt, das Verfahren einzustellen. Dahinter sollen der damalige Senator Kewenig, Finkelnburg und Klaus-Rüdiger Landowsky gestanden haben, erzählte Gosten vorm Untersuchungsausschuß.[16]

Der damalige CDU-Ortsvereinsvorsitzende und Rechtsanwalt Klaus Finkelnburg leistete Antes Rechtsbeistand.[17] Finkelnburg, heute Präsident des Berliner Verfassungsgerichts, erklärte 1986 dem parlamentarischen Untersuchungsausschuß: »Die Vorwürfe gegen Antes sind nur Peanuts.«[18]

Auf Bezirksebene, so jedenfalls äußerte sich Lothar Gosten, gab es einen Treff zwischen Klaus-Rüdiger Landowsky und dem Charlottenburger

CDU-Bürgermeister Lindemann, der die Anteschen Untaten untersuchen sollte:»Der Bezirksbürgermeister Lindemann habe ihm von einem Gespräch mit dem Zeugen Landowsky berichtet. Im Verlauf dieses Gesprächs sei er – Lindemann – von dem Zeugen [Landowsky] aufgefordert worden: ›Schreiben Sie – Lindemann –, ich habe mich überzeugt, an der Sache ist nichts daran – etwa sinngemäß – Punkt, Komma, Schluß; Unterschrift Lindemann.‹«[19]

Landowsky erinnerte sich an das Gespräch:»Irgendwo ist mal eine Äußerung mit ›tiefhängen‹ gefallen, das kann durchaus von mir gewesen sein.«[20] Lindemann bestätigte,»er habe zu dem Zeitpunkt, bevor er den Verweis verhängt habe, mit … Landowsky gesprochen. Er habe sich auch nicht beeinflussen lassen, denn sonst wäre höchstens eine Mißbilligung an den Stadtrat Antes ausgesprochen worden, und dies sei keine Disziplinarmaßnahme.«[21]

Der Eingriff des CDU-Landesvorstands in die Charlottenburger Geschehnisse war vielleicht nicht ganz ohne eigenen Nutzen. Gosten ließ den Untersuchungsausschuß wissen:»Herr Lindemann hat nur mal fallenlassen bei der Sache, daß er mir gesagt hat: Mensch, der Antes erzählt immer und da in dieser Sache – das ist völlig klar – stecke ein hoher Funktionär, ein Vorstandsmitglied, dahinter, und zwar zu einem relativ frühen Zeitpunkt.«[22] Laut *Spiegel* sind ein Jahr später Mitglieder der aufklärenden Sonderkommission zum gleichen Schluß gekommen:»Berliner Ermittler halten auch nach dem Urteil an ihrer Einschätzung fest, daß Antes Bestechungsgelder teilweise als ›Bribe broker‹ (deutsch: Korruptions-Makler) im Auftrag von Parteifreunden kassiert hat.«[23]

Noch bevor die Sonderkommission»Lietze« eingriff, hatte die Berliner Staatsanwaltschaft ihre Ermittlung schon durchgeführt.[24] Rechtzeitig zur Wahl des Charlottenburger Bezirksamts im Mai 1985 wurden die Ermittlungen gegen Antes wegen des Verdachts der Bestechlichkeit eingestellt.[25]

Die Affäre schien von oben aus der Welt geschafft worden zu sein. Nicht so im Bezirk Charlottenburg. Antes fiel bei seiner erneuten Kandidatur als Baustadtrat durch. Wieder griff Landowsky ein. Er gab auf einem

Kreisparteitag der Charlottenburger CDU eine »Quasi-Ehrenerklärung« für Antes ab.[26] (Landowsky: »Ich habe ihm lediglich meinen hohen Respekt im Interesse der Partei und des Bezirks bekundet.«[27]) Daraufhin gab Antes seine Kandidatur freiwillig auf.

Vielleicht genügte diese Strategie tatsächlich, um das wirkliche Ausmaß des Vorganges vor der Öffentlichkeit zu verharmlosen. Im Bezirk Charlottenburg ging also – ehrenwerterweise – die Politikkarriere des Wolfgang Antes zu Ende. Das hinderte allerdings die damalige CDU-Schulsenatorin Hanna-Renate Laurien nicht daran, Antes die Stelle eines Schulrats anzubieten. Unter dem wachsenden Druck der Öffentlichkeit mußte dieses Angebot jedoch bald zurückgezogen werden.[28]

Nach den Schüssen in der Tiefgarage war der Fall Antes endgültig nicht mehr in den Händen der CDU, sondern Sache der Sonderkommission »Lietze«. Anfang November 1985, kaum ein halbes Jahr nach Landowskys Quasi-Ehrenerklärung war Wolfgang Antes in Untersuchungshaft.[29]

Ein interessanter Aspekt an dem, was nun öffentlich wurde, war das Geständnis von Antes, Bestechungsgelder in Höhe von 300 000 Mark angenommen zu haben. In ihren Geständnissen gaben die Bestechungsgeldzahler jedoch an, weitaus höhere Summen transferiert zu haben.[30] Wohin allerdings diese Differenzbeträge geflossen sind, wurde niemals aufgeklärt.

Zu Beginn der Affäre, als es nur um Antes selbst ging, erklärte Berlins Regierender Bürgermeister Eberhard Diepgen: »Es wird mit aller Strenge ohne Rücksicht auf Rang und Namen von Betroffenen jeder konkrete Verdacht von politischer oder persönlicher Selbstbedienung untersucht.«[31] Für Diepgen war Wolfgang Antes ein »schwarzes Schaf« in der CDU.[32] Mag sein, aber bestenfalls ein schwarzes Schaf in einer ganzen Herde schwarzer Schafe.

Vier Tage nach Diepgens Proklamation, die »Antes-Affäre« lückenlos aufzuklären, verhaftet die Berliner Staatsanwaltschaft unter anderem den Bauunternehmer Kurt Franke wegen Bestechungsverdachts.[33] Bei der Durchsuchung von Frankes Büro wird ein Taschenkalender aus dem

Jahre 1984 gefunden. Darin liest man eine Reihe von Kürzeln wie » 12/82 25 Diep«, »2/83 10 Ribi« oder »Kitt«. Ein kurzer Vergleich mit Frankes Kontobewegungen seitens der Staatsanwaltschaft ergibt folgendes Bild: Im Dezember 1982 hatte Eberhard Diepgen von Franke 25 000 Mark erhalten, im Februar 1983 hatte Klaus Riebschläger, der frühere Finanzsenator und SPD-Schatzmeister, 10 000 Mark bekommen. Insgesamt hatte Diepgen von Franke 75 000 Mark Bargeld zugesteckt bekommen, Riebschläger mit 130 000 Mark und der CDU-Bundestagsabgeordnete und Diepgen-Intimus Peter Kittelmann (»Kitt«) 145 000 Mark. Der inzwischen verstorbene Franke hatte die CDU mit rund 500 000 Mark gesponsert. Für seinen Teil der Spenden erklärte der Jurist Diepgen: »Es gab keine Spendenquittungen, weil die Spenden nicht steuerlich abgesetzt werden sollten.«[34] Danach war es mit einer strengen Aufklärung nicht mehr allzuweit her.

Lediglich der Verbleib von weniger als der Hälfte aller Spenden konnte aufgeklärt werden. Viel Geld landete in der simplen Stahlkassette des damaligen Tiergartener Finanzstadtrats und CDU-Kreisschatzmeisters Michael Urban. Mit Wissen und Billigung des CDU-Politikers und Diepgen-Vertrauten Peter Kittelmann hatte Urban diese Bargeldkasse, die er selbst als »schwarze Kasse« bezeichnete, selbstverständlich ohne Kassenbuch geführt.[35] Der Inhalt der Kassette waren Spenden, die weder quittiert noch deklariert waren.

Die Schattenfinanzen des CDU-Kreisverbandes Tiergarten, dem Diepgen bis 1984 angehörte, blieben ein dunkles Kapitel. In Tiergarten war Kurt Franke mit seinen Baugeschäften so erfolgreich, daß der Bezirk den Spitznamen »Frankegarten« erhielt.

Schaden für Kittelmann und Urban in Tiergarten brachten diese Ereignisse nicht. Im Gegenteil – sie konnten richtige Politdynastien aufbauen. Peter Kittelmann, der zur Zeit Mitglied des Europäischen Parlaments ist, herrscht noch immer als Kreisverbandsvorsitzender der CDU in Tiergarten.[36] Seine Frau Marion ist Abgeordnete im Berliner Parlament, entsandt vom Bezirk Tiergarten. Kittelmanns Bruder Wilm wurde 1988 in die Bezirksverordnetenversammlung von Tiergarten gewählt.[37] Nach den Wahlen 1995 ist er dann auch zum Stadtrat für Finanzen, Wirtschaft und Bürgerservice in Tiergarten gewählt worden.[38] Dieses Amt soll er am 1. April 1997 niederlegen.[39] Die CDU-Bürgerdeputierte für Stadtplanung im Bezirk Tiergarten trägt auch den Namen »Kittelmann«.[40] Das jüngste Mitglied der CDU-Fraktion in der Tiergartener Bezirksverordnetenversammlung ist eine junge Frau, Jahrgang 1971, die im weit entfernten Dahlem wohnt. Ihre engste Verbindung zu Tiergarten sind ihre Nachbarn – Peter und Marion Kittelmann.[41]

Das zweitjüngste Mitglied in der CDU-Fraktion der Tiergartener Bezirksverordnetenversammmlung ist Tanja Urban, die dieselbe Adresse angibt wie Gabriele und Michael Urban, die Mitglieder derselben Fraktion und der Bezirksverordnetenversammlung sind.[42]

In den Ermittlungen der »Antes-Affäre« dauerte es immer etwas länger, bis sich die CDU-Politiker an das Geld, das sie vom Baulöwen Franke erhalten hatten, überhaupt erinnern konnten. Dem Untersuchungsausschuß zufolge ging ein Teil des Geldes, das Diepgen von Franke zugesteckt bekommen hatte, als »Spende« an den »Fördererkreis Junge Politik e. V.«, dessen damaliger Vorsitzender Peter Kittelmann war. Der Vereinszweck des 1960 gegründeten Fördererkreises liegt laut Satzung nicht in der Akquisition von Spenden für die CDU, sondern in der »Förderung der studentischen Hilfe, der Jugendpflege und Fürsorge«. Der Verein verfolgt »ausschließlich und unmittelbar gemeinnützige Zwecke«. In diesem Fördererkreis saßen aber auch Eberhard Diepgen, Klaus-Rüdiger Landowsky, Dankward Buwitt, Jürgen Wohlrabe und andere führende CDU-Politiker.[43] Ein weiterer Teil von Diepgens »Spenden« sei – so Diepgen – an einen Sonderfonds für soziale Zwecke der CDU-Abgeordnetenhausfraktion weitergeleitet worden. Die Existenz dieses Fonds war bis zu Diepgens Eingeständnis nicht einmal einem Mitglied des CDU-Fraktionsvorstandes bekannt, und dieses Mitglied saß dort immerhin bis 1985.[44] Während in Frankes Kalender Spenden von 500 000 Mark an die CDU eingetragen waren, gab CDU-Schatzmeister Jürgen Wohlrabe den Erhalt von nur 228 100 Mark zu.[45]

In jener Pressekonferenz, in der Diepgen die Annahme von mindestens

50 000 Mark oder sogar 75 000 Mark von Franke zugab[46] (vor dem parlamentarischen Untersuchungsausschuß konnte sich Diepgen definitiv an 75 000 Mark, die er von Franke erhalten hat, erinnern[47],) betonte er: »Ich muß erdulden, daß meine Partei ins Gerede gekommen ist, aber ich wehre mich dagegen, daß unsere Politik, die die Stadt nach vorne gebracht hat, damit schlechtgemacht wird.«[48] Im Gegensatz zu seinem Versprechen, die »Antes-Affäre« restlos aufzuklären, hielt Diepgen diesmal Wort: Er schonte die Partei. Natürlich gab es einen Untersuchungsausschuß des Berliner Abgeordnetenhauses zur »Antes-Affäre«, und auch der damalige Berliner Justizsenator und heutige CDU-Bundestagsabgeordnete Prof. Rupert Scholz ließ weiter ermitteln.

Doch wann hätte in Berlin seit der »Antes-Affäre« jemals ein parlamentarischer Untersuchungsausschuß etwas über den Berliner Filz aufgedeckt, vor allem wenn es das Umfeld der CDU-Parteispitzen wirklich berührt hätte? Vielleicht liegt es daran, daß die beiden Institutionen von den regierenden Parteien dominiert sind. In Berlin ist es inzwischen eher Usus, Affären und Skandale ins Leere laufen zu lassen. Man sitzt derlei Unannehmlichkeiten einfach aus und sorgt dafür, daß es nicht allzulange dauert, bis sie aus dem Bewußtsein der Öffentlichkeit verschwinden. In der »Antes-Affäre« aber setzte die CDU ihre Kräfte schon dafür ein, die kritischen Medien der Stadt mundtot zu machen. Wie der Fall politisch zu bewerten sei, dazu hatte Klaus-Rüdiger Landowsky im Stile eines Repräsentanten der Kaste der Politiker schon den Tenor angegeben: »Solche Fälle wie Herr Antes kommen bei uns in allen Parteien vor.«[49]

Die CDU konnte während der »Antes-Affäre« vieles verhindern. Was sie nicht erfolgreich abwenden konnte, war ihre Niederlage bei den nächsten Wahlen zum Abgeordnetenhaus. Bis zum Januar 1989 hatten die Berliner die »Antes-Affäre« noch nicht vergessen. 1985 hatte die CDU-FDP-Koalition 54,8 Prozent der Stimmen erhalten. 1989 waren es ganze 37,8 Prozent für die CDU und 3,9 Prozent für die FDP, die damit aus dem Berliner Parlament ausschied.[50] Statt Eberhard Diepgen zog Walter Momper als Regierender Bürgermeister für die SPD ins Rathaus Schöneberg ein und mit ihm die Alternative Liste als Koalitionspartner. Der Schock in den Seilschaften des Berliner Filzes saß tief.

Diese hybride Mischung aus Politik, Wirtschaft und Medien rappelte sich jedoch schnell wieder auf und bereitete sich auf die nächsten Wahlen vor. Dazu bedurfte es keiner Kongresse oder besonderen Versammlungen. In der ehemaligen Front- und Mauerstadt ist der Filz eine kleine geschlossene Gesellschaft. Es gibt bestimmte Örtlichkeiten und Anlässe, wo man sich ständig wieder trifft: als Mitglied im Verein, zum Beispiel der »Freunde der Nationalgalerie e. V.«, bei dem »German Masters«-Tennisturnier auf dem Gelände vom »LTTC Rot-Weiß«, während des Presseballs, bei einer der zahlreichen Aufsichtsrats-, Vorstands-, Verwaltungsrats- oder Kuratoriumssitzungen der vielen subventionierten privaten oder halbstaatlichen Unternehmungen und bei Senatsempfängen (jedenfalls solange man dort an der Macht ist).

Berliner Filz ist Männersache. Frauen tauchen selten auf und wenn, dann in Nebenrollen. Die Wirksamkeit des Berliner Filzes liegt nicht in seinem übergreifenden Pluralismus, sondern in der Konzentration der Macht in den Händen einiger weniger »Crew«-Mitglieder und Seilschaften.

Ein Paradebeispiel dafür ist wahrscheinlich Klaus-Rüdiger Landowsky. Landowsky ist CDU-Mitglied im Berliner Abgeordnetenhaus. In einem Büchlein, das im März 1996 vom Abgeordnetenhaus herausgegeben wurde, befindet sich eine Kurzbiographie auch dieses Parlamentariers.[51] Dort liest man, daß Landowsky nicht nur CDU-Fraktionsvorsitzender ist, sondern auch Mitglied des Landesvorstands der CDU. Er ist nicht nur Vorstandsvorsitzender der Berliner Hypotheken- und Pfandbriefbank und Mitglied des Aufsichtsrats der Bankgesellschaft Berlin, sondern auch Mitglied des Rundfunkrats des SFB. Er sitzt im Vorstand der Karl-Hofer-Gesellschaft und des »Neuen Berliner Kunstvereins«. Landowsky ist Mitglied des Aufsichtsrats der Berliner Revisions-AG und der Deutschen Bau- und Bodenbank AG. Außerdem hat er einen Sitz im Stiftungsrat der Deutschen Klassenlotterie Berlin und in der G 10-Kommission des Landes Berlin.

Nicht zuletzt ist er Mitglied der Gesellschaft für Christlich-Jüdische Zusammenarbeit. Es steht nicht im Heft, daß Landowsky sowohl stellvertretender Vorsitzender des »International Club Berlin« als auch Mitglied des Tennisclubs »LTTC Rot-Weiß« und des »Golf- und Landclub Berlin Wannsee« ist. Das ist vermutlich Zufall oder Platzmangel, oder es hat vielleicht auch einen guten Grund.

Doch damit nicht genug: In seinem Amt als Vorstandssprecher der »Berliner Hyp« hat Landowsky Zugang zu vielen anderen wichtigen Knotenpunkten des Berliner Filzes. So etwa ist die »Berliner Hyp« nicht nur Mitglied im Verein »Freunde der Nationalgalerie e. V.«,[52] sondern war auch als Sponsor bei so wichtigen Ereignissen wie dem »German Masters«-Tennisturnier in Berlin gewesen. Die Liste der Verknüpfungen und Verschachtelungen ließe sich fortsetzen.

Allerdings mußte Landowsky neulich eines seiner Ämter abgeben. Seit Juni 1996 ist er nicht mehr Aufsichtsratsmitglied der Bankgesellschaft Berlin. Dies hatte natürlich weniger geschäftliche als vielmehr gesetzliche Ursachen. Mit den Wahlen zum Abgeordnetenhaus trat im Oktober 1995 ein neues Landeswahlgesetz in Kraft. Das Gesetzt schreibt eine Unvereinbarkeit von Amt und Parlamentsmandat vor. Geschäftsführende Posten bei Unternehmen, an denen das Land Berlin mit mehr als 50 Prozent beteiligt ist, sind damit für Parlamentarier nicht mehr zulässig.[53] Damit soll vermieden werden, daß Politiker, wenn sie denn öffentliche Institutionen kontrollieren, in Interessenkonflikte geraten. Die Bankgesellschaft Berlin gehört zu 57 Prozent dem Land Berlin.

Ein ähnliches Gesetz, das in SPD- und AL-Kreisen den Spitznamen »Lex Landowsky« erhielt, scheiterte schon 1990 am Widerstand der CDU.[54] Zum Trost für seinen Rücktritt aus dem Aufsichtsrat wurde Landowsky, bisher auch Vorstandsvorsitzender der Berliner Hypotheken- und Pfandbriefbank, zum Vorstandsvorsitzenden der neu formierten Fusion aus Berliner Hyp und Braunschweiger-Hannoverscher Hypothekenbank (Berlin Hyp) ernannt.

Klaus-Rüdiger Landowsky war nie Bürgermeister von Berlin. Er war auch nie Kandidat für das Amt. Er war auch nie Senator. Er brauchte solche

Ämter nicht. Er ist sowieso der mächtigste Politiker der Stadt. Wer das Zepter in der Hand hat, bekommt ohnehin nur die Prügel. Während Diepgen die langweiligen Eröffnungsreden hält und bei uninteressanten Anlässen als Politik-Mannequin in Erscheinung tritt, kann Landowsky organisieren, integrieren und an den informellen Orten, den ungezählten VIP-Räumen, in Clubs und Restaurants die Macht sichern. Die beiden sind ein erfolgreiches Gespann, wie einst Pinocchio und sein Meister.

Trotzdem wird das Paar den Sumpfgeruch nie ganz los. In seiner Kurzbiographie als Abgeordneter gehört zu Diepgens wenigen Angaben »Vorsitzender des Kuratoriums der Otto-Benecke-Stiftung«.[55] Die Stiftung, zu deren Gründerkreis Diepgen gehört,[56] ist für die Wiedereingliederung und Ausbildung von Flüchtlingen und Aussiedlern zuständig. Sie hatte Anfang der 90er Jahre über 200 Millionen Mark jährlich von der Bundesregierung erhalten.[57]

1991 deckte die *taz* auf, daß die »Otto-Benecke-Stiftung«, die als Empfänger von Bundesgeldern unter der Kontrolle des Bundesrechnungshofes stand, rund 130 Millionen Mark jährlich an einen anderen eingetragenen Verein, jenseits der öffentlichen Kontrolle durch den Bundesrechnungshof, weiterleitete.[58] Gegründet wurde dieser Tochterverein von Vorständlern der Stiftung.[59] Diesem Verein wurden dann Aufträge ohne öffentliche Ausschreibung zugeschanzt.[60]

Wie die *taz* veröffentlichte, hatte das Bundesministerium für wirtschaftliche Zusammenarbeit (BMZ) 1991 festgestellt, daß die »Otto-Benecke-Stiftung« Leistungen abrechnete, die nicht nachgewiesen werden konnten, und Verwaltungskosten in Rechnung stellte, die nie angefallen waren. Auch die von der Stiftung ausgewiesenen Arbeitsergebnisse seien – laut BMZ – »überflüssig« und »nicht geeignet« für das finanzierte Vorhaben.[61] Auch kam der Bundesrechnungshof dahinter, daß Abschlagszahlungen der Stiftung an die private GmbH »durchweg höher waren als die später abgerechneten Beträge«.[62] Der Bundesrechnungshof stellte fest, daß »die Haushaltsführung der Otto-Benecke-Stiftung e. V. unübersichtlich ist«, und erhob den Vorwurf einer »Verschleierung durch kaum nachvollziehbare Buchungen«.[63] Die Führungsspitze der Stiftung mußte abtreten. Einer aus dem Vorstand, der sich für seine ehrenamtliche Tätigkeit über Schleichwege rund eine Million Mark bezahlt haben soll, sei untergetaucht und wurde von der Staatsanwaltschaft gesucht.[64]

Verwickelt in diese Affäre war Hans Süssmuth, der Ehemann von Bundestagspräsidentin Rita Süssmuth (CDU). Konträr zu einer Gegendarstellung der »Otto-Benecke-Stiftung e. V.« sollen, laut *taz*, der Redaktion Unterlagen vorgelegen haben, nach denen die Stiftung 1991 beim Innenministerium drei Veranstaltungen beantragt und Ende Mai 1991 Herrn Professor Süssmuth die Bewilligung von 50 000 Mark für diese drei Veranstaltungen mitgeteilt habe.[65] Außerdem finanzierte die »Otto-Benecke-Stiftung« eine Reihe von Broschüren, die sie gemeinsam mit Hans Süssmuth herausgegeben hat.[66] Selbst die »Otto-Benecke-Stiftung« mußte bestätigen, daß sie einen 600 000 Mark teuren Auftrag für ein Forschungsprojekt des »Instituts für Internationale Kommunikation« vergeben habe, in dessen Vorstand sich Herr Süssmuth wiederfindet.[67]

Laut *Spiegel* hatten Politiker die Stiftung offenbar auch dafür benutzt, um ihre kostspieligen Auslandsreisen zu finanzieren: »Mal reist Eberhard Diepgen auf OBS-Kosten nach Moskau, mal Rita Süssmuth nach Afrika.«[68] Außerdem stellte die *taz* fest, daß die »Otto-Benecke-Stiftung« viel zuwenig Miete für ihre Räumlichkeiten im »Haus der politischen Bildung« in Berlin zahlt, trotz der Tatsache, daß sie seit Jahren von seiten des Bundesvermögensamtes aufgefordert wurde, diese Praxis zu beenden. Gründungsmitglied und Vorsitzender des Vereins »Haus der politischen Bildung e. V.«, der das Haus verwaltet, war bis 1984 kein anderer als der Kuratoriumsvorsitzende der »Otto-Benecke-Stiftung« und ihr gerngesehener Reisegast – Eberhard Diepgen.[69]

Die Affäre der »Otto-Benecke-Stiftung« in Bonn endete, wie so oft, in Berlin. Wie die *Süddeutsche Zeitung* es zusammenfaßte: »Zwar scheint die Politik die Affäre im Griff zu haben, völlig ausgeleuchtet ist sie noch nicht.«[70]

Als Diepgen seine bürgermeisteramtslose Zeit von 1989 bis 1991 dazu benutzt, sich ein wenig mehr seiner Rechtsanwaltstätigkeit zu widmen, folgte auch dort ein Skandal. Einer der Auslöser für die Autobahnraststätten-Affäre von 1991, über die der damalige Bundesverkehrsminister Günther Krause (CDU) stolperte, war eine fragwürdige Raststättenkonzession an eine holländische Firma namens Van der Valk. In den letzten Tagen der DDR hatte Krause, DDR-Staatssekretär im Verkehrsministerium, sich persönlich dafür eingesetzt, daß den Holländern und anderen Firmen sehr günstige Konzessionen für Raststätten, Hotels und Tankstellen an den Autobahnen im Osten der Republik gegeben würden. Damit gingen der Bundesrepublik Deutschland – sprich der Bundesregierung –, die diese Konzessionen nach der Wiedervereinigung übernommen hatte, wertvolle Pachteinnahmen verloren.

Krause hatte unverschämt viel Glück, denn die Ermittlungen wurden von der Berliner Staatsanwaltschaft übernommen, was eigentlich als ein wirklich großes Glück betrachtet werden muß. Wenn es um Ermittlungen gegen wichtige Politiker geht, besonders wenn die Spuren zu nah an die Berliner CDU heranführen, scheinen solche Fälle immer eingestellt zu werden. Und dem Gesetz dieser Serie folgend verhielt es sich auch in diesem Falle so: Das Verfahren wurde eingestellt.[71]

Kurz nach der Einstellung des Ermittlungsverfahrens durch die Berliner Staatsanwaltschaft legte der *Spiegel* jene Dokumente vor, nach denen die Fahnder zuvor angeblich ergebnislos gesucht hatten und die Krauses bisherigen entlastenden Aussagen völlig widersprachen. Je mehr Krause nun versuchte, sich zu rechtfertigen, um so interessantere Aspekte kamen hierbei ans Licht der Öffentlichkeit.

Krause selbst konnte seine Handlungen gutheißen: denn, so erzählte er der *Bild:* »Das westdeutsche Recht war mir fremd. Aber an unserer Seite standen so gewiefte Rechtsanwälte wie der jetzige Bürgermeister Diepgen und der anerkannte Wirtschaftsfachmann und Ex-Regierungssprecher Friedhelm Ost. Auf deren Rat haben wir uns als Regierung, habe ich mich als Staatssekretär verlassen … Von deren Seite gab es grünes Licht.«[72]

Diepgen war aber nicht als Berater von Krause oder des DDR-Verkehrs-ministeriums tätig, er vertrat einzig die Interessen der Firma Van der Valk, die sich einige Raststätten äußerst günstig unter den Nagel gerissen hatte. In den Verhandlungen mit dem damaligen DDR-Minister für Verkehr, Horst Gibtner, heute Berliner CDU-Abgeordneter im Deutschen Bundestag, scheint es tatsächlich Unklarheiten darüber gegeben zu haben, ob dabei Diepgen, der Politiker, oder Diepgen, der Rechtsanwalt, agiert hat. In einem Brief an Gibtner bezüglich Van der Valk schrieb Diepgen: »Ich wäre Ihnen sehr dankbar, wenn Sie einen Termin zur Besprechung mit der Unternehmensgruppe einräumen würden. An diesem Termin würde ich teilnehmen.« Er glaube, fuhr Diepgen fort, »wir werden uns am Wochenende bei Dankward Buwitt absprechen können«.[73] Buwitt (CDU), heute Berliner Bundestagsabgeordneter, gehört zur alten Landowsky-»Crew« und war zu dieser Zeit Vorsitzender der CDU-Fraktion im Berliner Abgeordnetenhaus. Der *Spiegel* zitierte Gibtner: »Wenn es um besondere Anliegen (Diepgen) ging, stand für ihn stets ein spezieller Ansprechpartner bereit.«[74]

Auch der Bundesrechnungshof sah eine mögliche Verschmelzung von Rollen bei einigen Vertretern aus dem Westen. »Wegen der eigenen Unerfahrenheit« des DDR-Verkehrsministeriums, so der Bundesrechnungshof, habe es sich auch »nach subjektiven Maßstäben, zum Beispiel der vermuteten besonderen Vertrauenswürdigkeit einzelner Bewerber«,[75] gerichtet.

Gegen die Konkurrenz ergatterte Diepgens Klient, Van der Valk, einen höchst lukrativen Vertrag, den er jedoch nicht lange behielt. Er war nämlich einer der ersten von insgesamt 41 Verträgen aus DDR-Zeiten, die von der Bundesregierung annulliert wurden.[76]

Krause blieb nicht sehr viel länger Verkehrsminister der Bundesrepublik. Diepgen, der im Dezember 1990 – also ein halbes Jahr vor dem Bekanntwerden der Raststätten-Affäre – wieder zum Regierenden Bürgermeister gewählt wurde, ist noch immer im Amt.

Die Öffentlichen-Gelder-Naschkatzen der CDU konnten das Mausen nicht lassen. Doch die Partei war auch lernfähig. Aus der »Antes-Affäre«

hatte die CDU den Schluß gezogen, daß man seine Anteile an verschobenen Steuergeldern besser nicht in Kuverts, per Überweisungen, als Geschenke oder in Gestalt von Bordellbesuchen annehmen sollte. Viel effektiver und vor allem bei weitem risikoärmer ist da eine Klientelwirtschaft.

Das alte Tauschsystem des Berliner Filzes, wo zum Beispiel ein günstiger Pachtvertrag für ein landeseigenes Grundstück an einen Bauunternehmer »gegeben« wurde, um von dem mit einer heimlichen und damit illegalen Spende für die Partei vergolten zu werden, wurde abgeschafft. Obwohl jedes Mitglied der Berliner Staatsanwaltschaft erklären wird, daß ohne eine direkte Kausalität – Pachtvertrag für Spende – eine Verurteilung wegen Bestechlichkeit nicht möglich sei, verzichtete man fürderhin auf dieses direkte und eher plumpe Tauschsystem.

Eine Klientelwirtschaft umgeht alle Klippen möglicher staatsanwaltlicher Ermittlungen oder medialen Erinnerungsvermögens. Der alte Prototyp des Filztausches wurde erweitert und verbessert: Einen günstigen Pachtvertrag für ein landeseigenes Grundstück könnte man so zum Beispiel an einen westdeutschen Bauunternehmer verschieben, der dann mit einer öffentlichen und legalen Spende an einen Sportverein diese Gunst begleicht und damit der ihn begünstigenden Partei ermöglicht, das Unterlaufen öffentlicher Kontrolle und das Verschieben öffentlichen Vermögens in Wählerstimmen umzumünzen. Dafür braucht keine Partei eine Spendenquittung auszuschreiben. Kein Kuvert wird an ein Parteimitglied überreicht. Sollte man erwischt werden, ist das höchstens ein Verstoß gegen das Haushaltsgesetz, was eher als Kavaliersdelikt angesehen wird. Dafür kommt aber längst niemand in Untersuchungshaft. Ein solches Vorgehen hat zwar dieselbe Wirkung wie eine illegale politische Spende, nur ohne das lästige Restrisiko, und – was noch besser ist – es geht auf Kosten der Steuerzahler.

Von der Landowsky-CDU wurde im Laufe der vergangenen Jahre ein immer dichter werdendes personalpolitisches Netz zwischen der gewählten souveränen Kontrollinstanz – dem Parlament –, der ausführenden und damit eigentlich zu kontrollierenden Regierung und den Verwaltungen geknüpft. Öffentliche Einrichtungen und Betriebe – bis tief in die Wirtschaft und den Sport hinein – wurden in dieses Netz verwoben.

Hier ein paar einfache, »harmlose« Beispiele. Wie Wahlkampf mit öffentlichen Geldern gesponsert werden kann, selbstverständlich völlig legal, hat der *taz*-Reporter Dirk Wildt hartnäckig recherchiert.[77]

Im Bezirk Steglitz im Süden Berlins existiert ein »Bürgerverein Südende e. V.«. Zweck dieses Vereins ist: »Pflege der Heimatgeschichte des Ortsteils Südende zuzüglich der umliegenden Gebiete des Bezirks Steglitz, sowie eine Information der Bürger über aktuelle Themen. Hierzu gibt der Verein eine Zeitung heraus.«[78] Die Zeitung muß dem Verein wichtig sein, denn 1992 wurde in der Vereinssatzung §4 Absatz 2 hinzugefügt: »Die Mitglieder sind verpflichtet, an jährlich mindestens einer Vertreiberaktion für die Zeitung des Vereins ›DER SÜDENDER‹ teilzunehmen.«[79]

Der Südender erscheint unregelmäßig, hauptsächlich jedoch während der Wahlkämpfe. Während des 95er Wahlkampfs in Berlin bestand die Zeitung zum großen Teil aus lobenden Beiträgen zur Bundes-, Landes- und Kommunalpolitik der CDU samt einem Kommentar eines Herrn Simon und der Einladung zu einem Vortrag von Klaus-Rüdiger Landowsky über das Thema »Berlin 2000 – eine familienfreundliche Weltstadt mit Herz?«. Der CDU-Koalitionspartner in Berlin, die SPD, war mit einem einzigen Beitrag des SPD-Fraktionsvorsitzenden im Abgeordnetenhaus, Klaus Böger, vertreten. Über die Grünen gab es einen deutlich vernichtenden Bericht unter dem reißerischen Titel »Bündnis 90/ Die Grünen, eine Partei weiß nicht weiter«.[80]

Vorsitzender des »Bürgervereins Südende e. V.« ist Heinz-Viktor Simon. Der Verein wurde im Haus von Herrn Simon in der Tautenburger Straße 2g gegründet, wo er sich immer wieder trifft. Stellvertretender Vorsitzender des Vereins ist Gerald Mattern.[81] Matterns zweites Amt dort ist das des Chefredakteurs des *Südender*.[82]

Mattern ist CDU-Vertreter in der Bezirksverordnetenversammlung von Steglitz und Mitarbeiter der landeseigenen Wohnungsbaugesellschaft GEHAG. Vorstandsvorsitzender der GEHAG ist der CDU-Abgeordnete im Berliner Abgeordnetenhaus für einen der Steglitzer Wahlkreise, Heinz-Viktor Simon (CDU), Matterns Vorsitzender im »Bürgerverein Südende«.

Simon ist Rechtsanwalt. Wie die meisten Mitglieder der Landowsky-»Crew« hatte er an der Freien Universität Berlin Jura studiert. Simon kam mit Landowsky ins Berliner Abgeordnetenhaus. Wie Landowsky hat auch Simon viele Ämter und Sitze inne.[83] Er ist nicht nur Vorstandsvorsitzender der GEHAG,[84] sondern auch der »Sanierungs- und Gewerbebau-AG«, Aachen. 1990 bis 1995 war er stellvertretender Geschäftsführer der »Wohnungsbaugesellschaft Weißensee mbH« in Berlin.[85] (Geschäftsführer war der damalige SPD-Abgeordnete Jürgen Lüdtke,[86] der andere stellvertretende Geschäftsführer der SPD-Staatssekretär a. D. Hans Görler, der auch in Simons GEHAG-Vorstand saß.[87]) Simon ist darüber hinaus Aufsichtsratsvorsitzender der »WIR Wohnungsbaugesellschaft in Berlin mbH«[88] und Mitglied der Verwaltungsräte der »Feuersozietät Berlin-Brandenburg« und der »Öffentlichen Lebensversicherung Berlin-Brandenburg«. Die Liste ist lang.

Die achtseitige Wahlkampfausgabe des *Südender* (Auflage: 25 000 Stück) bestand fast zur Hälfte aus Anzeigen der Berliner Bank, der Landesbank Berlin sowie von Baugesellschaften und Hypothekenbanken anderer Bundesländer. Es findet sich sogar eine größere Anzeige von Simons eigener »Feuersozietät Berlin-Brandenburg«. Laut einer Presseerklärung von Bündnis 90/Die Grünen wird durch diese Anzeigeneinnahmen »die CDU-Zeitung und die Verteilung an alle Steglitzer Haushalte in Südende finanziert«.[89] Mattern bestätigte auf Anfrage von Wildt, daß der CDU-Abgeordnete Simon bei der Anzeigenakquisition »entsprechende Kontakte« zu Unternehmensvorständen habe.

Die Holding Bankgesellschaft Berlin, die aus der Berliner Bank, der Landesbank Berlin und der Berliner Hypotheken- und Pfandbriefbank besteht, gehört zu 56 Prozent dem Land Berlin. Aufsichtsratsmitglied der Bankgesellschaft ist »Crew«-Mitglied Heinz-Viktor Simons, Kapitän und familienfreundlicher Hauptstadtexperte: Klaus-Rüdiger Landowsky. Selbstverständlich leugnet die Bankgesellschaft, daß es da irgendwelche politischen Zusammenhänge gebe. Dazu Landowsky: »Auf dieses dumme Gequatsche gehe ich nicht ein.«[90]

Die *taz* konnte sich wirklich nicht darüber beklagen, daß die Bankgesellschaft und ihre Tochterfirmen nach dem Erscheinen von Wildts Artikel weniger Anzeigen als vorher bei ihr geschaltet hätten: Sie hatte auch vorher nie welche bekommen. Vielleicht hat die *taz* einfach nicht die journalistische Seriosität des *Südender*.

Im Oktober 1994 hatte die CDU erneut große Pläne für Berlin. Das Zauberwort hieß diesmal »Parkraumbewirtschaftung«. Dank privater Initiativen sollten diese Pläne den Steuerzahler nichts kosten. Im Gegenteil, für die Stadt wurden riesige Gewinne vorhergesagt.

Am Zug war diesmal Berlins derzeitiger Senator für Verkehr und Betriebe und heutiger Abgeordnetenhauspräsident, Herwig Haase (CDU). Hinter dem Begriff »Parkraumbewirtschaftung« verbergen sich moderne Parkscheinautomaten statt herkömmlicher Parkuhren, die rund um den Alexanderplatz, die Spandauer Altstadt, im Bereich um den Zoo/Kurfürstendamm sowie zwischen Hohenzollerndamm und Kantstraße aufgestellt werden sollten. Durch die immensen Gewinne aus der Vereinnahmung der Parkgebühren sollten laut Haase Parkhäuser und die Einrichtung »individueller und intelligenter Verkehrsleitsystem« finanziert werden.[91] Private Betreiber sollten Aufstellung, Wartung und das Einsammeln der Gelder aus den Parkscheinautomaten übernehmen. Für die drei verschiedenen Gebiete wurden Angebote angenommen, wobei zehn seriöse Anbieter ausgesiebt wurden.[92] Die Entscheidungen sind dann letztlich vielleicht weniger seriös gefallen.

Als bekannt wurde, daß im besonders lukrativen Bereich Zoo/Kurfürstendamm der Staatssekretär für Verkehr und Betriebe, Ingo Schmitt, die AG City favorisierte,[93] wuchs der Filzverdacht. Stellvertretender Vorsitzender der AG City war der damalige CDU-Abgeordnete im Berliner Abgeordnetenhaus Rolf-Thorsten Wiedenhaupt. Er ist auch Mitglied des Kreisvorstands der CDU Charlottenburg.[94] Vorsitzender dieses Kreisvorstands wiederum ist ebenjener Staatssekretär für Verkehr und Betriebe, Ingo Schmitt.

Ob Wiedenhaupt ein vertrauenerweckender Geschäftsmann war, darf zumindest bezweifelt werden. Wenige Monate bevor die Entscheidung über die Auftragsvergabe fallen sollte, leitete die Staatsanwaltschaft ein Ermittlungsverfahren wegen Betrugsverdachts gegen Wiedenhaupt ein. Schon seit Jahren war es, was die Bezahlung von Rechnungen, Löhnen und Krankenkassenbeiträgen in seiner Schuhhandelskette anging, drunter und drüber gegangen.[95] Das Verfahren war für Wiedenhaupt Anlaß, seine Funktion als wirtschaftspolitischer Sprecher der CDU-Fraktion im Berliner Abgeordnetenhaus niederzulegen.[96] Außerdem wurde er als Geschäftsführer des Familienunternehmens abgelöst – ganz unter dem Motto: »Er muß aus der Schußlinie heraus.«[97]

Wiedenhaupt, der mit Antes im Kreisvorstand der CDU Charlottenburg war, ist auch während des Antes-Skandals unangenehm aufgefallen. Er hatte einen Parteikollegen wegen übler Nachrede angezeigt. Dieser hatte behauptet, Wiedenhaupt habe sich einer CDU-Mitstreiterin »unsittlich genähert«. Die Frau sagte vor Gericht aus, daß Wiedenhaupt sie unter einem Vorwand zu sich nach Hause eingeladen habe. Dort sei er zwar nicht tätlich geworden, habe sie aber aufgeklärt: Sollte sie in der CDU weiterkommen wollen, müsse sie sich ihm schon hingeben. Sie weigerte sich und fiel bei den Delegiertenwahlen in ihrem Ortsverein durch. Ortsvereinsvorsitzender war kein anderer als Rolf-Thorsten Wiedenhaupt. Wiedenhaupt entschied sich dann, doch lieber seinen Strafantrag gegen die Frau zurückzuziehen, und bezahlte die Gerichtskosten.[98]

Offensichtlich wurde die ganze Angelegenheit für den CDU-Verkehrssenator Herwig Haase nun zu heiß. Der Favorit AG City war nicht mehr im Rennen. Statt dessen fiel die Entscheidung für eine »Bietergemeinschaft«, die unter anderem aus Mannesmann und Raab Karcher bestand.[99]

Es lohnt sich, die anderen Favoriten, die, im Gegensatz zur AG City, am Ziel ankamen, näher zu betrachten. In Spandau erhielt die »Custos Parkraumbewirtschaftung Berlin GmbH« den Zuschlag. Gesellschafter dieser GmbH waren die »S&K Werkschutzgesellschaft« und die Unternehmensgruppe Gegenbauer.[100] Während der Bewerbungszeit hatte der damalige Spandauer Baustadtrat die Firma abgelehnt: »Keine Ansätze von praktischen oder theoretischen Kenntnissen in der Parkraumbewirtschaftung.«[101]

In der Geschäftsleitung von Gegenbauer saß seit 1991 auch ein Mitglied der damaligen CDU-Abgeordnetenhausfraktion – Klaus-Hermann Wienhold.[102] Wienhold, der von 1984 bis 1990 zur Geschäftsführung der CDU gehörte, wurde 1995, nach vierzehn Jahren im Berliner Abgeordnetenhaus, wegen angeblicher Weitergabe von Parteiinterna an die Presse mit einem Parteiausschlußverfahren überzogen.[103] Heute ist Wienhold erneut in den Schlagzeilen. Zusammen mit dem früheren CDU-Bundestagabgeordneten Christian Neuling hat seine Firma, die Aubis-Gruppe, in den neuen Bundesländern Plattenbauten für 500 Millionen Mark gekauft, anscheinend mit dem Ziel, sich noch weitaus mehr unter den Nagel zu reißen.[104]

Neuling, CDU-Mitglied, langjährig im Berliner Abgeordnetenhaus in der Landowsky-Fraktion und für die Stadt im Bundestag, ist bei der Staatsanwaltschaft kein ganz Unbekannter. 1985 wurde gegen ihn wegen des Verdachts des Verkaufs von Altöl als Heizöl ermittelt.[105] Auch diese Ermittlung der Berliner Staatsanwaltschaft gegen einen führenden CDU-Politiker wurde eingestellt.[106]

1991 kam Neuling als Aufsichtsratmitglied der Treuhandanstalt und Vorsitzender des Bundestagsunterausschusses Treuhandanstalt in den Verdacht der Veruntreuung: Seine Firma habe von der Treuhand Grundstücke und Kredite zu äußerst günstigen Konditionen erhalten.[107] In bester Berliner Tradition leugnete Neuling zunächst alles.[108] Weniger als zwei Wochen später trat er als Vorsitzender des Treuhandausschusses zurück.[109] Auch dieses Ermittlungsverfahren gegen ihn wurde eingestellt.[110] 1995 verließ er den Bundestag.

Im dritten Parkraumbewirtschaftungsbereich »Mitte« ging der Auftrag an die Firma APCOA.[111] Bei dieser Stuttgarter Firma sind anscheinend keine CDU-Abgeordneten dabei. Berliner Vertreter des Unternehmens ist Hans-Ulrich Bannert, in Berlin als »Mister Kurfürstendamm« bekannt.[112] Bannert war Mitbegründer und bis 1989 Chef der AG City, die den Parkbereich Zoo/Kurfürstendamm bekommen sollte. Er gehörte auch den »richtigen« Vereinen an, wie etwa dem Tennisclub »LTTC Rot-Weiß« – zusammen mit Landowsky – oder dem Lions-Club.[113] Laut Berichten der Fraktion Bündnis 90/Die Grünen im Berliner Abgeordnetenhaus sei Bannert auch ein »guter Bekannter« von Staatssekretär Ingo Schmitt.[114]

Aus dem jährlichen Gewinn von 30 Millionen Mark für das Land Berlin aus der Parkraumbewirtschaftung, wie sie der damalige Verkehrssenator Haase vorausgesagt hatte, ist nichts geworden. Von den 18,5 Millionen Mark Gebühreneinnahmen, die 1995 abkassiert wurden, gingen allein 16 Millionen an die privaten Betreiber.[115]

1996 brach das ganze System zusammen, als gerichtlich festgestellt wurde, daß die privaten Parkzonenüberwacher keine Strafzettel verteilen dürfen. Diese Aufgabe sei ein Hoheitsrecht des Staates.[116] Verkehrssenator Haase und sein Staatssekretär Schmitt hatten das Konzept der Parkraumbewirtschaftung zugunsten der privaten Firmen trotz juristischer Bedenken im eigenen Haus durchgezogen.[117] Die Kosten dieses Fehlers werden wohl aus dem Vermögen der Steuerzahler beglichen werden. Diese kleinen Episoden sind keine Betriebsunfälle der Berliner CDU, sondern Alltagsbetrieb. Auffällig ist einzig und allein, daß sie an die Öffentlichkeit kamen.

Machterhalt heißt in der Berliner Politik nicht etwa effektive Administration, sondern Klientel zufriedenhalten. Diese Aufgabe war zu jenen Zeiten relativ einfach, als anscheinend unerschöpflich Gelder von der Bundesregierung in die Stadt flossen. Zwar gab es die Gefahr eines Aufstands von unten in der Partei, aber Landowsky, Diepgen und die »Crew« haben keine jungen CDU-Politiker Profil entwickeln lassen. Wer aus der eigenen Partei sollte sie denn ersetzen? Am wichtigsten aber ist, daß sie die öffentlichen Gelder in der Hand haben. Und wer die hat, kann seine Seilschaften pflegen.

Es ist kein Wunder, daß sich das Land Berlin heute in einer Wirtschaftskrise befindet. Die Große Koalition aus CDU und SPD hat ihre Wählerschaft und den Sozialfrieden seit der Wende mit hohen Schulden des öffentlichen Haushalts und hohen privaten Gewinnen erkauft. Davor hatte der Bund die Klientelwirtschaft der beiden sogenannten Volksparteien finanziert. Wo immer die Berliner CDU für einen ausgeglichenen Haushalt plädiert, ist es kein anderer als Klaus-Rüdiger Landowsky, der trotz Finanzkrise für eine weitere Verschuldung Berlins eintritt.[118]

Vielleicht weil er nur zu gut weiß, daß ohne genügend Schmiermittel die Politmaschine nicht läuft. Und außerdem profitieren er und seine Banken von den Zinsen, die das Land für die Kredite zahlen muß, die er zuvor zur Finanzierung der Klientelwirtschaft mit aufgenommen hat.

Wenn das alles nicht mehr funktioniert, weil das Land allmählich an seinen finanziellen Grenzen angelangt ist, wird beschlossen, Landeseigentum zu verkaufen. Dies ist selbstverständlich keine Lösung der ökonomischen Probleme der Stadt – und soll es auch gar nicht sein –, sondern die Verpfändung ihrer Zukunft – nur daß in absehbarer Zeit kein Geld mehr dasein wird, um dieses Pfand je zurückerwerben zu können. Aber wer in dieser Hauptstadt des Filzes sollte daran auch ein ernsthaftes Interesse haben? Um die Macht einiger weniger alternder Politiker zu sichern, wird das Tafelsilber verscherbelt und die ökonomische Macht der öffentlichen Hand vollends ausgehöhlt – womöglich zugunsten der »Crew« und ihrer Freunde in der Wirtschaft, im Sport, in den Verwaltungen und wo auch immer. In ein paar Jahren geht diese »Crew« sowieso von Bord – und nach ihr die Sintflut. Bis dahin werden sie ihrem Motto treu bleiben: »Das Leben ist so kurz, da kann man sich keine Umwege leisten.«[119]

Gewinnausschüttung

2 Jackpot ohne Lottoschein

»Sport ist im Verein am schönsten – LOTTO in der Tippgemeinschaft. Mit Freunden, Bekannten, Verwandten läßt sich Fortuna leichter aus der Reserve locken. Und den Kosten ein Schnippchen schlagen. Denn in der Tippgemeinschaft ist auch bei Systemspielen die Höhe des Spieleinsatzes kein Thema mehr. Dazu kommt: Gemeinsamer Erfolg ist ein noch viel schönerer Erfolg!«[1]

Unter dem Motto »TippTeams sind tipptopp«[2] versucht die Deutsche Klassenlotterie Berlin, die Menschen dazu zu animieren, Lotto-Tippgemeinschaften zu bilden.

In Berlin gibt es eine Lotto-Tippgemeinschaft, die wirklich tipptopp ist. Sie gewinnt und gewinnt … und verliert nie. Jahr für Jahr hat sie ständig sechs Richtige. Dabei füllt sie nie einen Lottoschein aus und bezahlt keinen Pfennig für ihre Einsätze. Mit ihrem Gewinn beglückt sie nicht nur sich selbst, sondern auch ihre Freunde und – die Freunde ihrer Freunde. Es ist jedem, der an diesem Super-Jackpot teilhaben möchte, anzuraten, sich mit dieser Tippgemeinschaft gut zu stellen. Ihr Name? CDU/SPD.

Lotto ist nicht nur ein Glücksspiel, das bekanntlich jede Woche Millionäre macht, sondern es wirft auch eine beträchtliche Summe Geldes für die Länder der Bundesrepublik ab – jedes Jahr eine willkommene Haushaltsentlastung. In den Bundesländern wird der staatliche Anteil der Lottogelder mit einer festen Zweckbestimmung versehen und geht entweder direkt an den Landeshaushalt oder fein säuberlich in Prozente aufgeteilt an die einzelnen Ministerien oder Senatsabteilungen, die für Sport, Kultur, Soziales und ähnliches zuständig sind. Das heißt: in allen Bundesländern mit der Ausnahme von Berlin. Allein in Berlin gibt es selbstverständlich eine besondere Regelung.

Die Deutsche Klassenlotterie Berlin übergibt 20 Prozent ihrer Umsatzerlöse und sämtliche Gewinne eben gerade nicht der Staatskasse, sondern der »Stiftung Deutsche Klassenlotterie Berlin«. Dort entscheidet ein Vergabegremium, der sogenannte Stiftungsrat, selbständig und allein über die Vergabe der Gelder. Hinter diesem kleinen, scheinbar so unbedeutenden verwaltungstechnischen Unterschied verbirgt sich jedoch ein wenn auch völlig legaler, so doch integraler und unverzichtbarer Eckpfeiler des Berliner Filzes.

Beträchtliche Summen – 140 Millionen Mark waren es allein 1995,[3] und 1996 waren es 135 Millionen[4] – kann der Lotto-Stiftungsrat jährlich verteilen. Laut Satzung soll der Stiftungsrat mit diesen Geldern »ausschließlich soziale, karitative, kulturelle, staatsbürgerliche und sportliche Vorhaben« fördern.[5] Außerdem müßten diese Vorhaben »in Berlin oder für Berliner Einrichtungen verwandt werden oder sonst im Interesse Berlins liegen«.[6]

Manche Menschen meinen, es liege auf der Hand, daß bei einer solchen Aufgabe Vertreter aus verschiedenen Bereichen des öffentlichen Lebens, also aus Wohlfahrtsverbänden, Sport, Kunst, Kirche und Politik, mit in einem solchen Rat sitzen sollten. Jedenfalls ist das zum Beispiel bei den Rundfunkräten der Fall: Deren Mitglieder kommen aus vielen gesellschaftlichen Bereichen, um so ein möglichst repräsentatives Entscheidungsgremium zu bilden, in dem verschiedene und vielfältige Meinungen zum Tragen kommen sollen. Im Lotto-Stiftungsrat hingegen ist derlei demokratische Prinzipientreue – sprich Pluralismus – nicht gefragt; das wäre ja auch Teil einer nachvollziehbaren und transparenten Politik.

In Berlin gibt man die Lottomillionen lieber an eine Handvoll Politiker, die sie dann – ohne die üblichen, aber doch eher lästigen parlamentarischen Kontrollauflagen – ganz nach ihren Vorstellungen verteilen dürfen.

Der Lotto-Stiftungsrat besteht aus ganzen sechs Personen: drei Senatoren und drei aus dem Abgeordnetenhaus gewählten Vertretern.[7] Die drei Senatoren stammen selbstverständlich aus der jeweiligen Regierungskoalition. Zwei der Vertreter aus dem Abgeordnetenhaus werden von der stärksten Fraktion bestimmt, einer vertritt die zweitstärkste Fraktion. Dadurch bestimmen die regierenden politischen Parteien allein über die Vergabe der Lottogelder. Eine Einmischung seitens des Parlaments brauchen die Mitglieder des Stiftungsrats nicht zu befürchten.

Das Parlament hat bei der Vergabe der begehrten Gelder kein Mitspracherecht. Zwar müssen die Anträge der Projekte für Lottomittel von den verschiedenen Senatsstellen geprüft werden, und die einzelnen Senatsverwaltungen dürfen auch Ablehnungen oder Empfehlungen aussprechen, die Entscheidungen selbst obliegen aber – wie gesagt – einzig und allein dem Stiftungsrat. Letztlich werden so Jahr für Jahr über hundert Millionen nach Gutdünken – ohne Kontrolle durch Abgeordnetenhaus und Landesrechnungshof und natürlich auch ohne die Möglichkeit eines verwaltungsrechtlichen Widerspruchs – vergeben.

Im September 1989 gab es eine Debatte im Berliner Abgeordnetenhaus, als die rot-grüne Koalition ein Gesetz einführen wollte, durch das ein Teil der Lottogelder, die normalerweise für den Lotto-Stiftungsrat bestimmt sind, direkt in den Landeshaushalt gelenkt werden sollten. In der Plenardebatte erinnerte der damalige oppositionelle CDU-Abgeordnete Dankward Buwitt die Koalition daran, worum es geht: »Denn der Senat und die Koalition haben im Stiftungsrat eine Mehrheit; sie können also mittels eigener Mehrheit im Rahmen des Gesetzes und der Satzung … über die Anträge entscheiden.«[8] Mit anderen Worten: Wer die Macht hat, bestimmt allein über den nicht gerade unbeträchtlichen Filzfonds. Leider hatte damals die rot-grüne Koalition nicht den Mut, die Vergabe der Lottomittel völlig aus den Klauen einer herrschenden Minderheit zu reißen. Vielleicht war es einfach die Verlockung der immensen Summen, die die AL-Abgeordnete Lydia Hohenberger dazu verführte, von »gutem« Parteifilz gegen »bösen« Parteifilz zu sprechen: »So plädiere ich dafür, daß künftig nicht nur Dahlemer Herrenhäuser, sondern auch Spandauer Frauenhäuser ihre Renovierung aus dem Lottoetat bestreiten können.«[9] Das Gesetz, 25 Prozent der Lotto-Stiftungsgelder direkt an den Landeshaushalt abzuführen, wurde damals von der SPD mit verabschiedet – nur um dann in der folgenden Koalition mit der CDU wieder rückgängig gemacht zu werden.[10] Bis heute also entscheidet immer noch eine Handvoll führender Politiker alleine über die Vergabe der Lottogelder.

Ohne Zweifel: Der Lotto-Stiftungsrat leistete in der Vergangenheit wirklich rührende kleine gesellschaftliche Beiträge. Ganze 5000 Mark vergab er für »Weihnachtsbeihilfen an bedürftige ehemals Rasseverfolgte evangelischen Glaubens«,[11] 9100 Mark als »Zuschuß zur Beschaffung eines Kopiergeräts incl. Zubehör« für den »Bund der Verfolgten des Naziregimes Berlin e. V.«[12] oder 7000 Mark für den »Theaterverein Gut Freund 1893 e. V.« als »Zuschuß zur Fertigung einer Jubiläumsfestschrift sowie für die Anschaffung zweier Punktscheinwerfer anläßlich des 100jährigen Vereinsjubiläums«.[13]

Interessanter sind da natürlich eher die großen – und sich wiederholenden – Gaben des Lotto-Stiftungsrats.

Zum Beispiel die für die politischen Stiftungen der Parteien: Jahr für Jahr erhalten die Berliner Konrad-Adenauer-Stiftung der CDU und die Friedrich-Ebert-Stiftung der SPD jeweils 1 715 000 Mark von der Lotto-Stiftung als »Zuschuß zur Fortsetzung der staatsbürgerlichen Bildungsarbeit in und für Berlin«.[14] Wenn man bedenkt, daß die Bundesstiftungen schon Hunderte von Millionen Mark jährlich (allein 1994 waren es 619 Millionen Mark) von der Bundesregierung erhalten,[15] ist dieser zusätzliche Beitrag, wo doch in Berlin an allen Ecken gespart werden muß, schon bemerkenswert großzügig. Diese Gelder, die die parteinahen Stiftungen wahrscheinlich sonst nicht erhalten würden, flössen die Lottomittel direkt in den Landeshaushalt, können sie für ihre »politischen Bildungszwecke« einsetzen.

Die FDP, die in der gegenwärtigen Legislaturperiode im Abgeordneten-haus gar nicht vertreten ist, kommt auch nicht schlecht weg. Die Friedrich-Naumann-Stiftung der Partei holt vom Lotto 735 000 Mark jährlich für ihre liberale »Bildungsarbeit«. Diese im Vergleich zur CDU und SPD niedrige Summe wurde nach dem Bonner Schlüssel, der die Verteilung der Bundesgelder für parteinahe Stiftungen regelt, festge-legt. Statt diese Berliner Praxis anzuprangern, sind die Grünen mit ins Boot gestiegen. Über ihre Stiftung »Bildungswerk für Demokratie und Umweltschutz e. V.« erhalten die Berliner Grünen ebenfalls 735 000 Mark jährlich.

Damit grapschen sich die Politiker jährlich fast 5 Millionen Mark für ihre eigenen »staatsbürgerlichen« Bildungsinteressen. Keine anderen parteinahen Stiftungen als die ihrigen erhalten Geld vom Lotto-Stif-tungsrat.

In diesem Fällen ist das Verwendungsinteresse von Lottogeldern für die Parteien und ihre Politiker also offensichtlich. Bei vielen anderen Verga-ben des Lotto-Stiftungsrats ist es schwieriger, Partei- und Politikerinter-essen herauszufiltern. Dies kann man erst dann, wenn man weiß, wel-che Personen in den Vereinen sitzen, die Lottogelder bekommen.

Dazu einige harmlose Beispiele: Alexander Longolius ist ein guter SPD-Genosse. Er saß von 1975 bis 1989 im Berliner Abgeordnetenhaus.[16] In dieser Zeit brachte er es zum Vorsitzenden der SPD-Fraktion[17] und zum Vizepräsidenten des Berliner Parlaments.[18] Obwohl treuer Genosse, wollten ihn 1989 weder sein eigener Wahlbezirk, Charlottenburg, noch die Kreuzberger Genossen[19] zur Wiederwahl aufstellen. Longolius schied also aus dem Abgeordnetenhaus aus und wurde zum Geschäfts-führer der »Initiative Berlin–USA« gekürt.[20] Erklärter Zweck des Vereins, der 1986 gegründet wurde, ist »die Vertiefung der Beziehungen zwi-schen der Berliner und der amerikanischen Bevölkerung«.[21] Bei der Gründung der »Initiative Berlin–USA« saßen im Kuratorium wichtige Personen aus der Politik, u. a. zwei spätere CDU-Senatoren: Jürgen Klemann und Dieter Heckelmann, Uwe Lehmann-Brauns, CDU-Abge-ordneter, Cornelia Schmalz-Jacobsen, FDP-Abgeordnete, und für die

SPD eben Alexander Longolius. Im Vorstand befanden sich Kurt Kasch für die Deutsche und Knut Fischer für die Berliner Bank. Eine typische, erfolgreiche Berliner Tippgemeinschaft.

Anfangs wurde die Initiative von der US-Mission Berlin und dem Berliner Senat finanziert.

Wie so viele andere treue Berliner CDU- und SPD-Politiker mußte auch der neue Chef der »Initiative Berlin–USA«, Alexander Longolius, nicht am Bettelstab gehen. Er erhielt ein Gehalt »nach BAT 1 Land Berlin zusätzlich 2000 Mark als Ausgleich für die während seiner Beurlaubung als Bundesbeamter entfallenden Versorgungsleistungen«.[22]

Eines der ersten Programme, die Longolius als Geschäftsführer der »Initiative Berlin–USA« initiierte, war ein Jugendaustausch namens »Berlin meets Berlin«. Hundert Jugendliche aus den zahlreichen Städten namens Berlin in den USA wurden in die neue Bundeshauptstadt eingeladen. Im folgenden Jahr schickte die Initiative hundert deutsche Berliner in die US-Hauptstadt Washington.[23] Allerdings scheint der Etat der »Initiative Berlin–USA« für dieses Programm nicht gereicht zu haben. 1990 bekam Longolius 138 000 Mark Zuschuß vom Lotto-Stiftungsrat, wo seine Parteigenossen seit Jahren mitbestimmend sind. Seit 1992 bekommt die Longolius-Initiative regelmäßig, das heißt jedes Jahr, Geld aus Lottomitteln.[24] Eine Ablehnung vom Lotto-Stiftungsrat kennt man im Hause Longolius nicht.

Ein ähnliches Beispiel bietet die »Drogenhilfe Tannenhof Berlin e. V.«, die eine Reihe von Projekten im Drogen- und Berufsausbildungsbereich in und um Berlin durchführt.[25] Vorstandsvorsitzende des Vereins ist Christa-Maria Blankenburg (CDU). Von 1981 bis 1995, also 14 Jahre lang, diente sie als Abgeordnete und zeitweilige parlamentarische Geschäftsführerin ihrer Partei. Frau Blankenburg ist seit 1991 Vorstandsvorsitzende bei »Drogenhilfe Tannenhof«.[26] Im Vorstand des Vereins sitzt sie schon länger – seit 1984, als der Verein noch »Drogenhilfe Tübingen in Berlin«[27] hieß.

Frau Blankenburgs Stellvertreter im Vorsitz der »Drogenhilfe Tannenhof Berlin« ist seit 1991 Dr. Bert Flemming.[28] Kurz bevor Flemming diesen

Posten erhielt, war er SPD-Abgeordneter im Berliner Parlament geworden.[29]

Von daher ist es keine große Überraschung, daß die »Drogenhilfe Tannenhof« schon Ende 1990 1,3 Millionen Mark von der Lotto-Stiftung im Zusammenhang mit dem Erwerb eines Hauses erhielt und 1995 weitere 571 000 Mark[30] als Zuschuß für das Einrichten und Möblieren eines weiteren Hauses.

Auch die »Europäische Akademie« hat kaum Schwierigkeiten mit Ablehnungen seitens des Lotto-Stiftungsrats. In ihrer Mitgliederversammlung sitzt Eberhard Diepgen samt einem seiner engsten Vertrauten, Gero Pfennig, außerdem der ehemalige Vorsitzende der SPD-Fraktion im Berliner Abgeordnetenhaus, Dietmar Staffelt, dazu der bereits erwähnte Alexander Longolius, der frühere FDP-Schulsenator Walter Rasch und Hubertus Moser, bis 1997 Vorstandsmitglied der Bankgesellschaft Berlin. Der Vorstandsvorsitzende der Akademie, Dr. Giuseppe Vita, ist Vorstandsvorsitzender von Schering.[31] Als zur Jahreswende 1995/96 die Akademiemitglieder angesichts der knappen Haushaltslage keine öffentlichen Gelder zu erwarten hatten, konnten sie sich statt dessen auf vier Millionen Mark aus dem Lottofonds für den Umbau ihrer »Europäischen Akademie« freuen.[32]

Ebenso gut besetzt ist der Beirat der Karl-Hofer-Gesellschaft. Diese Gesellschaft fungiert als Förderverein der Hochschule der Künste Berlin. Künstlerstipendien, Ateliers und Ausstellungen werden von ihr unterstützt.[33] Vorsitzender ist seit 1980 Edzard Reuter, früherer Vorstandschef des Stuttgarter Daimler-Benz-Konzerns und Sohn des ehemaligen Regierenden Bürgermeisters Ernst Reuter.[34] Beisitzer sind u. a. Dr. Klaus Pohle, stellvertretender Vorsitzender der Schering AG, Peter Rohrer, Vorstandsmitglied der Berliner Commerzbank, Hubertus Moser, bis 1997 Vorstandsmitglied der Bankgesellschaft Berlin, und Lotto-Stiftungsrat Mitglied Klaus-Rüdiger Landowsky.[35] Auch der SPD-Abgeordnete Nikolaus Sander[36] und der frühere CDU-Abgeordnete Manfred Preuss dürfen sich zu den Mitgliedern des Vereins zählen.[37] Bei einer solchen Besetzung hätte die Karl-Hofer-Gesellschaft kaum Schwierigkeiten, Gel-

der von privaten Sponsoren zu erhalten – sollte man denken. Weit ge-
fehlt. Auch sie nutzen die Lotto-Connection. In den letzten zehn Jahren
erhielt die Gesellschaft circa 2 Millionen Mark Lottogelder.[38]

In seiner Eröffnungsrede anläßlich des 40jährigen Jubiläums der Gesellschaft forderte der damalige Kultursenator Roloff-Momin (parteilos,
aber für die SPD im Senat) Künstler aller Sparten auf, endlich ihre Subventionsmentalität aufzugeben.[39] Anscheinend hält Herr Roloff-Momin
Subventionen für ein Reservat, das nur Mitgliedern der Nomenklatura
von Politik und Wirtschaft zur Verfügung stehen sollte.

Klaus-Rüdiger Landowskys Vorstandsverhältnis zu Gruppen, die Lottogelder erhalten, beschränkt sich nicht nur auf die Karl-Hofer-Gesellschaft. Der »Neue Berliner Kunstverein« (NBK) sieht es als seine Aufgabe
an, zeitgenössische Kunst mittels Ausstellungen, eines Videoforums und
einer Artothek, in der Kunstwerke ausgeliehen werden können, zu ver-
mitteln. Der Verein bekommt jedes Jahr eine sogenannte institutionelle
Förderung in Höhe von 1 432 000 Mark. Ende 1993 bekam er 293 000
Mark für die Anmietung neuer Vereinsgeschäftsräume[40] – zusätzlich zu
den sonstigen institutionellen Förderungen. Spätestens seit 1986 saß
und sitzt Klaus-Rüdiger Landowsky wiederholt im Verwaltungsrat des
Vereins,[41] dessen Satzung vorsieht, daß die Verwaltungsratsmitglieder
alle drei Jahre für mindestens ein Jahr ausscheiden müssen.[42]

Am 18. Oktober 1994 wurde Landowsky, laut Vereinsregistereintrag, in
den Vereinsvorstand gewählt. In seiner Amtszeit als Vorstandsmitglied
gab es immerhin schon kleine Verbesserungen für den »Neuen Berliner
Kunstverein« – im Gegensatz zu anderen Organisationen, die sich zwar
auch für Kunst in Berlin einsetzten, aber mit immer knapper werdenden
Subventionen konfrontiert wurden. 1995 wurde die Förderung des NBK
sogar gleich um 100 000 Mark auf nunmehr 1 531 000 Mark aufge-
stockt.[43] Mit Landowsky widerfährt dem »Neuen Berliner Kunstverein«
aber doppeltes Staatsgeldglück. Unter den fünf Sponsoren, die der Verein 1989 mit gewissem Stolz in seinem Heft zum 20jährigen Jubiläum
auflistet, befindet sich auch die Berliner Pfandbriefbank.[44] Vorstandsvorsitzender der Bank war damals Klaus-Rüdiger Landowsky.[45]

Der Lotto-Stiftungsrat ist nicht überall so großzügig. Wie der »Neue Berliner Kunstverein« erhält auch die eher links orientierte »Neue Gesellschaft für Bildende Kunst« (NGBK) eine Förderung vom Lotto-Stiftungsrat. Die NGBK bekommt zwar ein bißchen weniger als der »Neue Berliner Kunstverein« (1995: 1 205 000 Mark gegenüber 1 531 000 Mark[46]), der Unterschied entspricht aber auch ungefähr dem der Parteikräfte in der Großen Koalition.

Dennoch scheint es auch ein politisches Kriterium zu geben, wenn es um die Vergabe von Lottogeldern geht. Eine Gruppe, die 1996 im Programm der NGBK eine »ABM-Ausstellung« durchführen wollte, bekam dies zu spüren. Das Ziel dieser Ausstellung war es, die Debatte zur Kürzung der ABM-Gelder in den Bundesländern »mit künstlerischen Mitteln für kurze Zeit an(zu)reichern«.[47] Im September 1996 erhielt die Projektgruppe die Nachricht von der NGBK, daß die institutionelle Förderung genehmigt sei – »bis auf das ABM-Projekt, weil dies ein ›Reizthema‹ sei«.[48] Ein Reizthema – für wen bloß?

Anscheinend ist die »Helle Panke zur Förderung von Politik, Bildung und Kultur e. V.« ein ständiges Reizthema für den Lotto-Stiftungsrat. Seit 1993 stellt die »Helle Panke« erfolglos Anträge. »Helle Panke« ist die parteinahe Landesstiftung der PDS. Während die anderen Parteien im Berliner Abgeordnetenhaus – plus FDP, die derzeit im Landesparlament nicht mehr vertreten ist – jährlich Lottogelder erhalten, bekommt die »Helle Panke« immer wieder einen Brief mit dem kurzen, sachlichen Satz: »Wir erlauben uns Ihnen mitzuteilen, daß der Stiftungsrat der DKLB-Stiftung in seiner Sitzung am … Ihren obengenannten Antrag abgelehnt hat.«[49] Eine ausführlichere Begründung gab es nie. Es geht auch nicht darum, daß die »Helle Panke« unseriös wäre. Das Abgeordnetenhaus von Berlin hat den Verein in die institutionelle Förderung parteinaher Stiftungen einbezogen, wodurch er jährlich Geld (1994: 80 000 Mark) von der Landeszentrale für politische Bildungsarbeit erhält.[50] Dieselbe Landeszentrale attestiert: »Ungeachtet ihrer erkennbaren politisch-weltanschaulichen Grundposition arbeitet die ›Helle Panke‹, wie auch die anderen Stiftungen, rechtlich unabhängig von der ihr nahestehenden Partei und hofft, breitere Kreise anzusprechen, u. a. auch durch Mitwirkende aus anderen politischen Lagern.«[51]

Während die »Helle Panke« im Parlament anerkannt ist, können ihr hinter geschlossenen Türen – jenseits der öffentlichen Kontrolle – die CDU- und SPD-Mitglieder des Lotto-Stiftungsrats, die ihren parteinahen Stiftungen jährlich je 1 715 000 Mark zuschustern, diese Anerkennung – sprich Subventionierung – verweigern.

Für wie wichtig man diesen Filzfonds hält, drückt sich in der hochkarätigen Besetzung des Stiftungsrats in den letzten zehn Jahren aus: Eberhard Diepgen, Elmar Pieroth, Heinrich Lummer, Dieter Heckelmann, Jutta Limbach, Norbert Meisner, Günter Rexrodt u. a.[52] Zu diesem Klub hat das gemeine Parteifußvolk keinen Zugang. Die im November 1996 ernannten Stiftungsratsmitglieder geben diese Verhältnisse wieder: Arbeitssenatorin Christine Bergmann (SPD), Wirtschaftssenator Elmar Pieroth (CDU) und Innensenator Jörg Schönböhm (CDU) werden den Senat in diesem Gremium vertreten. Vom Abgeordnetenhaus wurden Klaus-Rüdiger Landowsky (CDU) und Klaus Böger (SPD) sowie der Bundestagsabgeordnete Dankward Buwitt (CDU) gewählt.[53] Zwei Namen ragen jedoch im Lotto-Stiftungsrat heraus: Dankward Buwitt und Klaus-Rüdiger Landowsky.[54]

Dankward Buwitt, Mitglied seit 1980, ist Dienstältester im Lotto-Stiftungsrat.[55] Obwohl er Anfang 1991 das Berliner Abgeordnetenhaus wegen eines Mandats im Bundestag verlassen hat, behielt er seinen Sitz im Stiftungsrat bei – sicherlich aus guten Gründen.[56]

Buwitt, der zum engeren Kreis um Diepgen und Landowsky gehört, war von 1984 bis 1991 Fraktionsvorsitzender der CDU im Berliner Abgeordnetenhaus.[57] Mit Landowsky hat Buwitt zahlreiche Gemeinsamkeiten: Er sitzt im Aufsichtsrat von Landowskys Berliner Hypotheken- und Pfandbriefbank AG,[58] war einer der Gründungsmitglieder in Landowskys »International Club Berlin«[59] und teilt mit Landowsky auch ein gemeinsames Clubleben beim »LTTC Rot-Weiß«.[60] Beide saßen jahrelang im Verwaltungsrat der skandalumwitterten Wohnungsbaukreditanstalt (WBK), die verdächtigt wird, in den 80er Jahren Hunderte von Millionen Mark Subventionsmittel an die Baumafia verschleudert zu haben.[61]

Die Angestellten der WBK bezeichneten ihr Bürogebäude als das »Haus der kleinen Aufmerksamkeiten«. Kein Wunder, auf einer »Geschenkeliste«, die die Staatsanwaltschaft während der Durchsuchung eines Büros bei einem der größten Berliner Baubetreuer fand, waren 132 WBK-Mitarbeiter verzeichnet.[62] Solche Geschenkpraktiken waren offensichtlich vor der »Antes-Affäre« gang und gäbe. Auch die Immobiliengruppe Groth und Graalfs beglückte Politiker mit kleinen Aufmerksamkeiten, darunter Wein mit einem Flaschenpreis von 60 Mark aufwärts. Buwitt, der laut *taz* zwei Dutzend Flaschen erhalten hat,[63] erklärte: »Ich habe keine persönlichen Spenden oder Zuwendungen aus der Bauwirtschaft empfangen. Das bezieht sich nicht auf nach Art, Umfang und Wert geringfügige Aufmerksamkeiten.«[64]

Buwitt entkam knapp der fragwürdigen Auszeichnung, erstes abgewähltes Lotto-Stiftungsratsmitglied zu werden. Im November 1986 beantragte die Alternative Liste seine Abwahl.[65] Dabei ging es um noch mehr als nur um ein paar Dutzend Flaschen Wein. Die Staatsanwaltschaft war durch eine Hausdurchsuchung bei dem Berliner Baulöwen Heinz Ruths an brisante Unterlagen gelangt, wonach Ruths 1983 eine Heizungsanlage in Buwitts Einfamilienhaus selbst bezahlt haben soll.[66] Ruths ist ein alter Jugendfreund von Buwitt. Der CDU-Abgeordnete sollte 1984/85 bei der Genehmigung des Baus des Freizeitbades »blub« »das politisch umstrittene private Freizeitbad über alle parlamentarischen und subventionstechnischen Hürden gebracht«[67] haben. Gesamtbauleitung des »blub« hatte – Ruths.[68] Außerdem hatte sich Ruths als Mittler zwischen Großbauaufträgen und der WBK – laut *Spiegel* – bis zu 80 Prozent des Marktanteils gesichert. Als Vorsitzender des Kreditausschusses der WBK durfte Buwitt bei der Vergabe von Fördermitteln mitbestimmen.[69]

Buwitt stritt ab, daß Ruths seine Heizung finanziert habe. Er erklärte, er selbst habe die Anlage deswegen nicht bezahlt, weil sie in den drei Jahren, seitdem sie eingebaut worden war, nie funktioniert habe.[70] Es fragt sich bloß, wie Buwitt sein Haus beheizt. Zwar wurde ermittelt, daß der Bezirksschornsteinfeger die Anlage jährlich ordnungsgemäß überprüft hatte, wobei die zulässigen Meßwerte nicht überschritten wurden.[71] Dies reichte aber nicht als Beweis dafür aus, daß die Heizung auch funktionstüchtig war.

Wie so oft beim Berliner Filz wurde der Fall lückenlos verschleiert. Der Ehrenrat des Berliner Abgeordnetenhauses sollte die Affäre Buwitt aufklären. Er erklärte, daß er die Richtigkeit der von Buwitt schriftlich und mündlich gegebenen Darstellung voraussetze. Für eigene Ermittlungen zum Sachverhalt fehle die Befugnis.[72] Die Staatsanwaltschaft, zuverlässig wie immer, konnte die Lage endgültig retten. Sie stellte fest, daß kein Bestechungsverdacht bestehe, da Buwitt kein öffentlicher Amtsträger sei. Es gebe keinen Grund, die Ermittlung überhaupt aufzunehmen.[73] Auch gegen den Bauunternehmer Ruths wurden die Ermittlungen später eingestellt.[74]

Buwitt, der seine Unschuld beteuerte, zog die für die Berliner Filz-Affären typischen Konsequenzen: im Grunde genommen keine. Er trat zwar als Vorsitzender des Hauptausschusses des Berliner Abgeordnetenhauses zurück – ein Amt, das sowieso ein anderes CDU-Mitglied übernehmen sollte –, behielt aber sein Abgeordnetenmandat und vor allem seinen Sitz im Lotto-Stiftungsrat. Den hat er heute immer noch inne. Allerdings hielt es Diepgen offensichtlich für nicht gerade angebracht, Buwitt zwei Wochen nach der Aufdeckung des Heizungsskandals das Bundesverdienstkreuz am Bande des Verdienstordens der Bundesrepublik Deutschland zu verleihen.[75] Aufgeschoben war aber nicht aufgehoben. Das Verdienstkreuz Erster Klasse des Verdienstordens der Bundesrepublik Deutschland erhielt Buwitt sieben Jahre später, im Juni 1993, wie es sich ziemt, aus den Händen Eberhard Diepgens.[76] Kurz danach kam die nächste Runde fragwürdiger Geschäfte des CDU-Politikers ans Licht.

Kaum drei Wochen nach der Auszeichnung war Buwitt erneut in den Schlagzeilen. 1991 hatte er das Berliner Abgeordnetenhaus verlassen, um Mitglied des Bundestags zu werden. Zusätzlich zu seinem Dienst fürs

Volk arbeitete Buwitt als kaufmännischer Angestellter der Hamburger Immobilienfirma Angermann Immobilien Consultants in Berlin.[77] Angermann ist in Berlin auch als Makler tätig. Auch Buwitts Ehefrau Christine ist bei Angermann tätig, als Niederlassungsleiterin in Berlin der »Angermann Internationale Vermietungs Consultants GmbH« in Berlin.[78]

Nun wurde von *Focus* Buwitt erneut die Vermischung von Politik und Geschäft unterstellt. Einen Tag vor der Kündigung der Hauptverwaltung der Berliner Wasserbetriebe im Osten der Stadt durch den damaligen Finanzsenator Elmar Pieroth (CDU) habe Buwitt schon ein passendes Ersatzgrundstück angeboten. Das Berliner Immobilienunternehmen Groth und Graalfs, Buwitts früherer Alternativ-Weinlieferant, hatte die Firma Angermann mit der Vermarktung dieses Grundstücks beauftragt. Grund der Kündigung der Wasserbetriebe: Bedarf des Bundesjustizministeriums. Buwitt, als Mitglied der Baukommission im Bundestag und damit an der Planung des Regierungsumzugs direkt oder indirekt beteiligt, soll sich dadurch einen Wissensvorsprung verschafft haben.[79] Dankward Buwitt dementierte diesen Vorwurf.[80] Er meinte, durch Zeitungsartikel, insbesondere einen aus dem Jahre 1992, von den Umzugsplänen gewußt zu haben. Mit Recht konterte *Focus* jedoch, daß der besagte Artikel keine eindeutige Aussage zu einem Umzug der Wasserbetriebe enthält.[81]

Ein Jahr später war es erneut das CDU-Duo Buwitt/Pieroth, das den nächsten Skandal heraufbeschwor. Finanzsenator Pieroth schien nicht in der Lage zu sein, die landeseigene Villa Lemm, den früheren Sitz des britischen Stadtkommandanten, zu einem vernünftigen Preis zu verkaufen. Den Exklusivauftrag zum Verkauf der Villa erhielt ohne jegliches Auswahlverfahren – die Firma Angermann.[82] Eine Abgeordnete der Grünen kritisierte: »Offensichtlich war hier der kurze CDU-Draht für die Vergabe des lukrativen Geschäfts an die Firma Angermann ausschlaggebend.«[83] Buwitt erklärte dem *Tagesspiegel*, er sei mit dem Auftrag nicht befaßt, »ich hätte, wäre ich gefragt worden, sogar abgelehnt«.[84] Die Maklerfirma war erfolglos, und die Villa mußte versteigert werden. Das Bevorzugungstandem Pieroth/Buwitt hörte hier aber keineswegs auf. Kurz bevor Pieroth 1996 den Finanzsenat verließ, um Wirtschaftssenator zu werden, wurden an vier Immobilienfirmen die exklusiven Rechte vergeben, landeseigene Liegenschaften zu verkaufen. Die Maklergebühren sollten selbstverständlich von den Käufern bezahlt werden, also ein Zwangsgeschäft zugunsten der Makler. Die Auswahl der Maklerfirmen fand ohne Ausschreibung, also frei von konkurrierenden Angeboten, statt. Unter den vieren befand sich selbstverständlich auch – »Angermann Internationale Immobilien Consultants GmbH«.[85] Dieses Programm wurde nach Pieroths Abgang als Finanzsenator beendet.[86]

Doch zurück zu Berlins erfolgreichster Tippgemeinschaft. Daß solche alten CDU-Filz-Verbindungen niemals in Vergessenheit geraten, zeigt eine Vergabe der Lotto-Stiftung aus der jüngsten Zeit. Anfang 1995 waren viele Kenner aus dem Suchttherapiebereich überrascht, als das »Drogentherapie-Zentrum Berlin e. V.« 6,4 Millionen Mark erhielt. Das Geld diente als Zuschuß zum Erwerb des Grundstücks Frankfurter Allee 40 in Berlin-Friedrichshain für den Aufbau eines Drogennachsorgeprojekts zusammen mit dem »Drogendienst Berlin e. V.«. Niemals zuvor hatte der Stiftungsrat eine annähernd große Summe für ein Drogenprojekt vergeben.

Ein kurzer Blick in die Namensliste des Vorstands des (Drogen-)Vereins liefert eine mögliche Erklärung. Der »Drogendienst von Berlin«, dessen offizieller Name »Notdienst für Suchtmittelgefährdete und Abhängige Berlin e.V.« ist, kann eine Staatssekretärin als Mitglied vorweisen, nämlich Verena Butalikakis (Senator für Gesundheit und Soziales), CDU.[87] Wichtiger noch ist der Vorsitzende des Hauptträgers des Projekts, des »Drogentherapie-Zentrums Berlin e. V.«. Der ist nämlich kein anderer als jener Michael Urban,[88] der heute, zusammen mit seiner Frau und seiner Tochter, Mitglied der Tiergartener Bezirksverordnetenversammlung ist. Damals war Urban Tiergartener Finanzstadtrat und CDU-Kreisschatzmeister, in dessen »schwarzer Kasse«[89] während der »Antes-Affäre« eine Menge Geld gelandet war.

Was die Vergabe von Lottogeldern angeht, lohnt es sich, noch einen Moment bei der »Antes-Affäre« zu verweilen. Dem Untersuchungsausschuß zufolge ging, wie gesagt, ein Teil des Geldes, das Diepgen von Franke erhielt, als »Spende« an den »Fördererkreis Junge Politik«, dessen damaliger Vorsitzender Peter Kittelmann war. Führende CDU-Mitglieder wie Diepgen, Landowsky und Buwitt waren als Mitglieder des Vereins eingetragen.[90] Der Zweck des Vereins ist – nach eigenem Bekunden – eigentlich die Förderung der studentischen Hilfe, der Jugendpflege und Fürsorge und nicht die Spendenakquisition für die CDU. Das hat gewisse Ähnlichkeiten mit einer Geldwaschanlage.

Dieser Eindruck wird verstärkt durch einen weiteren Fall aus jener Zeit. Dabei kam heraus, daß eine offizielle Spende von 25 000 Mark an die CDU nicht von der Partei selbst quittiert wurde, sondern vom Verein »Fördererkreis Junge Politik«.[91]

Nach der Franke-Durchsuchung sind die Bargeldspenden an die CDU wahrscheinlich nicht mehr so prall geflossen. Vielleicht ist das der Grund, warum zwischen 1985 und 1986 aus Lottomitteln immerhin 1,1 Millionen Mark an den »Fördererkreis Junge Politik« für die Sanierung von zwei Studentenwohnheimen des Vereins vergeben wurden.[92] Im Lotto-Stiftungsrat saßen u. a. Landowsky, Buwitt und Heinrich Lummer – der harte Kern der Berliner CDU.[93] Dem Verein wurden in den Jahren 1992/93 1,7 Millionen Mark und 1996 noch mal 680 000 Mark als Zuschuß zur Sanierung eben derselben Studentenwohnheime[94] gewährt. Diese Vergaben wurden vom Lotto-Stiftungsrat, dem die früheren Vereinsmitglieder Landowsky und Buwitt angehörten, abgesegnet. Innerhalb von zehn Jahren sind vom Lotto-Stiftungsrat fast 3,5 Millionen Mark für die »Sanierung« dieser Studentenwohnheime des »Fördererkreises Junge Politik e. V.« gegeben worden. Ansonsten hat der Lotto-Stiftungsrat – zumindest was die letzten zehn Jahre betrifft – keine anderen Studentenwohnheime unterstützt.

Man muß nicht unbedingt Politiker sein, um zu sechs Richtigen ohne Lottoschein zu kommen. 1996 wurde Peter Schwenkow zum »herausragendsten Unternehmer des Jahres 1996« gekürt.[95] »Mister Music«, wie die *Bild*[96] Schwenkow nennt, der seit über zwanzig Jahren CDU-Mitglied[97] ist, besitzt mehr als zwanzig Firmen mit circa 100 Millionen Mark

Umsatz. Als einer der größten Rockkonzert-Impresarios der Bundesrepublik betreibt Schwenkow außerdem einige der führenden Varietés im deutschsprachigen Raum: »Wintergarten« in Berlin, »Ronacher« in Wien, »Friedrichsbau« in Stuttgart. Schwenkows Geheimnis? Laut *Welt:* »Der erfolgreichste Impresario arbeitet immer mit seinem eigenen Geld, ohne Subventionen und Kredite.«[98]

So genau stimmt das auch nicht. Schwenkow genoß im Laufe der Zeit immer wieder eine helfende Hand. So beschwerte sich 1993 der Landesrechnungshof von Berlin, daß Schwenkow viel zuwenig Miete für seine Veranstaltungen auf Berlins landeseigener Waldbühne bezahle.[99] Bei vollem Haus waren es für einen ganzen Abend 30 000 Mark. Der Mann, der Schwenkow diesen günstigen Vertrag gegeben hatte, war der damalige Senator für Schule, Berufsbildung und Sport, Jürgen Klemann (CDU).

Schon bei der Ausschreibung eines Wettbewerbs für die zukünftige Nutzung der legendären Berliner Waldbühne gab es Schwierigkeiten. Die Ausschreibungskriterien legten darauf Wert, daß der zukünftige Nutzer bereits in der Vergangenheit »als eigenverantwortlicher Veranstalter erfolgreich unternommene Open-air-Großveranstaltungen und eine langjährige unternehmerische Tätigkeit als Konzertagentur mit Geschäftssitz in Berlin nachweisen konnte«.[100] Dadurch waren die meisten Firmen – die mit Sitz außerhalb Berlins sowieso – im Nachteil. Einer Unternehmung paßte diese Beschreibung jedoch wie ein maßgeschneiderter Handschuh: »Concert Concept« von Peter Schwenkow, der dann auch den Dreijahresvertrag als Veranstalter von jährlich maximal achtzehn Musik- und zwölf Kinoveranstaltungen in der Waldbühne erhielt.[101] Auch hier erfolgte die Ausschreibung durch Klemanns Senatsverwaltung.[102] 1992 hatte Schwenkow eine richtige Glückssträhne. Nicht genug damit, daß er den günstigen Vertrag für die Waldbühne erhielt. Als er zusammen mit André Heller und Bernhard Paul das Varieté »Wintergarten« in Berlins Potsdamer Straße übernimmt, erhält er – mit beiden besagten Größen zusammen – ein zinsloses Darlehen von 1,5 Millionen Mark – Lottogelder von Landowsky, Buwitt & Co.[103]

Doch damit nicht genug: Auch der Bundeskanzler wird immer wieder vom Lotto-Stiftungsrat bedacht. Das von ihm initiierte Deutsche Historische Museum, das vom Bund finanziell getragen wird, hat in den letzten Jahren über 5 Millionen Mark vom Lotto-Stiftungsrat bekommen.[104] Während Berlin im Kulturbereich, auch bei den Museen, wegen der rasanten Kürzungen aus Bonn sparen muß, kann man so Millionen für das Lieblingsspielzeug des CDU-Vorsitzenden Dr. Helmut Kohl abzwacken.

Die Gelder, die der Lotto-Stiftungsrat zu verteilen hat, kommen jedoch nicht nur aus den Umsätzen der Staatslotterie. Seit 1984 stehen dem Lotto-Stiftungsrat auch die »Sonderzahlungsmittel der Spielbank Berlin« zur Verfügung.[105] Die Spielbank Berlin im Europa-Center in der Tauentzienstraße ist verpflichtet, 90 Prozent ihres Gewinns an das Land Berlin abzuführen – 87 Prozent direkt an den Landeshaushalt, 3 Prozent sind zur Förderung von kulturellen, sportlichen und gemeinnützigen Zwecken zu verwenden.[106] Diese 3 Prozent, eine Summe von 4,455 Millionen Mark im Jahre 1995, sind die besagten »Sonderzahlungsmittel«, die vom Lotto-Stiftungsrat verwaltet werden. Im Gegensatz zu den Lottogeldern werden die Empfänger nicht öffentlich bekannt, und was sicherlich noch bemerkenswerter ist, diese Gaben stehen komplett außerhalb der öffentlichen Kontrolle.

Ein Anruf bei der Spielbank Berlin oder der Berliner Finanzverwaltung genügt, um festzustellen, daß hier eines der bestgehüteten Staatsgeheimnisse des Landes Berlin schlummert. Die Öffentlichkeit soll keinesfalls wissen, wo diese Gelder hinfließen. Fragen über die Einzelsummen und die Begünstigten werden nicht preisgegeben. Lediglich Gesamtzahlen sind erhältlich, aber die sagen auch schon einiges aus: In den Jahren 1986 bis 1988 zum Beispiel wurden die Gelder gleichmäßig zwischen dem Bereich Sport auf der einen Seite und Kultur und Gemeinnütziges auf der anderen Seite aufgeteilt. Seit die Große Koalition ans Ruder kam, wurde dieses Verhältnis zugunsten des Sports immer weiter ausgebaut. 1992 gingen 2,7 Millionen Mark an den Sport und circa 400 000 Mark an Kultur und Gemeinnütziges. 1993 – Dankward Buwitt war Vorsitzender der Vergabekommission[107] – waren nur noch 22 500 Mark für Kultur bestimmt. Gemeinnützige Projekte gingen mit leeren Händen aus. Seit 1994 sind ausschließlich Sportprojekte unterstützt worden.[108] Heute, wo in sozialen und kulturellen Bereichen rigoros gespart wird, ist der Profisport, der, wie der Name »professionell« sagt, eigentlich ohne Staatssubventionen – eben professionell – existieren sollte, die einzige geförderte Sparte.

Schon 1993 rügte der Landesrechnungshof, daß die Vergabe der Spielbankgelder jenseits der öffentlichen Kontrolle geregelt werde.[109] Laut Rechnungshof werden die Gelder im Landeshaushalt überhaupt nicht registriert. Dieser Vorgang hat sich nicht geändert – aus gutem Grund: Diese Gelder fließen keinesfalls in die Förderung des Breitensports, sondern in erster Linie in die Unterstützung des Spitzensports,[110] und hinter dem Profisport steckt wiederum die Wirtschaft – und die Politik.

Im September 1990 wurde der frühere Verteidigungsminister Rupert Scholz (CDU) zum Vorsitzenden des Wirtschaftsrats des Berliner Fußballvereins Hertha BSC gewählt.[111] Im gleichen Monat bat der Verein, der chronisch schlecht wirtschaftet, die Berliner Sportverwaltung um den Erlaß seiner Mietschulden für das landeseigene Olympiastadion. Die Sportverwaltung entschied, ein Drittel der Schulden zu stunden und die anderen zwei Drittel mit Spielbankgeldern zu bezahlen. So geschah es dann: Im März 1991, nach der Wahl der Großen Koalition, bekam Hertha BSC einen Bescheid, daß sie die in Aussicht gestellten Spielbankgelder tatsächlich auch in dieser Höhe erhalten werde.[112]

Es waren insgesamt 26 Vereine, die 1992 Spielbankgelder bekamen. Die beiden damaligen Fußballzweitligisten Hertha BSC und Blau-Weiß 90 erhielten jeweils 200 000 Mark.[113] Auch die Tennis-Mannschaft von Landowskys und Buwitts Tennisclub »LTTC Rot-Weiß« wurde mit Spielbankgeldern bedacht – 60 000 Mark.[114]

Im März 1996, als erste Diskussionen innerhalb der Großen Koalition über mögliche Sparmaßnahmen stattfanden, schlug Berlins Finanzsenatorin Annette Fugmann-Heesing, SPD, vor, die Hälfte des Geldes, das die Deutsche Klassenlotterie Berlin an die Lotto-Stiftung übergibt, direkt in den Landeshaushalt fließen zu lassen. Es wundert nicht, daß die vehementesten Kritiker dieses Vorschlags aus den Reihen der CDU kamen, vor allem Dankward Buwitt, aber auch Horst-Achim Kern, damals eines der SPD-Lotto-Stiftungsratsmitglieder.[115] In allen Bereichen des öffentlichen Lebens von Berlin wird gespart, einer bleibt aber außen vor: der Lotto-Stiftungsrat.

Die größte Abzockaktion des Lotto-Stiftungsrats war jedoch eine andere. Sie war einer der wenigen öffentlich bekannten Fälle des Lottofilzes. Trotzdem ging sie reibungslos über die Bühne. Das aber wahrscheinlich nur, weil ein Mann, sicherlich einer der mächtigsten in Berlin, die Strippen zog: Klaus-Rüdiger Landowsky.

»Sozialhilfe«

3 Ein Mann, drei Clubs und sechs Richtige

Der Eklat war da. Niemals in der Geschichte dieses renommierten Tennis-clubs in Deutschland war so etwas vorgekommen. Vorstandsmitglied und LTTC-Geschäftsführer Eberhard Wensky ergriff das Wort und bat im Namen des Vorstands um eine Unterbrechung der Mitgliederversamm-lung von circa 20 Minuten.[1] Das Ergebnis der Abstimmung war vernich-tend gewesen: 59 Ja-Stimmen, 64 Nein-Stimmen und 4 Enthaltungen.[2] Wensky und seine Kollegen im Vorstand hatten dieses katastrophale Ergebnis sicherlich geahnt, als eine geheime Abstimmung verlangt wor-den war. Der Vorstand des »Lawn-Tennis-Turnier-Club Rot-Weiß« im Berliner Grunewald, Gastgeber der internationalen »German Open« für Frauen, war an diesem 27. Januar 1996 für das Geschäftsjahr 1995 von seinen Mitgliedern nicht entlastet worden.[3] Eine schallende Ohrfeige und ein klares Mißtrauensvotum für die Vereinsführung. Das neue Ten-nisstadion des Clubs, das skandalträchtig aus der Taufe gehoben wor-den war, drohte erneut in die Schlagzeilen zu geraten.

Der »Lawn-Tennis-Turnier-Club Rot-Weiß« in Berlins Renommierviertel Grunewald, besser bekannt als »LTTC«, ist kein gewöhnlicher Tennis-club. In einer Selbstdarstellung heißt es: »Die Clubanlage, mit 17 Tennis-courts, ist eine hervorragende Erholungsoase. Gelegen am Hundekehlesee bietet der Club auch eine ausgezeichnete Badeanlage für Mitglieder und eine große Liegewiese. ›Rot-Weiß‹ hat den Ruf als einer der attraktivsten Tennis-Anlagen in der ganzen Welt … Das gesellschaftliche Leben des Clubs konzentriert sich besonders in dem ›Club de Gourmet Grand Slam‹, ein Gourmet-Restaurant auf dem Gelände, das in Berlin als Geheimtip gilt.«[4]

Laut Geschäftsführer Wensky war der Verein »auch immer der Club der sehr guten Tennisspieler, der Nationalspieler, der Daviscupspieler«.[5] Während aber die Spielstärke des LTTC in der Tennisbundesliga in der jüngsten Zeit abgenommen hat, wuchs sein Ruhm als exklusiver Treffpunkt der Berliner Gesellschaft. Dort spielte der Hohenzollern-Prinz Louis-Ferdinand bis zu seinem Tod. Herbert von Karajan, Harald Juhnke und Bubi Scholz sind Namen, die die Geschichte des Vereins prägen.[6] Laut Wensky zählte Richard von Weizsäcker, ehemaliger Bundespräsident, zu den Ehrenmitgliedern.[7] Es ist daher keine Überraschung, daß sich viele große Immobilienunternehmer, Chefärzte, Rechtsanwälte aus führenden Kanzleien und andere erfolgreiche Geschäftsleute unter den Mitgliedern des Vereins finden lassen.[8] Viele Banker und Politiker zählt Wensky stolz zum Clubinventar.[9]

Die zwei prominentesten LTTC-Mitglieder der politischen Gattung sind die Lotto-Fürsten Klaus-Rüdiger Landowsky und Dankward Buwitt. Die beiden genießen einen guten Ruf beim LTTC, nicht unbedingt weil sie gut Tennis spielen, sondern weil sie viel Glück mit sich bringen. Viel Lottogeld und ein fast mystischer Schutz vor der Regierungsbürokratie scheinen dem LTTC damit regelrecht ins Haus zu fallen.

Der Lotto-Stiftungsrat, dem Landowsky und Buwitt in den letzten zehn Jahren fast ununterbrochen angehören, vergibt jährlich laut Gesetz 25 Prozent seiner Gelder für Belange des Sports. Ein Großteil davon geht als »institutionelle Förderung« an den Landessportbund.[10] Diese Summe, die in den letzten Jahren jeweils um die 17 Millionen Mark betrug, wird dann vom Landessportbund an die Sportverbände und -vereine verteilt. Bei der Vergabe der Lottogelder in den letzten zehn Jahren sucht man nahezu vergeblich nach Beträgen, die vom Stiftungsrat unmittelbar an einzelne Sportvereine vergeben wurden – die große Ausnahme: »Lawn-Tennis-Turnier-Club Rot-Weiß«.

Die Lotto-Stiftungs-Vergabeliste für das erste Quartal 1988 wies damals eine große Überraschung auf. Der größte Einzelposten von 4,2 Millionen Mark ging weder an ein kulturelles noch an ein soziales Projekt, sondern als »Zuschuß für den Neubau eines 2. Tribünenplatzes (Center-Court B) mit Pressezentrum u. a. m.«[11] an den »LTTC Rot-Weiß«. Es ging um den Ausbau der Anlage des LTTC für die »German Open« für Frauen. Der Club ist jeden Sommer Gastgeber dieses internationalen Turniers. Die »German Open« sind eine rein private Angelegenheit für den Profisport, die vom Deutschen Tennis-Bund durchgeführt und von einer der weltweit führenden Sportmarketingagenturen, International Management Group, vermarktet wird.[12]

Die 4,2 Millionen aus den Lottomitteln waren kein Darlehen, wie vielleicht zu erwarten wäre, sondern ein Zuschuß ohne Rückzahlungsverpflichtung. Im Lotto-Stiftungsrat saßen damals allerdings auch die Clubmitglieder Landowsky und Buwitt. Da der LTTC eine offensichtlich so sichere Geldquelle angezapft hatte, mußte er auch nicht so genau kalkulieren. 1991 schob der Lotto-Stiftungsrat noch mal 362 000 Mark Zuschuß für »Mehrkosten« des Tribünenprojekts nach,[13] eine eher ungewöhnliche Praxis der Lotto-Stiftung. Landowsky und Buwitt saßen, wie es der Zufall nun einmal will, natürlich auch weiterhin im Lotto-Stiftungsrat.

Als Ende 1990 Berlin seine Bewerbung für die Olympischen Spiele initiierte, schienen goldene Zeiten für den LTTC und seine Tribünenprojekte angebrochen zu sein. Schon das ursprüngliche Ausführungskonzept für die Spiele sah das Gelände des LTTC als Tennisstandort vor.[14] Diese Entscheidung war indes auffällig, da eines der Ziele der Olympischen Spiele der Ausbau der öffentlichen Sportinfrastruktur sein sollte. LTTC wäre der einzige Privatstandort gewesen, der für die Spiele mit öffentlichen Geldern ausgebaut worden wäre.

Es traten jedoch unerwartete Schwierigkeiten auf. Das Internationale Olympische Komitee setzte ein Stadion mit zehntausend Sitzplätzen voraus.[15] Für solche Dimensionen reichte das Gelände vom LTTC jedoch nicht aus. Jürgen Klemann, »Crew-Mitglied« und damaliger Senator für Schule, Berufsbildung und Sport, machte sich daher für den LTTC stark. Klemann vertritt gemeinsam mit seinem Freund Landowsky, mit dem er zusammen an der Freien Universität studiert hatte,[16] den Bezirk Zehlendorf im Abgeordnetenhaus. Sein Lösungsvorschlag war, ein großes Areal samt Stadion direkt im Grunewald auf der anderen Seite der Avus gegenüber vom LTTC zu bebauen. Klemanns CDU-Parteikollege, der derzeitige Senator für Stadtentwicklung und Umweltschutz, Volker Hassemer, dessen Wahlkreis in Wilmersdorf liegt, erhob jedoch schwerwiegende Einwände.[17] Das Naturschutzgebiet Grunewald als Baugelände umzuwidmen wäre politisch und gesetzlich eine schwierige Unternehmung – besonders wenn es um einen elitären Club wie den LTTC ginge. Die Situation für den LTTC verbesserte sich auch nicht gerade durch die Aussage seines Geschäftsführers Wensky, daß das Land Berlin die neue Anlage vor und nach den Olympischen Spielen finanzieren solle, da der LTTC das Stadion nur 14 Tage im Jahr für das »German Open«-Damenturnier benötige.[18] Der Konflikt wurde vertagt, Hassemer ließ ein Gutachten in Auftrag geben, um das LTTC-Modell und 17 andere Standorte untersuchen zu lassen.

Ende 1992 entschied eine »Steuerungsgruppe«, die aus Vertretern von Hassemers und Klemanns Senatsstellen sowie dem Bezirksamt Wilmersdorf und den beauftragten Gutachtern bestand: Sie empfahl nicht das LTTC-Modell, sondern ein öffentliches Gelände in Karlshorst im Ostteil der Stadt.[19]

In der Zwischenzeit stand für den LTTC mehr auf dem Spiel, als nur Gastgeber bei den Olympischen Spielen sein zu dürfen. Im Januar 1992 beschloß das Tennis-Damen-Weltcouncil, daß Veranstalter für Turniere wie die »German Open« für Frauen einen Center Court mit mindestens 7000 Plätzen anbieten müssen. Damit können erhöhte Preisgelder garantiert werden.[20] Die Anlage des LTTC bot nur für 4500 Zuschauer Platz.[21] Sollte das Stadion anderswo gebaut werden, hätte der LTTC enorme Schwierigkeiten, die »German Open« und das dazugehörende Prestige und die Einnahmen zu behalten. Es ereignete sich aber ein wunderbarer Zufall. Die Berliner Olympia GmbH, mit ihrem Aufsichtsratsvorsitzenden Bürgermeister Eberhard Diepgen, präsentierte ein neues Konzept mit einer Stadiongröße für 8000 Zuschauer.[22] Das war eine Größe, die auf der bestehenden LTTC-Anlage zu bauen wäre. Gleichzeitig erklärte sich die »International Tennis Federation« bereit, ihre Forderungen runterzuschrauben und ein Stadion mit einem Zuschauererfassungsvermögen in genau dieser Größenordnung zuzulassen.[23]

Aber auch dieses Konzept geriet in planungstechnische Schwierigkeiten. Eine neue Lösung mußte her. Klemann gab eine zweite Machbarkeitsstudie in Auftrag und verschleuderte damit nach Ansicht der Fraktion der Grünen in der Wilmersdorfer Bezirksverordnetenversammlung erneut Steuergelder.[24] Es schien, als ob Teile des Berliner Senats so lange nicht aufgeben wollten, bis der LTTC ein neues Tennisstadion für die Olympischen Spiele geschenkt bekam – koste es den Steuerzahler, was es wolle.

Die Entscheidung erledigte sich dann von selbst. Nach Berlins Olympianiederlage in Monte Carlo im September 1993 schien der Traum vom Stadionneubau auf dem Gelände des LTTC ausgeträumt.

Im Februar 1994 hatten die Politiker im Bezirk Wilmersdorf alle Hände voll zu tun. Während die Berliner Landesregierung in den Jahren zuvor nicht genug Steuergelder für ihre Olympiabewerbung aus dem Fenster hatte werfen können, wurde die Stadt Anfang 1994 von der nüchternen Realität eingeholt. Wegen knapper Kassen hatte der Senat unter anderem die Haushalte der Bezirke gekürzt. So war auch Wilmersdorf gezwungen, 15 Millionen Mark einzusparen.[25] Während das Bezirksamt die Sparmöglichkeiten diskutierte, platzte die Bombe: Der Berliner Senat hatte sich entschieden, dem LTTC doch 20 Millionen Mark für den Ausbau des Tennisstadions zu gewähren.[26]

Die Empörung über diese Entscheidung faßte die Fraktion der Grünen zusammen: »Während in Wilmersdorf und in anderen Bezirken die Öfnung der Schwimmbäder, die Veranstaltung von Jugendfahrten, der Bau von Schulen und Kitas, die Einstellung von Dienstkräften etc. gefährdet ist bzw. verzögert wird, sollen die Interessen des Tennisverbandes und seiner Anhängerschaft in vollem Umfang finanziert werden: dieser Skandal stinkt zum Himmel!«[27] Die Grünen stellten einen Antrag in der Wilmersdorfer Bezirksverordnetenversammlung, um diese Art von Sozialhilfe für Berlins notleidende Tennisprominenz zu verhindern. Vergebens. Der Antrag wurde durch die Stimmen von CDU, FDP und Republikanern abgeschmettert.[28] Normalerweise finanzieren Berliner Vereine, die ihre Anlagen ausbauen wollen, ihr Vorhaben durch das Förderprogramm für Vereinsinvestition des Landes Berlin. Bei diesem Programm, das in der Sportszene das »20-20-60-Programm« heißt, bringt der Verein 20 Prozent der Baukosten als Eigenkapital auf, Berlin schießt 20 Prozent zu, und weitere 60 Prozent gibt die Stadt als zinsloses Darlehen. Nicht so beim LTTC, der in den Genuß einer Vollfinanzierung seines Tennisstadions kommen sollte.

Die »German Open« könnten – laut Wensky – durch das vergrößerte Stadion dem LTTC statt der bisherigen 110 000 Mark sogar das Dreifache bringen.[29] Das heißt, der Senat hätte einem der reichsten Vereine Berlins nicht nur ein Stadion im Wert von 20 Millionen Mark geschenkt, sondern zusätzliche 220 000 Mark Einnahmen im Jahr ermöglicht. Zum Vergleich: Der Hamburger Tennisclub am Rothenbaum, Gastgeber für die »German Open« der Männer, gab in derselben Zeit 30 Millionen Mark für ein neues Tennisstadion aus. Dort finanzierte das Stadion der Deutsche Tennis-Bund, wobei ein Drittel durch den Kartenverkauf und der Rest durch Fernseheinnahmen und Sponsoring aufgebracht wurden.[30] In Hamburg wäre die für Berlin normale Schieberei wohl aufgestoßen.

Klaus-Rüdiger Landowsky konnte die Aufregung nicht verstehen und sah alles gelassen: »Angesichts der publizistischen Wirkung halte ich die Summen für relativ günstig.«[31] Landowsky war einer der auffälligsten Verfechter des LTTC-Tennisstadions in der Öffentlichkeit, und das in mehreren Funktionen. Zunächst nahm er als Befürworter des Projekts an der Mitgliederversammlung 1994 des LTTC teil. Im Verein war der Stadionbau nicht unumstritten. Das Argument, daß die Gelder aus der Staatskasse gratis kämen und der Club keinen Pfennig draufzahle – laut Bündnis 90/Die Grünen war das auf die persönliche Intervention Landowskys zurückzuführen[32] –, reichte schließlich aus: 135 Clubmitglieder konnten zu einem Ja bewegt werden, während 82 dagegen votierten. Merkwürdig an dieser »demokratischen Entscheidung« war die Tatsache, daß bei der Auszählung dieser Abstimmung neun Stimmzettel mehr vorhanden als Clubmitglieder anwesend waren.[33]

Landowsky war jedoch nicht nur Mitglied des LTTC, sondern auch Hauptsponsor des »German Masters«-Turniers seines eigenen Clubs geworden. Nach den »German Masters« 1992 stieg die Lufthansa AG, die sich gerade in der Krise befand, als Hauptsponsor aus. Neuer Hauptsponsor wurde eine Dreierriege: die Berliner Hypotheken- und Pfandbriefbank AG, deren Vorstandsvorsitzender Landowsky ist und in deren Aufsichtsrat Buwitt sitzt,[34] die Berliner Landesbank, deren damaliger Vorstandsvorsitzender Hubertus Moser ebenso wie die Vorstandsmitglieder Klaus von der Heyde und Knut Fischer LTTC-Mitglieder sind, und die Berliner Bank.[35] Da die ersten zwei Banken zu 100 Prozent und die Berliner Bank zu 56 Prozent dem Land Berlin gehörten,[36] war es dann kein anderer als das Land Berlin, welches das Turnier mit einer weiteren indirekten Subvention rettete. 1994 übernahm die neugegründete Bankgesellschaft Berlin, in der die vorher genannten drei Banken aufgingen, die Rolle des Hauptsponsors des Turniers. Die Bankgesellschaft gehörte zu der Zeit zu 57 Prozent dem Land Berlin.[37]

Und nicht zuletzt als CDU-Fraktionsvorsitzender im Abgeordnetenhaus vertrat Landowsky die Interessen seines Clubs. Seine Fraktion hatte die Entscheidung für die Vergabe der 20 Millionen Mark an den LTTC mitgetragen. Es waren Landowskys Freunde, Diepgen als Bürgermeister und der damalige Sportsenator Jürgen Klemann, die den Stadionbau auf Kosten des Steuerzahlers mittrugen.

Diepgen, Landowsky und Klemann hatten allerdings nicht mit der Welle von Empörung gerechnet, die die Senatssubvention zugunsten des LTTC auslöste. Besonders in Wilmersdorf wurde ein Präzedenzfall aus dem Jahr 1992 wieder wachgerufen. Damals plante der Tennisclub »1899 e. V. Blau-Weiß«, sein Schwimmbad auszubauen. Der Club hatte vor, das »20-20-60«-Vereinsinvestitionsprogramm in Anspruch zu nehmen. Das hätte einen Eigenbeitrag von 836 000 Mark bedeutet, dieselbe Summe als Zuschuß und ein 2,5 Millionen Mark betragendes zinsloses Darlehen vom Senat.[38] Auf die Genehmigung des Antrags durch Senator Klemann folgte ein enormer Protest. Klemann hatte Geld für ein Schwimmbad eines Privatclubs genehmigt, während ein Becken des öffentlichen Stadtbads Wilmersdorf wegen fehlender Geldmittel schon seit zwei Jahren unbenutzbar war.[39] »Blau-Weiß« zog seinen Antrag zurück und finanzierte das Projekt aus eigenen Mitteln.

Die Grünen im Abgeordnetenhaus führten weitere Gegenargumente ins Feld. Im Bezirk Prenzlauer Berg hatte die Abteilung Kultur und Bildung des Bezirksamtes einen Gesamtetat von weniger als 20 Millionen Mark. Wegen dieser Geldknappheit waren zu diesem Zeitpunkt fünf Schulturnhallen wegen baulicher Mängel gesperrt, vier weitere mußten geschlossen und von den geplanten vier neuen Sporthallen drei gestrichen werden.[40]

Nichtsdestoweniger sah der Vorstand des LTTC seinen Club als den wahren Bedürftigen und Leidtragenden. Eberhard Wensky schrieb voller Mitgefühl: »Unsere Mitglieder (können) durch die Turnierveranstaltung rund 3 Wochen im Mai die Clubanlage nur sehr eingeschränkt benutzen.«[41]

Anscheinend war sich der CDU-Führungskreis seiner Sache nicht mehr so sicher, sollte es zu einer Abstimmung im Berliner Abgeordnetenhaus kommen. Landowsky, LTTC-Mitglied, »German Masters«-Sponsor und CDU-Fraktionsvorsitzender, löste das Problem, indem er einfach den Stuhl wechselte. Bei der Vergabe von Geldern für das dritte Quartal im September 1994 verschenkte der Lotto-Stiftungsrat (worin weiterhin Landowsky und Buwitt saßen) fast die Hälfte der verfügbaren Mittel, nämlich 20 Millionen Mark, an den »Lawn-Tennis-Turnier-Club Rot-Weiß« für den Bau seines Stadions![42] Noch nie in den letzten zehn Jahren ist eine so große Summe einem einzigen Projekt zugute gekommen.

Damit war allerdings die letzte Hürde noch nicht genommen. Der Bau des Stadions setzte ein Bebauungsplanverfahren voraus, welches wegen der Bürgerbeteiligung sehr viel Zeit in Anspruch nimmt. Auch diese Schwierigkeit wurde politisch umgangen, indem der damalige Bausenator, Wolfgang Nagel (SPD), im Oktober 1994 den Stadionbau zur Landessache erklärte.[43] Normalerweise ist die Erstellung und Realisierung eines Bebauungsplans die Sache des Bezirksamtes. Das Bezirksamt bereitet die Baugenehmigung vor, die Bezirksverordnetenversammlung beschließt sie, und der Bausenat bestätigt dies in einem Festsetzungsverfahren. Der Senat für Bau darf eine Genehmigung in seltenen Fällen »an sich ziehen«, zum Beispiel, wenn der Bezirk gegen Vorschriften verstößt oder wegen fehlerhafter Bearbeitung einer Genehmigung. Außerdem kann der Senator für Bau die Baugenehmigung einem Bezirk entziehen, wenn übergeordnete landesweite Interessen im Spiel sind, wie beim Potsdamer Platz.

In der LTTC-Mitgliederversammlung des Jahres 1995 wurde Landowsky gefragt, wie es mit der Baugenehmigung aussehe. Laut Protokoll erwiderte der CDU-Funktionär, »daß man erreicht habe, daß der Senat und die Koalitionsfraktionen sich geeinigt hätten, daß der Stadionneubau bei ›Rot-Weiß‹ durch Vollfinanzierung durchgeführt werden könne. Er sei ziemlich sicher, daß dieser Beschluß des Senats von Berlin und beider Koalitionsfraktionen durch baldige Erteilung der Baugenehmigung auch umgesetzt werde.«[44] Wenige Monate später erteilte Nagel die Baugenehmigung, genau wie Landowsky vorhergesagt hatte.

Der Berliner Filz – wie er leibt und lebt. Am Ende des Matchs hätte es »Spiel, Satz und Sieg« für Landowsky geheißen, wäre da nicht jene LTTC-Mitgliederversammlung am 27. Januar 1996 gewesen. Der Club war schon am Brodeln, als über hundert Mitglieder sich an diesem Samstagnachmittag im Pressezentrum der Clubanlage trafen. Vorausgegangen waren die Rücktritte von zwei der hochangesehensten Mitglieder aus dem Clubausschuß.[45] Die Begründung der beiden für diesen Schritt

Lawn-Tennis (🏆) *Turnier-Club*
„Rot-Weiß" e.V.

LTTC „Rot-Weiß" · Gottfried-von-Cramm-Weg 47-55 · 14193 Berlin

Gottfried-von Cramm-Weg 47-55
14193 Berlin (Grunewald)
Telegrammadresse: TENNISTURNIER
Telefon: 8262207 (Sekretariat)
8258093 (Ökonomie)
8265031 (Platzreservierung)
Telefax: 8265036

Dresdner Bank AG
(BLZ 10080000), Konto-Nr. 3706849
Berliner Sparkasse
(BLZ 10050000), Konto-Nr. 940025000
Postbank NL Berlin
(BLZ 10010010), Konto-Nr. 16801-102

Niederschrift über die ordentliche Mitgliederversammlung des LTTC "Rot-Weiß" e.V. am Samstag, dem 27. Januar 1996, im Pressezentrum auf der Clubanlage

Beginn: 14.15 Uhr

Der Vorsitzende, Herr Wolfgang A. Hofer, eröffnete die ordentliche Mitgliederversammlung 1996 und stellte fest, daß zu dieser Versammlung frist- und ordnungsgemäß eingeladen worden sei. Bei z.Zt. 95 anwesenden stimmberechtigten Mitgliedern sei die Versammlung nach § 16 (1) der gültigen Satzung beschlußfähig.

Ein seltsames Verfahren: die Entlastung des LTTC-Vorstands.

war eine mangelhafte Informationspolitik des Clubvorstands bezüglich des finanziellen Risikos beim Stadionbau.[46] Denn obwohl derselbe Vorstand 1994 versprochen hatte, daß staatliche Gelder die Finanzierung aller Baumaßnahmen decken würden und der Club keinerlei Eigenleistungen aufbringen müsse, hatte der Vorstand im Namen des Clubs eine Bürgschaft von einer Million Mark für Mehrkosten abgegeben.[47] Plötzlich sollten die LTTC-Mitglieder, die nur zu gern 20 Millionen Mark öffentlicher Gelder abzockten, selbst einen vergleichsweise bescheidenen Beitrag riskieren. Das ging denn doch manchem Clubmitglied zu weit. Auf der turbulenten Mitgliederversammlung des 27. Januar 1996 wurde der LTTC-Vorstand daher zunächst nicht entlastet, die Nichtentlastung der Öffentlichkeit aber lieber verheimlicht. Ein Mann wie Landowsky, der für seine verbale Schlagfertigkeit in der Berliner Presse bewundert wird und einmal meinte: »Es kann nicht sein, daß ein Teil der Ausländer

Zu Punkt 4. der Tagesordnung (Entlastung des Vorstands):

Herr Hofer nahm Bezug auf die von Herrn Dr. Kuhnke abgegebene Erklärung, wonach einer Entlastung des Vorstands nicht zugestimmt werden könnte, und bat um Wortmeldungen. Herr Michael H. Hoppe beantragte die Entlastung des Vorstands für das vergangene Geschäftsjahr.

Auf Antrag von Frau Gudrun Wiechmann-Seifert und Herrn Rüdiger Nickel wurde die Abstimmung über die Entlastung des Vorstands schriftlich per Stimmzettel durchgeführt. Bei einer Präsens von 127 stimmberechtigten Mitgliedern ergab die schriftliche Abstimmung:

    59 - Ja-Stimmen
    64 - Nein-Stimmen
     4 - Enthaltungen

Herr Wensky stellte fest, daß der Antrag auf Entlastung des Vorstands somit abgelehnt sei. Aufgrund dieses Ergebnisses bat er im Namen des Vorstands um eine Unterbrechung der Mitgliederversammlung von ca. 20 Minuten.

Die Mitgliederversammlung wurde unterbrochen. Bei der Fortsetzung der Mitgliederversammlung erklärte Herr Schumann, der Vorstand sei aufgrund des Abstimmungsergebnisses entschlossen, geschlossen zurückzutreten; er habe ihn ermächtigt, der Mitgliederversammlung dies zu übermitteln. Auf sein Bitten hin habe er sich jedoch bereit erklärt, sein Verhalten von dem weiteren Votum der Mitgliederversammlung abhängig zu machen. Ein Rücktritt eines gesamten Vorstands sei wohl einmalig in der Geschichte des Vereins und würde eine nicht unerhebliche Belastung für alle darstellen. Zum einem sei das Problem der Vertretung ad hoc zu lösen, da die Satzung für einen derartigen Fall keine Aussage treffe; der Clubausschuß müßte aus seinen Reihen einen Nachfolger wählen, was sicher sehr schwierig sein werde.

Es gebe aber auch die Auswirkungen einer Nichtentlastung zu bedenken: Dem Club seien in finanziell schwierigen Zeiten DM Mio. 20 an quasi öffentlichen Mitteln zur Verfügung gestellt worden; dies sei der Verdienst des Vorstands. Dieser sei somit also auch als Garant für die Öffentlichkeit anzusehen und das Vertrauen der Öffentlichkeit würde sicherlich schwer erschüttert werden, wenn die Mitglieder den Vorstand nicht entlasten würden. Dieser Ansehensverlust würde sich sicherlich auch in Zukunft negativ auswirken.

Herr Schumann führte weiterhin aus, er habe die bisherige Diskussion dahingehend verstanden, daß die Geschäftsführung durch den Vorstand nicht beanstandet worden sei - die Vorbehalte, die diskutiert wurden, hätten sich nur auf das Bauvorhaben bezogen. Es läge doch deshalb nahe, den

bettelnd, betrügend, ja, auch messerstechend durch die Straßen zieht, festgenommen wird, und nur weil sie das Wort ›Asyl‹ rufen, dem Steuerzahler auf der Tasche liegen«,[48] schien mit einemmal sehr wortkarg zu sein, wenn es um die finanziellen Erwartungen seines Clubs an den Staat ging. Ebenso bemerkenswert ist, daß ein ganzer Verein anscheinend die Konspiration deckte. Es drang kein Wort nach draußen. Sogar der »Zufall« kam dem LTTC zu Hilfe. Das Heft Nummer 1 der LTTC-Zeitschrift *Club-Magazin*, worin Jahr für Jahr das Protokoll der jährlichen Mitgliederversammlung abgedruckt wird, ist Anfang 1996 nicht erschienen.

Vorstand im übrigen zu entlasten - jedoch wegen der noch nicht beendeten Baumaßnahme eine Entlastung dafür zurückzustellen. Für diesen Fall habe auch der Vorstand signalisiert, daß er weiter im Amt bleiben könne und wolle. Eine derartige Entscheidung sei sicher für die Öffentlichkeit nachvollziehbar und auch insofern sachgerecht, als der Vorstand nunmehr beweisen könne, daß der von ihm zugesicherte Rahmen von DM Mio. 20 Bausumme eingehalten werden kann. Er habe auch die Ausführungen von Herrn Dr. Kuhnke in diesem Sinne verstanden.

Herr Dr. Kuhnke bestätigte den Sinngehalt dieser Ausführungen. Herr Schumann führte weiter aus, daß es unter diesem Gesichtspunkt sicher angemessen sei, wenn die Mitgliederversammlung ungeachtet formaler Bedenken ihren Beschluß dahingehend interpretiere, daß die erfolgte Abstimmung sich nur auf die Verpflichtungen des Vorstands in Bezug auf die Baumaßnahme beziehe, er ansonsten aber für die gute Geschäftsführung des Vorjahres entlastet sei.

Eine daraufhin erfolgte Abstimmung ergab bei einer Präsens von 120 anwesenden stimmberechtigten Mitgliedern eine Mehrheit von

110   Ja-Stimmen
0   Nein-Stimmen
10   Enthaltungen

Herr Hofer erklärte daraufhin auch im Namen der übrigen Mitglieder des Vorstands, daß er sich soweit entlastet fühle und daß der Vorstand im Amt bleibe.

Zunächst hieß es seitens des LTTC, daß das Heft gar nicht erscheinen werde.[49] Das erste Heft des Jahres war die »Ausgabe 2«, worin die Mitgliederversammlung mit keinem Wort erwähnt wurde.

Eine Ausgabe Nummer 1 ist jedoch im Sommer 1996 erschienen. Fast am Ende des Hefts befindet sich auch ein Bericht über die stürmische Mitgliederversammlung. Die Nichtentlastung des Vorstands ist in sehr pikanter Weise erwähnt: »Die Entlastung des Vorstands für das abgelaufene Geschäftsjahr erfolgte einstimmig, mit Ausnahme des noch nicht abgeschlossenen Bauvorhabens.«[50] Noch interessanter sind zwei sehr kritische Artikel[51] – jeweils über die beiden wegen der Bürgschaft zurückgetretenen Clubausschußmitglieder. Einer wurde offensichtlich sogar bei den »German Masters« »diesmal« nicht zum VIP-Raum zugelassen. In den Artikeln wurden selbstverständlich die dubiosen Machenschaften bei der Finanzierungsplanung des Stadions als Rücktrittsgründe der beiden Ausschußmitglieder nicht erwähnt.

Das Clubleben beim LTTC scheint in der Folgezeit für die Herren Landowsky und Buwitt ein bißchen zu dürftig geworden zu sein. Kaum drei Monate nach der Zustimmung des LTTC über den Bau eines neuen

Tennisstadions auf Kosten der öffentlichen Hand trafen sich die beiden CDU-Lotto-Fürsten, um den nächsten Coup auszuhecken. Am 29. April 1994 um 18.30 Uhr versammelten sich die Gründer des »International Club Berlin« im früheren britischen Offiziersclub. Es war ein familiäres Beisammensein. Die Liste von Gründungsmitgliedern, die die Redaktion der *Welt* erhielt, ist weniger international als ein »›inner circle‹ der Stadt«.[52] Mit auf der Liste aus den Reihen der CDU, neben Landowsky und Buwitt, waren der Bundestagsabgeordnete Jochen Feilcke, Rupert Scholz, Senator Peter Radunski und die heutige Staatssekretärin Hildegard Boucsein (von 1984 bis 1989 die Leiterin des persönlichen Büros vom Regierenden Bürgermeister Diepgen). Von der SPD waren es der damalige Abgeordnete, Geschäftsführer der SPD-Fraktion im Abgeordnetenhaus und Lotto-Stiftungsrats-Mitglied Achim Kern, Ditmar Staffelt, Dietrich Stobbe und der Staatssekretär für Arbeit Peter Haupt. Aus dem LTTC waren der Clubvorstandsvorsitzende Wolfgang Hofer sowie der Geschäftsführer der Commerzbank in Berlin, Peter von Jena, dabei. Aus der Bankbranche war Wolfgang Poeck, Direktor der Dresdner Bank AG in Berlin, erschienen. Weitere Gründungsmitglieder waren Hannelore Pieroth, Frau des CDU-Senators, Dr. Klaus Pohle, stellvertretender Vorsitzender der Schering AG, der mit Landowsky im Beirat der Karl-Hofer-Gesellschaft sitzt, Peter-Hans Keilbach von Daimler-Benz und Dr. Jost von Trott zu Solz, der zusammen mit Landowsky Mitglied des Vereins »Junge Politik« gewesen ist.[53] Erstaunlich jedoch ist die Tatsache, daß – mit einer Ausnahme – der gesamte damalige Vorstand der Bankgesellschaft Berlin einschließlich Landowsky auf der Gründerliste steht! Ehrenpräsident wurde Berlins Bürgermeister Eberhard Diepgen.[54]

Als Vorsitzender wurde der pensionierte Major General der britischen Armee a. D. Patrick Brooking gewählt. Brooking, früherer Stadtkommandant, war kein Unbekannter für die Berliner CDU. Er ist »Chief Executive« bei der Krone AG, deren Vorstandsvorsitzender Klaus Krone auch ein strammes CDU-Mitglied ist. Stellvertretender Vorsitzender des Clubvorstands wurde Landowsky. Zu weiteren Vorstandsmitgliedern des »International Club« wurden auch Hofer und Fischer aus dem LTTC und

Dr. Bernd Fischer, Protokollchef des Berliner Senats, gewählt. Ziel des Vereins war die Übernahme des früheren britischen Offiziersclubs. Das Clubgelände befindet sich seit 1947 in der Thüringer Allee 5–11, auf einem Grundstück von über 15 000 Quadratmetern mit Swimmingpool und elf Tennisplätzen. Nach dem Abzug der britischen Armee aus Berlin sollte es am 11. September 1994 vom Bund übernommen werden.

Die Bundesvermögensabteilung hatte vor, 120 Wohnungen für ihre Bundesbediensteten auf einem Teil des Grundstücks zu bauen. Doch diese Pläne wollten Landowsky und seine Freunde durchkreuzen.

Sie hatten das Areal für andere Zwecke vorgesehen – nämlich für einen Hauptstadt-Club. Laut Senatskanzlei sollte der »International Club Berlin« maximal tausend Mitglieder haben,[55] die sich hauptsächlich aus der gehobenen Gesellschaft Berlins – Botschafter, Spitzenpolitiker und Führungskräfte deutscher Unternehmen – rekrutieren sollten.[56]

Der Hauptstadt-Club selbst wäre finanziell nie in der Lage gewesen, die Anlage zu kaufen. Aber wofür brauchte dieser Kreis denn überhaupt Geld? Dafür gibt es doch die Landeskasse. Berlins Regierender Bürgermeister, Eberhard Diepgen, wurde behilflich. Das Land Berlin bot dem Bund das Gelände der Tiergartener Bezirksgärtnerei an der Königin-Luise-Straße 29B in Dahlem als Tauschobjekt an. Der Vertrag für die Nutzung des Fünf-Hektar-Grundstücks (mit einem geschätzten Wert von 30 Millionen Mark) als Baumschule lief Ende 1996 aus. Die Bonner Beamten schienen aber wenig Interesse an dem Geschäft zu haben. Der Tausch mußte also zur Chefsache erklärt werden.

Im April 1996 wurde dem *taz*-Redakteur Severin Weiland die Kopie eines Fax, adressiert an den Leiter des Kanzlerbüros, Walter Neuer, in Bonn zugespielt. Absender war Bernd Fischer, Diepgens Protokollchef, der auch Vorstandsmitglied des Clubs ist. Darin wurde das Vorhaben, den britischen Offiziersclub als Hauptstadt-Club umzugestalten, dem Kanzleramt beschrieben. Fischer wies aber darauf hin: »Entscheidendes Problem ist die Notwendigkeit, das Gelände möglichst kostenlos zur Verfügung gestellt zu bekommen. Das Gelände fällt an den BMF zurück, seine Mitarbeiter plädieren bisher auf Abriß des Clubs und Erstellung von

Bundeswohnungen auf dem Gelände.« Am Schluß schrieb Fischer: »Der Regierende Bürgermeister will auf Bitten von Klaus Landowsky den Herrn Bundeskanzler in dieser Angelegenheit anrufen.« Zu Bundeskanzler Kohl meint Landowsky ein gutes Verhältnis zu haben.[57] Der Grundstückskauf gelang. Nachdem Weiland die Geschichte herausgebracht hatte, hüllten sich Rotes Rathaus und Kanzlerbüro in Schweigen.

Einmal im Besitz des Landes Berlin, übernahm Landowskys Hauptstadt-Club am 26. September 1994 das Areal des ehemaligen Offiziersclubs. Diepgen konnte seinem Freund Landowsky und dessen Seilschaft das Grundstück zwar nicht kostenlos überreichen, jedoch »möglichst kostenlos«, wie Fischer es formuliert hatte. Für die zentral gelegene Clubanlage wurde laut Diepgen »für eine Übergangsphase von einem Geschäftsjahr« eine Pacht von nur 150 000 Mark verlangt.[58] Laut den Grünen liegt diese Summe auf dem Niveau der Pacht für ein Kleingartengelände, und diese Entscheidung Diepgens bedeute eine Subvention von über 800 000 Mark im Jahr, die durch das Grundstück hätten erwirtschaftet werden können.[59] Dabei wußten die Grünen gar nicht, daß der Club eigentlich nur die Hälfte der Pachtsumme bezahlen mußte, da der Pachtvertrag vorsah, daß die Hälfte der Summe mit Investitionen verrechnet werden dürfe.[60] Ein Versuch der Grünen, dieses Geschäft zu verhindern, wurde von der Großen Koalition im Parlament niedergestimmt.[61]

Zwischenzeitlich erhielt der »International Club« einen Pachtvertrag für 30 Jahre.[62] Die Jahrespacht wurde auf 300 000 Mark im Jahr verdoppelt – immer noch weit unter dem Verkehrswert.[63] Auch sieht der Pachtvertrag eine Miete, »… die jedoch zur Hälfte mit Investitionen verrechnet werden kann«, vor. Dieser Pachtvertrag wurde »… nach Verhandlungen mit der Senatskanzlei«[64] ausgearbeitet – da ist sicherlich mit harten Bandagen gekämpft worden.

Interessanterweise wurde das dem Land Berlin neu zugeschlagene Grundstück nicht dem Fachvermögen der Finanzverwaltung zugeordnet, was die normale Vorgehensweise gewesen wäre, sondern dem Fachvermögen der Senatskanzlei, die dem Bürgermeister direkt unterstellt ist. Eine weitere Merkwürdigkeit bei diesem Immobiliendeal: Im Haushaltsentwurf der Senatskanzlei für 1995/96 findet sich keine Einnahme aus dem Mietzins des »International Club«. In seiner Sitzung vom 25. März 1996 sah sich der Hauptausschuß des Abgeordnetenhauses veranlaßt, in dieser Angelegenheit einzugreifen. Um mindestens einen Teil der Pachtmiete des »International Club« sichtbar zu machen und um sicherzustellen, daß überhaupt etwas bezahlt wird, wurde beschlossen, daß jährlich 100 000 Mark davon an die Landeszentrale für politische Bildung verbucht werden sollten.[65] Ein Vorgang, der in den Finanzunterlagen des Senats für die Öffentlichkeit nachweisbar geworden wäre.

Es gibt aber mehr als einen Weg, ein Grundstück kostenlos zur Verfügung gestellt zu bekommen. Was die Regierung vom »International Club« an Pacht einkassierte, erhielt er von der Bankgesellschaft Berlin wieder zurück, deren damaliger Vorstand fast vollzählig im Club dabei war. Dieses finanzielle Arrangement war offensichtlich schon festgelegt, wie im Fax von Fischer an das Kanzlerbüro zu lesen ist: »Die Bankgesellschaft Berlin garantiert die finanzielle Grundausstattung des Clubs (ca. 1,5 Millionen DM pro Jahr).« In der Tat, einige Monate später war in mehreren Berliner Tageszeitungen zu lesen, daß die Bankgesellschaft den »International Club« mit mehr als einer Million Mark im Jahr als Sponsor unterstützen werde.[66] Die Bankgesellschaft Berlin scheint nicht nur Landowskys Hausbank zu sein, sondern auch der Haussponsor seiner Clubs.

Während seiner Recherchen zur Verbindung zwischen der Bankgesellschaft Berlin und dem »International Club« machte Weiland eine kuriose Erfahrung. Eine halbe Stunde nachdem er telefonisch eine Stellungnahme vom Pressesprecher der Bankgesellschaft eingeholt hatte, rief Weiland beim »International Club« an, um einige Fragen zu stellen:

Am Apparat meldet sich eine Mitarbeiterin. Ich frage, ob ich Herrn Schreiber sprechen könne. »In welcher Angelegenheit?« Nun, antworte ich, das würde ich ihm schon gerne selbst sagen. Schweigen. Plötzlich sagt Schreibers Mitarbeiterin: »Herr Weiland, Sie wollen doch sicherlich etwas über die Finanzen des Clubs wissen, oder?« Damit wird offenkundig: Raßfeld, der Sprecher der Bankgesellschaft, muß in der Zwischenzeit den Geschäftsführer Schreiber von seinem Telefonat mit mir informiert haben. Schreibers Mitarbeiterin erklärt nun plötzlich: »Ich glaube, daß Herr Raßfeld Ihnen da weitaus besser helfen kann.« Daraufhin hake ich nach: Es sei doch schon eigenartig, daß Herr Raßfeld im Namen der Bankgesellschaft für den Club sprechen solle. Sie reagierte gereizt. Ich hake noch mal nach: Ob ihr das nicht eigenartig vorkomme? Ich ziehe einen Vergleich heran: »Stellen Sie sich einmal vor, Sie wollten von mir Informationen über die *taz* und ich würde sie statt an unsere Geschäftsführung an unseren besten Werbekunden verweisen. Käme Ihnen das nicht auch merkwürdig vor?« Schließlich gibt Schreibers Mitarbeiterin entnervt auf und notiert sich meine Redaktionsnummer. Doch trotz ihrer Zusage gibt es keinen Rückruf.[67]

Im ersten Jahr seiner Existenz hatte das Restaurant im Club offensichtlich horrende Verluste verbucht. Da der Club jedoch in der Anlaufzeit nur zum Ausgleich von 200 000 Mark verpflichtet war, wurde der Vertrag zum Jahresende in gegenseitigem Einverständnis aufgelöst. Um die »gastronomischen Verluste zu verringern«, wurden Sponsorenverträge abgeschlossen, darunter natürlich einer mit der Bankgesellschaft Berlin.[68]

Während der letzten Mitgliederversammlung wurde wiederholt aufgefordert, das Restaurant zu benutzen, um das Defizit abzubauen. Nur ein nicht unbekannter Querdenker bezog in dieser Angelegenheit eine andere Position: »Zusammenfassend wies Herr Landowsky darauf hin, daß der Club nicht nur als Restaurant gesehen werden darf. Er darf nicht zum Hauptzweck werden. Zum Herzen des Clubs muß die Bar werden, an der sich die Mitglieder treffen.«[69]

Während die Bankgesellschaft Berlin mit ihrer großzügigen Sponsortätigkeit sicherlich einen wichtigen Beitrag zum Sozialleben des Berliner Filzes leistete, war ihre Leistung im Bankbereich weniger beeindruckend.

Wenn Anfang November 1996 noch von Rückstellungen in Höhe von 819 Millionen Mark wegen Kreditrisiken die Rede war,[70] hieß es bereits am Ende desselben Monats, daß 2,2 Milliarden Mark notwendig wären.[71] Laut dem neuen Vorstandssprecher der Bank sollen eine Milliarde Mark schon verloren sein.[72]

Als 1996 die anderen deutschen Großbanken hervorragende Ergebnisse vorweisen konnten, fielen die International-Club-Mitglieder des Bankgesellschafts-Vorstands mit einem Betriebsergebnis von minus 39,1 Prozent aus der Reihe.[73] In der Tat hatte die Bankgesellschaft Berlin, an der das Land Berlin zur Zeit mit 56 Prozent beteiligt ist, fast den halben Wert auf dem Aktienmarkt[74] verloren, seitdem die Landesbank Berlin, die Berliner Hypotheken- und Pfandbriefbank und die Berliner Bank Anfang 1994 fusionierten.[75] Laut Berlins Landesrechnungshof sind für Berlin finanzielle Nachteile »in mindestens zweistelliger Millionenhöhe« entstanden.[76] Die beiden Vorstandssprecher der Bankgesellschaft, Hubertus Moser und Wolfgang Steinriede, konnten nach dem Bekanntwerden der horrenden Entwicklung ihrer Institution vorzeitig ihre Hüte nehmen.[77] Beide werden nicht im Aufsichtsrat der Bankgesellschaft Platz nehmen, wie es in der Bankbranche sonst oft üblich ist.[78]

In einem Club allerdings tritt Landowsky ohne seinen Freund Buwitt auf, im »Golf- und Landclub Berlin Wannsee« nämlich. Aber auch dort versammelt sich ein typischer Kreis, der immer auftaucht, wo Klaus-Rüdiger Landowsky sich zu Hause fühlt. Nicht nur sein alter Freund und Parteigenosse Jürgen Klemann zählt zu den Mitgliedern, sondern auch Vertreter der Vorstände von Berlins wichtigsten Banken: Rudi Puchta (Generalbevollmächtigter der Dresdner Bank AG in Frankfurt/Main und Niederlassungsleiter für Dresdner Bank Berlin),[79] Peter von Jena (Geschäftsführer der Commerzbank AG Niederlassung Berlin),[80] Graf Andreas von Hardenberg (bis Ende 1996 Vorstandsmitglied der Berliner Bank Aktiengesellschaft, der zurücktrat, als die massiven Verluste der Bank bekannt wurden)[81] und Wilhelm Wiethege (ehemaliger Geschäftsführer der Deutschen Bank in Berlin).[82]

Seit 1952 fristete der »Golf- und Landclub Wannsee« mit seiner Neun-Loch-Anlage neben dem Achtzehn-Loch-Gelände des »Berlin-Golf-Club« der US-Streitkräfte eher ein Mauerblümchendasein. Ursprünglich gehörten beide Anlagen unter die Regie des »Golf- und Landclub Wannsee«. Die Amerikaner trennten nach dem Krieg den größeren Teil für ihren eigenen Bedarf ab. Nach dem Mauerfall wurden die beiden sehr schön gelegenen Anlagen wieder zusammengeführt. Wie es der Zufall wollte, war Klaus-Rüdiger Landowsky mit von der Partie. Der »Golf- und Landclub Wannsee« erhielt die zusätzlichen 600 000 Quadratmeter für die günstigst mögliche Pachtmiete von 30 Pfennig pro Quadratmeter im Jahr.[83] Dies war möglich geworden, weil die US-Armee ihre Anlage nach der Wiedervereinigung an den Alteigentümer, das Land Berlin, zurückgegeben hatte.

Diese extrem billige Miete ist in den Sportanlagen-Nutzungsvorschriften für förderungswürdige Sportorganisationen vorgesehen.[84] Der »Golf- und Landclub Wannsee« ist ein privater Club und einziger Nutzer der Anlage. Um Mitglied des Clubs zu werden, muß man 3000 Mark Aufnahmegebühr bezahlen. Dazu kommen bis zu 2000 Mark Mitgliedsgebühr im Jahr.[85]

Genau diese Art »verdeckter Subventionierung«[86] rügt der Landesrechnungshof seit Jahren. Der Rechnungshof hatte eine Empfehlung an den Senat für Schule, Berufsbildung und Sport weitergegeben, um die Lage ein für allemal zu klären, da der Mißbrauch Einnahmeverluste für die leere Landeskasse bedeute.[87] Aber »die Senatsverwaltung für Schule, Berufsbildung und Sport hält dies nicht für notwendig«, bemängelte der Landesrechnungshof.[88] Der damalige Senator für Schule, Berufsbildung und Sport war kein anderer als Jürgen Klemann, Mitglied des »Golf- und Landclub Wannsee« und Landowsky-Intimus.

Bei diesen Clubgeschäften vermißt man neben dem Land Berlin als indirektem Sponsor durch einen günstigen Pachtvertrag allerdings noch die Bankgesellschaft Berlin. Beim hundertjährigen Jubiläum des »Golf- und Landclub Wannsee« führte die Liste der Sponsoren dann tatsächlich auch die Bankgesellschaft an. Ebenso war als Mäzen die

Gothaer Versicherung beteiligt, einer der größten Teilhaber der Bankgesellschaft.

Landowskys Clubs sind nicht die einzigen, denen solch kreative Finanzierung zugute kommt. Ein anderer Fall beschäftigt zur Zeit einen Untersuchungsausschuß des Berliner Abgeordnetenhauses.

Gründstücksgeschäfte

EINGEGANGEN
- 9. J'...
Erled. *kopie*

4 Die Sportsfreunde von Köpenick

»Das Projekt hat Modellcharakter«,[1] protzte Berlins Finanzsenator Elmar Pieroth. Der Unternehmer mit dem Parteibuch der CDU, der neben seiner damaligen Senatorentätigkeit noch Zeit fand, in neun Aufsichtsräten Sitz und Stimme innezuhaben,[2] ließ es sich nicht nehmen, am 27. Juni 1995 seinen neusten Privatisierungsvorstoß der Öffentlichkeit vorzustellen: den Wuhlesportpark bei Köpenick am Rande Berlins. Auf einem landeseigenen Grundstück an der Spree sollte ein privater Investor neben einem Gewerbekomplex auch eine Sportanlage errichten und betreiben,[3] schwärmte Pieroth. Durch das Modellprojekt sollten »ein großes Fußballfeld sowie zwei kleinere Spielfelder, sieben Tennisanlagen, eine Tischtennishalle für insgesamt 12 Spielplatten, eine Kegel- und Bowlinghalle mit jeweils 8 Bahnen und eine Mehrzwecksporthalle entstehen. Auch der gewerbliche Teil des Grundstücks wird sport- und freizeitnah genutzt: mit einem Sporthotel, einem Kinocenter, Discothek und Gastronomie.«[4] Voller Stolz behauptete der Finanzsenator: »Das Land Berlin kann die Sportflächen unentgeltlich nutzen. Das Projekt Wuhlesportpark ist damit ein wichtiger Schritt auf dem Weg zu einer umfassenden Privatisierung von Sportanlagen.«[5] Fast zwei Jahre später liegt das Grundstück und damit Pieroths Projekt mit Modellcharakter immer noch brach. Kaum jemand konnte ahnen, was sich hinter dem von Pieroth vorgestellten »Modellprojekt« wirklich verbarg. Wieder wollte eine Seilschaft aus Funktionären, Politikern und Geschäftsleuten Millionenwerte aus der öffentlichen Kasse in private Kanäle transferieren. Die Machenschaften beschäftigen seit September 1996 einen Untersuchungsausschuß des Berliner Parlaments.

Es gibt kein Gesetz in der Bundesrepublik, das einen Investor daran hindert, einen Fußballclub finanziell zu sanieren; darin liegt das Wesen von Sportsponsoring. Es gibt auch kein Gesetz, das einer Landesregierung verbietet, ein landeseigenes Grundstück per Erbbaupacht an einen Investor zur Bebauung zu vergeben – selbst wenn die Vergabe zu einem besonders günstigen Preis erfolgt. Solche Arten von Transaktionen gehören zu den Aufgaben einer Regierung. Es gehört ebenfalls in den Handlungsspielraum einer Landesregierung, einem Fußballverein finanziell unter die Arme zu greifen, wenn sie sich dabei an die gesetzlich vorgeschriebenen Wege hält. Aber wenn die Landesregierung einem Investor ein landeseigenes Grundstück zu einem besonderes günstigen Preis vergibt mit der Bedingung, daß er aus dem daraus entstehenden Gewinn die Schulden eines Fußballvereins tilgt, und wenn dann der ganze Handel auch noch dem Parlament, dem Landesrechnungshof und der Öffentlichkeit verheimlicht wird, dann bewegt sich diese Landesregierung am Rande der Legalität.

In der DDR war der 1. FC Union der Lieblingsverein der Ostberliner Fußballanhänger. Gegründet Mitte der sechziger Jahre im Auftrag der Staatspartei SED, die in der DDR flächendeckend Fußballclubs einrichten ließ, dümpelte Union über Jahrzehnte immer nur im Schatten der erfolgreicheren Vereine ASK »Vorwärts« und BFC »Dynamo«, dem Steckenpferd des allmächtigen Stasi-Chefs Erich Mielke. Der BFC gewann in den achtziger Jahren zehn DDR-Meistertitel hintereinander, doch wirklich beliebt war im Osten Berlins nur der 1. FC Union, obwohl der zeitweise nur in der zweiten Liga kickte. »Eisern Union« – dieser Schlachtruf im baufälligen Stadion an der Wuhlheide im Stadtbezirk Köpenick war ein Erkennungszeichen für den nicht ganz linientreuen Fußballfan. Die Union-Anhänger galten in Ostdeutschland als besonders gefährlich. Der Verein war auch ein Stück DDR-Kultur. Mit den aggressiven, nimmermüden Union-Fans befaßten sich sogar Kulturschaffende. Der Dokumentarfilm »Und abends in die Grüne Hölle«, in dem erstmals in der DDR Hooligans vor der Kamera Auskunft gaben, durfte allerdings nur in kleineren Kinosälen aufgeführt werden.

Natürlich waren der 1. FC Union und seine Fans immer ein Thema für die Stasi. Alarmstufe eins, wenn Union und der BFC in der Oberliga gegeneinander spielten. Auf Mielkes Geheiß durfte Union seine Heimspiele gegen den BFC nicht in der Wuhlheide austragen. Die Ostberliner Ortsderbys wurden im inzwischen abgerissenen »Stadion der Weltjugend« an der Chausseestraße angepfiffen. Und wenn Union bei diesen Spielen einmal überraschend in Führung lag, dann kam es schon einmal vor, daß die Schiedsrichter ein paar Minuten länger spielen ließen, bis wenigstens der Ausgleich gefallen war.

Im Vergleich zum Stasi-Club BFC war der 1. FC Union natürlich kein Vorzeigeobjekt – ein Hort der Widerständler, als der er nach der Wende gern bezeichnet wurde, war Union allerdings ebensowenig. War Mielkes Ministerium für Staatssicherheit Hauptsponsor des BFC, so wurde Union vor allem von der SED-Bezirksleitung Berlin unterstützt. Für die Spieler machte das keinen großen Unterschied: Sie spielten da, wo es am lukrativsten war. Zeitweise wurden die besten Unioner zum BFC »delegiert«, wie es im sportamtlichen Behördendeutsch hieß. Ausgemusterte Helden landeten nach ihrer Zeit beim BFC gern wieder beim 1. FC Union.

So hatten im Frühsommer 1991, als Union und der BFC in einer Relegationsrunde gemeinsam mit Magdeburg und Brandenburg um einen Platz in der zweiten Bundesliga kickten, fast alle Union-Spieler vorher schon einmal das Trikot des BFC oder des ASK »Vorwärts« Frankfurt getragen. Doch die Legende vom Widerstand, das Märchen von den Unterdrückten, sie war stärker als die Fakten.

Im Mai 1993 schien der Verein endlich den Durchbruch geschafft zu haben. Die Köpenicker Mannschaft qualifizierte sich als Staffelsieger der Amateuroberliga souverän für die Aufstiegsrunde zur 2. Bundesliga. Rein sportlich hatte Union diese Aufgabe gegen den Westberliner Neureichen-Verein Tennis Borussia und die Sachsen aus Bischofswerda auch gemeistert. Zur Aufstiegsfete spielten die Altrocker »Puhdys« auf einem Nebenplatz in der Wuhlheide auf. Endlich die Nummer eins im Ostberliner Fußball, endlich den verhaßten BFC abgehängt, Unioner aller Couleur träumten von glorreichen Zeiten im gesamtdeutschen Profifußball. Doch wenige Tage später folgte die Ernüchterung.

Der schon damals hochverschuldete Verein scheiterte kurz vor dem Ziel, als entdeckt wurde, daß die dem DFB-Vorstand vorgelegten Wirtschaftsunterlagen einer Überprüfung nicht standhielten. Eine dem DFB-Lizenzausschuß zugefaxte Bankbürgschaft über eine Million Mark, die die Solvenz des Clubs garantieren sollte, erwies sich als Fälschung.[6]

Berlins Regierender Bürgermeister Eberhard Diepgen nahm sich diese Niederlage des 1. FC Union wirkungsvoll zu Herzen. Er gab seine Betroffenheit zu verstehen: »Das tut mir für die Mannschaft weh.«[7] Zu der vom Vereinsvorstand gefälschten Bankbürgschaft erklärte Diepgens Pressesprecher Michael-Andreas Butz: Die Mannschaft »darf auf keinen Fall dafür bestraft werden, was Dritte verschuldet haben«.[8] Gleichzeitig stellte der damalige Senator für Schule, Berufsbildung und Sport, Jürgen Klemann, dem schuldigen »Dritten«, dem Vorstand des Vereins, eine Finanzspritze von 500 000 Mark in Aussicht.[9]

Mit Recht intervenierte der Bund der Steuerzahler gegen die Subvention eines Profifußballclubs: »Es kann nicht Aufgabe des Senats sein, Steuergelder zu verschwenden, um den finanziellen Zusammenbruch eines Fußballvereins zu verhindern.«[10] Der Landessportbund als Dachverband des Amateursports protestierte ebenfalls gegen den geplanten Zuschuß und mahnte an, daß Profisport von der Wirtschaftsförderung unterstützt werden sollte und nicht aus dem Landeshaushalt.[11] Der Senatsverwaltung für Finanzen war klar, daß eine direkte Subvention, wie sie dem betroffenen Diepgen und seinen Mannen vorschwebte, nicht durchgesetzt werden konnte: »Das wäre haushaltsrechtlich und politisch nicht zu vertreten. Außerdem würden einem solchen Vorgehen der Haushaltsausschuß und der Rechnungshof nicht zustimmen.«[12] Der 1. FC Union erhielt die 500 000 Mark nicht. Die Sportsfreunde aus dem

Berliner Senat sahen einmal mehr die Möglichkeit, sich politisch profilieren und eine Klientel in diesem Ostbezirk aufbauen zu können, durch die notwendige Rücksichtnahme auf das Gesetz, die politischen Strukturen und die öffentliche Meinung behindert. Da also der direkte Weg verbaut war, mußte ein Umweg gefunden werden. Bereits Anfang 1994 waren die Pfadfinder in dieser Angelegenheit unterwegs.[13] Der Köpenicker Bürgermeister Dr. Klaus Ulbricht (SPD), gleichzeitig Vorstandsmitglied des 1. FC Union,[14] verhandelte mit dem Präsidenten des 1. FC Union, dem Westberliner Bauunternehmer Detlef Bracht, wegen eines Erbbaupachtvertrages für ein direkt an der Spree bei Köpenick gelegenes Grundstück, die ehemalige Sportanlage der Kabelwerke Oberspree (KWO). Von den sieben Hektar sollten sechs Sportzwecken gewidmet werden, ein Hektar sollte für kommerzielle Nutzung freistehen.[15] Bei einem solch attraktiven Wassergrundstück war natürlich vor allem der zweite Aspekt interessant. Aus dem Zusammenhang zwischen Grundstück und Schuldentilgung des Vereins machten Senator Jürgen Klemann und Bürgermeister Ulbricht kein Geheimnis. In einem gemeinsamen Brief erklärten sie:

> »Ziel dieser Investition ist die langfristige Sicherung
> 1. eines attraktiven Sportangebotes im Bezirk und
> 2. die Finanzierung der sportlich bestimmten Aufgaben eines Großvereines.«[16]

In der Tat war das Grundstück soviel wert, daß es diese beiden Ziele erfüllen und gleichzeitig einem Investor Gewinn hätte einbringen können. Nur schien der Verein nicht in der Lage zu sein, das Projekt so zu realisieren, daß er seine immensen Schulden damit kurzfristig hätte tilgen können. Der Plan fiel ins Wasser, da er nicht für die finanzielle Absicherung des Aufstiegs in die 2. Bundesliga ausreichte. Um diesen dennoch zu ermöglichen, mußte der Verein einen Investor finden, der ihm eine große Summe sofort zahlen würde. Als »Untermieter« des Geländes wäre kaum ein Investor dazu bereit. Erneut ergriffen Klemann und Ulbricht die Initiative und stimmten zu, den Erbbaurechtsvertrag »zur Sicherheit« an Dritte abzutreten, um das Geld auf dem schnellstmöglichen Wege beschaffen zu können.[17] Geräuschlos war auf diese Weise eine Tür für das große Geschäft mit einem landeseigenen Grundstück geöffnet worden.

Daß bei dem solcherart angeschobenen Geschäft mit dem Grundstück an der Wuhlheide nicht alles mit rechten Dingen zuging, erfuhr Edgar Grothkopp, Geschäftsführer der Neuköllner »Turngemeinde in Berlin 1848«, als er einen Brief an den derzeitigen Staatssekretär für Stadtentwicklung und Umweltschutz, Wolfgang Branoner, schrieb. Grothkopp hatte von Pieroths »Modellprojekt« Sportpark Wuhlheide erfahren und fragte nach der Möglichkeit, ähnliche Bedingungen für die eigene Vereinsanlage zu bekommen.[18] Er erhielt die überraschende Antwort:

> »Meine Verwaltung hat dem von der Senatsverwaltung für Finanzen vorbereiteten Verfahren bei der Sportanlage An der Wuhlheide nur unter dem Vorbehalt zugestimmt, daß damit ein bestimmtes bezirkliches sportpolitisches Ziel verwirklicht wird (Sicherung der wirtschaftlichen Überlebensfähigkeit des Vereins 1. FC Union), und dabei gleichzeitig schwerwiegende städtebauliche, landschaftsplanerische und rechtliche Bedenken zurückgestellt. Ich hoffe, damit deutlich gemacht zu haben, daß das Vorgehen in bezug auf die Anlage An der Wuhlheide im klassischen Sinne eine Ausnahmeentscheidung meines Hauses gewesen ist und daß ich auf Grund der noch nicht vorliegenden Resultate nicht beabsichtige, weitere zu vollziehen.«[19]

Doch nicht nur das Geschäft mit dem landeseigenen Grundstück war fragwürdig, sondern auch die Personen, die ausgewählt wurden, um die Aktion zu verwirklichen.

Horst Kahstein kam im Januar 1995 als Berater des Vereinspräsidenten zum 1. FC Union. Seine Spezialaufgabe war die »Realisierung des Union-Sportparks bis hin zum Abschluß eines Erbbaurechtsvertrages mit dem Land Berlin«.[20] Kahstein war kein Neuling im Sport. In der DDR war das SED-Mitglied Kahstein ein hoher Sportfunktionär – Abteilungsleiter für Aus- und Weiterbildung im Staatssekretariat für Körperkultur und Sport.[21] Seine vornehmste Aufgabe als Berater und Verbindungsmann zum großen Geld sah Kahstein offensichtlich darin, zunächst mal selbst an die Spitze zu gelangen. Im November 1995 wird er unter merkwürdigen Umständen zum Präsidenten des 1. FC Union gewählt. Bei der Jahreshauptversammlung legt er einen Brief von Unions neuem Hauptsponsor, Manfred Albrecht, vor. Darin teilt Albrecht mit, er sei nur bereit, den Verein, der sich immer noch am Rande des Konkurses befindet, zu fördern, wenn Kahstein ins Präsidentenamt gewählt würde.[22] Kahstein erhält 255 Ja-Stimmen und nur 7 Gegenstimmen[23] und zusätzlich einen Vertrag als Berater von Albrechts Berliner Firmen mit einem Monatsgehalt von 15 000 Mark.[24]

Manfred Albrecht, gebürtiger Hallenser und gelernter Maurer, war erfolgreicher Unternehmer im Bereich Bau- und Projektentwicklung im Ruhrgebiet. Von seinem Dortmunder Firmensitz aus erweiterte er nach der Wende seinen Tätigkeitsbereich schnell auf die neuen Bundesländer – aus reiner Nächstenliebe, versteht sich: »Wir sind 1990 in den Osten gegangen, weil wir dem Osten helfen wollten, weil ich selber aus dem Osten komme.«[25] Albrecht scheint im Osten tatsächlich Arbeit vergeben zu haben, mit der Bezahlung war es eine andere Sache. Er galt allgemein als »später Zahler« – wenn er überhaupt Geld lockermachte. Laut einem Bericht des Fernsehmagazins *Frontal* vom November 1994 mußten sieben Firmen im Osten die Bezahlung ihrer Rechnungen für Bauaufträge von Albrecht einklagen, darunter die Mecklenburger Bau Union mit einem offenen Posten von über 20 Millionen Mark. Albrecht sagte dem Sender dazu: »Die Firmen haben sicher bei Ihnen geweint, die wollen alle auf'n Arm – ich sag' das mal, viele Ostdeutsche wollen ja wieder auf'n Arm und wollen bedauert werden.«[26]

In Berlin bauten Albrechts Unternehmen ein Einkaufszentrum in der Stadtmitte von Köpenick, das »Forum Köpenick«. Es war ein großes Projekt, das Albrecht seit dem Anfangsstadium mit der Fundus-GmbH entwickelte, um dann Generalunternehmer zu werden.[27]

Laut Angaben des früheren Union-Präsidenten Detlef Bracht und des Vizepräsidenten Horst Reimann wurde Albrecht im Sommer 1994 »in seiner Eigenschaft als Investor des ›Köpenick-Forum‹« vom Köpenicker Bürgermeister Ulbricht für das Projekt Wuhlheide angeworben.[28] Schon im September desselben Jahres zeigte sich Albrecht als leidenschaftlicher Union-Fan und ließ dem Verein einen Scheck über 400 000 Mark zukommen.[29] Im Oktober liefen dann die Verhandlungen mit Albrecht wegen der von Pieroth bereits genehmigten Übertragung des Wuhlesportparks.[30]

Als der Vertrag konkrete Formen annahm, standen die Sportsfreunde des Berliner Senats vor dem größten Hindernis des Unternehmens. Sie wollten Albrecht vertraglich zu einer Sanierung des 1. FC Union verpflichten, mußten das aber in einer Weise tun, daß das entsprechende Abkommen weder in dem von Berlin ausgestellten Erbbaupachtvertrag noch in einem anderen Regierungsschriftstück auftauchte. Denn ein solches Vorteilstauschgeschäft – Schuldentilgung des Vereins gegen günstiges Grundstück – wäre ein Verstoß gegen das Haushaltsrecht. Der Vertrag mußte also von jemandem, der nicht aus dem Senat stammte, aber trotzdem »zur Familie« gehörte, abgeschlossen werden.

Dr. Horst Reimann liebt den 1. FC Union. Er hat sich mehrere Male für den Verein eingesetzt und wurde im Herbst 1994 dessen Vizepräsident. Reimann hatte auch ein anderes Amt: 1991 wurde er als CDU-Abgeordneter ins Berliner Parlament geschickt. Es überrascht kaum, die Unterschrift des CDU-Manns Reimann auf dem entscheidenden Dokument zu finden. Am 22. November 1994 verfassen Kahstein und Reimann eine »Erklärung«, worin der 1. FC Union Berlin sein Einverständnis dazu gibt, das Wuhlheide-Grundstück an Albrecht abzutreten. In dieser Erklärung wird auch festgelegt, daß das Geschäft »in einem gesonderten Vertrag geregelt« werden soll.[31] Das Ziel war erreicht: Der Senat brauchte weder den Landesrechnungshof noch das Parlament mit Informationen über das dubiose Tauschgeschäft zu belästigen. Die Politiker des Berliner Senats konnten behaupten, nichts von dem Tauschgeschäft zwischen 1. FC Union und Albrecht zu wissen. Von einer Entschuldung des Ver-

BERLIN

Bezirksamt Köpenick, Alt Köpenick 21, PF 1137, 12532 Berlin (nur Postanschrift)

Dienstgebäude: Katzengraben 20

Albrecht GmbH
Herrn Albrecht persönlich

Gesch.(bei Antwort bitte angeben)	Bearbeiter(in)	Zimmer	Tel.Durchwahl	Datum
Dez KuS	Herr Retzlaff	5	65844442	21.11.94

Union-Sportpark
hier: Ihr Angebot vom 08.11.94

Sehr geehrter Herr Albrecht,

ich möchte Ihnen noch einmal für das sehr intensive Gespräch vom 08.11.94 danken. Ihrem Vorschlag, die Finanzierung und den Bau der gedeckten und ungedeckten Sportanlagen entsprechend unseres Schreibens vom 20./21.10.94 zu übernehmen, wird unsererseits gefolgt.

Insofern müssen Sie diese Fläche nicht in Erbpacht übernehmen. Wir sichern die Bewirtschaftung dieser dann weiterhin kommunalen Sportflächen zu, was die Betriebskostenübernahme und das Stellen von Personal beinhaltet.

Über die Mitnutzung durch Ihre GmbH bzw. die noch zu gründende Marketing-GmbH kann zu einem späteren Zeitpunkt eine Vereinbarung getroffen werden. Ihre Vorstellung, 80 % der Erlöse dem 1. FC Union zufließen zu lassen, wird von uns überaus begrüßt. Versetzt diese Variante doch den Verein mittelfristig in die Lage, sich auf gesunde wirtschaftliche Füße zu stellen.

Ich hoffe nunmehr, daß unser Vorhaben schnellstmöglich in die Tat umgesetzt wird.

Mit freundlichen Grüßen

R e t z l a f f

Sportförderung nach Art des Bezirksamts Köpenick.

eins würde selbstverständlich kein Wort in dem Erbpachtvertrag stehen. Und so konnten die Dinge ihren geplanten Gang gehen, so schien es jedenfalls zunächst. Vier Monate später schlossen der 1. FC Union und Albrecht eine Vereinbarung ab, worin Albrecht sich verpflichtete, 12 Millionen Mark an den Verein zu zahlen, sobald »der Erbbaurechtsvertrag zwischen der Firma Albrecht GmbH Bau und Projektentwicklung und dem Land Berlin unterschrieben und vom Senat bestätigt worden ist«.[32] Weitere 3 Millionen sollten nach der Fertigstellung der Sportanlage fällig werden.[33]

Einen Monat nach dem Vertragsabschluß zwischen Union und Albrecht unterschrieb Albrecht den Erbpachtvertrag über 50 Jahre für den Sportpark Wuhlheide mit dem Senat für Finanzen. Der Vertrag war außerordentlich günstig. Für die 6 Hektar, die als »Sport-/Spiel- und Freizeitflächen« ausgewiesen waren, brauchte Albrecht keinen Pfennig zu bezahlen, wobei eine kommerzielle Nutzung dieser Fläche damit keineswegs ausgeschlossen war. Für die »gewerblich genutzte und bebaute Fläche in der Größe von mindestens ca. 11 618 m^2« sollte Albrecht 3 Prozent Erbpachtzins jährlich bezahlen, was der Hälfte des üblichen Erbpachtzinses entspricht. So kam der Finanzsenat auf circa 500 000 Mark jährlich für das ganze Gelände.[34] Ein halbes Jahr später wurde die Summe sogar noch auf circa 400 000 Mark reduziert.[35]

Als der Hauptausschuß des Berliner Parlaments von diesem ungewöhnlich günstigen Vertrag erfährt, werden die Abgeordneten der Opposition argwöhnisch. Sie hatten Hinweise erhalten, daß die Vergabe des Grundstücks in unmittelbarem Zusammenhang mit der Sanierung des 1. FC Union stand. Der Vertrag wurde im September 1995 Thema eines parlamentarischen Ausschusses.[36] Dort wurden der Staatssekretär für Finanzen Kurth und der Köpenicker Bürgermeister Ulbricht explizit gefragt, ob es einen Zusammenhang zwischen dem großzügigen Erbpachtvertrag und der Entschuldung des 1. FC Union gegeben habe. Beide stritten ab, daß die beiden Aspekte überhaupt miteinander zu tun hätten.[37] Auf der Grundlage dieser Aussagen segnete der Finanzausschuß den Erbpachtvertrag ab.

1. Am 23.02.1994 hat der Verein mit dem Bezirksamt Köpenick von
   Berlin (Abteilung Wirtschaft und Finanzen) eine Optionsvereinba-
   rung darüber getroffen, daß Verhandlungen über die Bereitstellung
   eines Erbbaurechtes an Grundstücken in Berlin-Köpenick, An der
   Wuhlheide 250-270, zur Errichtung einer multifunktionalen, überwiegend kommerziell ausgerichteten Sportanlage auf einer Teil-
   fläche von mindestens 8.000,00 m² geführt werden. Ferner hat das
   Bezirksamt Köpenick von Berlin (Abteilung Wirtschaft und Finanzen)
   am 22.11.1994 der Firma Albrecht GmbH Bau und Projektentwicklung
   die Option über die Bestellung eines Ebbaurechtes an den Grundstücken in Berlin-Köpenick, An der Wuhlheide 250-270, mit einer
   Größe von ca. 60.000,00 m² eingeräumt. Diese Optionserklärung
   sollte jedoch nur dann wirksam werden, wenn der Verein auf seine
   Rechte aus der Option vom 23.02.1994 verzichtet. Diese Verzichtserklärung hat der Verein am 22.11.1994 abgegeben.

   Für den Rücktritt von dieser Option zahlt die Firma Albrecht GmbH
   Bau und Projektentwicklung an den Verein eine einmalige Entschädi-
   gung in Höhe von 15.000.000,00 DM (i. W. fünfzehn Millionen
   Deutsche Mark). Davon sind 12.000.000,00 DM (i. W. zwölf Millionen
   Deutsche Mark) fällig, wenn der Erbbaurechtsvertrag zwischen der
   Firma Albrecht GmbH Bau und Projektentwicklung und dem Land Berlin
   unterschrieben und vom Senat bestätigt worden ist. Ferner sind
   3.000.000,00 DM (i. W. drei Millionen Deutsche Mark) fällig, wenn
   der Bau der Sportanlage fertiggestellt ist.

2. Ein Widerruf oder eine Rücknahme der Verzichtserklärung vom
   22.11.1994, aus welchen Rechtsgründen auch immer, ist ausgeschlossen. Sollte dies dennoch wider Erwarten geschehen, dann
   ist der Verein der Firma Albrecht GmbH Bau und Projektentwicklung
   gegenüber zum Schadensersatz verpflichtet.

Berlin, 1.3.95   Dortmund, 1.3.91

1. FC Union Berlin e. V.   Albrecht GmbH
                                    Bau und Projektentwicklung
1. FC Union Berlin e. V.
12555 Berlin

*Auszug aus der Vereinbarung zwischen dem 1. FC Union und Man-
fred Albrecht.*

Jetzt schien dem Aufstieg in die 2. Bundesliga organisatorisch nichts mehr im Wege zu stehen. Doch den eifrigen Vereinsfunktionären war ein kleiner Fehler unterlaufen. Am 22. März 1996 macht sich eine Vertretung des Köpenicker Fußballvereins, bestehend aus Clubpräsident Horst Kahstein, dem früheren Präsidiumsmitglied Kurt Röske und einem Wirtschaftsprüfer siegessicher auf den Weg ins Büro des Deutschen Fußball-Bundes (DFB) in Frankfurt am Main.[38] Ausgerüstet mit dem Zahlungsversprechen in Höhe von 15 Millionen Mark durch den neuen Köpenicker Baulöwen Manfred Albrecht ist der Verein in der Lage, seinen Schuldenberg zu tilgen und eine sichere Finanzlage vorzuweisen. Fünf Millionen sind bereits bezahlt. Für weitere sieben Millionen Mark, deren Zahlung durch Albrecht noch ausstand, wird von der Bezirksregierung Köpenick gebürgt.[39] Nach drei erfolglosen Versuchen scheint der Aufstieg in die 2. Bundesliga endlich gesichert.

Der DFB-Lizenzierungsausschuß kann an solchen Garantien kaum zweifeln. Bei der Kontrolle anderer Wirtschaftsposten von Union entdecken die Ausschußmitglieder jedoch Verbindlichkeiten über eine Million Mark, auf deren Zahlung die Gläubiger laut Kahstein verzichtet hatten. Während Kahstein noch nach diesen Verzichtserklärungen sucht, um dies auch zu belegen, zieht der übereifrige Röske aus seinen Unterlagen ein Papier hervor, das er für eine Verzichtserklärung hält. Zu spät merken die Union-Vertreter, daß Röskes Dokument nicht die erwünschte Verzichtserklärung ist, sondern im Gegenteil die Anerkennung der Rücknahme einer dieser Verzichtserklärungen durch die Union-Führung. Es geht um ein Darlehen von 250 000 Mark plus 25 000 Mark Zinsen von einer Berliner Firma an den 1. FC Union. Aus »Liquiditätsgründen« mußte die Verzichtserklärung, die schon am 1. Februar unterschrieben worden war, rückgängig gemacht werden. Dieses Dokument, das Röske unglücklicherweise nun dem DFB-Ausschuß vorlegt, ist auf den 30. April 1996 vordatiert – über einen Monat nach der Lizenzprüfung in Frankfurt.

Die Köpenicker bitten den empörten DFB-Ausschuß, den Vorfall zu vergessen und das Dokument zu vernichten. Der DFB weigert sich jedoch und setzt das Prüfverfahren fort. Auf Anfrage, wer das Dokument für Union unterschrieben hatte, nennen Kahstein und Röske die Union-Vorstandsmitglieder Wolf Wittstock und Paul Wille sowie einen Berater des Vereins, Jürgen Dubois. Kahstein behauptet, über das Dokument nicht informiert zu sein. Später, nach Abfahrt der Union-Delegation, stellt der DFB-Ausschuß fest, daß nicht Wille, sondern Kahstein selbst die dritte Unterschrift geleistet hat.

Laut Lizenzierungsausschußbericht vom 3. April 1996 konnte der Verein keine der Verzichtserklärungen vorlegen, die notwendig gewesen wären, um die Deckungslücke zu füllen. Der Ausschuß bemerkte trocken: »Angesichts des aufgedeckten Vorgangs blieben auch Zweifel offen, daß für den Fall belegter Verzichtserklärungen ihre Wirkung nicht wieder durch andere Erklärungen aufgehoben worden ist.«

Der DFB-Lizenzausschuß lehnt Unions Aufstiegsantrag ab. Im Schriftwechsel mit dem Verein heißt es dazu: »Zum zweitenmal hat der Verein den Lizenzgeber DFB über das Vorliegen tatsächlicher wirtschaftlicher Verhältnisse bewußt getäuscht. Nach Auffassung des Lizenzierungsausschusses ist das Vertrauen zwischen Lizenzbewerber und DFB nachhaltig erschüttert und begründet einen Tatbestand, der für sich allein die Vorenthaltung der Lizenz rechtfertigen würde.«[40]

In öffentlichen Erklärungen zu dem Vorfall hielt sich der DFB allerdings weiter bedeckt. In einer Presseerklärung schob er die Unvollständigkeit der eingereichten Unterlagen als Grund für die Ablehnung von Unions Aufstiegsantrag vor.[41] Der Vorstand des 1. FC Union widersprach dieser Version nicht.

Das neuerliche Fiasko des 1. FC Union wurde zwar zunächst erfolgreich verheimlicht, aber die Dokumente fanden ihren Weg aus den DFB-Büros in die Hände interessierter Berliner. Der Inhalt war explosiv. Zum Beispiel befanden sich darunter die Grundbuchauszüge für den Wuhlesportpark, aus denen hervorgeht, daß das Grundstück mit 12 Millionen Mark beliehen wurde (im Dezember 1995 mit 5 Millionen Mark und Ende Februar 1996 mit weiteren 7 Millionen),[42] obwohl bis dahin keine Bebauungs- und Finanzplanung vorlag. Das war genau die Summe, die

Albrecht an den 1. FC Union für das Recht auf den Erbpachtvertrag bezahlen sollte.

Weiterhin gab es den Brief vom Köpenicker Bürgermeister Ulbricht an den DFB, worin der Ablauf des Schuldentilgungsgeschäfts präzise beschrieben wurde. Laut Ulbricht sei die Entschuldung des Fußballvereins durch Albrecht »mit Zustimmung des Landes Berlin« vonstatten gegangen.[43] Ulbricht versichert in dem Schreiben, daß das Land Berlin der Eintragung einer Grundschuld in Höhe von insgesamt 12 Millionen Mark auf das Grundstück zur Entschuldung des 1. FC Union zugestimmt habe, obwohl Albrechts Firma »noch an der Gesamtfinanzierung des Projektes ›Wuhlesportpark‹ arbeitet«. Die erste Grundschuld von 5 Millionen war offensichtlich schon zur Begleichung von Schulden des 1. FC Union ausgegeben worden. Laut Ulbrichts Ausführungen sei ein Teil der 7 Millionen im weiteren dazu verwandt worden, um Steuerschulden des Vereins (2 Millionen Mark) und Gehälter (480 000 DM) zu zahlen.[44] Sollte es irgendwelche Schwierigkeiten mit der restlichen Summe geben, erklärte Ulbricht, »übernimmt der Senat bzw. das Bezirksamt Köpenick das finanzielle Risiko«.[45]

Zu den DFB-Unterlagen gehörte auch ein Brief des Staatssekretärs für Finanzen, Peter Kurth, an Ulbricht. Als der Köpenicker Bürgermeister bei Kurth die ausstehenden 7 Millionen Grundschuld anmahnte, bestand dieser, mittlerweile dem prognostizierten reibungslosen Ablauf der ganzen Angelegenheit wohl eher mißtrauend, auf seinen Bedingungen: Erstens müsse der Bezirk für 7 Millionen Mark bürgen. Zweitens: »Unsere Zustimmung setzt vorrangig voraus, daß ausschließlich und unverzüglich die Entschuldung des 1. FC Union vorgenommen wird, insbesondere die Steuerverbindlichkeiten beglichen werden.«[46] Laut Haushaltsrecht darf die Finanzverwaltung keinen Darlehensaufträgen zustimmen, wenn die Kreditsumme zu anderen als den im Erbbauvertrag vorgesehenen Investitionszwecken benutzt wird.

Die DFB-Unterlagen enthielten ferner eine interessante Vereinbarung zwischen Ulbricht und Albrecht. Danach durfte Albrecht Gelder aus der 7-Millionen-Mark-Grundschuld nur vergeben, wenn Ulbricht mit

Der Bezirksbürgermeister von Berlin-Köpenick

BERLIN

Bezirksamt Köpenick, Postfach 1137, 12532 Berlin (Postanschrift)

DG: 12555 Berlin, Alt Köpenick
Tel.- Nr.: (030) 6584 2300
FAX - Nr.: (030) 6584 2401

Deutscher Fußball-Bund e. V.
Ligasekretariat
Ligasekretär Herrn Holzhäuser
Otto-Fleck-Schneise 6

60528 Frankfurt/Main

Berlin, den 19. März 1996

Sehr geehrter Herr Holzhäuser,

wie in den Ihnen bereits übergebenen Materialien erklärt, ist der
1. FC Union Berlin durch die Verträge mit der Albrecht GmbH bzw.
Sport- und Einkaufspark Köpenick Wuhlheide Immobilien GmbH und Co
KG mit Zustimmung des Landes Berlin in die Lage versetzt worden,
seine Entschuldung vorzunehmen und die Liquidität zu sichern.
Da die o. g. Firma noch an der Gesamtfinanzierung des Projektes
"Wuhlesportpark" arbeitet, hat das Land Berlin der Eintragung einer
Grundschuld in Höhe von insgesamt 12 Mio DM auf das Grundstück An
der Wuhlheide 250-270 zur Entschuldung des 1. FC Union zugestimmt.

Die letzte über 7 Mio DM eingetragene Grundschuld steht dem 1. FC
Union Berlin uneingeschränkt und jederzeit abrufbar für die weitere
Entschuldung und die laufende Liquidität zur Verfügung.

Davon wurde bereits Gebrauch gemacht und 2 Mio DM an Steuern be-
zahlt sowie 480 TDM an Gehaltszahlungen vorgenommen (siehe Anlage).
In der Gesamtfinanzierung des Projektes werden die 12 Mio DM vom
Investor mit berücksichtigt (lt. Vertrag).
Im Falle des Heimfalls übernimmt der Senat bzw. das Bezirksamt Köpe-
nick das finanzielle Risiko.

In keinem Falle entstehen für den 1. FC Union Berlin dadurch weitere Belastungen.

Mit freundlichen Grüßen

Dr. Klaus Ulbricht

Der Köpenicker Bürgermeister Ulbricht interveniert beim DFB.

unterzeichnete.[47] Anscheinend war das Vertrauen Ulbrichts zu Albrecht nicht mehr so groß. Nicht ohne Grund, denn Albrecht schien sich mittlerweile in finanziellen Schwierigkeiten zu befinden. Seine Beteiligung am Köpenicker »Forum« hatte in einem Eklat geendet. Wegen fehlender Zahlungen waren die Bauarbeiter abgezogen. Die Baugrube füllte sich langsam mit Wasser. Firmen klagten wegen ausbleibender Gelder. »Fundus«, der das Projekt von Albrecht abgekauft hatte, und Albrecht warfen sich gegenseitig Vertragsbruch vor. Am Ende scheiterte Albrecht mit dem Antrag auf eine einstweilige Verfügung, und »Fundus« führte die Baustelle ohne ihn weiter.[48] Auch der Stein des Anstoßes, der Wuhlesportpark, wurde auf dem Berliner Immobilienmarkt von Albrecht zum Verkauf angeboten. Der Preis von 39 Millionen Mark sollte unter anderem die 15 Millionen für den 1. FC Union decken und einen Gewinn von 3 Millionen Mark für Albrecht erbringen.[49]

Kurz bevor die »Affäre 1. FC Union« im *Spiegel* und in der ORB-Magazinsendung *Klartext* Anfang Juni 1996 aufgegriffen wurde, führten die *Klartext*-Journalisten ein Interview mit Kurth, worin sie den Staatssekretär mit den Tatsachen des Grundstücksgeschäfts und der Vereinssanierung konfrontierten. Das Interview ist ein Musterbeispiel für den Umgang von Politikern mit Journalisten und der Wahrheit. Gefragt nach dem Grundstücksoptionsverkauf des 1. FC Union an Albrecht antwortete Kurth: »Einen solchen Verkauf hat es nicht gegeben.« Konfrontiert mit dem Vertrag, meinte Kurth darauf: »Haben Sie den Eindruck, daß diese Vereinbarung dazu geführt hat, daß dem 1. FC Union Geld zugeflossen ist?« Auf die Bejahung seiner Frage durch die Journalisten wußte Kurth nicht weiter.[50]

Kurth ging weiter: »Ich sage das, was hier Bestandteil einer Vereinbarung zwischen dem 1. FC Union und dem Investor ist, was mir nicht bekannt ist und nicht bekannt sein muß. Ich halte das, was da festgehalten ist, ohnehin für gegenstandslos, ist aber auch nicht zu irgendwelchen Rechtsfolgen gekommen.«

Vielleicht ohne Rechtsfolgen, aber Kurth hat zugesehen, daß der 12-Millionen-Mark-Vertrag eingehalten wurde.

Als Kurth merkte, daß das Interview nicht mehr zu retten war, spielte er die Lieblingskarte der CDU, Law and order: »Ich werde in der Öffentlichkeit zu Fragen der Verbindlichkeiten vom 1. FC Union nichts sagen. Nicht weil ich das nicht will, sondern weil § 30 der Abgabenordnung dieses verbietet.«[51]

Peter Kurths Eifer, den 1. FC Union zu sanieren und dem Baulöwen Albrecht ein Filetgrundstück zum Billigsttarif zu geben, ist vielleicht nicht ausschließlich der Jagd nach Wählerstimmen zuzuschreiben. In einem internen Vermerk aus der Senatsverwaltung für Finanzen vom 12. Januar 1995 an Kurth erfährt man, daß Kurth dem Regierenden Bürgermeister Diepgen die »erklärte Bereitschaft der Deutschen Bank, sich des Themas ›Privatisierung von Sportanlagen‹ anzunehmen«,[52] mitteilt. Kurths Verwaltung hatte fünf potentielle Objekte zur Privatisierung ausgesucht. Die Finanzverwaltung ist sich bewußt: »Durch bestehendes Planungsrecht und traditionelles Besitzstandsdenken der Vermögensträger dürfte eine Änderung bestehender Nutzungsverhältnisse mit dem Ziel einer echten Privatisierung nur gegen den massiven Widerstand der zuständigen Verwaltungen zu erreichen sein.«[53] Der Vermerk kommt zu dem Schluß: »Unbedingt erforderlich ist, daß so schnell wie möglich ein erfolgreiches Vorzeigeobjekt präsentiert werden kann. Der U. [Unterzeichner] schlägt wegen des fortgeschrittenen Standes den Sportpark in Köpenick vor.«[54] Für Peter Kurth ist die Deutsche Bank nicht irgendeine Bank. Bevor er 1994 Staatssekretär unter Pieroth wurde, hatte er zuerst eine Ausbildung bei der Deutschen Bank absolviert, wo er es schließlich zum Abteilungsleiter gebracht hatte.[55]

Als die Unterlagen, die dem DFB vorgelegt wurden, publik wurden, blieb Kurth nichts anderes übrig, als notdürftig seinen Rückzug zu decken und Schadensbegrenzung zu betreiben. Bei einer Fragestunde des Parlaments am 6. Juni 1996 konnte er nicht länger abstreiten, daß das landeseigene Grundstück mit 7 Millionen Mark beliehen worden war, die dann direkt an den 1. FC Union geflossen waren. Er behauptete jedoch, daß bei der ersten Beleihung – in Höhe von 5 Millionen Mark – das Geld für »nachgewiesene Aufwendungen des Investors in das Grundstück«[56]

verwendet wurde. Aber auch diese Version stimmt nicht. Am 13. Oktober 1995, genau zwei Monate vor der Bewilligung dieser ersten Beleihung von 5 Millionen Mark,[57] schrieb Kurth an Albrecht.[58] In diesem Brief teilt er dem Dortmunder Bauunternehmer mit, daß die Senatsverwaltung für Finanzen einer Grundschuld zustimmen werde, um die Verbindlichkeiten des 1. FC Union zu begleichen.

Diese Tatsache bestätigte Albrecht. In einer Presseerklärung heißt es bezüglich der 12-Millionen-Mark-Grundschuld:

> »Es ist <u>nicht</u> richtig, daß dieses Geld der Albrecht-Gruppe zugeflossen ist. Die Kreditmittel sind in voller Höhe an den 1. FC Union Berlin zu dessen Entschuldung weitergereicht worden.
>
> Diese Vorgehensweise, die von der Albrecht-Gruppe nicht gewollt und auch nicht angestrebt war, erfolgte auf zwingende Veranlassung von Herrn Staatssekretär Peter Kurth (CDU). Dieser hat den Abschluß eines entsprechenden Erbbaurechtsvertrages davon abhängig gemacht, daß durch Belastung des Erbbaurechts aufgenommene Kreditmittel bis zu einer vollständigen Entschuldung des 1. FC Union Berlin ausschließlich an diesen ausgezahlt werden mußten. Erst nach Entschuldung sollen die dann weiteren Kreditmittel für die Projektentwicklung des Grundstücks eingesetzt werden.
>
> Die Hamburgische Landesbank, Hamburg, als kreditgebende Bank war mit dieser Verfahrensweise von vornherein vertraut. Sie ist durch den Staatssekretär Peter Kurth (CDU) hiervon in Kenntnis gesetzt worden und war mit diesem Verfahren einverstanden.«[59]

Die neue Berliner Finanzsenatorin Annette Fugmann-Heesing (SPD), ein Import aus Hessen, schützte ihren CDU-Staatssekretär. Sie hatte schon Erfahrung im Umgang mit Korruption im Amt. 1994 trat sie als hessische Finanzministerin wegen eines Filzskandals, in den auch leitende Mitarbeiter ihres Ministeriums verwickelt waren, zurück.[60] Damals sagte sie: »Ich will mit meinem Rücktritt ein Zeichen setzen für alle Bürgerinnen und Bürger, die auf diese Vorgänge mit Unverständnis und Verärgerung

Senatsverwaltung für Finanzen

DER STAATSSEKRETÄR

Senatsverwaltung für Finanzen, Klosterstraße 59, D-10179 Berlin (Postanschrift)

BERLIN

Neue Rufnummer
Tel.: 2174-
Fax : 2174-2624

Firma
Albrecht
z. H. Herrn Albrecht
Graffweg 44

44309 Dortmund

Telefax 0231/92510139

Geschäftszeichen (bitte immer angeben)

Bearbeiter(in)

Dienstgebäude: Klosterstraße 59,
Berlin-Mitte

Zimmer   Telezeitkraft: erreichbar

☎ (0 30) 24 32-
24 32-0, intern 91
Tx 307474 von d. Fax 24 32-
Datum
13. Oktober 1995

Betr.: Köpenick, Wuhlheide, 1. FC Union

Sehr geehrter Herr Albrecht,

ich nehme Bezug auf unser Gespräch am 10.10.1995 und stelle nochmals klar, daß die Senatsverwaltung für Finanzen einer Grundschuld
in Höhe der noch ausstehenden Verbindlichkeiten des 1. FC Union
zustimmen wird, die sich nach Ihrem Telefax vom 13.10.1995 auf
5 286 526 DM beläuft, zuzüglich einer Summe von 2,5 Mio DM.

Für weitere Gespräche zusammen mit Herrn Bezirksbürgermeister
Dr. Ulbricht stehe ich nach wie vor zur Verfügung.

Mit freundlichen Grüßen
Peter Kurth

Durchschrift dieses Schreibens per Fax an das Präsidium des
1. FC Union

Verkehrsverbindungen   Sprechzeiten   Zahlungen bitte unbar   Kontonummer   Geldinstitut   Bankleitzahl
U-Bahn Klosterstraße   Montag, Dienstag, Freitag nur an die   58-100   Postbank Berlin   100 100 10
S-Bahn Jannowitzbrücke   von 9 bis 12 Uhr   Landeshauptkasse Berlin   000007600   LBB   100 500 00
Autobus 142, 240, 257   und nach Vereinbarung   Nürnberger Straße 53   9919200600   Berliner Bank   100 200 00
                                                      1000 Berlin 30   10001520   LZB Berlin   100 000 00

**Die Senatsverwaltung für Finanzen übernimmt die Verbindlichkeiten
des 1. FC Union.**

reagieren – ein Zeichen dafür, daß ich mir meiner politischen Verantwortung bewußt bin.«[61] Die politische Verantwortung hatte Frau Fugmann-
Heesing offensichtlich in Hessen vergessen. Aus der Affäre 1. FC Union
zog sie weder personelle Konsequenzen, noch beglückte sie bislang die
Öffentlichkeit mit einer Aufklärung aus ihrem Ressort.

Das ist kein Wunder. Hatte doch Fugmann-Heesings Staatssekretär Peter
Kurth, nachdem es offenbar nichts mehr zu beschönigen gab, erklärt,
daß er mit seiner Finanzsenatorin den Vorgang ausführlich besprochen
habe, bevor er der Bewilligung der zweiten Grundschuld in Höhe von
7 Millionen Mark zustimmte.[62]

Eberhard Diepgen hingegen pochte auf Glaubwürdigkeit: »Mir fällt bei
der Debatte auf, daß in der Vergangenheit von PDS-Vertretern immer
wieder behauptet wurde, man würde Union und andere Institutionen
im Osten platt machen. Wenn man jetzt eine im Rahmen anderer wirtschaftlicher Überlegungen geleistete Hilfestellung für Union attackiert,
so ist dies ein typisches Beispiel für die Widersprüchlichkeit und Un-
glaubwürdigkeit dieser Partei.«[63]

Das Konzept der Großen Koalition, aus dem Grundstücksdeal in Köpenick im Osten der Stadt politisches Kapital zu schlagen, ging aber dem
Skandal zum Trotz auf. Kurz nachdem die Affäre in den Schlagzeilen war,
schrieb der »Fanbeauftragte des 1. FC Union« an Eberhard Diepgen:

> »Die in letzter Zeit aufgekommenen Vorwürfe an den Senat halten wir
> gelinde gesagt für eine Frechheit und möchten Sie regelrecht auffordern,
> sich nicht von diesem unqualifizierten Polemisieren beeindrucken zu
> lassen. Statt stets das ›Wie ist das passiert‹ zu ergründen, sollte doch
> vielmehr auch die Frage nach dem ›Warum‹ gestellt werden!«[64]

Mit anderen Worten: Demokratische Prozesse sollen doch lieber den
Interessen einiger weniger im Namen einer fiktiven Gemeinschaft geop-
fert werden. Der Spätstalinismus und Diepgens real existierende Demokratie reichen sich versöhnend die Hand – und mehr. Der Clubfunktionär
ließ Diepgen wissen, daß die circa 500 Union-Fans »auch als Wähler

genau verfolgen, wer uns wohl gesonnen ist und wer nicht«.[65] Auch aus dem Köpenicker Bezirksamt bekam der Senat Rückendeckung – mit haarsträubenden Argumentationen. Kein Wunder, auch sie waren ja mit ihrer Bürgschaft von 7 Millionen Mark dabei. Der Stadtrat für Bau- und Wohnungswesen, Werner Gehrmann (CDU), wollte wissen, daß ein solcher Grundstücksdeal »völlig normal« sei. Gerade so wie sich andere Investoren verpflichten, Infrastrukturmaßnahmen, Parkanlagen und Straßen bei städtebaulichen Projekten zu finanzieren, hatte sich Albrecht – jedenfalls laut Gehrmann – eben verpflichtet, einen Fußballclub zu sanieren. Außerdem, meinte der Stadtrat, liege die Sanierung im Interesse des Bezirks.[66]

Auf einer Pressekonferenz begründete der Köpenicker Bezirksbürgermeister Klaus Ulbricht die landeseigene Sanierung des Vereins damit, daß der 1. FC Union als »Identifikationsfaktor« bleiben müsse.[67] Wessen Identifikation mit wem oder was – mit der gefälschten Bankbürgschaft oder mit der vordatierten Verzichtserklärung etwa? Was Ulbricht leider auch nicht erklärte, war, warum zu diesem Zweck ein Bauunternehmer dazwischengeschaltet werden mußte.

Eine andere Tatsache behielt der Köpenicker Bürgermeister ebenfalls für sich. Da es offensichtlich kein allzu großes Vertrauen zum »Mäzen« Albrecht gab, hatte Ulbricht ein Verfügungsrecht über Albrechts zweite Grundschuld von 7 Millionen Mark behalten. Das heißt, Ulbricht mußte alle Schecks und Überweisungen mit unterzeichnen. Die letzte Überweisung – es ging um 1,3 Millionen Mark – enthielt 46 Positionen, ausgefüllt waren das Feld »Konto des Empfängers« und die Summe, die überwiesen werden sollte. Dieses Formular, von Ulbricht unterschrieben, ging an Albrecht zum Unterschreiben und sollte danach an die Bank weitergeleitet werden. Das erfolgte auch. Aber das Formular, das bei der Bank ankam, wies nur eine einzige Position auf – ein Ulbricht völlig unbekanntes Konto. Die 1,3 Millionen Mark für die Sanierung des 1. FC Union waren weg.[68] Es blieb Ulbricht nichts anderes übrig, als Strafanzeige gegen Albrecht zu stellen.[69] Später wurde behauptet, Albrecht habe das Geld auf ein »Notaranderkonto« überwiesen.[70]

Schon im April hatte Albrecht einen Brief an die AOK Berlin geschrieben. Er ließ die Krankenkasse wissen, daß es sich bei den überwiesenen 109 000 Mark – die aus den 7 Millionen Mark stammten, die über Bürgermeister Ulbricht überwiesen worden waren – um ein Versehen handelte, und ließ das Geld auf das Konto einer seiner Firmen rücküberweisen.[71] 1,4 Millionen Mark Steuergelder hatte Albrecht also doch krallen können.

Die Behauptung des Köpenicker Bezirksamts, daß alles einem normalen Ablauf der Dinge folge, wurde immer fragwürdiger. Obwohl der Baubeginn in der Wuhlheide spätestens Ende 1996 erfolgen und bis Ende 1997 der Komplex fertiggestellt sein sollte, waren keine Bauarbeiter zu sehen. Die Gerüchte verdichteten sich, daß Albrecht nicht in der Lage sei, ein tragfähiges Finanzkonzept für den Sport- und Gewerbepark in der Wuhlheide vorzulegen.[72] Es wußte in Berlin auch keiner, daß Albrecht im Juli 1996 wegen seiner Bausperenzchen in der Gegend von Neubrandenburg vom Dortmunder Landgericht zu Schadensersatz in Höhe von 5,3 Millionen Mark verurteilt worden war.[73]

Im August 1996 gelang es Albrecht, das Projekt Wuhlheide zu verkaufen. Käufer war eine Immobilienfirma aus Berlin,[74] ironischerweise die gleiche Firma, die das Projekt ursprünglich hatte durchführen sollen und damals durch eine undurchschaubare Entscheidung ausgebootet worden war. Dieser Vorgang war es gewesen, der den merkwürdigen Werdegang des Projekts – als Ringtausch des Berliner Senats jenseits der öffentlichen Kontrolle – eingeläutet hatte.

Der Kauf des Projekts für 15,8 Millionen Mark[75] war der Berliner Firma sicherlich nicht sehr schwer gefallen, da die fertigen Planungsunterlagen bei ihr in der Schublade lagen. Sie hatte auch einen internationalen Investor für das Projekt gewonnen.[76] Die unsicheren Verhältnisse rund um das Grundstück, die durch den Einsatz eines Untersuchungsausschusses im Oktober 1996 entstanden sind, haben den Investor inzwischen allerdings veranlaßt, das Projekt wieder aufzugeben. Das Grundstück fiel an Albrecht zurück.

Merkwürdig genug, daß der Verkauf des Projekts überhaupt zustande kam. Der Staatssekretär für Finanzen Kurth hatte anfangs behauptet, daß Albrecht ohne die Zustimmung des Senats das Grundstück nicht veräußern dürfe.[77] Anscheinend war die Berliner Finanzverwaltung nicht in der Lage gewesen, einen wasserdichten Vertrag abzuschließen, denn Albrecht konnte die Anteile der Kommanditgesellschaft, die den Erbbaupachtvertrag mit dem Senat für das landeseigene Grundstück abgeschlossen hatte, problemlos veräußern – und damit auch den Erbpachtvertrag mit dem Senat.

In der Berliner Immobilienbranche zirkulierte jedoch das Gerücht, daß eine CDU-nahe Immobilienfirma in einem solchen Krisenfall den Kauf des Projekts »Sportpark Wuhlheide« plane. Diese Rettungsaktion sollte den CDU-Staatssekretär Kurth retten und als Schadensbegrenzung für seine Partei funktionieren. Weiter wurde spekuliert, daß, um diese »gute Tat« zu versilbern, der Senat die vorgesehenen Gewerbeflächen auf Kosten der Sportfläche ausweiten werde.[78]

Albrecht ist allem Anschein nach nicht in der Lage, das Grundstück Wuhlheide vertragsgemäß selbst zu bebauen. Wenn bis zum Jahresende 1996 kein Gesamtfinanzierungsplan für das Bauvorhaben vorliegen würde, sollte die öffentliche Hand die 12 Millionen Mark (das Land Berlin 5 Millionen und der Bezirk Köpenick 7 Millionen Mark) Banklasten tragen. Der Bezirk Köpenick wird diese 7 Millionen Mark dann aus seinem durch die derzeitigen Sparmaßnahmen schon überaus strapazierten Haushalt bezahlen müssen. Dieser Termin konnte verlängert werden, damit Berlin Zeit hat, einen neuen Investor zu finden.

Und der 1. FC Union? Der Verein spielt heute ohne hochdotierte Spieler. Trotzdem befindet er sich wieder unter den Spitzenmannschaften der Regionalliga.

Und Peter Kurth? Daß im Juli, kaum einen Monat nach Bekanntwerden von Peter Kurths ausgefallenem Grundstücksgeschäft, der Staatssekretär nicht zum Beamten auf Lebenszeit ernannt wurde, habe nichts mit der Affäre um den 1. FC Union zu tun, erläuterte Senatskanzleichef Volker Kähne. Dies sei lediglich wegen Zeitmangels noch nicht vonstatten gegangen.[79]

Und was ist mit dem Untersuchungsausschuß? Kaum wurde er eingesetzt, da begannen auch schon die Verschleppungstaktiken der CDU-
und SPD-Mitglieder. Das Ergebnis kann man sowieso nach Parteiproporz
im voraus festschreiben.

Und die Berliner und der Sport? Dazu meinte der Direktor des Landessportbundes Berlin, Norbert Skowronek: »Was uns besonders weh tut,
ist, daß die 12 Millionen Mark zur Finanzierung der Firma Albrecht
vielleicht vom Steuerzahler sind. Denn allein dieser Betrag macht mehr
als die Hälfte der Sportförderung in einem Jahr für 500 000 Berliner
Vereinssportler aus.«[80]

Olympiarausch

5 Ein 86-Millionen-Mark-Leichenschmaus ohne Leiche

Der Reißwolf der »Olympia Berlin 2000 GmbH« zerfasert den Inhalt eines Aktenordners in knapp sieben Minuten. Mit der meterweisen Vernichtung von Unterlagen würde die wahre Geschichte der Plünderung von 86 Millionen Mark Steuergeldern der Olympia GmbH nie rekonstruiert werden können.

Eine Etage höher, in Zimmer 121 des Ribbeckhauses in Berlin-Mitte, läuft ein Kopiergerät. Es kopiert Dokumente, die bald danach unter Aufsicht vernichtet werden sollen. Rechnungen, Briefe und Faxsendungen, die für immer im Reißwolf verschwinden werden, müssen emsig kopiert und heimlich durch das Treppenhaus direkt neben dem Büro von Geschäftsführer Axel Nawrocki hinausgeschmuggelt werden. Sie wurden zum einzigen Beweis für die Selbstbedienung von Berlins Mächtigen.

»Wo sich keine Leiche finden läßt, gibt es keinen Mord«, stellte der Berliner CDU-Abgeordnete Frank Steffel zwei Jahre später fest. Er und seine Kollegen aus den CDU- und SPD-Fraktionen meinten nach 22 Sitzungen des Berliner »Olympia-Untersuchungsausschusses« keine inkriminierenden Dokumente in den Unterlagen der Olympia GmbH gefunden zu haben. Das war kein Wunder: Die Opposition stellte fest, daß wichtige Unterlagen, von deren Existenz Zeugen berichteten, verschwunden waren.

Im September 1993 endete Berlins Bewerbung für die Olympischen Sommerspiele des Jahres 2000 mit einem Debakel: Die deutsche Hauptstadt erhielt bei der entscheidenden Abstimmung des Internationalen Olympischen Komitees in Monte Carlo nur 9 von 81 Stimmen. Sogar die als absoluter Außenseiter geltende englische Stadt Manchester schnitt besser ab. Die öffentliche Empörung, die folgte, galt jedoch nicht Berlins miserablem Ergebnis. Einer Reihe von Dokumenten, die in die Hände von Journalisten gelangten, war zu entnehmen, daß Berlins rekordverdächtige 86-Millionen-Mark-Bewerbungskasse eher wenig für ihren eigentlichen Zweck verwendet worden war.

Verantwortlich für die Bewerbung war die »Olympia Berlin 2000 Gesellschaft zur Vorbereitung der Olympischen Spiele mbH« – die Olympia GmbH. Eberhard Diepgen hatte es sich nicht nehmen lassen, sich selbst zum Aufsichtsratsvorsitzenden der GmbH wählen zu lassen. Gleichzeitig sollten aber keine muffigen preußischen Beamten den Jetset des Internationalen Olympischen Komitees (IOC) vergraulen. Manager aus der freien Wirtschaft sollten der Olympia GmbH den nötigen Glanz verleihen. Finanziert wurde die GmbH jedoch hauptsächlich mit öffentlichen Geldern. Eine schlechte Mischung, wie sich später herausstellte.

Treibende Kraft der Berliner Olympiabewerbung war jedoch die Daimler-Benz AG. Daimler wollte im »Markt Olympia« groß rauskommen. Kurz zuvor hatte Mercedes mit 27 Fahrzeugen an das IOC und einer Million Dollar Spende für Samaranchs Olympisches Museum in Lausanne die Bezeichnung »Partner des IOC« eingekauft.[1]

Daimler-Pressesprecher Matthias Kleinert äußerte sich sehr offen über Daimlers Engagement für die Berliner Olympiabewerbung. Hier ginge es um »die ungeheuren Perspektiven« für Daimler und nicht darum, »Liebeleien zu befriedigen«.[2] Kleinert wußte, daß Olympia in Berlin rasant steigende Immobilienpreise mit sich gebracht hätte, günstig für Daimlers Mammutbauprojekt auf dem Potsdamer Platz. Auch Daimlers Tochterunternehmen in der Stadt hätten durch die Spiele lukrative Aufträge an Land ziehen können. Zum Beispiel war die Daimler-Tochterunternehmung debis seit langem daran interessiert, der Stadt ein mehrere Millionen Mark teures Gesamtverkehrskonzept zu verkaufen.[3]

Im Dezember 1990 nahm Daimler die Zügel in die Hand und beorderte Diepgen mittels einer Einladung zur »Daimler Olympic Party« nach Stuttgart. Dort wurden ihm die für die Bewerbung entscheidenden Personen vorgestellt: unter anderem Willi Daume, Vertreter der deutschen Wirtschaft und IOC-Präsident Samaranch.[4] Unter ihnen war auch eine bis dahin völlig unbekannte Figur:[5] Lutz Grüttke.

Grüttke war ehemaliger Chef der Öffentlichkeitsarbeit von IBM Deutschland in Böblingen, also fast Nachbar von Daimler. Er wurde vom damaligen Daimler-Chef Edzard Reuter als Manager für Berlins Olympiabewerbung empfohlen.[6] Kurz darauf legte Diepgen Grüttke den Vertrag zur Unterschrift vor, der dessen Bestellung zum Geschäftsführer der Olympia GmbH beinhaltete.

Die Daimler-Benz-Chefs hielten an ihrem Kurs fest und besetzten weitere Schlüsselstellen für Berlins Bewerbung. Edzard Reuter wurde Präsident des Kuratoriums der Olympia GmbH, weitere Daimler-Manager und Geschäftspartner saßen auf bestimmenden Posten der Bewerbungsorganisation. Besonders Nikolaus Fuchs, der stolz die finanzielle Beteiligung von Daimler-Benz an seiner Bossard Consultants GmbH hervorhob[7], fiel für die kommende Zeit eine ausschlaggebende Rolle zu.

Fuchs hatte sehr früh begriffen, wie man den Zuschlag für die Ausrichtung von Olympischen Spielen bekommt (daß »diese Bewerbung international gespielt wird und nichts damit zu tun hat, was innerhalb der Stadt passiert. Internationale Sportpolitik wird betrieben«).[8] Was es kostet, »internationale Sportpolitik zu betreiben«, besonders aber, wie teuer es werden würde, die Gunst der stimmberechtigten IOC-Mitglieder zu gewinnen, das sollte man in Berlin erst später erfahren.

Fuchs wußte damals aber auch, daß die notwendigen Maßnahmen nicht mit den rechenschaftspflichtigen Steuergeldern der Olympia GmbH finanziert werden konnten. In einem Interview erinnerte sich Fuchs, wie er Grüttke, kurz nach dessen Amtsantritt im April 1991, aufklärte: »Dafür brauchen Sie Handlungsfreiheiten und Geld. Und Sie müssen frei sein von öffentlichen Kontrollen.« Fuchs ergriff die Initiative: »Dann sind wir zum Bürgermeister gegangen und haben gesagt: ›Bürgermeister, wir können die Spiele nur gewinnen, wenn wir dieses Spiel mitspielen. Dafür brauchen wir Geld, und das Geld kann nicht vom Staat kommen. Unmöglich. Dann bekommen Sie große Schwierigkeiten.‹« Sein Vorschlag an Diepgen, dieses Dilemma zu umgehen, war: »›Ich habe eine Idee. Wir machen eine Berlin 2000 Marketing GmbH.‹ Der Bürgermeister sagt: ›Gut, Sie sind Geschäftsführer.‹«[9]

»Olympische Spiele in Berlin – eine einmalige Gelegenheit, der Welt zu zeigen, welch geistiger und kultureller Gewinn vom Fall der Mauer ausgeht«,[10] erklärte Klaus-Rüdiger Landowsky, Sprecher des Vorstandes der »Berliner Hyp« und einer der Gesellschafter der Olympia Marketing GmbH. Es schien allerdings den Gesellschaftern der Marketing GmbH um einen Gewinn ganz anderer Art zu gehen. Die Marketing GmbH entwickelte sich nämlich zu einem hervorragenden Geschäft für die beteiligten Firmen. Erst gründeten sie als Gesellschafter die Marketing GmbH. Danach kauften sie Lizenzen für Werberechte der eigenen Firma. Diese Lizenzen wiederum konnten zum größten Teil mit Sachleistungen großzügig verrechnet werden. Damit verwandelte die Lufthansa z. B. viele damals sonst leergebliebene Sitze auf ihren Flügen mit Berliner »Olympia-Gästen« in bares Geld. Den Kuhhandel konnten die Konzerne zusätzlich auch noch von der Steuer absetzen.

Diese Art »Hilfe zur Selbsthilfe« läßt sich besonders gut am Beispiel von Daimler-Benz und Bertelsmann nachvollziehen. Daimler-Benz war der »Topsponsor« für Berlins Olympiabewerbung und hatte für diese Rolle 6,5 Millionen Mark an die Marketing GmbH »bezahlt«. Von diesen 6,5 Millionen Mark sollten 3,5 Millionen als Dienst- und Sachleistungen verrechnet werden. Gleichzeitig wurde aber vertraglich geregelt, daß Daimler den Wert der Leistungen selbst festlegen darf.

Von den 3,5 Millionen in Sachleistungen wurden allein 1,7 Millionen in Gestalt von Werbung auf zwei Daimler-Rennwagen der Deutschen Tourenwagenmeisterschaft verrechnet.[11] Über die Höhe der Summe oder gar darüber, weswegen es zweckmäßig sein soll, anläßlich der Austragung einer nichtolympischen Sportart für Olympia zu werben, dafür brauchte man niemandem Rechenschaft abzulegen. Die Olympia Marketing GmbH war eine private Gesellschaft. Weder Berlins Landesrechnungshof noch das Berliner Parlament hatten einen direkten Zugang zu ihren Büchern.

Kurz vor Schluß der Olympiabewerbung hatte die Marketing GmbH bei Daimler immer noch eine Million Mark an Sachleistungen offen. Stolz erzählte Matthias Kleinert, wie sein Konzern die Summe bar an die Marketing GmbH bezahlte, »so daß die Marketing GmbH wiederum zum Beispiel bei der Leichtathletikweltmeisterschaft in Stuttgart aus diesem Betrag heraus wieder die Rechnungen bezahlen konnte, die wir ihr gestellt haben«.[12] Aber in Stuttgart holte Daimler noch weitaus mehr aus der Berliner Olympiabewerbungsorganisation heraus. Stuttgart, wo Daimler seinen Konzernsitz hat, hatte alles getan, um die Leichtathletikweltmeisterschaft von 1993 in die Stadt zu locken. Die Veranstaltung, die in dem modernisierten und frisch umgetauften »Gottlieb-Daimler-Stadion« stattfand, war ein Prestigeobjekt für IOC-Partner Daimler, wofür die Stadt Stuttgart tief in die Tasche greifen mußte.

Trotz einer Subvention in Höhe von fünf Millionen Mark aus dem Stuttgarter Stadtsäckel drohte die Weltmeisterschaft ein zweistelliges Millionendefizit zu verursachen. Es blieb nur eine Kuh übrig, die man noch melken konnte: Berlin. In einem Telefax an NOK-Präsident Tröger bemühte sich der damalige Olympia-GmbH-Geschäftsführer, Axel Nawrocki, seinen Etat zu verteidigen:

> »Berlin wird sich bemühen, für die Stuttgarter-WM noch einen zusätzlichen Betrag von 500 000,- Mark zur Verfügung zu stellen; der Gesamtbetrag umfaßt daher nunmehr 750 000,- Mark und vereinbarungsgemäß auch die Übernahme aller IOC-Kosten; der ›Seelenfrieden‹ müßte daher wieder hergestellt sein.«[13]

Das war nicht der Fall. Am Ende kostete die Weltmeisterschaft in Stuttgart die Berliner Olympiabewerber über eine Million Mark.[14] Immer wieder wurde von den Berliner Olympiamachern und von Daimler betont, diese Weltmeisterschaft sei ein riesiger Erfolg für Berlins Bewerbung gewesen. Für Daimler war sie das – zweifelsohne. Zurück zu Daimlers sogenanntem Geldtransfer. Zusätzlich zu den 3,5 Millionen Mark in Sachleistungen sollte Daimler, wie bereits erwähnt, 3 Millionen Mark in bar an die Marketing GmbH bezahlen. Von diesem Betrag aber gingen fast zehn Prozent gleich für das Gehalt[15] des Daimler-Managers ab, der an die Marketing GmbH ausgeliehen worden war.

Olympiasponsor Bertelsmann ging ähnlich vor. Durch seine Tochterfirma Ufa Film- und Fernseh-GmbH vertreten, versprach Bertelsmann der Marketing GmbH eine Unterstützung von 1,5 Millionen Mark. Bedingung: 250 000 Mark werden in Sachleistungen von Bertelsmann-Firmen bezogen.[16] Am Ende bekam die Ufa allein schon 2,3 Millionen von der Marketing GmbH, um Berlins kurzen Bewerbungsfilm zu drehen![17] Die Rechnung wurde allerdings an die Olympia GmbH und damit an den Steuerzahler weitergereicht. Auch die Bertelsmann-Firmen Mohndruck, Gütersloher Druckservice und Scholz Direktwerbung erhielten immense Aufträge direkt von der Olympia GmbH.[18]

Durch solche Aufträge – wie etwa den Bewerbungsfilm, den die Olympia GmbH an die Marketing GmbH vergab – erwies sich die Olympia GmbH als ideale Geldwaschanlage: Damit kam die Marketing GmbH an die begehrten öffentlichen Gelder der Olympiabewerbung heran. Mit diesen Geldern konnte die Marketing GmbH dann frei von den von Fuchs befürchteten »öffentlichen Kontrollen« arbeiten.

Der Modus war einfach. Die Olympia GmbH vergab Aufträge an die Marketing GmbH, die dafür dubiose Rechnungen stellte, zum Beispiel für »die Erstellung der Studie ›Kosten und Erlöse der Olympischen Spiele in Berlin 2000‹« für »110 378,70 DM«. Dabei wurde ein Honorar »Prof. Dr. Maennig 107 300,00 DM« aufgelistet.

Vor dem Untersuchungsausschuß danach gefragt, erklärte Professor Wolfgang Maennig, der die Studie erstellt hatte: »Daß das Gutachten so viel Geld gekostet hat, ist schlichtweg falsch; da muß ein Übertragungsfehler vorliegen! Ich kann Ihnen sagen – vielleicht nicht auf tausend Mark genau, aber ungefähr –, daß ich für dieses Gutachten 25 000 Mark in Rechnung gestellt habe.«[19] Einer der wichtigsten Punkte, die später vom Untersuchungsausschuß aufgedeckt, aber niemals geklärt wurden.

Seltsame Praktiken bei den Sachleistungen sind auch den Wirtschaftsprüfern der Marketing GmbH aufgefallen. Sie bemängelten in einem internen Bericht, daß die Marketing GmbH die Rechnungen für Dienst- und Sachleistungen der Sponsoren nicht nachprüfte.[20] Viele dieser Leistungen waren an die Olympia GmbH weitergereicht und anstandslos bezahlt worden.[21] Die C & L Treuhand, verantwortlich für die Prüfung des Jahresabschlußberichtes der Olympia GmbH, hat die Rechnungen der Marketing GmbH an die Olympia GmbH nie beanstandet. Kein Wunder – auch sie war Sponsor der Marketing GmbH.[22]

Ein Vermerk der Olympia GmbH vom Januar 1994, lange nachdem die Bewerbung zu Ende gegangen war, zeigt, wie ernsthaft mit solchen Rechnungen umgegangen wurde. Laut Vermerk hatte die Olympia GmbH noch 600 000 Mark von der Marketing GmbH zu erhalten. Die Lösung? Irgendwelche Leistungen der Marketing GmbH in Rechnung stellen: »Zunächst ist abzuwarten, welche Sachleistungen von der Marketing GmbH noch in Anrechnung gebracht werden. Dabei kann es sich natürlich nicht um Leistungen im Bereich der ›Sahnehäubchen‹ handeln. Die berechneten Leistungen müssen sich im Wirtschaftsplan der Olympia GmbH wiederfinden lassen.«[23]

Wichtig war nur eins: Das Rechenwerk mußte der öffentlichen Kontrolle standhalten. In seinem abschließenden Bericht zog Berlins Landesrechnungshof die Seriosität des Geschäftsgebarens der zwei GmbHs in Zweifel.[24] Leider, wie Fuchs wohl wußte, darf der Landesrechnungshof an die Unterlagen der Marketing GmbH nicht ran. Damit war eine Aufklärung ausgeschlossen.

Die Gesellschafter der Marketing GmbH mußten kein finanzielles Risiko eingehen. Sogar die Gründung der Marketing GmbH wurde mit den Steuergeldern der Olympia GmbH bezahlt. Das Konzept für die Marketing GmbH – die Planung ihrer Struktur, Strategien und Ziele – wurde von der Olympia GmbH zu 100 Prozent finanziert, obwohl sie nur mit 1 Prozent an der Marketing GmbH beteiligt war. Die Olympia GmbH bezahlte auch die Gehälter und laufenden Kosten der Marketing GmbH in den ersten Monaten[25] und kaufte ihr sogar das Türschild.[26] Außerdem verzichtete sie auf den Mietzins für die Büros der Marketing GmbH in Höhe vom fast 600 000 Mark.[27] Der Landesrechnungshof stellte später auch fest, daß die Olympia GmbH den Anspruch auf eine weitere Million Mark an Gebühren von der Marketing GmbH nicht in Anspruch genommen hat.[28] Der Steuerzahler hatte so einigen der führenden Konzerne Deutschlands eine fertige GmbH mit Millionenwerten geschenkt – und eine einträgliche dazu: Während die aus Steuergeldern finanzierte Olympia GmbH über 86 Millionen Mark ausgab, konnte die Marketing GmbH mit einem Gewinn von einer Million Mark abschließen.

Dieser Gewinn durch sogenannte Sponsoren stellt ein Novum dar. Zum erstenmal in der Geschichte der Olympischen Spiele wurde schon mit der Bewerbung und nicht erst mit den Spielen selbst ein Gewinn erzielt. Damit hat Fuchs ein völlig neues kommerzielles Verfahren gefunden, das dazu angetan sein kann, jede zukünftige Bewerberstadt das Fürchten zu lehren.

Die Marketing GmbH beglückte aber nicht nur die Konzerne. Sie entrichtete auch den einen oder anderen Lehnsdienst. Als Axel Nawrocki nach Fuchs' Abgang auch Interimschef der Marketing GmbH wurde, war eine seiner ersten Handlungen das Verteilen dreier Spenden. Sie gingen an die »Deutsche Rheuma-Liga Bundesverband e. V.«, an die »Deutsch-Israelische Hilfe für krebskranke Kinder e. V.« und an die »ZNS für Unfallverletzte mit Schäden des Zentralen Nervensystems e. V.«. Schirmherr der »Deutschen Rheuma-Liga« ist Eberhard Diepgen; seine Frau Monika, Alexander Longolius, Jürgen Bostelmann, Vorstandsvorsitzender der Grundkreditbank, und andere Mitglieder der Berliner Seilschaften sitzen im Kuratorium und Vorstand der »Deutsch-Israelischen Hilfe für krebskranke Kinder«, Präsidentin von »ZNS« ist Hannelore Kohl.[29]

Um die Berliner Seilschaften einzubinden, riefen Diepgen, Grüttke und Fuchs eine weitere Bewerberorganisation, den »Förderkreis Olympia Berlin 2000 e. V.«, ins Leben. Vorsitzender war Jürgen Bostelmann von der Grundkreditbank. Stellvertretender Vorsitzender des Förderkreises wurde, wie der Zufall es wollte, der Leiter der Daimler-Benz-Niederlassung Berlin. Die Mitgliederliste war ein »Who's who« von Berlin – Diepgens Berlin: »Diepgen, Parlamentspräsidentin Laurien, einige Senatoren, Staatssekretäre, gleich sechs an der Zahl, ein Dutzend Abgeordnete.«[30] Diepgens Weggenossen Dankward Buwitt und Dr. Karlheinz Knauthe sowie die Baulöwen Karsten Klingbeil, Dietmar Otremba, Dr. Gernot Moegelin und viele andere nur allzugut bekannte Personen waren Mitglieder.[31]

Offizieller Zweck des Vereins war »die Förderung und Unterstützung der Bewerbung«.[32] Auch hier sah es in der Praxis anders aus. Die Marketing GmbH half den Gutbetuchten aus dem Förderkreis mit einer Spende von 250 000 Mark.[33] Das einzige große Projekt des Förderkreises war eine sogenannte »Olympia 2000 Berlin«-Ausstellung im Foyer des Berliner Fernsehturms, die allerdings eher den Eindruck einer Werbeveranstaltung für die Sponsorenfirmen der Marketing GmbH vermittelte.

Die Geldwaschmaschine der Berliner Olympiabewerbung lief nicht ohne innere Reibung. »Top International Manager« Lutz Grüttke z. B. hatte nicht begriffen, daß man nicht nur die eigenen Zahnräder, sondern immer die ganze Maschine schmieren muß. Das verübelten ihm die Berliner Seilschaften. Zunehmend wurde er Objekt der Kritik von Politikern, Sportfunktionären und der Presse. Vergeblich versuchte er, den Angriff mit der Klage umzulenken, daß Diepgen ihn nicht »vor Parteienfilz und kleinkarierten Verbandsmechanismen«[34] schütze. Grüttkes Fazit: Diepgen sei »ein Mann geringen Muts«.[35]

Zu spät versuchte Grüttke, seine Fehler zu korrigieren. In dem von ihm erklärten »Olympischen September« 1991 gab er circa eine halbe Million Mark für Sportveranstaltungen und Werbung in Berlin aus.[36]

Als die Mitglieder des IOC-Exekutivkomitees für 58 000 Mark vor dem Pergamon-Altar ein Gelage abhielten, mußten die Berliner Seilschaften nicht abseits stehen. Sie durften gleichzeitig im Luxusrestaurant »Wirtshaus Schildhorn« für 122 000 Mark ihren Hunger stillen. Alles mit Geldern aus dem Staatssäckel natürlich.[37]

Innerhalb von sechs Monaten hatte Grüttke seinen Etat schon um circa 1,3 Millionen Mark überzogen.[38] Die Olympia GmbH stand quasi vor den Bankrott. Der »Olympische September« war Grüttkes letzter Monat im Amt. Es fehlte nur noch der Anlaß für seinen Rausschmiß. Der fand sich in einem Vertrag Grüttkes mit Michael Schirner, dem »deutschen Werbepapst«, der diesem innerhalb von zwei Jahren eine zweistellige Millionensumme einbringen sollte! Der Jurist Christoph Vedder, Professor an der Universität München, qualifizierte den Vertrag in einer Stellungnahme als strafrechtlich relevant und sittenwidrig:[39] »Die GmbH hat sich durch diesen Vertrag in der Wahrnehmung ihrer Aufgabe geknebelt.«[40] Diepgen mußte Grüttke loswerden, das 1,3-Millionen-Mark-Defizit der Olympia GmbH stopfen und den Vertrag mit Schirner entweder ändern oder auflösen. Dies alles mußte weitgehend ohne öffentliche Aufmerksamkeit geschehen, denn sonst wäre Berlins Olympiabewerbung abrupt am Ende gewesen.

Die Angelegenheit Grüttke war schnell erledigt.[41] Obwohl er vor dem Untersuchungsausschuß immer noch behauptete, Diepgen habe von dem Vertrag mit Schirner gewußt,[42] war er damals gleich zurückgetreten. Ein Prozeß hätte Dinge ans Licht gebracht, die auch für Grüttke nicht angenehm gewesen wären: Unmittelbar bevor er Geschäftsführer der Olympia GmbH wurde, war er Geschäftsführer der Düsseldorfer Werbeagentur GGK. GGK Düsseldorf war zu dieser Zeit mit 50 Prozent an Schirners Werbeagentur beteiligt.[43] In seinen ersten Monaten als Geschäftsführer der Olympia GmbH unterhielt Grüttke immer noch geschäftliche Verbindungen mit der Firma Trimedia Holding in der Schweiz,[44] die Besitzer von GGK und Teilhaber von Schirners Agentur war.

Aber Grüttke fiel weich und lautlos. Laut Diepgens Senatskanzlei hatte sich Daimlers Matthias Kleinert zur Beendigung der Streitigkeiten zwischen Grüttke und der Olympia GmbH bereit erklärt, »ein wirtschaftliches Arrangement mit Herrn Grüttke zu treffen, auf dem Hintergrund, daß Herr Grüttke seinerzeit von Herrn Kleinert für die Position des Geschäftsführers der Olympia GmbH empfohlen worden war«.[45] Grüttke ging. Diepgen erklärte der Öffentlichkeit: »Sein Rücktritt zeigt, daß Grüttke ein Kommunikationsfachmann ist.«[46]

Das 1,3-Millionen-Mark-Defizit verschwinden zu lassen verlangte mehr Phantasie. Nachdem Daimler-Benz, dessen Chefs Grüttke ins Amt gesetzt hatten, davon 361 000 Mark tilgte[47] (ein Olympiaskandal wäre auch nicht im Sinne von Daimler gewesen), mußte Diepgens Senatskanzlei den Restbetrag von 894 000 Mark irgendwie verschwinden lassen.

Diepgen wurde geraten, den Antrag für die Gelder dem Hauptausschuß des Abgeordnetenhauses nicht vorzulegen, da er schließlich versprochen hatte: »Die Olympia GmbH benötigt in diesem Jahr keinen Nachschlag mehr.«[48] Die fleißigen Beamten in Diepgens Senatskanzlei fanden aber einen Weg am Hauptausschuß des Abgeordnetenhauses vorbei. »Nach Möglichkeit sollte der Betrag unter 500 000 Mark liegen. Damit wäre eine Befassung des Hauptausschusses entbehrlich.«[49] Aus technischen Gründen mußten die Rechnungen auch vor dem 1. Juli 1991 liegen. Allerdings gab es aus dieser Zeit zuwenig offene Rechnungen, um die Summe zu decken. Die Beamten setzten sich also mit Nikolaus Fuchs, der sich als Mann für gewisse Aufgaben erwiesen hatte, in Verbindung. Fuchs schrieb daraufhin einen Brief, worin er bestätigte, einen 894 000-Mark-Auftrag, den die Olympia GmbH ihm erst am 8. August vergeben hat, eigentlich schon im »Mai und Juni« bearbeitet zu haben.[50] Die Rechnung wurde einfach in zwei Teilen bezahlt, beide unter 500 000 Mark.[51] Zufälligerweise konnte der Untersuchungsausschuß den ursprünglichen Vertrag für Fuchs' Auftrag in den Unterlagen der Olympia GmbH nicht finden.

Nun war nur noch Schirner und sein Vertrag zu erledigen. Die Senatskanzlei schrieb am 7. November 1991 an Schirners Rechtsanwalt: »Ich möchte nochmals betonen, daß wir selbstverständlich bereit wären, den gemeinsamen Ausstieg nach außen so zu präsentieren, daß weder für

Die Berlin 2000 Olympia GmbH teilt mit:

Zusammenarbeit mit der Werbeagentur Schirner einvernehmlich
beendet.

Am 14. November 1991 fand ein weiteres Gespräch zwischen der
Olympia GmbH und der Werbeagentur Schirner statt. In diesem
Gespräch wurde Übereinstimmung erzielt, die Zusammenarbeit
zwischen beiden Seiten mit Wirkung vom .... zu beenden. Die
Vertreter der Agentur und der Olympia GmbH bedauerten, daß die
bisherige (gute) Zusammenarbeit beendet werden mußte, da ~~der
ihrer Kooperation zugrunde liegende Vertrag durch Indiskretionen ins Gerede gekommen war und~~ das von beiden Partnern verfolgte Ziel, positive ~~Werbung für Berlin zu machen,~~ nicht mehr
erreicht werden kann. Die Werbeagentur Schirner wird der Olympia GmbH die Verwertungsrechte an den bisher erarbeiteten
Werbematerialien überlassen; sie sind durch die bisherigen
vertraglichen finanziellen Leistungen abgegolten. Weitere
wechselseitige Ansprüche bestehen nicht.

Alternative:

Zusammenarbeit mit der Agentur Schirner beendet

...In diesem Gespräch konnte keine Einigung über eine gedeih-
liche weitere Zusammenarbeit erzielt werden. Die Olympia GmbH
hat darauf hingewiesen, daß die von der Werbeagentur Schirner
geforderten Preise in keinem Verhältnis zu den tatsächlichen
Möglichkeiten der Olympia GmbH stehen. Nicht akzeptabel sei
außerdem eine exklusive Bindung an eine einzelne Werbeagentur

*Die ursprünglichen Entwürfe einer Presseerklärung über die Beendi-
gung der Zusammenarbeit zwischen der Olympia GmbH und der
Werbeagentur Schirner.*

angesichts der Komplexität der bis 1993 anstehenden Aufgaben. Vor allem sei aber die Olympia GmbH zu der Überzeugung gelangt, daß das mit der Zusammenarbeit beabsichtigte Ziel, eine positive Werbung für Berlin zu produzieren, nicht mehr erreicht werden könne. Die Zusammenarbeit gerate durch staatsanwaltschaftliche Ermittlungen, Presseveröffentlichungen und Indiskretionen über zweifelhafte Gesellschaftsverhältnisse aus dem Umfeld der Agentur Schirner immer wieder in die öffentliche Diskussion. Eine Vertrauensbasis für die weitere Zusammenarbeit sei deshalb nicht mehr vorhanden.

Aus diesem Grunde hat die Olympia GmbH den Vertrag mit der Werbeagentur Schirner fristlos gekündigt. Der Olympia GmbH stehen die Rechte an dem bisher erarbeiteten Werbematerial, die mit den vertraglichen finanziellen Leistungen abgegolten sind, zu.

Ihren Mandanten noch für Sie dabei Schaden entstünde.«[52] Am 14. November 1991, genau eine Woche später, wurde in einer Presseerklärung bekanntgegeben: »Die Vertreter der Agentur und der Olympia GmbH bedauern, daß die bisherige gute Zusammenarbeit beendet werden mußte, da das von beiden Parteien verfolgte Ziel, für die olympische Idee und Berlin 2000 zu werben, durch Faktoren, die von den Vertragspartnern nicht zu verantworten sind, weiterhin belastet werden könnte.«[53]

Schirner ging ohne jeglichen Schaden, wie ihm versprochen wurde. Die Zahlungsverpflichtungen, die sich aus dem »sittenwidrigen« Vertrag ergaben, sollten sogar bis 31. Dezember 1991 erfüllt werden.[54] In acht Monaten erhielt die Agentur Schirner damit Aufträge im Wert von 3,8 Millionen Mark von der Olympia GmbH.[55]

In der Zwischenzeit hatte Fuchs das »internationale Spiel« ernsthaft in Angriff genommen. Eine seiner ersten Aktionen war es, nach Atlanta zu fliegen, der erfolgreichen Bewerberstadt für die Olympischen Spiele 1996. Es gab Gerüchte über Intimdaten, die Atlanta über die IOC-Mit-

glieder gesammelt hatte, um den Erfolg seiner Bewerbung zu garantieren. Die wollte Fuchs kaufen: Er hatte aber Pech: »Ich war ein bißchen
zu spät – Sydney hatte sie gekauft.«[56] Damit hatte Sydney einen riesigen
Vorsprung, und Berlin mußte sich die entsprechenden Daten selbst beschaffen.

Der Retter in der Not war der berüchtigte Olympiaagent »Astrid«. Er
besitzt die perfekte Tarnung: Professor an der Deutschen Sporthoch-
schule Köln, Vizepräsident der Deutschen Olympia-Gesellschaft, Mitglied des deutschen Fair-Play-Komitees und in der Zwischenzeit sogar
Stellvertretender Vorsitzender der europäischen Fair-Play-Bewegung.
»Astrid« ließ wissen, »daß ich … aufgrund meiner einschlägigen Erfahrungen gerne auch persönlich zur Übernahme bestimmter Sonderauf-
gaben im Rahmen der Bewerbungskampagne bereit bin«.[57]

»Astrids« erster Bericht an Fuchs mit Informationen aus dem Privatleben
der IOC-Mitglieder wurde mit dem eines anderen Olympiaagenten,
Deckname »Augustinus«, zusammengefaßt. »Augustinus« konnte da-
mals als Vizepräsident des Nationalen Komitees für Deutschland und
Vorsitzender des Direktoriums des Deutschen Olympischen Instituts die
IOC-Mitglieder mühelos ausspionieren.[58]

Zum Redigieren erhielt »Astrid« aus Fuchsens Stab Entwürfe für Com-
puter-Erfassungsmasken, mit denen die Informationen über die IOC-
Mitglieder rubriziert werden konnten, zum Beispiel mit den Rubriken
»Drogen-Konsum«, »Sexuelle Neigung« und »Käuflich«.[59]

Im September 1991 traf »Astrid« als Tourist getarnt[60] in Athen ein. Er
berichtete Fuchs triumphierend von einem Hinweis eines seiner Interviewpartner: »Es ist unbedingt erforderlich, daß im inneren Kreis eines
Bewerbungskomitees eine Art zentraler Datenbank existiert, in der die
genaueren Lebensumstände, politischen Grundauffassungen, sportpolitischen Verankerungen und Abhängigkeiten, persönlichen Neigun-

*Seite 115/116: »Astrid« und »Ikarus« erörtern die für eine erfolg-
reiche Olympiabewerbung nötigen Strategien (Auszüge).*

Bossard Olympia-Team
Bericht über Sondierungen in Athen, 11.-13.9.1991

Während meines Aufenthaltes konnte ich über einen mir bekannten Mitarbeiter der Agentur, die für die Erstellung der
offiziellen Unterlagen der Kandidatur Athens für die Olympischen Spiele 1996 und die ästhetisch-graphische Gestal-
tung aller Präsentationen und Drucksachen zuständig war,
Kontakt zu Ikarus aufnehmen, der im innersten Kreis des Bewerbungskomitees für die gesamte Strategie des "Personal
Lobbying" im IOC und bei den internationalen Fachverbänden
verantwortlich war, und mit ihm zwei mehrstündige Gespräche
führen. Außerdem sprach ich ca. 2 1/2 Stunden mit Daedalus,
der aufgrund seiner zentralen Position im ehrenamtlichen
Bereich einen vollständigen Überblick über den Verlauf der
Kampagne besitzt. Im folgenden sind die wichtigsten Ergebnisse, Erkenntnisse und Einschätzungen, die sich aus diesen
Erörterungen ergaben, kurz zusammengefaßt. Eine weiterge-
hende, differenzierte Beurteilung kann jederzeit mündlich
abgegeben werden.

Mein Gesprächspartner Ikarus erwies sich entgegen der allgemeinen Einschätzung und auch entgegen meiner eigenen Er-
wartung als außerordentlich kompetent, professionell den-
kend und psychologisch sensibel. Er kommt aus dem Bereich
des griechisch-angelsächsischen Managements. Er ist einerseits mit den spezifischen Einstellungen, Verhaltensweisen
und Erwartungen der Griechen vertraut, kennt aber andererseits internationale Gepflogenheiten und Stimmungen und
betrachtet die Kampagne Athens und ihr Ergebnis trotz der
persönlichen Enttäuschung mit einem Höchstmaß an nüchterner
Analyse und kritischer Distanz. Der Eindruck, den ich gewann, steht in völligem Kontrast zu der emotionalen Art und
Weise, mit der der Mißerfolg Athens in den griechischen Medien und Statements von Politikern und Sportfunktionären
mit den bekannten Schuldzuweisungen dargestellt wurde. Der
Sieg Atlantas wurde mit klar definierten Vorzügen und

Vorgehensweisen des dortigen Bewerbungskomitees erklärt und gleichzeitig Defizite und Fehlverhalten der Griechen ohne Ausflüchte beim Namen genannt. Kennzeichnend ist z.B. die Tatsache, daß während der stundenlangen Erörterungen nicht ein einziges Mal der Name Coca Cola erwähnt wurde. Ikarus hat mir gegenüber aus Verlauf und Ergebnis der Bewerbung folgende Einsichten formuliert:

1. Erfolg oder Mißerfolg einer Olympiabewerbung hängt ausschließlich davon ab, in welchem Ausmaße es gelingt, mit den Methoden des "Personal Lobbying" die Stimmen der IOC-Mitglieder für sich zu gewinnen. Es ist unbedingt erforderlich, daß im inneren Kreis eines Bewerbungskomitees eine Art zentraler Datenbank existiert, in der die genauen Lebensumstände, politischen Grundauffassungen, sportpolitischen Verankerungen und Abhängigkeiten, persönlichen Neigungen, Werthaltungen, Schwächen etc. bis ins Detail gespeichert und verknüpft sind. Diese Auffassung wurde von Ikarus vorgetragen, ohne daß ich sie selbst angesprochen oder auch nur durch Andeutungen provoziert hätte. Sie entspricht damit fast 100%ig unserer gemeinsamen Einschätzung und wurde - ebenfalls ohne mein Zutun - von Daedalus bestätigt.

2. Aus dieser Grunderkenntnis ergibt sich der Schluß, daß großflächige Stimmungskampagnen, PR-Aktionen nach dem Gießkannenprinzip bei allen möglichen sportlichen Großveranstaltungen und Konferenzen nach Auffassung der Athener Verantwortlichen von untergeordneter Bedeutung sind und nur Sinn haben, wenn bei den Veranstaltungen bestimmte IOC-Mitglieder anwesend sind, auf die gezielt und nach vorangegangener sorgfältiger Analyse Einfluß genommen werden soll. In Athen bedauert man nachträglich den ungeheuren Aufwand, den man auf falschen Feldern betrieben hat.

gen, Werthaltungen, Schwächen etc. bis ins Detail gespeichert und verknüpft sind.«

»Astrid« versicherte Fuchs: »Diese Auffassung entspricht damit fast hundertprozentig unserer gemeinsamen Einschätzung.«[61] In Athen erhielt er auch intime Informationen über IOC-Mitglieder. »Astrids« Drecksammeleinsatz kostete die Berliner Olympia GmbH und dadurch den Steuerzahler 9800 Mark.

Die Datenbank wurde mit Wissen der Olympia GmbH von ihrem Computerexperten vorbereitet. Nachdem sie fertiggestellt war, wurde die gesamte Software des Geheimprojekts an Fuchs' Unternehmen, die Bossard Consultants, übergeben.[62]

Im Juni 1992 flogen die Fuchsschen Pläne dank Berichten von Mathias Werth und Philip Siegel in *Monitor* auf. Fuchs leugnete alles ab und behauptete, »ein selbsternannter Experte aus Athen habe das betreffende Papier, in dem unter anderem zur Bestechung der Olympia-Oberen geraten wird, ungefragt an Bossard geschickt«.[63] 14 000 Mark wurden dann von der Olympia GmbH vergeudet, um die Kanzlei des CDU-Hausanwalts Peter Raue zu beauftragen, ein einstweiliges Verfügungsverfahren gegen *Monitor* vorzubereiten.[64] Dies wurde offensichtlich nie eingeleitet, was Berlin eine weitere Blamage ersparte.

Während der »Experte« »Astrid« sich in Schweigen hüllte, mußte Fuchs seinen Hut nehmen. Der damalige Geschäftsführer der Olympia GmbH, Axel Nawrocki, ließ wissen, »daß ihm eine weitere Zusammenarbeit mit Herrn Dr. Fuchs nicht möglich sei«. »Herr Dr. Fuchs sei insoweit unglaubwürdig geworden, als er ständig neue Versionen zur Frage der Erfassung bzw. Verwahrung von Unterlagen über höchstpersönliche Daten von IOC-Mitgliedern abgebe.«[65]

Rufe nach einer unabhängigen Untersuchung wurden laut. Diepgen blieb nichts anderes übrig, als seine Spezialabteilung für Verschleierung einzusetzen: die Senatskanzlei. Die Affäre war so brenzlig, daß Diepgen den Staatssekretär und früheren Oberstaatsanwalt und Sprecher des Justizsenats, Volker Kähne, höchstpersönlich damit beauftragte.[66]

Wie zu erwarten war, kam Kähne zu dem Schluß, zu keinem Zeitpunkt seien persönliche Daten von IOC-Mitgliedern Teil der Olympiabewerbung Berlins gewesen.[67] Er behauptete, einen vollständigen Überblick über das Geschehen zu haben.[68] So vollständig konnte dieser Überblick nun doch nicht gewesen sein, denn Kähne hat, laut Aussage des Mitarbeiters der Olympia GmbH, der die Datenbank vorbereitet hatte, nie mit ihm gesprochen.[69]

Während Kähne der Öffentlichkeit Sand in die Augen streute, wurde Fuchsens Vertrag mit der Marketing GmbH nicht verlängert.[70] Wie Grüttke und Schirner fiel auch Fuchs sehr weich. Seine Bossard Consultants erhielt größere Aufträge vom Land Berlin für Studien zu den Berliner Verkehrsbetrieben (BVG), der Berliner Stadt-Reinigung (BSR) und den Berliner Bädern und weitere 92 000 Mark von Diepgen und dem Nationalen Olympischen Komitee für Deutschland, um eine sinnlose Studie darüber zu verfassen, wie Berlin vorgehen solle, wenn es die Olympischen Spiele erhalten habe.[71]

Kaum war dieser Skandal einigermaßen zugeschüttet, bahnte sich schon der nächste an. Auf Einladung der Olympia GmbH durften viele namhafte Berliner Politiker zu den Olympischen Spielen nach Barcelona fahren, um dort Imagewerbung für Berlin zu betreiben. Ebenso standen eine Reihe von Namen aus der Marketing GmbH, deren Aufgabe es eigentlich war, Berlins Bewerbung finanziell zu unterstützen – nicht umgekehrt –, auf der Gästeliste. Viele dieser gut verdienenden Politiker und Manager wurden von ihren Ehefrauen oder Freundinnen begleitet. Alle wurden opulent bewirtet und untergebracht. Laut Landesrechnungshof betrug der durchschnittliche Zimmerpreis 835 Mark.[72] Sogar »Astrid«, getarnt als Dr. Manfred Lämmer,[73] wurde von der Olympia GmbH eingeladen.

Dort lernte Jürgen Klemann, damals Berlins Senator für Sport, was »Lobbying« ist: »nämlich in der Lobby vor den Sitzungssälen des IOC herumlungern«.[74] Das Interesse der Reisegesellschaft, in Lobbys herumzulungern, war offensichtlich nicht gerade überwältigend. Statt IOC-Mitglieder mit schlagkräftigen Argumenten zu überzeugen, scheinen sich die Berliner Lobbyisten mehr in den Stadien vergnügt zu haben. Die

123 Eintrittskarten für insgesamt 27 000 Mark reichten hinten und vorne nicht. Mit weiteren Steuergeldern wurden zusätzliche Karten auf dem Schwarzmarkt aufgekauft.[75] Der Spaß der selbsterklärten Berliner Olympiamacher kostete den Steuerzahler mindestens 1,5 Millionen Mark.[76] Leider sind hier die Unterlagen nicht vollständig. Auch der Rechnungshof war verblüfft, da er wegen fehlender Unterlagen »die genaue Zahl der Teilnehmer, Einzelheiten des Besuchsprogramms, Zweck und Erfolg der Teilnahme sowie mögliche positive Auswirkungen auf die Olympiabewerbung Berlins« nicht feststellen konnte.[77]

Auch zu Hause ließen es sich die Politiker auf Kosten der Olympia GmbH gutgehen. Die Bewerbergesellschaft bezahlte Rechnungen für über 20 000 Mark für drei Büfetts. Auf dem Buchungstext stand lediglich »Büffet Politiker«.[78] Weitere 2000 Mark Bewerbungsgelder gingen für ein Büffet für die Staatssekretäre der Landwirtschaftsministerien des Bundes und der Länder drauf, worauf Berlins Rechnungshof schrieb: »Der Rechnungshof sieht in der Bewirtung von Landwirtschaftsstaatssekretären keinen sachdienlichen Zusammenhang mit der Olympiabewerbung, wohl aber ein Beispiel für die Spendierfreudigkeit der Olympia GmbH.«[79] Der bezahlte Urlaub in Barcelona hatte offensichtlich so viel Spaß gemacht, daß beschlossen wurde, das Ganze ein Jahr später zu wiederholen – diesmal im großen Stil. Zur Vergabe der Spiele 1993 in Monte Carlo wurde eine Gruppe, die sogenannten Ersten 100, auf Kosten der Steuerzahler von der Olympia GmbH eingeladen. Unter ihnen waren zwar eine Handvoll Athleten, hauptsächlich aber wiederum die Seilschaften aus der Wirtschaft und Diepgens Gefolge, die die Reihen füllten. Die Olympia GmbH gab allein 380 000 Mark für Reisekosten aus.[80] Auch hier waren die Belege unvollständig.[81]

Damit wäre Berlins 86-Millionen-Mark-Olympiafiasko eigentlich zu Ende gewesen, hätte Diepgens Neigung zum Monumentalen ihn nicht dazu verleitet, voreilig eine umfangreiche Dokumentation über die Bewerbung zu versprechen.[82] Sämtliche Unterlagen sollten zu diesem Zweck bei der Senatsverwaltung für Sport aufbewahrt werden. Statt der von der Olympia GmbH angekündigten 250 laufenden Meter Aktenordner kamen aber nur 50 Meter bei der Senatsverwaltung an.[83] Der große Panzerschrank für Computerdisketten war fast leer. Zur Erklärung behauptete Nawrocki, daß Unterlagen, die »nicht für die Augen Dritter bestimmt«[84] gewesen seien, vom Reißwolf aussortiert worden wären. Vor allem der Bereich »Internationales«, der für die IOC-Mitglieder verantwortlich war, glänzte mit Lücken. Es blieben dreieinhalb Ordner übrig, die hauptsächlich aus öffentlichen Druckvorlagen bestanden. Vollständig fehlte z. B. der Schriftverkehr mit IOC-Mitgliedern, worin dokumentiert wurde, wie die IOC-Bewerbungsregeln systematisch verletzt worden waren und die Olympia GmbH Millionen für IOC-Mitglieder verschleudert hatte.[85] Verschwunden waren auch ein großer Teil der Verträge und der brisante Schriftverkehr mit verschiedenen Firmen. Die Rechnungen für Reise- und Aufenthaltskosten für IOC-Mitglieder, einschließlich der Geschenke, waren weg. Der Landesrechnungshof stellte fest, daß viele Rechnungsbuchungen gerade für solche Ausgaben in ganz anderen Bereichen versteckt worden waren – wie etwa in »Broschüren«, »Werbeaktivitäten« und »Gäste- und Journalistenbetreuung«. Damit ist kaum vollständig zu rekonstruieren, wieviel für die Herren der Ringe denn ausgegeben wurde.[86]

Um den Fall der verschwundenen Akten aufzuklären, wurde als »unabhängiger« Gutachter Dr. Michael Eitner, der Steuerberater der Olympia GmbH und Verfasser von deren Jahresabschlußbericht[87] eingesetzt. Eitner war auch als Freund des Hauses Nawrocki bekannt. Im Januar 1994, drei Monate nach Abschluß der Bewerbung, wurden ihm zwei Karten für den Berliner Presseball im Wert von je 700 Mark von der Olympia GmbH geschenkt. Begleiter von Frau und Herrn Eitner war kein anderer als der Olympia-GmbH-Finanzchef Jürgen Heydt.[88]

Was Eitner aber ans Licht brachte, konnte nicht mehr vertuscht werden: Für die geprüften Unterlagen aus dem Jahr 1992 fehlten rund 26 Pro-

Seite 121: Aktenvernichtung auf Veranlassung des Finanzleiters der Olympia GmbH.

03-08-1994

Der Regierende Bürgermeister
von Berlin
Herrn Volker Kähne
Chef der Senatskanzlei

Berliner Rathaus
10173 Berlin

Fon 8336838

14 Ordner "OLYMPIA"

Sehr geehrter Herr Kähne,

bezugnehmend auf das Schreiben von Herrn Dr. Nawrocki, Ihren diesbezüglichen
Hinweis auf der letzten PLAKO zur bestehenden Sachlage und eine gemeinsame
Besichtigung der archivierten und gelagerten Bestände in Hohenschönhausen,
zusammen mit Herrn Heydt am 14-07-1994, führte ich im Interesse der Sache mit
meinen ehemaligen Mitarbeitern und Kollegen zur Klarstellung des ominösen
Sachverhaltes, den ich mir nicht erklären konnte, hinsichtlich des Verbleibs
der besagten Ordner recherchierende Gespräche mit folgendem Ergebnis:

1. In den ca 14 Ordnern befanden sich Duplikate
    - von Arbeitsangeboten und - verträgen der beauftragten Gutachter, die
      alle von den jeweiligen Geschäftsführern und Auftragnehmern unterschrie-
      ben worden sind,

    - von entsprechenden Zwischen-, Teil- und Schlußrechnungen.

    Darüberhinaus teilweise auch Kurznotizen über Verhandlungsergebnisse, da
    ich im Prinzip alle im Haushaltsplan angesetzten Finanzmittel für die ein-
    zelnen Gutachten heruntergehandelt hatte im Sinne einer sparsamen und
    wirtschaftlichen Haushaltsführung, teilweise bis zu 75%, ohne daß die
    Ergebnisse der Gutachten darunter litten, jedoch nicht immer im Interesse
    der Gutachter. Dies geht auch aus entsprechenden, von meiner Abteilung
    gefertigten Jahresübersichten hervor, die neben der Geschäftsführung auch
    der Abteilung I vorlagen.

2. Die Originale der Verträge und Rechnungen wurden in der Abteilung I abge-
    heftet.

3. Aus diesem Grunde, da es sich bei unseren Unterlagen nur um Kopien handel
    te, ordnete Herr Heydt an, daß diese Ordner nicht archiviert, sondern
    vernichtet werden sollten.

4. Da ich jedoch der Auffassung war, auch diese Duplikate zusammen mit den
    anderen Unterlagen zu erhalten, ließ ich die Ordner im Zuge der Aufräu-
    mungs- und Archivierungsaktion auch in einen Karton verpacken.

5. Nach nochmaliger Nachfrage von Herrn ▓▓▓▓▓▓▓ und Herrn ▓▓▓▓ bei
    Herrn Heydt zum weiteren Prozedere dieser Unterlagen erfolgte nach er-
    neuter Anweisung zur Vernichtung die Beseitigung durch meine Mitarbeiter
    per Reißwolf und durch Handzerreißen.

Mit dieser Kurzdarstellung hoffe ich aufklärend gedient zu haben und verbleibe
mit freundlichen Grüßen
Ihr

zent der Handelsbriefe, für das Jahr 1993 über die Hälfte.[89] Eitner konnte die Verträge mit Fuchsens Bossard Consultants und anderen fragwürdigen Auftragsempfängern nicht finden. Kein Wunder, Nawrocki hatte sogar Millionengeschäfte mündlich abgeschlossen.[90] Unter anderem waren 14 Ordner von der Abteilung Austragungskonzepte verschwunden.[91] Diese Abteilung war für die Planung der Infrastruktur der Spiele, wie Bauten und Verkehr, verantwortlich. Im Laufe der Bewerbung hatte sie über 10 Millionen Mark für Gutachten ausgegeben.[92] Von besonderem Interesse sind Aufträge an Marketingsponsoren wie die damalige Bundesbahn. Die Mitarbeiter der Olympia GmbH hatten diese Aufträge angeblich nicht – wie vorgeschrieben – für konkurrierende Angebote ausgeschrieben, sondern freihändig vergeben![93]

Drei Mitarbeiter der Abteilung verfaßten nach Eitners Bericht einen Brief an den Staatssekretär der Senatskanzlei Volker Kähne.[94] Darin erklärten sie, daß der Finanzleiter der Olympia GmbH, Jürgen Heydt, gegen ihre Empfehlung auf einer Vernichtung der Akten bestanden habe. Kähne reagierte auf ihren Brief nicht. Auch Nawrocki wollte von der Angelegenheit offensichtlich nichts wissen.[95] Es ist kaum vorstellbar, daß Diepgen in seiner Funktion als Regierender Bürgermeister und Aufsichtsratsvorsitzender der Olympia GmbH, sollte er seine Aufgabe gewissenhaft erfüllt haben, von diesen ungeheuren Unregelmäßigkeiten nichts erfahren haben soll.

Was danach passierte, ist eines der merkwürdigsten Ereignisse der Olympia-Skandalchronik. Am 19. September 1994 fand eine Sitzung des Aufsichtsrates der Olympia GmbH im Berliner Rathaus statt. Anwesend waren unter anderem Eitner, Heydt, Nawrocki und Kähne. Laut Aussagen vor dem Untersuchungsausschuß wußten alle vier von der Vernichtung der Aktenordner. Trotzdem beschloß der Aufsichtsrat eine Erklärung, in der es heißt, es gebe »keine Anhaltspunkte dafür, daß Unterlagen bewußt vernichtet sein könnten«![96]

Eitner, der es besser wissen mußte, begründete sein Schweigen über die Affäre in dieser Sitzung gegenüber dem Untersuchungsausschuß später so: »Ich bin zu dieser Aufsichtsratssitzung geladen worden mit dem

Auftrag, mit der Bitte, über meinen Bericht nochmals zu berichten, das heißt mündlich zu erläutern, und nichts anderes weiter.«[97]

Auch Eitners Ballpartner Heydt konnte seine Verschwiegenheit erklären: »Ich bin Protokollant der Aufsichtsratssitzung gewesen und kann nicht meine Gedanken und meine Formulierungen in ein Protokoll eines Gremiums einbringen, sondern ich habe als Protokollant die Diskussion des Gremiums wiederzugeben.«[98] Zu dem Zeitpunkt war Heydt bereits in Diepgens Senatskanzlei befördert worden.

In einem anderen Punkt mochte Eitner sein Stillschweigen in der Aufsichtsratssitzung nachträglich allerdings nicht rechtfertigen. Der Aufsichtsrat hatte nämlich festgestellt, »daß die nach handelsrechtlichen Vorschriften aufzubewahrenden Unterlagen der Olympia GmbH i. L. zum Zeitpunkt der Prüfung überwiegend vorhanden waren bzw. nachträglich aufgefunden wurden«.[99] Auch hier hatte Eitner während der Sitzung noch den Mund gehalten.

Acht Monate später vor dem Untersuchungsausschuß verurteilte Eitner diesen Beschluß: »Das ist falsch! Im Bereich der Handelsbriefe war nichts in Ordnung.«[100] Entschlossen stellte er fest: »Also, entweder sind die des Deutschen oder des Lesens nicht mächtig, es steht doch alles in dem Bericht fest.«

Fehlende Aufklärung war nicht nur eine Spezialität von Diepgens Senatskanzlei. Trotz mehrerer Anzeigen gegen die Olympia GmbH kam der Staatsanwalt, genauso wie die Senatskanzlei, nie zu Ergebnissen. Angeblich seien »Anhaltspunkte für eine Straftat nicht vorhanden«.[101]

Nur dem Landesrechnungshof gelang es Jahre später, ein wenig Licht in das verfilzte Finanzdickicht zu bringen, als er einen vernichtenden 152seitigen Bericht über die Finanzen und Buchführung der Olympia GmbH vorlegte. In ihrem Bericht vom 22. August 1996 schrieben die Prüfer sinngemäß, daß die Senatskanzlei bei der Kontrolle der Ausgaben in einigen Bereichen ein Auge zugedrückt hatte: unter anderem bei den IOC-Mitgliedern, den »Gästen« der Olympia GmbH und der Marketing GmbH.[102] Dieser Bericht erschien fast drei Jahre nach dem erfolglosen Abschluß der Bewerbung. Ursache der Verzögerung: Diepgens Senatskanzlei und Nawrocki hatten ihre Berichte und Unterlagen jahrelang zu-rückgehalten.[103] Es war wohl auch kein Zufall, daß der Bericht so lange hinausgezögert wurde. Er erschien erst wenige Tage nach dem Abschluß der Olympischen Sommerspiele in Atlanta.

Während der Landesrechnungshof 152 Seiten harscher Kritik zusam-menfaßte, hatte der Untersuchungsausschuß nach seiner zehnmonati-gen Arbeit lediglich zwei nichtssagende Zwischenberichte zustande ge-bracht. Kein Wunder, da Untersuchungsausschüsse nach Parteiproporz besetzt werden. Die CDU-SPD-Koalition, deren führende Mitglieder sich in diesem Fall auf der Anklagebank befanden, hatte somit die Mehrheit im Ausschuß und damit auch das Sagen.

Frank Steffel, der Mann, der wahrscheinlich selbst auf einem Friedhof keine Leiche finden würde, erwies sich als treuer Gefolgsmann Diepgens und meinte beim Abschluß des Untersuchungsausschusses voller Stolz: »Wir konnten keine neuen Erkenntnisse und Verdachtsmomente für Unregelmäßigkeiten und Verschwendung von Steuergeldern feststel-len.«[104]

Nach dem Erscheinen des Landesrechnungshofberichts wurden Miß-trauensanträge von der PDS und Bündnis 90/Grüne im Abgeordneten-haus gestellt. Beide scheiterten, weil die Abgeordneten der CDU und SPD gehorsam für die Parteimacht stimmten. Der Berliner Filz hatte wieder gesiegt.

Imagepflege

6 Schlechte Partner für Berlin

Es gab keine Trompetenfanfaren. Keine Berliner Drehorgel war bestellt. Es floß kein Champagner, und kein einziger Politiker hielt eine Rede. In aller Stille wurde der Akt vollzogen – ohne Publikum. Die vier Schrauben, die bis dahin das Schild der »Berlin 2000 Marketing GmbH«, der Olympia-Sponsoring-Firma, gehalten hatten, wurden herausgeschraubt. Ein neues Schild mit der Aufschrift »Partner für Berlin Gesellschaft für Hauptstadt-Marketing mbH« wurde an derselben barocken Backsteinfassade des Ribbeckhauses angebracht. Auch im Innern des Hauses änderte sich außer ein paar Türschildern nicht viel. Personal und Inventar konnten zum Teil zunächst weiterverwendet werden. Hinter diesem unspektakulären Namenswechsel verbirgt sich jedoch ein weiteres Kapitel der Berliner Klientelwirtschaft.

Am 30. Mai 1994 bekam Berlin einen neuen Freund. Sein Name: »Partner für Berlin Gesellschaft für Hauptstadt-Marketing mit beschränkter Haftung«. Wie der Name schon sagt, sollte die Hauptstadt vermarktet werden – was immer das heißen mag.
Erster Geschäftsführer von Berlins neuem Freund war der in Hamburg ansässige Kaufmann Wilhelm von Boddien. Wie so viele andere meinte auch er den Berlinern helfen zu müssen. Schon in seiner ersten Werbe-

kampagne wollte er den Berlinern und der ganzen Welt das wirkliche Berlin zeigen: »Bürger aus den verschiedensten Berufsgruppen, die es leid sind, immer nur als Jammerlappen zu gelten. Den Anfang machen Müllmänner, Hebammen, Bauarbeiter, Taxifahrer und Boxer. Jetzt können sie sagen, was sie wirklich denken.«[1] In jedem dieser Anzeigenfotos einer Berufsgruppe wurde sorgfältig auf eine Mischung von Berlinern aus Ost und West geachtet. Selbstverständlich, versicherte Boddien, in jeder Anzeige »ist auch ein Ausländer dabei«.[2]

Auffällig an der Sache ist, daß alle diese Nichtjammerlappen – aus dem Osten, Westen und Ausland –, die endlich sagen durften, was sie wirklich denken, dasselbe sagen wie »Partner für Berlin«, nämlich »ja« zu Berlin als Hauptstadt. Sonst hatten die Nichtjammerlappen wenig mitzuteilen, was vielleicht auch kein Wunder ist bei einer Kampagne mit dem Slogan »Berlin, Hauptstadt für Deutschland. Nicht reden – machen«.[3]

Bis heute befindet sich kein einziger Müllmann, Bauarbeiter, Taxifahrer oder Boxer und schon gar keine Hebamme unter den Gesellschaftern, Aufsichtsräten oder in den sonstigen Gremien von »Partner für Berlin«. Wahrscheinlich gibt es überhaupt keine Frau, keinen Ausländer und auch keinen Ostler unter ihnen. Dafür gibt es lauter Männer aus der westdeutschen und Westberliner Wirtschaft, deren Konzerne und Banken sehr stark in Berlins Immobilienmarkt investiert haben.

Eigentlich könnten die Berliner herzlich wenig dagegen haben, daß diese Konzerne Geld für Werbung ausgeben wollen, um ihren Umsatz zu steigern und den Wert ihrer Immobilien in die Höhe zu treiben – wenn nicht »Partner für Berlin« eine nicht unansehnliche Menge an Steuergeldern von den Berliner Jammerlappen bekäme.

Wie ein guter Freund wollte »Partner für Berlin« die Kosten seiner Freundschaftsdienste mit dem Steuerzahler gerecht teilen: fifty-fifty. In den drei Jahren seiner Existenz erwies sich »Partner für Berlin« jedoch zunehmend als ein äußerst fragwürdiger Freund der Stadt.

»Die Idee, eine Marketinggesellschaft für Berlin zu gründen, kam gleich nach der gescheiterten Olympiabewerbung auf, die Gesellschafter der Olympia-Marketing GmbH wollten weiterhin etwas für die Stadt tun«, meinte der erste »Partner für Berlin«, Geschäftsführer Boddien.[4] »Partner für Berlin« war kein neuer Freund, sondern die transformierte »Berlin 2000 Marketing GmbH«, ein dubioser Mitspieler bei Diepgens Olympiafiasko. Während 86 Millionen Mark Steuergelder für die Olympiabewerbung verpulvert wurden, schloß die »Berlin 2000 Marketing GmbH«, die einen Ruf als »Sponsor« pflegte, mit einem Gewinn von fast einer Million Mark ihre Bücher. Die Konstruktion, wie eine private GmbH unkontrolliert an öffentliche Gelder herankommen konnte, war zu erfolgreich gewesen, als daß man sie nach dem Olympiadebakel hätte einfach aufgeben wollen. Es lag auf der Hand, dieser Verquickung von Wirtschaft und Politik einen neuen Anstrich zu geben und die überaus einträgliche Praxis, Steuergelder für eigene Zwecke an Land zu ziehen, fortzusetzen.

Am 16. November 1993, kurz nach Berlins Olympiadebakel in Monte Carlo, beschloß die Gesellschafterversammlung, die »Berlin 2000 Marketing GmbH« mit einer neuen Bestimmung weiterzuführen: »Hauptstadtmarketing« hieß die Devise.[5] Die Konzerne entschieden sich dafür selbstverständlich nicht im eigenen Interesse, sondern, wie sie stolz der Öffentlichkeit erklärten: »Die Gesellschafterversammlung folgt damit dem Wunsch des Regierenden Bürgermeisters von Berlin, Eberhard Diepgen, der diese Aufgabe angeregt hat.«[6] Irgendwelche Bedenken aufgrund des Olympia-Absahnens zerstreuten die Konzernbosse mit der Versicherung, »daß sich die Gesellschaft aus eigenen Einnahmen finanziert«.[7] Wie sich später herausstellte, sollten diese sogenannten eigenen Einnahmen hauptsächlich vom Lande Berlin kommen. Ende Mai 1994 bekam der Hauptausschuß des Berliner Abgeordnetenhauses Unterlagen von der Senatsverwaltung für Wirtschaft und Technologie zur »Neukonzeption des Standortmarketing für Berlin«.[8] Hinter diesem Titel versteckte sich ein Fünfjahresplan für »Partner für Berlin«. Darin hieß es plötzlich und unerwartet, »Partner für Berlin« werde sich einerseits aus Beiträgen der privaten Partner finanzieren, andererseits aus Aufträgen des Landes Berlin.

»Partner für Berlin« funktionierte jedoch nicht wie ein normaler Dienstleistungsbetrieb, dem man bei Bedarf Aufträge erteilt, sondern hatte von vornherein ein Auftragsvolumen vom Senat in Höhe von insgesamt 57,53 Millionen Mark bis 1998 festgelegt. Dies entsprach laut Vorlage einer anteiligen Finanzierung von 50 Prozent.[9] Der damalige Finanzsenator Norbert Meisner (SDP) versprach: »Das Berliner Standortmarketing wird zu gleichen Teilen aus Haushaltmitteln des Landes Berlin und aus Gesellschaftermitteln der Partner für Berlin finanziert.«[10]

Mit dem Status von »Partner für Berlin« als Auftragnehmer bewies Diepgen, daß er aus den Skandalen um die Olympiabewerbung gelernt hatte. Eine Abgeordnete der Grünen meinte über Diepgen, dieser habe »nicht kritisiert, welche Verschwendung dort getrieben wurde, sondern hat vielmehr kritisiert, daß überhaupt die Möglichkeit bestanden hat, die Verschwendung zu kontrollieren. Aus diesem Grund haben Sie [die CDU] sich dafür eingesetzt, daß die Partner für Berlin GmbH kein Zuwendungsempfänger sein dürfe. Sonst könnte der Rechnungshof und müßte die Senatskanzlei prüfen.«[11]

Die neue »Partner für Berlin GmbH« sah genau wie die vorherige »Berlin 2000 Marketing GmbH« aus: eine Subventionsstätte für deutsche Konzerne. Sechzehn der einundzwanzig ursprünglichen Gesellschafter von »Partner für Berlin«, wie Daimler-Benz, ABB, Siemens und Lufthansa, stammten aus der »Berlin 2000 Marketing GmbH«. Erneut suchte die Große Koalition ihr Heil in der deutschen Wirtschaft – und das mit denselben schlechten Partnern vom Jahr zuvor. Statt die Olympischen Spiele nach Berlin zu holen, sollten die Konzerne diesmal den wirtschaftlichen Aufbau der Hauptstadt vollziehen. Wie bei der Olympiabewerbungskampagne hatten die Unternehmer wenig Interesse an der Stadt – egal wieviel Steuergelder ihnen hingeschleudert wurden. Es ging ihnen um ihre eigenen Investitionen am Standort Berlin, und das natürlich trotz aller früheren Beteuerungen, wonach der Regierende Bürgermeister sie um Hilfe gebeten habe und nicht umgekehrt. Es ist bezeichnend, daß »Partner für Berlin« alsbald Probleme mit ihren Finanzen hatte. Die Medienkonzerne wie Bertelsmann, ARD, Springer und Kirch, deren unmittelbares Interesse an der Olympiabewerbung weniger der Hauptstadt Berlin als vielmehr den Fernsehrechten für die Übertragung der Spiele gegolten hatte, sprangen vor der Gründung von »Partner für Berlin« ab. Hertie, Radio Hundert,6 und »Berliner Hyp« wollten ebenfalls aussteigen und mußten deshalb keine Beiträge bezahlen.[12]

Der Gesellschaftsvertrag von »Partner für Berlin« sah einen Mitgliedsjahresbeitrag von 300 000 Mark vor, im Beitrittsjahr lediglich 200 000 Mark.[13] Bevor man sich von einer solchen Summe beeindrucken läßt, sollte man sich darüber im klaren sein, daß – wie schon bei Olympia – solche Beiträge als Betriebsausgaben von der Steuer abgesetzt werden können.

Schon im Gesellschaftsvertrag wurden drei weitere Gesellschafter von der Zahlung der Jahresbeiträge befreit: »die Industrie- und Handelskammer zu Berlin, die Handwerkskammer Berlin und die Vereinigung der Unternehmensverbände in Berlin und Brandenburg e. V.«[14] Laut Boddien wurden die Handelskammer und Unternehmerverbände aus folgendem Grund ausgenommen: »Diese beiden Wirtschaftsverbände bringen dafür wichtigste Leistungen in Know-how der Wirtschaft ein. Nach deren eigenen Satzungen können sie meines Wissens auch gar nicht solche Zahlungsverpflichtungen eingehen.«[15]

Außerdem sei, so Boddien, auch »›DIAL Berlin‹ Tourismus-Förderung GmbH« ein Nichtzahler: »DIAL ist als Marketingverbund der Hotellerie Berlins vom Beitrag befreit, da sie erhebliche Beiträge der BTM [»Berlin Tourismus Marketing GmbH«; Anm. d. A.] zur Verfügung stellen sollen. Berlin-Partner betreibt keinen Kannibalismus, indem die Gesellschaft Gelder einzieht, die anderen Berliner Marketingorganisationen dann nicht mehr zur Verfügung stehen.«[16] Doch wie die meisten großen Berliner Hotels, die freiwillig Beiträge an die »Berlin Tourismus Marketing GmbH« bezahlen sollten, tut auch DIAL dies nicht immer. »Deswegen hat uns auch das Geschrei der Hotellerie zur Vermarktung des Christo-Events so irritiert: Sie hatten zu diesem Zeitpunkt keinerlei Beiträge bei der BTM bezahlt und kritisierten die Leistungen von BTM und Berlin-Partner. Das ist so, wie wenn sich ein Schwarzfahrer lautstark in der

S-Bahn über die Sauberkeit der Züge und deren Pünktlichkeit beschwert«, erläuterte Boddien.[17] Anscheinend mußte Boddien viele bittere Erfahrungen mit der Subventionsmentalität der Berliner Unternehmen machen. Hier hört aber die Schwarzfahrerkartei noch längst nicht auf. In einem Interview bestätigte Boddien Ende 1995, daß zwei Gesellschafter, die aus dem Vorgänger »Berlin 2000 Marketing GmbH« in »Partner für Berlin« eintraten, einen kleineren Betrag als die anderen Gesellschafter bezahlten.[18] Das heißt aber, daß über ein Drittel der ursprünglichen 21 Partner Trittbrettfahrer waren. Auch wenn man sehr großzügig rechnet: Die Gesellschafter zahlten 1994 so um die 4 Millionen Mark Jahresbeiträge an »Partner für Berlin«, während der Steuerzahler mit 7,93 Millionen Mark zur Kasse gebeten werden sollte.[19]

Diese Schieflage schien die Männer im Roten Rathaus wenig zu stören. Im Gegenteil: Statt die fehlenden Gelder von der Wirtschaft einzufordern, wurde z. B. die Miete für das landeseigene Ribbeckhaus, Sitz von »Partner für Berlin«, anderthalb Jahre nicht einkassiert. Angeblich hatte es so lange gedauert, bis der Mietvertrag abgeschlossen werden konnte.[20] Als der Mietvertrag im Mai 1995 »Partner für Berlin« endlich vorgelegt wurde, war die Miete auf 35 Mark pro Quadratmeter festgesetzt.[21] Davor betrug sie 55 Mark.[22]

Selbstverständlich, wie »Partner für Berlin« nur zu gern betont, bekommt man eigentlich keinen Zuschuß von Berlin, sondern ausschließlich »projektgebundene Auftragsmittel«.[23] Eine etwas befremdliche Betrachtungsweise, die auch Boddien immer noch verteidigt:

> »Die Gesellschaft wird in allen ihren Kosten von den Gesellschaftern aus
> der Wirtschaft finanziert. Sie erhält keinerlei Zuwendungen des Senates.
> Der Senat beauftragt sie, bestimmte, vorher abgesprochene Werbe-
> maßnahmen für die Stadt durchzuführen. Berlin-Partner arbeitet also wie
> eine Agentur im Auftrage des Senates. Kosten, z. B. in der Entwicklung
> von Kampagnen, die der Gesellschaft dabei entstehen, werden dem
> Senat nicht in Rechnung gestellt, er bezahlt die Fremdkosten der Werbe-
> agenturen, der Schaltung von Anzeigen.«[24]

Mag sein, aber alle diese Maßnahmen, die mit öffentlichen Geldern bezahlt werden – sei es der Werbefilm, Anzeigen oder Informationsunterlagen –, erfüllen mindestens ebenso die Zwecke der an »Partner für Berlin« beteiligten Unternehmen wie die des Landes Berlin.

Die Senatsverwaltung für Wirtschaft und Technologie hatte 1994 in ihrer Vorlage für das Berliner Parlament mit dem Titel »Neukonzeption für Wirtschaft und Technologie«[25] die Katze aus dem Sack gelassen, was die tatsächliche Finanzierung für »Partner für Berlin« anging.

In dem Papier wurden eben nicht die Projekte aufgelistet, die vom Land als Aufträge vergeben werden sollten, wie dies der Senat immer wieder betont hatte, statt dessen fand sich dort ein Jahresetat für alle vorgesehenen »Partner für Berlin«-Maßnahmen. Berlin sollte, laut Vorlage, an den anstehenden Kosten zur Hälfte beteiligt werden – mit 7,93 Millionen Mark.[26] Damit wurde deutlich, daß das ganze Gerede von Aufträgen lediglich einen Haushaltstrick darstellt, um der Kontrolle des Parlaments und des Landesrechnungshofes zu entkommen.

Am Rande sei erwähnt, daß nach dieser Auflistung das Land Berlin für die Hälfte der 150 000 Mark aufkommen sollte, die die Aufsichtsratssitzungen von »Partner für Berlin« 1994 kosten würden.[27] Ein Aufsichtsrat, in dem das Land Berlin gar nicht vertreten ist.

Man mag sich fragen, warum sich denn nicht alle Firmen um die Mitgliedschaft bei »Partner für Berlin« gerissen haben und statt dessen einige sogar abgesprungen sind. Ein genauer Blick auf die in dieser Stadt lukrativen Geschäftsfelder verschafft hier rasche Aufklärung.

Die Firmen, die »Partner für Berlin« beitraten, waren hauptsächlich solche, die im Rahmen ihrer Berlin-Investitionen vor allem mit größeren Projekten im Bau- und Immobilienbereich zu tun hatten. Hierzu zählen die Bredero/Fundus/Haschtmann-Gruppe, die Unternehmensgruppe Roland Ernst, die Unternehmensgruppe Prinz zu Hohenlohe-Banghard, die Maculan Holding AG, die Grundkreditbank und die Commerzbank. Ebenso die Daimler-Benz AG und die Asea Brown Boveri AG auf dem Potsdamer Platz. Diese Firmen waren und sind auch immer noch auf den guten Willen der Berliner Politik angewiesen, wenn es um Baugenehmigungen und ähnliches geht. Wer von der Großen Koalition in dieser Stadt etwas braucht, ist ganz gut beraten, auch zu demonstrieren, daß er solche Aufmerksamkeit verdient hat. »Partner für Berlin« beizutreten ist eine solche Demonstration. Eine Hand wäscht die andere. Es entsteht eine neue Seilschaft.

Für Konzerne wie Bertelsmann, ARD, Springer und Kirch stellt dieser »Markt« der Baugenehmigungen und was sonst noch alles dazugehören mag, kein vordringliches Geschäftsfeld dar. Und kein noch so pathetisches Gerede ist dazu angetan, aus diesen, von glasklaren ökonomischen Einzelinteressen bestimmten Unternehmen uneigennützige »Investoren« zu machen, denen das Image der Hauptstadt am Herzen liegt.

Hier zeigen sich am klarsten das Mißverständnis und das Mißverhältnis, das der Berliner Politik hinter der Formel »Private-Public-Partnership« im Kern zugrunde liegt.

Ebenso auffällig an der Gesellschafterstruktur von »Partner für Berlin« ist die Zahl der Gesellschafter, die damals ihrerseits mit größeren staatlichen Beteiligungen ausgestattet sind, ungefähr ein Viertel der Gesamtzahl. Einige, wie die Bankgesellschaft Berlin, die Bewag, die Berliner Wasserwerke und die GASAG, gehören zu einem beträchtlichen Teil dem Land Berlin selbst. Damit wird »Partner für Berlin« indirekt mit zusätzlichen 1,2 Millionen Mark jährlich bezuschußt. Wenn es um Steuergelder geht, ist offensichtlich nichts gegen Kannibalismus einzuwenden. Während Berlin für die Projekte von »Partner für Berlin« bezahlt, decken angeblich die Unternehmen die Grundkosten. Selbst wenn man dies so aufrechnen würde, blieben immer noch einige Millionen übrig. Solche Summen könnten da eingesetzt werden, wo die Seilschaften sie brauchen. Wie bei den Lottomitteln werden auch hier neue Fonds freigesetzt, um die Klientelwirtschaft zu schmieren.

Das Budget von »Partner für Berlin« ist eine Art Schattenhaushalt für Berlin geworden. 1995 unterstützten sie über zwanzig Projekte, darunter das Leichtathletiksportfest »ISTAF«, den Berlin-Marathon, das Berliner Theatertreffen, die Weltgymnaestrada, das Sommerschachturnier und »Deutschlands Fest«.[28] In Zeiten der knapper werdenden Haushaltmittel, in denen viele staatliche Gelder gerade im Sport- und Kulturbereich gekürzt werden, können diese Projekte durch »Partner für Berlin« aufgefangen werden. Und, wie könnte es anders sein, 50 000 Mark wurden von »Partner für Berlin« ausgegeben, um eine Jahresmitgliedschaft bei Landowskys »International Club« zu erwerben.[29]

Boddiens größte Schwierigkeit, die wahrscheinlich auch zu seinem Sturz führte, war die Verteilung dieser Gelder. Wie Grüttke hätte er leicht auf die Idee kommen können, daß diese Aufgabe eigentlich zu seinem Hausmachtbereich gehörte. Wie Grüttke wurde er eines Besseren belehrt.

Als Nichtberliner, der den Berliner Filz nicht begriff, war Boddiens Ausgangsposition schlecht: »Als Hamburger war ich in dem fest gefügten Berlin wohl ein Außenseiter, der nicht überall akzeptiert wurde.«[30] Die großen westdeutschen Konzerne ließen ihn wohl eher in Ruhe, »Ansprüche an die Gesellschaft stellten eher die kleineren Gesellschafter«.[31] Boddien erzählt, was die Berliner unter Stadtmarketing verstanden:

> »So gab es z. B. den auch in der Stadt bekannt gewordenen Konflikt über das Konzert der 3 Tenöre im Olympiastadion. Es bestand die Meinung im Gesellschafterkreis, dieses Konzert müsse unbedingt mit 1,5 Millionen Mark unterstützt werden, was andere wieder zum Anlaß nahmen, bei Durchsetzung dieses Vorhabens mit ihrem Austritt aus der Gesellschaft zu drohen, da schließlich die Entwicklung eines Marketing zur Unternehmensansiedlung in Berlin Kernaufgabe der Gesellschaft laut Gesellschaftervertrag sei.«[32]

Dafür wurden dann 1,5 Millionen Mark für die von Bertelsmanns *Stern* (Bertelsmann ist mit 74,9 Prozent am Verlag des *Stern* – nämlich »Gruner + Jahr AG & Co KG – beteiligt[33]) 1995 aufgebauten Panoramarotunden, die das Berliner Stadtbild im Jahre 2000 darstellen sollten, ausgegeben.[34] »Partner für Berlin« vergab auch Geld an die Christo-Ausstellung der Grundkreditbank, die Gesellschafter bei »Partner für Berlin« ist.[35]

Bertelsmann und die Grundkreditbank zählten im Jahr davor zu den Spendern der CDU,[36] neben vielen anderen Gesellschaftern von »Partner für Berlin«, unter anderem Daimler-Benz, Berliner Volksbank, Schering und Veba.[37]

Ein anderes Beispiel für die von Boddien erwähnten Streitigkeiten war der Anfang 1996 angekündigte Austritt der Unternehmensgruppe Prinz zu Hohenlohe und Banghard aus der Gesellschaft. Während die Firma ihre Entscheidung mit der »völlig unbefriedigenden Situation« bei »Partner für Berlin« begründete, sah Boddien die Ursache eher in der Weigerung von »Partner für Berlin«, eine Berliner Eishockeymannschaft, deren Teilhaber die Familie Banghard kurz zuvor geworden war, zu unterstützen.[38]

Rückblickend war Boddiens Aufgabe als erster Geschäftsführer von »Partner für Berlin« nicht sehr einfach. Als die Praktiken der Olympiabewerbung zunehmend ans Licht kamen und die öffentliche Kasse spürbar leerer wurde, mußte jemand gefunden werden, der eine überzeugende Fassade für Berlins neustes Filzprojekt errichten konnte. Mit seiner glücklichen Hand für Manager stieß Diepgen auf den führenden Fassadenspezialisten Berlins, den er dann als Chef für »Partner für Berlin«« auserkor.[39]

Wilhelm von Boddien, der die neue Hauptstadt für die Berliner, Deutschland und die Welt vermarkten sollte, stammt aus Bargteheide in Schleswig-Holstein. Dort besitzt er eine Landmaschinenfirma mit 150 Mitarbeitern.[40]

Boddien, CDU-Mitglied,[41] ist zwar kein Berliner, aber offensichtlich glaubte er damals, ein Kenner der Stadt und ein scharfer Analytiker zu sein. In einem Vortrag vor der Gesellschafterversammlung von »Partner für Berlin«, der in einer Informationsmappe an Journalisten verteilt wurde, steht geschrieben:

> »Berlin ist eine wundervolle Stadt. Berlin ist eine Stadt voller Gegensätze, eine Stadt, in der Vergangenheit und Zukunft miteinander streiten, eine Stadt, in der der Ost-West-Konflikt noch sichtbar ist, eine Stadt, die zur

Hälfte von Demokratie und Selbstbehauptungswillen geprägt wurde und deren andere Hälfte fast 60 Jahre Diktatur erleiden mußte.«[42]

Mit seinen praktischen und theoretischen Kenntnissen – und einer gewissen Portion Naivität – war Boddien genau der Typ, der Diepgens Berlin-Illusion verkaufen konnte. Wie er selbst erklärte: »Ich habe mit Begeisterung meine Trecker verkauft und verkaufe nun mit ebensolcher Begeisterung eine Stadt.«[43]

Boddien ist ohne Zweifel sehr erfolgreich in vielen Lebensbereichen. Am Berliner Filz scheiterte er kläglich – wie so viele vor und nach ihm.

In Berlin hatte Boddien sich zunächst mit der Schloßattrappe einen Namen gemacht: Er führte eine Initiative an, die 1994 auf dem Schloßplatz eine Attrappe des zerstörten Berliner Stadtschlosses der Hohenzollern aus Baugerüst und bemalten Kunststoffplanen wiederauferstehen ließ. Ob damit die Berliner und vor allem mögliche Investoren überzeugt werden sollten, ein echtes Schloß aus Kalkstein und Rigipsplatten wieder aufzubauen? Aus Neu-Berliner-Schwanstein ist zwar noch nichts geworden, aber es gab reichlich Rummel, und wer das zustande bringt und noch dazu ein CDU-Parteibuch besitzt, der hat sich bereits als Topmanager für die ganze Stadt qualifiziert.

Für den Vorsitzenden des Aufsichtsrats von »Partner für Berlin« konnte ein weiterer klangvoller Name gewonnen werden: der Vorstandschef der Deutschen Bahn AG, Heinz Dürr. Diepgen ließ es sich nicht nehmen, ihn höchstpersönlich als Aufsichtsratsmitglied vorzuschlagen. Der Wahl Dürrs am 7. Oktober 1994 im Kronprinzenpalais Unter den Linden wohnte selbst der frühere Bundespräsident Weizsäcker bei.[44]

Dürr hatte sich in den 80er Jahren einen Namen gemacht, als er den AEG-Konzern sanieren sollte. Unter seiner Ägide wurde AEG schließlich von Daimler-Benz übernommen. Als Dürr 1990 AEG verließ, um bei der Bundesbahn seine Arbeit als Terminator fortzusetzen, schrieb AEG immer noch rote Zahlen,[45] was den *Spiegel* zu der Behauptung veranlaßte: »Im Daimler-Vorstand wird der Abgang des AEG-Chefs deshalb auch nicht nur mit Bedauern zur Kenntnis genommen.«[46]

In Berlin hatte Dürr schon einmal die Bevölkerung verblüfft, als er Anfang 1994 Axel Nawrocki, erfolglosen Olympia-GmbH-Chef und CDU-Mitglied, der sicherlich vieles über Unregelmäßigkeiten bei der Olympiabewerbung hätte erzählen können, quasi entsorgte und ihn zum Chef der Berliner S-Bahn ernannte. Nawrocki, der sich mit einem gepanzerten Mercedes in der Stadt fortzubewegen pflegte, hatte keine Berufserfahrung im Bereich des öffentlichen Personennahverkehrs. *Die Welt* wollte wissen, daß Dürr diese Entscheidung »im Alleingang und ohne Rücksprache mit seinen Vorstandskollegen« gefällt habe.[47] Dürrs Deutsche Bundesbahn war zuvor Gesellschafter der »Berlin 2000 Marketing GmbH« gewesen,[48] der Vorgängerin von »Partner für Berlin«, die mit Nawrockis Olympia GmbH den teuersten, innigsten und – abgesehen von einem Bilanzüberschuß von einer Million Mark vor Verschmelzung – äußerst erfolglosen geschäftlichen Kontakt gepflegt hatte.

Ebenso denkwürdig ist die Verquickung von »Partner für Berlin« mit der Bankgesellschaft Berlin. Heinz Dürr und Horst Kramp (Präsident der Industrie- und Handelskammer zu Berlin) sitzen höchstselbst in beiden Aufsichtsräten. Siemens und Daimler-Benz haben selbstverständlich auch ihre Vertreter in den beiden Aufsichtsräten. Hubertus Moser, Mitglied des Aufsichtsrates von »Partner für Berlin«, war bis Ende 1996 Vorstandssprecher der Bankgesellschaft. Auch der staatliche Geldgeber von »Partner für Berlin«, Ex-Wirtschaftssenator Norbert Meisner (SPD), saß im Aufsichtsrat der Bankgesellschaft Berlin.[49]

Im Aufsichtsrat von »Partner für Berlin« befand sich ansonsten noch ein Troß von Berlinern aus Diepgens Dunstkreis.[50] Alles in allem waren fast so viele Firmen im Aufsichtsrat von »Partner für Berlin« vertreten, wie es zahlende Mitglieder gab.

Mit dem Gespann Boddien/Dürr begann »Partner für Berlin« am 23. Oktober 1994 mit ihrer berüchtigten Anti-Jammerlappen-Kampagne. Die Plakatwände der Stadt wurden überall mit Bildern von schlechtverdienenden Berliner beklebt, die nicht redeten, sondern machten. Dieser Kreuzzug sollte Berlin, so tönte jedenfalls »Partner für Berlin«, das »mit dem Potential einer von 50 ›global power regions‹, wie z. B. Shanghai,

Peking, Atlanta, Südkorea, Silicon Valley«[51] gesegnet sei, dazu verhelfen, fünf Ziele zu erreichen:

- daß alle Berliner an die Zukunft ihrer Heimatstadt glauben,
- daß die Öffentlichkeit in Deutschland positiv zur Hauptstadt Berlin steht,
- daß so das Investitionsklima für Berlin positiv wird,
- daß Berlin wieder zu einer international ersten Adresse wird,
- daß Berlin seinen alten Rang unter den Metropolen Europas und der Welt wieder einnimmt.

»Partner für Berlins« Anti-Jammerlappen-Kampagne, wodurch alle Berliner an die Zukunft ihrer Heimatstadt glauben sollten, war eigentlich ein kurioses Werk. Wie einer aus dem Gesellschafterkreis richtig zusammenfaßte: »Das sieht ja so aus, als würden wir selber nicht an Berlin glauben.[52]

Es war offensichtlich kein Zufall, daß das Sujet der Kampagne gerade die Menschen und Berufe waren, die am meisten unter der fehlgeleiteten Politik der CDU-geführten Großen Koalition leiden und die von den 96/97er-Sparmaßnahmen besonders hart getroffen sind. Aus dem Ziel der Kampagne machte »Partner für Berlin« kein Geheimnis.

> »Die Anzeigenwerbung wird mit Bildern von Menschen ein emotionales Bild von Berlin entwerfen – und mit ihren Informationen gleichzeitig ein wenig gegen die schlechten Nachrichten über und aus Berlin immunisieren (denn diese wird es weiterhin ja auch geben).«[53]

Boddien gibt freilich zu: »Auch die Interessen der Politik spielen dabei eine gewichtige Rolle, da sie ja die Gesellschaft (»Partner für Berlin«) mit Werbeaufträgen versorgt und dabei natürlich die erfolgreiche Darstellung der politischen Intentionen in den Vordergrund stellt.«[54]

Die Kampagne hatte eher Ähnlichkeit mit einem dilettantischen Gehirnwäscheprogramm als mit einem Standortmarketing. Michaela Schreyer,

Abgeordnete von Bündnis 90/Die Grünen und finanzpolitische Sprecherin ihrer Fraktion, griff die Aktion an: »Das ist doch kein Konzept für ein wirtschaftsbezogenes Standortmarketing! Es ist der platte Versuch, schlechte Politik und mangelndes wirtschaftliches Profil des Wirtschaftssenators durch Plakate zu übertünchen. Das kann nicht funktionieren.«[55]

Schreyer hatte recht. Die Kampagne funktionierte nicht. Hätte man einen Trecker verkaufen wollen, wäre sie vielleicht ein glänzender Erfolg gewesen. Für Berlin jedoch war sie ein Flop.

Die Plakatserie wurde zum Politikum. In der ganzen Stadt tauchte eine Serie von Anti-Hauptstadt-Plakaten auf, die – formgleich mit den großformatigen Vorbildern – die Verhältnisse in der Stadt auf den Punkt brachten. Neben einem Bild, das Berliner Polizisten bei einem Schlagstockeinsatz zeigte, stand der Slogan: »Wir dreschen keine Phrasen – Hau drauf für Deutschland«. Auf einem anderen Plakat wurde die Grundsteinlegung am Potsdamer Platz samt dem lächelnden Eberhard Diepgen, Edzard Reuter und den anderen Konzernchefs abgebildet. Darauf stand das Motto, das sich auf einigen Luxuskarrossen finden läßt: »Eure Armut kotzt uns an.«

»Partner für Berlins« Kampagne begeisterte niemanden, wurde aber ohne nennenswerte Kurskorrektur seitens Boddiens fortgesetzt. Zehn Monate nach dem Beginn der Kampagne warf die renommierte Düsseldorfer Werbeagentur Kohtes und Klewes das Handtuch und kündigte ihren Vertrag mit »Partner für Berlin«.[56] Es war das erstemal, daß diese Agentur den Vertrag mit einem Kunden von sich aus beendete.[57] Danach schloß sie ihr Berliner Büro.

Das Interesse der Unternehmen an »Partner für Berlin« ist kaum gewachsen. Die Anzahl dümpelt immer noch bei circa dreißig Firmen. Wenn man keine tatsächlichen Erfolge hat, muß man sie einfach herbeizaubern. Im Oktober 1995 meldete die *Berliner Zeitung*, daß die Commerzbank einen Jahresbeitrag von nur 100 000 Mark statt der vorgeschriebenen 300 000 Mark bezahlen mußte.[58] Die Dresdner und die Deutsche Bank sollen aus steuerlichen und haftungstechnischen Bedenken »Partner für Berlin« gar nicht erst beigetreten sein.[59] In einer Hoch-glanzbroschüre von »Partner für Berlin« vom Oktober 1995 sind beide Banken dennoch als »Gesellschafter« aufgelistet.[60] Jedenfalls kamen Banken mit Rekordgewinnen so zu einer für sie kostenlosen Werbung. In der neusten Gesellschafterauflistung von »Partner für Berlin« fehlen die beiden Großbanken.[61] Ebenso verhält es sich mit der in der Hoch-glanzbroschüre genannten SFB-Werbung GmbH.[62]

Im Dezember 1996 durfte man erneut in den Medien erfahren, daß die Dresdner Bank und die Deutsche Bank ab 1997 Mitglieder von »Partner für Berlin« werden.[63] Wenn hingegen jemand aussteigt, wird man es sicherlich nicht so laut von »Partner für Berlin« erfahren. Offensichtlich haben die Berliner zwei Dinge von der DDR übernommen: den grünen Pfeil für Rechtsabbieger und die Informationspolitik.

Allerdings gab es auch einen Betriebsunfall. Die Mitgliedschaft bei »Part-ner für Berlin« konnte den Baukonzern Maculan nicht mehr retten. Das Unternehmen mußte im Laufe des Jahres 1996 Konkurs anmelden. Dazu Boddien: »Maculan hat bezahlt, solange er konnte. Aber bei ei-nem Konkurs verlieren Gläubiger den Ausgleich ihrer Forderungen, also auch Berlin-Partner. So ist das eben.«[64]

Der Beitritt eines neuen Gesellschafters, der Verlagsgruppe Georg von Holtzbrinck,[65] verheißt nicht unbedingt Gutes. Dem Konzern gehört die Berliner Tageszeitung *Tagesspiegel*, die bei Berlins Olympiabewerbung eine eher weniger ruhmreiche Rolle gespielt hatte. Vielleicht versucht der Holtzbrinck-Konzern, dem *Tagesspiegel* auf dem immer schwerer umkämpften Berliner Zeitungsmarkt einen politischen Vorsprung zu ver-schaffen.

Während »Partner für Berlin« gerne Steuergelder annahmen, waren sie sehr knickerig, wenn es darum ging, solche zu entrichten. Im Oktober 1995 wurde offenbar, daß »Partner für Berlin« die vereinnahmte Umsatzsteuer nicht ans Finanzamt weitergeleitet hatte. Die Summe wur-de auf 1,35 Millionen Mark beziffert.[66] »Partner für Berlin« ließ wissen, daß dies nicht vorsätzlich geschehen,[67] sondern eine »kaufmännische Fehleinschätzung« gewesen sei.[68] Ein zunächst eingeleitetes Strafverfahren gegen Boddien wegen des Verdachts der Umsatzsteuerhinterziehung wurde später eingestellt, nachdem »Partner für Berlin« schnellstens seine Steuerschulden beglichen hatte.

»Partner für Berlins« nächste Panne lauerte hinter der Ecke. Es ging um den Auftrag, einen rund zehnminütigen Werbefilm über Berlin zu produzieren. Dieser »Image-Film« sollte bei der Funkausstellung 1995 uraufgeführt werden.[69] Bei der ersten Vorführung für einen ausgewählten Kreis im August 1995 lehnte Diepgen den Film wegen mangelnder Berlin-Identität ab.[70] Der Film war ein Werbefilm, wie ihn sicherlich viele Städte haben: schöne Bilder, strahlendes Wetter, glückliche Menschen, und das, obwohl im Film ein Schwerpunkt auf die Präsenz von Ausländern in der Stadt gelegt wurde. Vielleicht keine schlechte Idee für einen Film, der ausländische Investoren ködern soll, aber auch die überarbeitete Version wurde vom Regierenden Bürgermeister und von den anwesenden Senatoren abgelehnt, obwohl, laut *Tagesspiegel*, »schließlich auch Eberhard Diepgen in einer Sequenz zu sehen« war.[71]

Leider hatte »Partner für Berlin« den Etat von 550 000 Mark für die erste Fassung aufgebraucht. Der Preis schien keine Rolle gespielt zu haben, wohl weil der Film einer jener projektgebundenen Aufträge war, die mit Steuergeldern bezahlt wurden. Am Ende kostete der Streifen gut und gerne über eine Million Mark.[72] Mit den zweiten 500 000 Mark ist eine Art verlängerter Videoclip produziert worden, hauptsächlich mit dem alten Filmmaterial.

Teenies werden diesen Clip sicherlich »supercool« finden. Ob sie dann aber ihr Taschengeld in Berlin anlegen werden, ist die Frage. Vielleicht hat »Partner für Berlin« wegen dieses gewissen Risikos circa 115 000 Mark zum Film beigesteuert.[73]

Als 1995 die Berliner Abgeordnetenhauswahl näherrückte, befürchteten Diepgen und die Gesellschafter offensichtlich, daß Boddien eine negative Auswirkung auf den Ausgang der Wahl haben könnte. Besonders Diepgen mußte gewußt haben, daß die Beförderung von Managern, die mit Negativschlagzeilen behaftet sind, Managern wie Grüttke, Fuchs, Nawrocki und Boddien, als Zeichen seiner eigenen Unfähigkeit verstanden werden könnte. Landowsky hatte vor dem Abgeordnetenhaus bereits das Todesurteil über Boddien ausgesprochen, als er erklärte, er halte »nichts von Plakaten mit Müllmännern und Pastoren, um die Stimmung zu verbessern«.[74] Boddien vor den Wahlen rauszuwerfen stand allerdings nicht zur Debatte. Es wurde sehr still um »Partner für Berlin«.

»Seit Oktober war mir klar, daß ich gehen werde«,[75] erklärte Boddien Ende Januar 1996 nach der Bekanntgabe seiner Ablösung. Diese Entscheidung überraschte niemanden mehr. Anscheinend fürchteten auch einige der Gesellschafter von »Partner für Berlin«, daß das ramponierte Image der Gesellschaft ähnlich wie bei dem Olympiadebakel auf ihr eigenes Unternehmen abfärben könnte. In der Zwischenzeit stand die Neuauflage der Großen Koalition in Berlin fest – Boddien konnte gehen. Im nachhinein sieht der in der Zwischenzeit berlinerfahrene Boddien alles etwas gelassener:

> »Marketingleute sind im Prinzip machtlos. Sie entwickeln Konzeptionen für die Zukunft eines Unternehmens, eines Produktes aufgrund der Vorgaben der Unternehmensführung, in Berlin also der Politik und der Wirtschaft. Sind diese nicht präzise formuliert und vor allem vom Willen der Führung, sie auch durchzusetzen, getragen, nützt das beste Marketing nichts, und seine Umsetzung in Aktivitäten muß scheitern.«[76]

Nach den Berliner Wahlen von 1995 kehrten sich die Rollen der Seilschaft kurzfristig um. Die »Partner« hatten Gelegenheit, sich bei ihren Freunden aus der Politik erkenntlich zu zeigen: Sie durften ausrangierte Politiker in den Nischen der Berliner Wirtschaft recyceln. Wie Nawrocki wurden vier arbeitslose Senatoren mit gutbezahlten Jobs versorgt. Der frühere Senator für Stadtentwicklung und Umweltschutz, Volker Hassemer, wurde von Dürr zum neuen Geschäftsführer von »Partner für Berlin« ernannt.[77] Norbert Meisner, ehemaliger Senator für Wirtschaft und Technologie, landete beim »Partner für Berlin«-Gesellschafter Herlitz AG als Projektbeauftragter.[78]

Auch Wolfgang Nagel, der Senator für Bau- und Wohnungswesen gewesen war, wurde von einem »Partner«-Gesellschafter, der Fundus-Gruppe, übernommen – als Geschäftsführer bei der Bredero Projekt Gruppe Berlin.[79] Der frühere Gesundheitssenator Peter Luther wurde für »Partner für Berlin«-Gesellschafter Schering beim Deutschen Verband der forschenden Arzneimittelhersteller als Berater tätig.[80]

Die neue »Partner für Berlin« GmbH ohne Boddien war nichts weiter als eine Wiederauflage der alten: Am Konzept war nicht viel geändert worden. Gleich das erste Projekt erwies sich als Pleiteunternehmen – die Werbung für die Länderfusion Berlin-Brandenburg.[81] Die Brandenburger hatten weder Interesse an Berlin als Partner noch an Berlins »Partner« selbst. Diese Kampagne von »Partner für Berlin« schloß wieder mit dem gewohnten Mißerfolg.

Als nächstes organisierte Hassemer die »Schaustelle Berlin«, womit den Berlinern das Gefühl der Entfremdung von ihrer Stadt angesichts der baulichen Entwicklung durch Führungen zu den schönen Baustellen genommen werden sollte.

Das 72seitige Programmheft von »Schaustelle« ist ein Paradebeispiel für die Seilschaftkultur von Berlin. Dort liest man selbstverständlich zuerst einen Beitrag von Diepgen. Der Bürgermeister von Berlin, immer ein Mann der Superlative, erklärt, Berlin sei »die größte innerstädtische Baustelle Europas«.[82] Danach folgt der Beitrag von Hassemer. Er beeindruckt mit seinem Programm:

> »Die ›Schaustelle Berlin‹ verbindet die Kleinkunst mit den großen kulturellen Veranstaltungen der Hauptstadt … Das sommerliche Berlin ist eine einzige Bühne. Die Waldbühne lockt mit Tina Turner, der Gendarmenmarkt mit seinem Classic Open Air und das Tempodrom mit den Heimatklängen. Überall Theater, Musik, Ausstellungen, Museen – nicht zu vergessen die zahlreichen Straßen- und Volksfeste.«[83]

Was Hassemer nicht erwähnt, ist die Tatsache, daß fast alle Kulturveranstaltungen, die im Kulturkalender des Schaustelle-Hefts abgedruckt sind, nicht von »Partner für Berlin« organisiert worden sind, sondern einfach aus dem Berliner Programmkalender zusammengetragen wurden.

Der dritte Beitrag ist der des frisch gekürten Bausenators Jürgen Klemann (CDU), der erklärt: »Bauen in Berlin ist ein spannungsgeladener Prozeß, ein ständiger Diskurs unter Bürgern, Bauherren und Politikern.«[84] Sicherlich gab es einen lebhaften Diskurs – unter den Bauherren und Politikern. Aber offensichtlich hatte da jemand den ursprünglichen Zweck von »Schaustelle Berlin« vergessen.

Zusätzlich zur vielen Werbung der »Partner« und ihrer Freunde finden sich im Heft viele lobende Artikel über die Projekte von »Partner für Berlin«, 250 Ortstermine[85] und »über 800 Stunden ungewöhnlicher Darbietungen«[86] werden versprochen.

Am Schluß von »Schaustelle Berlin« konnten »Partner für Berlin« und Hassemer einen Sieg an allen Fronten erklären: Weit über 500 000 Menschen sollen die verschiedenen Baustellen Berlins besucht haben,[87] rund 85 Prozent davon – Berliner.[88] Das Programm wurde übrigens – dank der Sondererlaubnis des Berliner Senats – von verlängerten Ladenöffnungszeiten begleitet.[89]

Die Frage, was diese Art »Jahrmarketing« mit Stadtmarketing zu tun hat, sei dahingestellt. Während von einer Million Quadratmeter leerstehender Büroflächen in Berlin die Rede ist, die Stadt im Jahre 1995 mit ihrem Nullwachstum das Schlußlicht unter den Bundesländern geworden ist[90] und während die Stadt vor dem Bankrott steht, bleibt CDU und SPD nicht viel anderes übrig, als die Berliner bei Laune zu halten.

Das nächste Großziel von »Partner für Berlin« war die Rettung des Laubenpieperfestes in Bonn. Dort – in der anderen deutschen Hauptstadt – darf Diepgen Gastgeber für 8000 geladene Gäste sein. Dieses für ihn so wichtige Ereignis – für die Normalberliner, die nicht zu den geladenen Gästen zählen, ist es wahrscheinlich weitaus weniger wichtig – wurde zunächst aufgrund der Sparmaßnahmen in Berlin gestrichen, dann aber von »Partner für Berlin« organisiert.[91] Wo doch Stadtmarketing gerade bei solchen Ereignissen wichtig ist.

Hassemers nächster Coup wird auch viel preiswerter sein. Da nun doch weniger Touristen als erhofft kommen, um sich an der Stadt der Superlative zu ergötzen, will »Partner für Berlin« für rund 40 000 Mark den ehemaligen Verlauf der Mauer in Teilen Berlins markieren lassen.[92] Was Potemkin einst für russische Dörfer war, wird Hassemer so vielleicht für die deutsche Hauptstadt.

»Partner für Berlin« ist ein kurioses Gebilde. Erfolge von Investitionen in Berlin kann es nicht vorweisen. Daß Unternehmen die Arbeit von »Partner für Berlin« nicht überzeugend finden, kann kaum der Fall sein, zahlende Gesellschafter sind eher eine Rarität. Sollte Berlin seine Aufträge an »Partner für Berlin« einstellen, wäre es interessant zu sehen, wie viele Gesellschafter überhaupt dabeibleiben würden. Die Frage ist, wer denn eigentlich so an »Partner für Berlin« festhält.

7 Radio GeistderStadt

Die Gesellschafterliste sah ganz nach einem geldschweren Berliner Im-
mobilienprojekt aus.[1] Unter dem 37 Gesellschaftern befanden sich der
Geschäftsführer der mächtigen Klingbeil-Immobilien-Gruppe, Klaus
Groenke, und Dr. Erich Marx, Bauunternehmer und früheres Landesvorstandsmitglied der FDP, hochrangige Mitarbeiter aus den Häusern Klingbeil und Marx sowie eine ganze Reihe weiterer Prominenter aus der
Berliner Immobilien- und Baubranche.

In dieser reinen Männerrunde ging es jedoch nicht um Immobilien, sondern um einen Radiosender – nämlich Radio Hundert,6. Man schrieb das
Jahr 1987. Nicht nur in Berlin selbst, auch in den anderen Bundesländern
änderte sich aufgrund des »Antes-Skandals« das öffentliche Image der
Halbstadt drastisch: Die politische und wirtschaftliche Struktur von Berlin schien sich zusehends von einer »Insel der Demokratie« in Richtung
»sizilianische« Verhältnisse zu entwickeln. Die Aufklärung – besser gesagt die mangelhafte Aufklärung – der »Antes-Affäre«, besonders die
Rolle der politischen Parteien dabei, erzeugte eine Stimmung des Zynismus in der Stadt.

Die Hausbesetzerbewegung Anfang der achtziger Jahre hatte Berlin
völlig polarisiert. Damals nahmen die Linken 169 leerstehende Häuser in
Beschlag. Die Besetzer konnten ihr Vorgehen in der Öffentlichkeit weitgehend erfolgreich legitimieren. Ihr Vorwurf lautete, daß die Immobi-

lienbranche diesen Wohnraum gezielt zerstöre, um Abschreibungsgelder abzuschöpfen. Und dies sei nur durch die Bestechung führender Berliner Politiker möglich gewesen. 1986 wurden genau diese Behauptungen – bekannt unter dem Sammelbegriff »Antes-Skandal« – Gegenstand von Ermittlungen durch die Berliner Staatsanwaltschaft – und bestätigt.

Zwar hatten die meisten Berliner Lokaljournalisten aus Angst vor Nestbeschmutzung nur halbherzig im Berliner Sumpf recherchiert, doch gab es beispielsweise beim SFB ein paar Redakteure, die die Mutation der Berliner Politik zum Selbstbedienungsladen für eine kleine Clique nicht kritiklos hinnahmen.

Die Berliner Subventionswirtschaft und die Politiker, die diese Praktiken förderten, standen mit dem Rücken zur Wand. Nach vier Jahren an der Regierung hatte die CDU ihre Macht noch nicht gefestigt und lief Gefahr, sie wieder zu verlieren. Eine rot-grüne Koalition als Alternative war unübersehbar auf dem Vormarsch in Berlin und die politische Lage alles andere als günstig für die Geschäfte der Berliner Baumafia. CDU und FDP registrierten einen radikalen Rückgang der Spenden für ihre Parteikassen.[2] Und die Springer-Presse war offensichtlich nicht in der Lage, dieser Stimmung entgegenzuwirken. Der Einfluß des SFB und anderer kritischer Medien auf die öffentliche Meinung mußte also verringert werden. Bloß wie?

Erreicht wurde dieses Ziel durch eine konzertierte Aktion aus Politik und Wirtschaft. Während CDU-Politiker ständig öffentliche Angriffe gegen regierungskritische Medien und Journalisten führten, wurde mit Radio Hundert,6 ein Sender geschaffen, der die Zuhörerquoten des SFB-Hörfunks in den Keller treiben sollte. Christian Booß, damals Mitarbeiter beim SFB, erinnert sich an die Anfänge des Kleinkriegs mit der CDU:

> »In der Folge der Studentenbewegung, des jugendkulturellen Aufbruchs Ende der 60er Jahre, hatte es Programminnovationen im SFB gegeben, eine neue Generation von kritischen Journalisten mit einer größeren Distanz zum politischen Establishment drängte in die Programme ... Sie

waren Zielscheibe der Kritik konservativer Bevölkerungskreise und insbesondere konservativer Politiker. Diese Kritik spitzte sich vor allem nach der Regierungsübernahme der CDU im Jahre 1981 während der Jugendproteste im Zusammenhang mit den Hausbesetzungen zu. Über den Rundfunkrat versuchte die CDU über ihren Fraktionsvorsitzenden Landowsky der kritischen Berichterstattung die Spitze zu nehmen ... Informell versuchte die CDU Einfluß auf die Personalpolitik im Sender zu nehmen, ein Weg, der naturgegeben nur langsam zu Veränderungen führt. Die Angriffe der CDU auf die kritischen Zielgruppenprogramme ... waren unterfüttert von Materialien von sogenannten Hörerinitiativen, z. B. aus dem Bezirk Zehlendorf. Sie schnitten SFB-Programme mit und listeten auf, wie oft im Frauenprogramm Lesben zu Wort kamen, im Kinderprogramm vom Geschlechtsverkehr die Rede war und wie oft im ›SF-Beat‹ das Wort ›Bullen‹ fiel. Mit solchen ›Expertisen‹ fütterten sie die CDU und formulierten Beschwerdebriefe an den Intendanten. Den Mitarbeitern der gescholtenen Programme gelang es durch Nachweis korrekter journalistischer Arbeit, Einbindung von Kritikern in Diskussionssendungen und Kontakt zu den Rundfunkratsvertretern, die Eingriffe abzuwehren. Dies wurde intern als Sieg gefeiert – zu früh und zu naiv, wie sich herausstellte. Die SFB-Kritiker nutzten nun die Chancen, die ihnen die Privatfrequenzen boten.«[3]

Den eigentlichen Startschuß für den CDU-Großangriff scheint Klaus-Rüdiger Landowsky Ende September 1987 mit einer Rede vor dem Berliner Parlament gegeben zu haben. Er kritisierte den SFB und verschiedene in Berlin erscheinende Zeitungen, die seiner Meinung nach die »kulturelle und gesellschaftliche Realität« der Stadt nicht wiedergäben.[4] Laut Landowsky würden sich diese Medien zu sehr an »Kleinigkeiten« orientieren.[5] Ob er mit »Kleinigkeiten« die Geschenke und Spenden der Immobilienbranche an die CDU und ihre Politiker meinte, führte er leider nicht weiter aus. Landowsky, der offenbar wie kein anderer den Geist der Stadt zu verstehen glaubt, behauptete von den kritischen Medien: »Es herrscht eine Beurteilung, die meines Erachtens dem Auftrag, den

Geist dieser Stadt mit zu transportieren, kaum gerecht wird.«[6] Welchen Geist er meinte, ließ er allerdings im unklaren.

Der Verein Berliner Zeitungsverleger meldete sich daraufhin postwendend mit einem öffentlichen Protest zu Wort. In einer Mitteilung wurden die »zunehmenden Versuche von Senat und Politik, auf die Presse und den Rundfunk in der Stadt einzuwirken«, zurückgewiesen. »Berlins Presse steht der Politik nicht zur Disposition«, hieß es weiter in unmißverständlicher Deutlichkeit.[7]

Landowsky, der damals auch eines der einflußreichsten Mitglieder im Rundfunkrat des SFB war, hatte seine Finger anscheinend überall im Spiel. Im Dezember 1986, nach dem Erscheinen eines *GEO Special*-Heftes über Berlin, das laut Landowsky die Stadt »sachwidrig als alternative Ruinen-, Müll- und Grünlandschaft« beschreibt, wandte er sich mit einem Brief an den *GEO*-Verleger, die Gruner + Jahr AG. Landowsky behauptete darin, daß das Heft besonders bei »im Bereich der Wirtschaft Tätigen« lautstarke Proteste ausgelöst habe.[8] Er stellte seine Vorstellungen von Pressefreiheit Gruner + Jahr folgendermaßen dar:

> »Im übrigen kommt diese Berichterstattung über Berlin auch nicht von ungefähr. Anläßlich eines Abends des Hauses Gruner + Jahr habe ich Herrn Bonhage bereits darauf hingewiesen, daß der leitende Redakteur, Herr Stefan Reisner, sicher eine ausgesprochen einseitige Betrachtungsweise von der Stadt hat, was sich letztlich auch daran erkennen läßt, daß er als Vertreter der sogenannten Alternativen Liste Mitglied des Rundfunkrates des SFB war. Wenn man aber schon Herrn Reisner die Verantwortung überträgt, hätte man wenigstens Einfluß auf die übrigen Redakteure nehmen müssen. Da dies offensichtlich nicht der Fall gewesen ist, nimmt es nicht wunder, daß Autorennamen aus dem Sympathisantenkreis des Herrn Reisner ... auftauchen.«[9]

Landowsky ließ es sich nicht nehmen, zwei dieser »Sympathisanten« unter den SFB-Mitarbeitern namentlich zu nennen.

Die Vorstellungen der CDU, zumindest aber die des damaligen Wirtschaftssenators Elmar Pieroth, was unter Pressefreiheit zu verstehen sei, wurden nur wenige Wochen nach Landowskys Parlamentsrede durch einen Vorfall beim Berliner *Tagesspiegel* deutlich. Anfang Oktober 87 wurde bekannt, daß einem Redakteur des Blattes fristlos gekündigt worden war.[10] Vielleicht nicht ganz die feine Art – aber daran allein war noch nichts Anrüchiges. Die Ursache für den Rauswurf allerdings stank zum Himmel.

Der geschaßte Journalist war Wirtschaftsredakteur beim *Tagesspiegel* und hatte Pieroths Politik des öfteren mit überschwenglichem Lob bedacht: »… sein Royal Flush kommt aus der Hinterhand und verblüfft.«[11] Über Pieroths »Qualifizierungsoffensive« urteilte er schon im voraus besonders großzügig: »Der Optimist freilich muß sagen: Jawohl, hier ist die richtige Weggabelung beschritten worden, was nicht ausschließt, daß der eine oder andere Stolperstein noch zu fürchten ist.«[12]

Wie sich später herausstellte, hatte die Pieroth-Euphorie des Redakteurs einen handfesten Hintergrund. Wirtschaftssenator Pieroth hatte die Berliner Werbeagentur »GKM Gesellschaft für Kommunikation und Marketing« beauftragt, seine »Qualifizierungsoffensive« für rund 350 000 Mark zu vermarkten.[13] Und ebendieser *Tagesspiegel*-Redakteur verdiente sich bei der GKM als freier Mitarbeiter ein Zubrot. Er rechnete »Textverarbeitung, Recherche, Interviews und Analyseerarbeitung« ab, alles zu einem Stundensatz von 100 Mark.[14] Während der *Tagesspiegel* den Vorgang als einen schwerwiegenden und bisher einmaligen Eingriff in die Pressefreiheit bezeichnete,[15] konnte Pieroth zu Recht erklären: »Kein Journalist ist vom Senat bezahlt worden.«[16]

Nun war Eberhard Diepgen höchstpersönlich an der Reihe. Ende Oktober, knapp einen Monat nach Landowskys Rede, sprach der Regierende Bürgermeister auf der Generalversammlung des Verbandes Deutscher Zeitschriftenverleger das Grußwort. Diepgen warf die Frage auf, wer denn eigentlich die vierte Gewalt kontrolliere und ob die freiwillige Selbstkontrolle der Medien ausreiche. Er ging noch weiter und empfahl, über ein neues System der Kontrolle der vier Gewalten untereinander nachzudenken.[17] Der Berliner Landesverband der IG Medien sah hierin

Berliner Pfandbrief-Bank

Postfach 30 44 40 · Budapester Straße 1-3
1000 Berlin 30
Telefon (030) 25 999-0 · Telex 1 80 747
Telefax 25 999-131 · Teletex 30 8139 = BPFBANK

Datum 17.12.1986

Durchwahl 25 999- 100 La/Lü

An den Vorstand des Verlages
Gruner + Jahr AG & Co.
Warburgstraße 50

2000 Hamburg 36

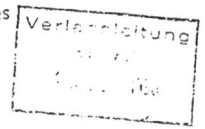

Sehr geehrte Damen und Herren!

Mir mir liegt vor das GEO-Special "Berlin". Aufgrund eines langjährigen sehr ver-
trauensvollen Kontaktes mit Ihrem sehr geehrten Herrn Behrens haben wir uns, wie
schon in der Vergangenheit in anderen Zeitschriften", im GEO-Special "Berlin" mit
einer Anzeige beteiligt. Die Durchsicht dieses Heftes hat bei vielen, insbesondere im Bereich der Wirtschaft Tätigen, lautstarke Proteste ausgelöst. Dieses Ber-
lin-Heft von GEO ist der Stadt eher abträglich als zuträglich und beschreibt die
Stadt sachwidrig als alternative Ruinen-, Müll- und Grünlandschaft. Vielleicht
ist dieses Urteil etwas überzeichnet, aber von den eigentlichen Spitzenleistungen
der Stadt, sei es in technisch-innovativen Bereich, im wissenschaftlichen Bereich
oder im kulturellen Bereich gibt das Heft nur wenig her. Den Anzeigenkunden wie
uns dürfte dieses Heft daher eher schaden als nützen.

Im übrigen kommt diese Berichterstattung über Berlin auch nicht von ungefähr. Anläßlich eines Abends des Hauses Gruner + Jahr habe ich Herrn Bonhage bereits darauf hingewiesen, daß der leitende Redakteur, Herr Stefan Reisner, sicher eine
ausgesprochen einseitige Betrachtungsweise von der Stadt hat, was sich letztlich
auch daran erkennen läßt, daß er als Vertreter der sogenannten Alternativen Liste
Mitglied des Rundfunkrates des SFB war. Wenn man aber schon Herrn Reisner die Verantwortung überträgt, hätte man wenigstens Einfluß auf die übrigen Redakteure nehmen müssen. Da dies offensichtlich nicht der Fall gewesen ist, nimmt es nicht wunder, daß Autorennamen aus dem Sympathisantenkreis des Herrn Reisner wie Herr
Greffrath, Herr Lingental u. a. auftauchen.

Kurzum, das GEO-Heft ist empörend. Eine Kopie meines Schreibens habe ich der Senatskanzlei, der Industrie- und Handelskammer, dem Berliner Arbeitgeberverband
und Herrn Behrens zugesandt.

Mit vorzüglicher Hochachtung

einen neuen Versuch, »die Übermittler von Skandalnachrichten mundtot zu machen«, während der Berliner Journalisten-Verband davor warnte, »Freiheit und Unabhängigkeit der Presse im Wege der Systemkritik auszuhebeln«. Gleichzeitig gab ein Landesvorstandsmitglied der FDP (damals Koalitionspartner der CDU) zu bedenken, ob es klug sei, die Forderung nach »wirksamer Kontrolle« der Presse zu einem Zeitpunkt zu fordern, da die Presse aufgrund »unerfreulicher Vorgänge in verstärktem Maße Kritik an den Politikern geübt hat, muß Eberhard Diepgen selbst entscheiden«.[18]

Kaum zwei Monate später, Anfang 1988, gab es erneut Krach mit dem SFB. Beim alljährlichen Berliner Presseball erschien ein Almanach mit rund fünfzig heiter-satirischen Beiträgen von Journalisten zu Themen der Stadt. Ein Beitrag trug den Titel »Radio ›GeistderStadt‹«. Dargestellt wurde ein fiktiver Programmablauf von morgens bis nachts. Die einstündigen Sendungen bestanden aus Porträts verschiedener Berliner Lokalgrößen: Auf ein Vorstandsmitglied der Berliner Pfandbriefbank folgte der Generalsekretär der Berliner CDU; weiterhin ein Mitglied des Stiftungsrates der deutschen Klassenlotterie sowie ein Mitglied des SFB-Verwaltungsrates, ein Mitglied des Verwaltungsrates des »Neuen Berliner Kunstvereins« und so weiter. Jede Stunde ein anderer Funktionär. Am Schluß wurde klar, daß die vielen Interviewpartner ein und derselbe Mann waren: Klaus-Rüdiger Landowsky! Auch wenn der Inhalt der Wahrheit über Landowskys Ämterhäufung entsprach, die Wahrheit war in Berlin nicht gefragt. Der Beitrag wurde aus dem Almanach entfernt.[19]

Die CDU hatte immer wieder Schwierigkeiten mit der Pressefreiheit. Diese kulminierten 1988 in einer Aussage von Wilhelm Kewenig (CDU), damaliger Innensenator, der für den Schutz der Pressefreiheit zuständig war. Während der heftigen öffentlichen Proteste gegen die Tagung des Internationalen Währungsfonds in Berlin bekam Kewenigs Polizei die Lage nicht in den Griff. Es folgten harte Übergriffe auf Demonstranten,

Seite 150: Landowsky wittert eine Verschwörung gegen Berlin.

wobei auch viele Journalisten massiv in ihrer Arbeit behindert wurden. Kewenig erklärte dazu lapidar: »Am Tatort muß dann schon mal die Pressefreiheit zurücktreten.«[20]

Mitten während dieses Konflikts zwischen CDU und kritischem Journalismus stand die erste private Radiofrequenz der Nochmauerstadt zur Disposition. Es lag nahe, daß sich die kleine Männergemeinschaft aus der Baubranche diese Lizenz unter den Nagel reißen wollte. »Die Gesellschafter dieses Senders haben ihn nicht vorrangig gegründet, um Geld zu verdienen. Das war ganz eindeutig eine politische Gründung«, meint der gegenwärtige Geschäftsführer und Programmdirektor von Radio Hundert,6, Georg Gafron (CDU). Eine der wesentlichen Aufgaben von Radio Hundert,6 war laut Gafron »die Ent-Autorisierung, Ent-Monopolisierung des öffentlich-rechtlichen Rundfunks«,[21] namentlich des SFB (»**S**ender **F**ür **B**esetzer« wurde der SFB lauf Gafron in der Hausbesetzerzeit genannt), den Gafron als »klassischen Rot-Funk« etikettiert.[22]

Ulrich Schamoni kam zu der Zeit wie gerufen. Als sogenannter Jungfilmer hatte er in den sechziger Jahren mit Filmen wie »Es« und »Alle Jahre wieder« beachtliche Erfolge gehabt. Der eingefleischte Medienmensch verstand sehr viel von Kommunikation und dem, was die Leute gerne hören. Schamoni spekulierte schon lange auf eine Karriere auf dem Highway der neuen Medien. Als gebürtiger Berliner war er zudem mit der nötigen Frontstadtmentalität ausgestattet. Schamoni machte sich also auf den Weg zu einigen alten Bekannten, die reich an politischem Einfluß und an den nötigen Barmitteln waren – und rannte buchstäblich offene Türen ein.

Schamonis Konzept war programmatisch gegen die öffentlich-rechtlichen Rundfunksender[23] gerichtet, die er als »sozialistische Sender« betrachtete (»Über den WDR habe ich mal gesagt: ›Der WDR unterscheidet sich von der DDR nur durch das W.‹«[24]). Schnell fand er zwei politisch engagierte Millionäre aus der Immobilienbranche: Erich Marx und Klaus Groenke, beide vom rechten Flügel der FDP.

Die beiden spielten in den folgenden Jahren die Rolle der Mentoren für den neuen Sender. Sie hatten sofort begriffen, welche Vorteile es hätte, Zugriff auf einen eigenen Rundfunksender zu haben. Der Springer-Verlag kontrollierte zu dieser Zeit[25] zwar fast 80 Prozent der Printmedien in Westberlin und gab der Baumafia sowie der CDU-FDP-Politik von dieser Seite her eine sichere Rückendeckung. Aber im Hörfunkbereich gab es nur den öffentlich-rechtlichen SFB und RIAS, deren Kritikpotential nicht unter Kontrolle zu bringen war. Marx und Groenke griffen zu – die »Schamoni Medien-GmbH« wurde gegründet. »Ich hatte mir ausgerechnet, daß 5 Millionen dafür reichen würden«,[26] erzählt Ulrich Schamoni. Er war siegessicher: »Ich selber war mit meinen Erfolgen als Filmemacher in der Stadt prominent, dann diese beiden kapitalen Hirsche (Marx und Groenke) … wir als Dreierbund, da wollten andere dann auch mitgehen.«[27]

»Das war sehr einfach«, erinnert sich auch Marx, »wie alle Dinge einfach sind, wenn man es versteht, das Essentielle einer tragfähigen Idee auf eine leicht verständliche, kurze Formulierung zu bringen.«[28] An einem einzigen Sonntag sammelten Marx und Groenke über fünf Millionen Mark Startkapital für einen Sender gegen Linkstendenz. Und zwar auf dem »German Masters«-Tennisturnier für Frauen beim Zehlendorfer Tennisclub »LTTC Rot-Weiß«. Dabei traten sie laut Marx sehr zurückhaltend an die potentiellen Geldgeber heran: »Bitte nur so viel, daß es nicht weh tut, wenn es verloren ist.«[29]

Mit von der Partie war auch der Bauunternehmer Wilhelm Breuer, ehemaliges CDU-Mitglied und einer der reichsten Männer der Stadt. 1981 hatte Breuer die Kaution von einer Million Mark für den Immobilienbetrüger Dieter Garski aufgebracht, über den damals Stobbes SPD-Senat gestolpert war. Ein paar Jahre später waren es 250 000 Mark Kaution für Bubi Scholz, nachdem der frühere Boxmeister seine Ehefrau erschossen hatte.

Breuer war auch gegenüber seiner eigenen Partei sehr großzügig, was aber zu erheblichem Krach führte: 1981 hatte er der CDU 25 000 Mark zu Wahlkampfzwecken gespendet. Die Spendenquittung bekam er jedoch nicht von der Partei selbst, sondern vom »Fördererkreis Junge

Politik e. V.«. Der hatte während des »Antes-Skandals« als Ziel vieler fragwürdiger Spenden an die Berliner CDU gedient. Als später durch die Flick-Affäre die Praktiken der Spendenwaschanlagen der politischen Parteien ans Licht kamen, war Breuer mißtrauisch geworden. Er zeigte sich wegen dieser Spende an seine Partei selbst wegen Beihilfe zur Steuerhinterziehung an.[30] Später schrieb Jürgen Wohlrabe, Mitglied des »Fördererkreises Junge Politik«, einen Leserbrief an den *Tagesspiegel*. Darin bezichtigte er Breuer der Lüge. Laut Wohlrabe hatte Breuer das Geld einem Mitglied des »Fördererkreises« übergeben mit der Bitte, es für die »Bildungsarbeit bei jungen Mitbürgern weiterzuleiten«.[31] Kurios war nur, daß Breuer und die Staatsanwaltschaft im Besitz eines Schriftverkehrs waren, wonach Wohlrabe höchstpersönlich die Spende erhalten und ihren Wahlkampfzweck bestätigt hatte.[32] Wohlrabes Leserbrief wurde dann aber zurückgezogen, noch bevor er vom *Tagesspiegel* veröffentlicht wurde. Übrigens: Das Ermittlungsverfahren gegen Wohlrabe wegen Steuerhinterziehung wurde – Berlin bleibt Berlin – von der Staatsanwaltschaft eingestellt.

Breuer kam 1991 erneut in die Schlagzeilen, als er den letzten SED-Generalsekretär, Egon Krenz, einstellte, um ihm Privatlektionen in Betriebs- und Marktwirtschaft zu geben.[33] Anfang 1992 wurde Breuer unter mysteriösen Umständen in seiner Villa in Grunewald tot aufgefunden: mit einer Kugel im Kopf.[34] Für die Justizbehörden war es ein klarer Fall von Selbstmord.

Ebenfalls mit von der Partie war der Geschäftsmann Günter Darge, ehemaliges Mitglied des Kreisvorstands der CDU in Neukölln. Er hatte sein Amt 1987 freiwillig geräumt, als sich Filzgerüchte gegen ihn konkretisierten.[35]

Auch einige Interessenten außerhalb der Immobilienbranche stiegen in das Radiogeschäft ein. Neben dem Schering-Vorstandsmitglied Dr. Klaus Pohle beteiligten sich der Nachtclubbesitzer Rolf Eden sowie Heiner Bastian, Kunsthistoriker, Beuys-Intimus und Treuhänder von Marx' bedeutender Kunstsammlung.

Kein Wunder, daß der neue Sender mit dem grünen Frosch als Maskottchen wegen seiner Nähe zur Baulobby schnell mit der Bezeichnung »Betonfunk« belegt wurde. Um eine breitere politische Basis zu schaffen und kritischen Stimmen den Wind aus den Segeln zu nehmen, legte die GmbH sich ein Kuratorium zu. Das Kuratorium sollte dem Unternehmen offensichtlich ein besseres Image als das von hartgesottenen Geschäftsmännern geben. Für diese Aufgabe konnten neben anderen die Frauenbeauftragte des Senats, Carola von Braun (FDP; später FDP-Landesvorsitzende in Berlin, bis sie wegen der »Figaro-Affäre«, der Bezahlung ihres Friseurs aus Steuergeldern, zurücktreten mußte), die Ehefrau des damaligen CDU-Innensenators, Marianne Kewenig, und der Rechtsanwalt und CDU-Hausjurist Dr. Peter Raue gewonnen werden.[36]

Und die Rechnung ging auf. Gegen ein Zweckbündnis der Nicht-Springer-Medien wie *Tagesspiegel, Zitty* u. a., die sich auch um die Lizenz bemüht hatten, bekam Radio Hundert,6 den Zuschlag durch den Kabelrat. Die Ironie dieser Entscheidung liegt darin, daß der damalige Kabelrat, der nach der Wende in »Medienanstalt Berlin-Brandenburg« (MABB) umgetauft wurde, einen seiner wesentlichen Aufträge selbst über den Haufen warf. Zu seinen Aufgaben gehörte nämlich ausdrücklich, »die Sicherung der Meinungsvielfalt« zu gewährleisten.[37] Im Fall Radio Hundert,6 ging es aber explizit darum, eine bestimmte Meinung mundtot zu machen: nämlich die, die kritisch gegenüber der Berliner Baumafia und der CDU war!

Vorsitzender des damaligen Kabelrats war der ehemalige Präsident des Bundesverfassungsgerichts Ernst Benda (CDU). Ebenfalls für die CDU saß der Rechtsanwalt Jost von Trott zu Solz im Kabelrat. Solz ist Sozius des früheren CDU-Abgeordneten und heutigen Präsidenten des Landesverfassungsgerichts, Klaus Finkelnburg (auch CDU). Solz ist Mitglied im »Fördererkreis Junge Politik« und Gründungsmitglied von Landowskys »International Club Berlin«. Heute sitzt er auch bei der Kabelrat-Nachfolgerin MABB. Gefragt, wie Solz zum Kabel- und Medienrat kam, meinte der gegenwärtige Direktor der MABB, Hans Hege: »Er war ja ganz am Anfang als Anwalt und Jurist dabei. Und er gehört der CDU an. Und kennt sicher auch Herrn Landowsky seit langem. Er hat keine Medienerfahrung.«[38] Neben den bisher genannten befanden sich unter den fünf Mitgliedern des Kabelrats noch ein Vertreter der FDP und zwei der SPD, darunter die einzige Frau, Sophie Behr.[39] Laut Frau Behr erfolgte die Zustimmung für Radio Hundert,6 nach Parteilinien. Sie selbst war dagegen. Ob ihr SPD-Genosse auch dagegen stimmte, darüber ist sich Frau Behr nicht mehr sicher: »Vielleicht meinte er, es habe keinen Zweck, dagegen zu stimmen. Die anderen hätten die Entscheidung sowieso durchgesetzt.«[40]

Am 10. April 1987 durfte Monika Diepgen den Startknopf drücken. Radio Hundert,6 begrüßte seine Hörer mit der Nationalhymne, anschließend richtete Monika Diepgens Mann, Eberhard, das Wort an die Hörerschaft. Zur feierlichen Eröffnung des Senders erschienen auch andere führende CDU- und FDP-Politiker wie Landowsky, Hassemer, Rupert Scholz, Wilhelm Kewenig, Walter Rasch und Cornelia Schmalz-Jacobsen.[41]

So staatstreu, wie er seine ersten Programm-Minuten begonnen hatte, beendete Radio Hundert,6 seine Sendungen, wenn die Frequenz um 18 Uhr für vier Stunden an den Alternativsender Radio 100 überging: Es erklang die Nationalhymne. Die Alternativfunker beantworteten das mit dem Abziehen einer Klospülung und ließen auf die Radio Hundert,6-Jubelsendungen kritische Beiträge zur Situation in Stadt und Land folgen. Schamoni machte das nichts aus, im Gegenteil: »Das war ja unser Glück, dieses Hin und Her war doch Stadtgespräch.«[42]

Während Radio 100 sich mit der weltweiten Unterdrückung von Frauen auseinandersetzte, zielte Hundert,6 direkt auf den Unterleib. »Anschließend haben wir dann gleich diese Pornosendungen drangeknallt ...«, schmunzelt Schamoni, »dann haben sie plötzlich nachts alle wieder an den Radios gesessen.«[43]

Schamonis Programm – das akustische Zentralorgan der Filz-Berliner im Westteil der Stadt – sprach die Berliner offensichtlich an. Das Ziel, den SFB zu entmachten, gelang. 1989 war es soweit – Hundert,6 wurde mehr gehört als alle vier SFB-Programme zusammen.[44] Der Erzfeind war besiegt. Christian Booß erinnert sich:

»Der Start von 100,6 wurde von den SFB-Machern als niveauloses Boulevard-Produkt unterschätzt. Übersehen wurde, daß 100,6 viele Radioformen, die früher die Popularität des SFB-Flaggschiffes SFB 2 ausgemacht hatten, wie Serviceangebote, Hörerbeteiligung, Ü-Wagen vor Ort, für ihre Zwecke nachahmten, als diese populären Elemente aus dem SFB-Programm herausreformiert wurden. So gab der SFB Teile des Terrains kampflos preis. Der Schock über die Einbrüche der Einschaltquoten war groß. Die Macht des Marktes war größer als die der politischen Zensoren. Das haben die SFB-Programmacher unterschätzt. Den Umstrukturierungen am Markt fielen die Zielgruppenprogramme … zum Opfer, das Frauenprogramm wurde in die Nische von SFB 3 abgedrängt. Die Rache der ›Baumafia‹, die auf dem Gebiet des öffentlichen Rundfunks nicht gegen eine spekulantenkritische Berichterstattung durchgedrungen war, siegte auf dem ihr eigenen Gebiet, dem Markt, freilich nachdem ihr die Politik die Voraussetzung dafür geschaffen hatte, sprich den Zugang zu den Frequenzen eröffnet hatte.«[45]

Kaum anderthalb Jahre später wurde auch der bisher meistgehörte Sender RIAS überrundet.[46] Hundert,6 war Nummer eins in Berlin!
Hundert,6 mauserte sich zur »Bild-Zeitung der Lüfte«. Das empfindet Georg Gafron (den Schamoni damals als Programmdirektor vom RIAS abgeworben hatte und der heute Hundert,6-Geschäftsführer ist) keineswegs als üble Nachrede: »Die Bild-Zeitung ist ein Vorbild für uns, weil sie breite Bevölkerungsschichten in ihren Bedürfnissen befriedigt«, erklärte er dazu.[47]
Fast zehn Jahre nach der Gründung des Senders behauptet Gafron: Wir waren »Teil des Optimismus-und-Jubel Berlins«.[48] Daran darf gezweifelt werden. Denn Berlin jubelte zu jener Zeit gar nicht, sondern sollte durch den neuen Sender ja erst zum Jubeln animiert werden. Schamoni machte folgendes zum Programm: »Wir waren immer hochpolitisch. Das wollten wir auch sein, wir wollten Berlin aus der Lethargie herausziehen, das Wir-Gefühl in der Stadt wieder stärken.«[49] Das ging nur mit akustischen Massenspeisungen: »Alles hatten gedacht, der Schamoni mit sei-

ner Filmkultur, der wird doch keinen populistischen Sender machen! Ich habe aber die Position vertreten, Mozart usw., das können sie sich bei den Öffentlich-Rechtlichen anhören; wir machen einen Heimatsender!«[50]

Schamonis Konzept ging auf. Das Godesberger Institut für angewandte Sozialwissenschaft attestierte: »Eine Spitzenstellung in der Bewertung von Hundert,6 durch die Berliner Bevölkerung nehmen die Begriffe ›locker‹ und ›gut gelaunt‹ ein. Diese und die nachfolgenden Eigenschaften (›aktuell‹, ›optimistisch‹, ›aktiv‹ und ›unterhaltsam‹) beschreiben ein zeitgemäßes und amüsantes Programm ohne weltanschauliche Schnörkel. – Einen ›Mehrheitsfunk‹ also, dem offensichtlich die Zukunft gehört.«[51]

Während der SFB sich mit der Aufklärung und Bildung der Bevölkerung abmühte, bot Schamoni das besinnungslose Eintauchen in den Mainstream an. Bei Hundert,6 war alles Spiel. »Wir melden den Stau schon vor der Schlange«, hieß es zum Verkehrsbericht. »Was macht der Paps mit dem Straps?«, kündigte die nächtliche Partnerberatung an. »Hier kriegt Berlin sein Fett weg. Wir bringen Diättips für Dick und Dünn« oder »Wir küssen die Behörden wach. Und das täglich um 9.30 Uhr«, ließ Schamoni die Hörer durch die Programmwerbung wissen.[52] Geradezu berühmt-berüchtigt war die nächtliche »Pornosendung« (Schamoni) namens »Bettgeflüster«. Die Sendung, deren Moderator Frank Schmeichel von Schamoni selbst als »säuisch«[53] bezeichnet wurde, bediente mit Themen wie »Wie finden Sie den Geschmack von Sperma?« oder »Bevorzugte Stellungen beim Liebesspiel« offenbar ein dringendes Bedürfnis vieler Berliner. Carola von Braun, die Frauenbeauftragte des Berliner Senats und gleichzeitig Kuratoriumsmitglied des Senders, entzog sich der Kontroverse über die umstrittene Sendung, indem sie drei Monate nach Senderstart das Kuratorium verließ. Offizielle Begründung war die Unvereinbarkeit ihrer neuen Mitgliedschaft im FDP-Vorstand mit ihrem Sitz im Kuratorium des Senders.[54] Ihre Kritik an »Bettgeflüster« – sie vermisse bei frauenfeindlichen Äußerungen von Hörern distanzierende Worte des Moderators – führte sie aber als zusätzlichen Rücktrittsgrund an.[55] Heute ist Schmeichel Direktor für Marketing und Kommunikation für das Großprojekt »CEDC American Business Center« am Checkpoint Charlie und Dozent an der Freien Universität Berlin am einst linken Fachbereich für Politische Wissenschaft.[56]

Schamoni sagt ganz offen über die Sendung: »Es war richtig schmuddelig« – allerdings sind seine Gefühle durchaus gespalten, wenn er sich über die Fähigkeiten des Moderators Schmeichel freut: »In seinen besten Zeiten war der richtig groß – unglaublich. Das war auch so ein Freiheitsschub, wo es einfach hieß: draufhauen!«[57]

»Draufhauen« war das allgemeine Erfolgsrezept des Senders, auch in der Politik. Während die öffentlich-rechtlichen Sender versuchten, dem quälenden Widerspruch zwischen Staatsloyalität und dem offensichtlichen moralischen Verfall führender Politiker im Westen geschickt auszuweichen, wandte sich Schamoni einfach nach Osten: »Mein politisches Konzept war sehr einfach: Auf Honecker draufhauen, draufhauen … Die Westberliner hörten das gerne, und die Ostberliner hörten es auch gerne.«[58] Da waren sich die Berliner einig, das gab ein klares Feindbild her. In den Attacken gegen die DDR konnte man den Mund so weit aufreißen, wie man wollte, und staatstreu bleiben. Staatstreue bewies der Sender bei jeder Gelegenheit. Hilfreich sprangen die Meinungsmacher um Schamoni und Gafron den Politikern auch in heiklen Situationen bei. 1987, während der in Berlin stark umstrittenen Volkszählung, gab Hundert,6 die Parole aus: »Ungezählt sollst du nicht schlafen gehn!«[59] Im September 1987 finanzierten der Senat und Hundert,6 gemeinsam einen Kurzurlaub von sieben Polizeibeamten und einem Feuerwehrmann, die bei Einsätzen wie den Kreuzberger Mai-Krawallen oder dem Besuch des US-Präsidenten Reagan verletzt worden waren. Die acht (einige von ihnen in Begleitung ihrer Ehefrauen) verbrachten ihren Sonderurlaub in der Türkei zusammen mit CDU-Mitgliedern, die dort eine Klausurtagung abhielten.[60] (Im Septemberheft von *Polizeispiegel*, Organ der Deutschen Polizeigewerkschaft im Beamtenbund, hieß es daraufhin: »Bei dem Sender 100,6 handelt es sich um einen polizeifreundlichen Sender, der objektiv über Vorfälle in Berlin berichtet.«[61])

Anläßlich des Golfkrieges initiierte Hundert,6 eine Aktion »Berlin – wo stehst du?« zur Unterstützung der alliierten Streitkräfte. Während des ÖTV-Streiks von 1992 beklagte die *Süddeutsche Zeitung* die Unausgewogenheit der Berichterstattung von Hundert,6: »Als Innensenator Dieter Heckelmann ultimativ ein ›sofortiges Ende des Streiks‹ forderte, durfte er damit die Nachrichten eröffnen. Eine Stellungnahme der Gewerkschaften dazu wurde nicht eingeholt.«[62]

Bei all dieser Eilfertigkeit war der Sender zwar staatstreu, aber durchaus nicht parteienhörig, behauptet Schamoni: »Wir haben dem Regierenden Bürgermeister Raum gegeben, weil wir den Standpunkt vertreten haben, daß das unser Chef ist. Der wird erstens nicht angegriffen, und wenn der reden will, dann darf er reden.« Aber das galt nicht nur für die CDU-Fürsten: »Der Regierende Bürgermeister Momper (von der SPD) hat bei uns mehr Darstellungsfläche gehabt, als er es im SFB oder RIAS hatte.«[63]

Die CDU-Politiker schienen das Bekenntnis von Hundert,6 jedoch durchaus zu ihren Gunsten zu interpretieren. Landowsky, der mächtige Mann in der CDU, der als Rundfunkratsmitglied eigentlich das Wohl des SFB hätte im Auge haben sollen, prägte nach Aussage von Schamoni ein häßliches Etikett für den Berliner öffentlich-rechtlichen Sender. »In einem Interview hat er gesagt: ›Endlich kriegen die vier Elendswellen des SFB Konkurrenz.‹«[64] Genauso wie sie den SFB und andere kritische Medien bei jeder Gelegenheit angriffen, unterstützten die CDU-Politiker Hundert,6, wo sie nur konnten.

Landowskys Parteikollege, der damalige Wirtschaftssenator Elmar Pieroth, zeigte sich auch materiell behilflich. Er erklärte Hundert,6 zur »Weiterbildungswelle«. Im Rahmen einer Kampagne, die das Interesse an Weiterbildung fördern sollte,[65] finanzierte Pieroth 1987 Anzeigen und Plakate, auf denen auch direkt für den Privatsender geworben wurde.[66] Daraufhin meldete sich die Verbraucherzentrale zu Wort und äußerte ihre Bedenken gegen eine solche Verquickung von Informationen einer öffentlichen Einrichtung mit Werbung für private Unternehmen.[67]

Auch der CDU-Bundestagsabgeordnete Jochen Feilcke arbeitete gerne mit Schamonis Sender zusammen. Wie jeder andere Bundestagsabgeordnete durfte Feilcke bis zu hundert Personen auf Kosten des Bundespresseamtes zu einer Informationsreise in die damalige Hauptstadt Bonn einladen. Zwanzig solcher Reisen für Jugendliche, gespendet aus Feilckes Kontingent, winkten als Gewinne eines Quiz auf Hundert,6.[68]

1988 fiel die Wahl des damaligen CDU-Verkehrssenators Edmund Wronski für seine Kampagne »Fair im Verkehr« auf Hundert,6. Der Sender sollte die freundlichsten Verkehrsteilnehmer ermitteln, die dann mit Preisen belohnt wurden. Die *taz* behauptete, Wronski habe, genauso wie Pieroth und Feilcke, die Öffentlich-Rechtlichen gar nicht erst gefragt, ob sie eine solche Kampagne mitmachen würden.[69] Wronski zwang daraufhin zwar die *taz*, eine Gegendarstellung zu drucken, aber die beiden Sendeanstalten, SFB und RIAS, bestätigten die Darstellung des Blattes.[70]

Beflügelt von solcher politischen Starthilfe und mit dem erfolgreichen Programmkonzept Schamonis, wurde Hundert,6 zum meistgehörten Sender Berlins und ein wirtschaftlicher Erfolg. Ein Jahr nach Aufnahme des Sendebetriebs schrieb Hundert,6 schon schwarze Zahlen.[71]

In den darauffolgenden Jahren bis 1991 hatten sich jedoch viele Voraussetzungen für den Überraschungserfolg von Hundert,6 geändert. Die Mauer war gefallen. Um Berlin herum wurden riesige Gebiete mit neuem Bauland erschlossen. Millionen Konsumenten aus Brandenburg und Ostberlin kauften nun im Westteil der Stadt. Viele Unternehmen konnten ihre Werbeausgaben reduzieren und trotzdem nie erträumte Umsatzsteigerungen erzielen. Für die Werbeträger hatte das negative Konsequenzen, so auch für die Werbeeinnahmen von Hundert,6. Nach Schamonis Auffassung mußte nun ein neues Konzept her. Endlich wollte er seinen alten Plan verwirklichen, nämlich auf dem Erfolg des Radiosenders einen Fernsehsender aufzubauen. Aber er fand keine Unterstützung bei seinen alten Gesellschaftern, die das Fernsehprojekt finanzieren sollten. Die hatten nun mit ihrem Geld andere Pläne: »Jetzt war plötzlich die ganze DDR offen, da hieß es: da kaufen, da kaufen, da kaufen! Es war ja ein richtiges Goldfieber ausgebrochen.«[72]

Außerdem fing der mächtige Springer-Verlag an, die clevere Konkurrenz zu fürchten: »Springer sah den Erfolg unseres Senders mit sehr wenig Wohlwollen und fand das nicht gut, daß wir jetzt auch noch ins Fernsehen wollten.« So habe es aus dem Hause Springer einen gewissen Druck auf die Geschäftspartner aus dem Mittelstand gegeben: »Da aber einige von den Gesellschaftern mit ihren Bauprojekten für die Printmedien, sagen wir mal: mögliche Angriffsflächen boten, kauften die das Schweigen von Springer damit, daß sie nicht ins Fernsehgeschäft eingestiegen sind.«[73]

Schamoni suchte deshalb neue Partner für seinen Fernsehsender – in den USA: Nachdem er die Finanziers, wie er glaubte, zusammenhatte, verließ er Hundert,6 mit einem rauschenden Abschiedsfest und »mit einem lachenden und einem weinenden Auge«,[74] wie er sich erinnert.

Schamonis Nachfolger als Hundert,6-Geschäftsführer wurde Georg Gafron. Gafron war weniger Medienmensch als »kalter Krieger«. 1977 war er im Kofferraum eines Autos aus der DDR geflohen. Er landete zunächst beim RIAS, wo er später von Schamoni für Hundert,6 rekrutiert wurde. Schamoni meint: »Der Herr Gafron ist ein guter Macher, und er war auch ein guter Chefredakteur zu meiner Zeit, aber er ist eben kein Chef und kein Vordenker. Und er ist politisch zu geradlinig ausgerichtet.«[75]

Zu geradlinig, vielleicht aber auch zu sehr von der eigenen Bedeutung überzeugt, könnte in Anbetracht der weiteren Entwicklung vermutet werden. Als neuer Chef des einflußreichsten Radios in der Stadt produzierte Gafron unter dem Motto: »Wir sagen der schweigenden Mehrheit, daß sie die Mehrheit ist«[76] und prahlte: »Wir haben dazu beigetragen, daß Rot-Grün abgewählt wurde.«[77] Später hielt er sich offensichtlich gar für eine Art Regierungsmitglied: »Wir müssen die Stadt nicht managen, wir müssen die Stadt führen.«[78]

Gafron hatte in seinem Parteifreund Landowsky einen mächtigen Gönner und »Ziehvater«[79] (Schamoni), der wohl auch ein Auge auf den Sender geworfen hatte. Jedenfalls behauptete die *taz*, Landowsky würde »im Laufe der Jahre so oft in der Hundert,6-Chefetage gesichtet, daß man ihn intern schon als Festen Freien Mitarbeiter bezeichnet«.[80] Gafron streitet jedoch eine derart enge Verbindung ab.[81]

»Der kleine Gafron«[82] (Schamoni), Mitglied der Medienkommission der CDU,[83] glaubte, er würde auf der Erfolgswelle des Senders ganz nach oben getragen werden, weil er so einflußreiche Verbindungen hatte. Aber dazu fehlte ihm offensichtlich die erforderliche Weitsicht. Denn um das Wir-Gefühl in der Stadt war es schlechter denn je bestellt: »Die Mauern in den Köpfen sind erschreckend hoch, im Grunde höher, als sie damals waren«, vermutet Schamoni. »Damals erzeugte gerade der Widerstand gegen die Mauer ein gemeinsames Stadtgefühl, auch im Osten, und Hundert,6 war der Sender, der das bestätigte.«[84] In den 90er Jahren würde Hundert,6 aber vor einer anderen Aufgabe stehen: »Jetzt nach dem Fall der Mauer hätte ein solcher Sender integrierend wirken müssen, er müßte jetzt die Mauer in den Köpfen abbauen, aber dafür war Gafron der falsche Mann«,[85] analysiert Schamoni.

Der »Neue« machte aber weiter eine Regierungskampagne nach der anderen mit – auf Biegen und Brechen.

1992 erklärte Hundert,6 der »Kriminalität und Gewalt« in Berlin den Krieg. Nach Gafrons Aussagen ging es darum, »das öffentliche Ansehen und die Akzeptanz der Polizei in der Bevölkerung zu stärken«, er betonte aber auch, daß die Kampagne gegen politischen Extremismus von links und rechts gerichtet sei.[86] Die Schirmherrschaft übernahm der damalige Innensenator Dieter Heckelmann. Zwei Jahre später wurde ruchbar, daß Heckelmanns Pressesprecher Hans-Christian Bonfert Kontakte zu rechtsextremen Kreisen pflegte.[87] Wie weit Heckelmann selbst davon wußte, war nicht in Erfahrung zu bringen. .

Im Jahr 1994 schien sich das bedingungslose Engagement von Hundert,6 für die Belange der Berliner Regierung noch einmal auszuzahlen. Diesmal war es der Senator für Stadtentwicklung und Umweltschutz, Volker Hassemer, der Hundert,6 zum Mittelpunkt einer exklusiven Werbekampagne im Wert von einer Million Mark auserkor, nämlich der Aktion »Berlin putzt sich«. Über 1700 Plakate und fast 2 Millionen Flugblätter[88] wurden über die Stadt verteilt, die die Bevölkerung dazu anhielten, die Stadt sauberzuhalten. Eifrige Bürger konnten sich bei Radio Hundert,6 melden und »Drecknester« denunzieren – oder sich über den richtigen Umgang mit Müll beraten lassen. Die mit großem Bahnhof angekündigte Aktion mit dem Mülltelefon (»bislang bundesweit ohne Beispiel«)[89] verursachte eine »überwältigende« Welle von 34 Anrufen pro Tag.[90] Im selben Jahr erhielt die CDU eine Spende von 20 700 Mark von Radio Hundert,6.[91]

Auf dem immer härter umkämpften Hörfunkmarkt versuchte Hundert,6 sich im Januar 1995 noch einmal mit harten Sexprovokationen nach vorne zu bringen – diesmal in der Werbung. Für seine neue Morgensendung »Expresso« warb Hundert,6 mit verschiedenen Plakaten, wie der Frontalperspektive eines Frauenunterleibs im Slip mit dem Slogan »EXPRESSO-Hörer wissen morgens als erste, was im Busch ist!« oder mit der Großaufnahme des schmachtenden Gesichts einer jungen Frau mit zerzaustem Haar. Text: »EXPRESSO-Hörer wissen morgens als erste, wie man ohne Stöhnen durch den Verkehr kommt!«[92]

Als die SPD-Senatorin für Arbeit und Frauen, Christine Bergmann, gegen die »frauenfeindlichen Bilder« protestierte und sie als »krassen Sexismus« bezeichnete, reagierte Gafron »erstaunt über das hohe Maß an Spießigkeit und mangelnder Gelassenheit«.[93] Eberhard Diepgen verfügte anscheinend über die nötige Gelassenheit: Morgens früh um fünf Uhr erschien der Berliner Bürgermeister zum »Expresso«-Start am Brandenburger Tor.[94]

Der Werbepartner der »Expresso«-Kampagne, die »Kaiser's«-Supermarktkette, entschied sich, die Werbung im Februar nicht wiederaufzunehmen.[95] Einer möglichen Entscheidung des Deutschen Werberates über Beschwerden gegen die »Expresso«-Werbung kam Hundert,6 zuvor – der Sender kündigte das Ende der Kampagne an.[96]

Auch bei der Olympiabewerbung des Berliner Senats setzte Hundert,6 auf das falsche Pferd. Das wird inzwischen von Gafron auch so gesehen. Er gibt zu, daß hier weder die schweigende noch sonst irgendwelche Mehrheiten dafür waren. Das haben die Hörer dem Sender übelgenommen, meint Gafron.[97] Eine späte Erkenntnis bei einem der Hauptpromoter der Olympiabewerbung. Schamoni ist übrigens davon überzeugt, daß auch Gafron damals wußte, daß die Bewerbung aussichtslos war, findet aber durchaus Verständnis dafür, daß dieser dennoch bedingungslos mitmachte: »... andererseits ist es so, wenn der Bürgermeister die Olympiade will, dann sollte der Stadtsender auch mitziehen. Es wäre ein richtiges Auseinanderfallen von Stadtgefühl und Stadtsender. Wenn Hundert,6 plötzlich gesagt hätte: ›Die Olympiade ist Scheiße!‹, das wäre was gewesen! Aber das konnte sich der kleine Gafron nicht leisten.«[98] Außerdem steckte Gafron bis über beide Ohren selbst in den Olympia-Machenschaften: »Gafron wurde dann ja auch sehr geehrt. Er wurde in das Komitee und in die Marketing-Gesellschaft reingeholt. Er konnte da Reden schwingen, war angesehen, wurde von Mercedes und ich weiß wem hofiert. Da war er plötzlich einer von denen. Dafür war er natürlich empfänglich.«[99]

Kaum war das Olympiadebakel vorbei, machten sich Gafron und Hundert,6 stark für die Länderfusion Berlin-Brandenburg. Offensichtlich zu stark in den Augen der Medienanstalt Berlin-Brandenburg, die über die demokratische Meinungsvielfalt in den beiden Bundesländern wacht. Laut Rundfunkstaatsvertrag, der für beide Länder gilt, ist politische Werbung nicht zulässig.[100]

Vier Radiosender – RTL, Berliner Rundfunk, RS 2 und Hundert,6 – strahlten Werbespots des Berliner Senats aus, die nicht nur zur Teilnahme an der Abstimmung aufriefen, sondern auch für die Zustimmung zur Länderfusion warben. Da eine solche politische Aussage nicht zulässig sei, ließ die Medienanstalt die Sender wissen, daß sie die Werbespots unterlassen sollten. Demgegenüber vertrat Diepgens Senatskanzlei die Auffassung, die Werbespots seien zulässig. Medienanstaltdirektor Hans Hege ließ sich nicht überzeugen: »Wir fanden das nicht besonders schön, weil sie [die Senatskanzlei] in dem Fall mit in dem Interessenkonflikt war.«[101] RS 2 und der Berliner Rundfunk akzeptierten die Entscheidung der Medienanstalt und stoppten die Werbung für Diepgens Politik.[102] Nicht so Hundert,6. Dort berief man sich nach der Aussage von Hege einfach auf die Senatskanzlei und warb weiter für die Länderfusion. Die Aufsichtsbehörde für Privatfunk kuschte schließlich doch noch vor den Mächtigen Berlins. Hege glaubte, gute Gründe dafür zu haben: »Wir wollten dann auch keine Auseinandersetzung im Vorfeld der Volksabstimmung, die dann auch noch so gedeutet wird, daß wir daran schuld sind, wenn es da weniger Ja-Stimmen gegeben hat.«[103] Negative Konsequenzen für Hundert,6 gab es nicht.

Der letzte Anlaß, bei dem die Seilschaft zwischen Hundert,6 und CDU noch zu funktionieren schien, war der »Tag der offenen Tür« des Berliner Abgeordnetenhauses am 1. Juni 1996. Parlamentspräsident Herwig Haase (CDU) hatte entschieden, die Veranstaltung durch private Sponsoren finanzieren zu lassen. Zum Beispiel konnte die Bankgesellschaft Berlin, die zum großen Teil dem Land Berlin selbst gehört, Geld ausgeben, um sich als Landesbank beim eigenen Parlament vorzustellen.[104] Während sich bei einem solchen Anlaß in der Vergangenheit alle Medien präsentieren durften, verkaufte Haase diesmal »exklusive Präsentationsrechte« an jeweils eine Zeitung, einen Fernsehsender und einen Radiosender. Die Radiorechte ergatterte Hundert,6, womit der Sender den Programmablauf auf der Hauptbühne der Veranstaltung bestimmten durfte. Dadurch konnte das CDU-Freundesradio sogar bestimmen, welche Politiker dort auftreten durften.[105] Auch diesmal erfuhr der SFB erst nachträglich von der Möglichkeit, sich um die »exklusiven Präsentationsrechte« am »Tag der offenen Tür« mitzubewerben. Das beklagte jedenfalls später das Büro für Presse- und Öffentlichkeitsarbeit des SFB.[106]

Haases Umwandlung des »Tages der offenen Tür« des Berliner Parlaments in einen »Tag der Sponsoren«[107] löste eine Reihe von Protesten und den Boykott durch die Opposition aus. SFB-Intendant von Lojewski ärgerte sich, »das Parlament dürfe sich nicht durch einen ›Haussender‹ sponsern‹ lassen«.[108] Bündnis 90/Die Grünen warfen Haase vor: »Wir haben den Eindruck, es handelt sich um den Tag der Offenen Tür der CDU und ihrer Werbepartner und nicht um den Tag aller Parlamentsfraktionen.«[109] Am Ende mußte Haase anderen Medien wenigstens eine Präsentationsmöglichkeit einräumen. Die Hauptbühne blieb jedoch fest in Sponsorenhand.

Während Hundert,6-Geschäftsführer Gafron – mehr oder weniger erfolgreich – die alten Verbindungen zur Politik pflegte, mußte sich der Sender in der veränderten Berliner Medienlandschaft neue Verankerungsmöglichkeiten suchen. Hundert,6 war seit 1991 auf Expansionskurs. In diesem Jahr zog der Sender in neue, größere Studios in Klaus Groenkes Trigon-Haus an exklusivem Ort in Berlin-Tiergarten ein, mit Direktzugang zum benachbarten »Hotel Intercontinental«. Gleichzeitig wurde in verschiedene Mediendienstleistungen investiert. 1994 hatte der Sender, der anfangs nur 15 feste Redakteure beschäftigte,[110] schon 200 Mitarbeiter.[111] Nach einem fehlgeschlagenen Einstieg ins Fernsehgeschäft – einem etwas zu durchsichtigen Konkurrenzplan zu Schamonis Projekt – strebte Hundert,6 wegen der zunehmenden Enge auf dem Medienmarkt seit 1995 einen kleinen Senderverbund an. Zeitgleich gab es eine Umstrukturierung unter den Gesellschaftern: 1995 hörte Hundert,6 auf, ein Projekt von vielen Mittelständlern zu sein. Als Konsolidierungsmaßnahme – wegen der immer rauher werdenden Konkurrenz auf dem Hörfunkmarkt – kauften Groenke, Marx und Gafron (als Alleinbesitzer der »medialog Gesellschaft für neues Media-Marketing mbh«[112]) alle restlichen Beteiligungen von Hundert,6 auf.[113]

Im Mai 1995 setzte Hundert,6 seinen Expansionskurs fort, als Radio Charlie in Berlin auf Sendung ging.[114] Beteiligt an dem neuen Sender war mit 25 Prozent die »medialog Gesellschaft für neues Media-Marketing« – mit den Gesellschaftern Georg Gafron, Erich Marx und Klaus Groenke.[115] Das Ganze lief als Gemeinschaftsprojekt der Investoren und des US-Regierungssenders Voice of America.[116] Radio Charlie zog ebenfalls ins neue Sendehaus von Hundert,6 ein.

Im November 1995 hatte Hundert,6 einen weiteren Sender, Soft Hit Radio (früher: JFK) übernommen.[117] Das Geschäft hatte aber einen Haken: Nach dem Berliner Rundfunkgesetz muß bei der Übertragung von mehr als 90 Prozent der Anteile eines Senders die Sendelizenz neu ausgeschrieben werden.[118] Die Männer von Hundert,6 waren felsenfest davon überzeugt, daß nur ihnen diese Lizenz erteilt werden würde, und hatten bereits Millionen in ihren neuen Sender investiert. Deshalb erlebten sie es als heftigen Rückschlag, als der Medienrat der Medienanstalt Berlin-Brandenburg die Frequenz von Soft Hit Radio im Mai 1996 nicht an Hundert,6, sondern an die evangelische Kirche vergab. Eine Sprecherin des Medienrats begründete die Entscheidung mit dem Wunsch, neue Medienvielfalt zu gewinnen. Aber die Überlegung, daß ein gemeinnütziger Radioveranstalter in wirtschaftlicher Hinsicht stabiler wäre und zudem keine zusätzliche Last auf dem immer knapper werdenden Werbemarkt des Hörfunks darstellt, spielte dabei sicher auch eine entscheidende Rolle.[119]

Gafron behauptet, mit Soft Hit Radio sieben bis zehn Millionen Mark in den Sand gesetzt zu haben. Das Konzept einer Senderfamilie um Hundert,6 herum sei damit gescheitert, »nicht an Unvermögen, sondern durch dirigistische Eingriffe« der Medienbehörde.[120]

Der Medienrat der Medienanstalt Berlin-Brandenburg hat als gemeinsames Kontrollinstrument der beiden Bundesländer das Recht, Frequenzen zu vergeben. Aufgrund seiner Struktur – die Ähnlichkeiten z. B. mit dem Lotto-Stiftungsrat hat – ist er für Parteienfilz durchaus anfällig. Allerdings sitzen in diesem Gremium derzeit auch andere »Vettern« als im Berliner Senat: Durch die Mitgliedschaft der SPD-Regierung aus Brandenburg herrschen dort gegenwärtig andere Mehrheitsverhältnisse.

Aber das dürfte wohl nicht der einzige Grund dafür gewesen sein, daß man Hundert,6 so ins Leere laufen ließ. Marx jedenfalls ist sehr enttäuscht über die Entscheidung, äußert sich aber nur ungern darüber. »Unser Sender hatte immer und zuallererst einen politischen Auftrag und erst danach einen wirtschaftlichen. Wir hätten deshalb erwarten dürfen, daß die Vertreter im Medienrat die Richtigkeit unserer wirtschaftlichen Konzeption verstehen und unseren Auftrag unterstützen. Das war nicht der Fall.«[121] Kurz nach dem Verlust von Soft Hit Radio kam der nächste Schlag: Im August 1996 mußte die Hundert,6-Gruppe aus Radio Charlie aussteigen. Trotz eines Zuschusses von 8 Millionen Mark durch Hundert,6 verfehlte der Sender bei weitem sein Zuhörerziel.[122] Es folgte eine Welle von Entlassungen bei Hundert,6 im Trigon-Haus.[123]

Seit August 1996 sah auch Gafron keinen Grund mehr, den treuen

CDU-Vasallen zu spielen. Er beklagte öffentlich, daß er bei der Entscheidung um die Frequenzvergabe für Soft Hit Radio nicht einmal Unterstützung von der CDU im Medienrat erhalten habe.[124] Nun dämmerte es dem Hundert,6-Chef, daß es sich nicht immer auszahlt, wenn man tut, was einem gesagt wird. Er entschied sich, die monatliche Sendung mit Eberhard Diepgen aus dem Programm zu streichen.[125] »Bei einer dreistündigen Sendung mit Bürgermeister Diepgen kann man dann allerdings das Gefühl haben, man schaltet den Senat an«,[126] formuliert Gafron seine späte Erkenntnis.

Die alte Jubelstimmung zieht nicht mehr in Berlin, das war unmittelbar an den Hörerzahlen von Hundert,6 abzulesen. Nach vielen erfolgsgewohnten Jahren wurde im Juni 1996 festgestellt, daß der Sender nicht mehr der meistgehörte in Berlin ist.[127]

Schamoni meint, diese Entwicklung liege daran, daß Gafron den Sender allzu bedingungslos der CDU-Politik unterstellt habe und nicht in der Lage gewesen sei, die beiden Teile der Stadt zu integrieren.[128] Gafron scheint inzwischen zu ähnlicher Einsicht gekommen zu sein: »Wir haben uns in den letzten Jahren – und das sage ich selbstkritisch – von der Stimmungslage in dieser Stadt entfernt. Das ist ein Grund für den Hörerverlust. Wir sind dabei, das wieder zurückzuholen. Es scheint mir ganz klar, daß die offizielle Politik, die Parteien und ihre Repräsentanten, nicht mehr die Sprache der Bevölkerung spricht. Zumindest empfindet die Bevölkerung es so.«[129]

Auch unter den Gesellschaftern von Hundert,6 hat sich die Stimmung verändert. Groenke, einer der drei Gründer von Hundert,6 und zusammen mit Gafron und Marx seit Anfang 1995 Alleinbesitzer des Senders, mußte einen großen Teil seiner Gesellschafteranteile abtreten. Denn im Unternehmensbereich von Groenke waren aufgrund des Erwerbs der Interhotel-Kette finanzielle Turbulenzen entstanden. Eine Pfändung von Groenkes Anteilen an Hundert,6 war nicht auszuschließen. Marx übernahm dessen Anteile, wodurch sie vor dem Zugriff Dritter auf jeden Fall in Sicherheit gewesen wären. Aber bei einer solchen Konzentration der Gesellschaftsanteile wollte der Medienrat nicht mitspielen. So mußte ein neuer Gesellschafter gefunden werden. Volkert Klaucke, ein »Frankfurter Unternehmer und Bankier«,[130] der Karriere bei der Deutschen Bank gemacht hatte,[131] zeigte sich bereit, 40 Prozent der Anteile von Hundert,6 zu übernehmen. Es bleibt die Frage, ob Klaucke die politische Tradition des Senders fortsetzen will oder ob er als rein kaufmännisch kalkulierender Anteilseigner mit einem ganz anderen Interesse als die Gründungsgesellschafter ins Radiogeschäft einsteigt.

Radio Hundert,6 ist zum ökonomischen Opfer seines eigenen politischen Erfolgs geworden. In der Zwischenzeit machen nicht nur die privaten Sender (23 in Berlin) den Frosch-Funk nach, auch der Erzfeind SFB hat sein Programm längst verändert. Heute konkurriert auch er im Marktgefilde des Dudel- und Sensationsfunks. Gleichzeitig zieht das politische Konzept von Hundert,6 nicht mehr wie früher. Die Frontstadtmentalität bröckelt – wenn auch nicht so schnell wie die Mauer. Und das von der CDU angebotene Wir-Gefühl einer modernen Metropole ist ein reines Westprodukt und paßt nicht mehr zum neuen, mauerlosen Berlin.

Medienkartell

8 Gründlich, sachlich, käuflich

Stellen Sie sich vor: ARD und ZDF, die Bertelsmann AG, die Axel Springer AG, der Kirch-Konzern, der Süddeutsche Verlag, SFB, RIAS und Radio Hundert,6 würden sich zusammenschließen. Sofort würde das Kartellamt intervenieren. Kämen dann noch der Holtzbrinck-Konzern und der *Frankfurter Allgemeine Zeitung*-Verlag mit indirekten Beteiligungen hinzu, wäre das Meinungsmonopol fast perfekt. Ein solcher Medienmoloch, bestehend aus den wichtigsten Fernsehsendern und Rundfunkanstalten sowie 84 Prozent der Berliner und Brandenburger Zeitungsauflagen, ist aber kein hypothetisches Konstrukt, sondern bildete den Meinungsmotor für die Berliner Bewerbung um die Olympischen Spiele für das Jahr 2000. Sender mit öffentlichem Informationsauftrag und würdige Zeitungsredaktionen gaben sich als Werbeagenturen für die Olympiapromoter aus dem Berliner Regierungslager her. Was machte die Vertreter der »vierten Gewalt« derart schamlos? Es war die Angst, nicht rechtzeitig auf den Zug des Milliardengeschäftes Olympia aufgesprungen zu sein, die viele Meinungsmacher dazu trieb, sich Diepgens Olympiakampagne eilfertig – und, wie sich später herausstellte, voreilig – als Sprachrohr anzudienen. So buhlten sie mit einer regierungskonformen Haltung zu Berlins Olympiabewerbung mit dem Ziel, neue Marktanteile zu erobern und alte auszubauen oder zu verteidigen.
Das Gerangel um die vorderen Plätze beim Olympia-Start spielte sich vor

dem Hintergrund des Kampfes um den Berliner Zeitungsmarkt ab, der seit der Wiedervereinigung mit schwindenden Skrupeln und wachsenden Kapitalmengen ausgefochten wurde. Die großen westlichen Verlage wollten die neuen Märkte und Leserschichten im Osten erobern. Berlin erschien als Tor zu diesen Lesern und das identitätsstiftende Olympia als möglicher Schlüssel zu diesem Tor. Ganz abgesehen von diesen strategischen Gründen versprach die Berliner Olympiabewerbung den Medien, die die Propaganda mit betrieben, viele Aufträge und damit Gewinne.

So ist es kein Wunder, daß die Mediengewaltigen von Anfang an in den ersten Reihen der Olympiabewerber zu finden waren. Die enge Verstrickung zeigt schon ein Blick auf die Gesellschafterliste der »Berlin 2000 Marketing GmbH«. Fünf der dreiundzwanzig Gesellschafter waren Medienkonzerne: die ARD, Bertelsmann, die Internationale Sportrechteverwertungsgesellschaft mbH (ISPR), an der die Mediengroßfürsten Springer und Kirch zu je 50 Prozent beteiligt sind, Radio Hundert,6 und der Süddeutsche Verlag. Unter den Lizenznehmern befanden sich noch weitere Medienbetriebe, wie RIAS, SFB-Werbung und KMP/Deutsches Sportfernsehen.[1]

Das große Interesse schlug sich auch in der Zusammensetzung der Aufsichtsräte nieder. In der Olympia GmbH saßen als Vertreter der Wirtschaft ausschließlich Medienmanager. So vertrat der inzwischen verstorbene Günter Wille die Interessen der Axel Springer AG als deren Vorstandsvorsitzender, und Manfred Lahnstein war als Vorstandsmitglied von Bertelsmann mit von der Partie.[2] Im Aufsichtsrat der Marketing GmbH war Bertelsmann durch den Geschäftsführer der Ufa Film und Fernseh GmbH, Bernd Schiphorst, vertreten.[3] Im Vorstand des »Förderkreises Olympia Berlin 2000 e. V.« waren unter anderem Georg Gafron[4] und der Intendant des SFB, Günther von Lojewski, zu finden.[5]

Fast schien es, als seien einige der Medien dem Olympiabewerbungsapparat als Pressestelle angegliedert. Jedenfalls gab es zwischen dem SFB und den Olympiabewerbern kaum einen journalistischen Abstand. Laut Aktennotizen fanden häufige gemeinsame Planungssitzungen der

Leitungen von SFB, der »Olympia 2000 GmbH« und der »Berlin 2000 Marketing GmbH« statt.[6] So wundert es auch kaum noch, daß die Pressesprecher von SFB und RIAS quasi an die Olympia GmbH »ausgeliehen« wurden; sie waren von ihren Sendern für den Zeitraum der Bewerbung beurlaubt.

Welch schöne Profite den Medienunternehmen winkten, die bereit waren, die Bewerbung zu unterstützen, signalisierte die Olympia GmbH schon sehr frühzeitig: Als eine der ersten Maßnahmen schaltete sie im September 1991 eine Reihe von ganzseitigen Anzeigen in mehreren überregionalen und Berliner Zeitungen. Dieser Auftrag hatte einen Wert von über einer Million Mark.[7]

Nur wenige Medienvertreter unterstellten sich dem Diktat der Olympiapropaganda mit solcher Entschiedenheit wie die Herren aus den Führungsetagen des SFB. Kein Wunder, denn der SFB saß nicht nur in den Reihen der Olympiapromoter, sondern die Sportfunktionäre ihrerseits hatten auch beim SFB ihre Stühlchen.

Als Mitglied des Rundfunkrates sollte Manfred von Richthofen eigentlich darüber wachen, daß »die Anstalt … nicht Werkzeug einer Regierung, einer Gruppe oder einer einzelnen Persönlichkeit sein« darf und daß weiterhin »die Gesamtheit der Sendungen der einzelnen Programmsparten des Hörfunks und des Fernsehens diesen Grundsätzen entsprechend inhaltlich ausgewogen« ist, wie Paragraph 3 der SFB-Satzung besagt.[8] Nun war von Richthofen aber damals außerdem Präsident des Landessportbundes Berlin und auch Vizepräsident des Deutschen Sportbundes und damit in den zu vertretenden Interessen durchaus ambivalent.

Am 23. Oktober 1990 erschien von Richthofen mit dem Filmproduzenten Hans J. Glauert und einem Filmemacher namens Borkmann im Schlepptau beim SFB-Intendanten von Lojewski, um ihm eine Fernsehreihe unter dem Titel »Gesamtkunstwerk Olympia« anzubieten. Sie sollte als Vorlauf zu den Olympischen Spielen von Barcelona 1992 ausgestrahlt werden. Aus dem Material könne dann der Berliner Bewerbungsfilm für die Präsentation in Monte Carlo im September 1993 zusammengestellt werden. Geschätzte Produktionskosten: 1,2 Millionen Mark. Im anschließenden Gespräch unter vier Augen stellte von Richthofen dem SFB-Intendanten eine finanzielle Beteiligung an dieser Filmreihe von »bis zu 800 000 Mark«[9] durch die noch zu gründende Olympia GmbH in Aussicht. Bemerkenswert an diesem Angebot ist, daß damit Eier verteilt werden sollten, die noch gar nicht gelegt waren: Die Entscheidung des Westberliner Senats für die Olympiabewerbung sollte erst am folgenden Tag den beiden Stadtparlamenten vorgelegt werden. Erst vier Monate später nominierte das deutsche NOK-Präsidium Berlin als möglichen Austragungsort der Spiele, und weitere zwei Monate später wurde die »Berlin Olympia 2000 GmbH« gegründet, als deren späteres Aufsichtsratsmitglied von Richthofen also schon ein halbes Jahr vorher Versprechungen gemacht hatte. Der Wechsel, den der clevere Mehrfachfunktionär im Oktober 1990 auf zukünftige politische Entscheidungen ausgestellt hatte, war durchaus kalkulierbar: Schließlich saß Klaus-Rüdiger Landowsky im SFB-Rundfunkrat.

Die geplante Serie kam dann doch nicht zustande. SFB-Fernsehdirektor Horst Schättle, der in die Verhandlungen eingeweiht war und das Projekt zunächst wohlwollend erwogen hatte (»Die angedachte Serie könnte sowohl für die Berliner Bewerbung als auch für unser Programm sinnvoll sein«[10]), lehnte sie wenig später dann doch ab, da der SFB »wesentlich effektiver und kostengünstiger Programme herstellen«[11] könne.

Tatsächlich erscheinen die 800 000 Mark auf dem Hintergrund der sich abzeichnenden Millionengeschäfte eher wie kleine Fische. Da war zum Beispiel die Rolle des »Host Broadcaster« zu vergeben. Darunter ist die Bereitstellung und Bedienung der gesamten Fernseh- und Hörfunklogistik für alle Medien bei sämtlichen Wettkämpfen zu verstehen. Diese exklusive Übertragung aus den verschiedenen Sportstätten wird von den ausländischen Sendeanstalten übernommen und kommentiert. »Host Broadcaster« zu werden bedeutet, einen Auftrag in dreistelliger Millionenhöhe an Land zu ziehen.

Außerdem standen die normalen Fernsehübertragungsrechte der Spiele zur Disposition. Traditionell vergab das IOC diese Rechte an die European

Broadcasting Union (EBU), den Zusammenschluß der europäischen staatlichen und öffentlich-rechtlichen Rundfunkanstalten. Für die Sommerspiele im Jahre 2000 war jedoch das traditionelle EBU-Monopol nicht mehr sicher. Die finanzkräftigeren privaten Sender, besonders Bertelsmann, stellten eine ernsthafte Konkurrenz dar und hatten gute Aussichten auf ein großes Stück des »Übertragungskuchens«. ARD und ZDF wußten, daß die »Privaten« ihnen die Rolle als »Host Broadcaster« streitig machen könnten. In einem internen Strategiepapier des SFB vom Februar 1991 wurde die Lage nüchtern zusammengefaßt:

> »Olympia 2000 muß uns auch schon deshalb am Herzen liegen, weil wir natürlich bei einer positiven IOC-Entscheidung Host Broadcaster der Spiele sein möchten. Im Moment wäre dies selbstverständlich. Bis zum Jahre 2000 werden uns die privaten Anbieter das EBU-Privileg und damit die ARD-Rechte streitig machen wollen. Wenn man bedenkt, daß bis dahin die Verkabelung fast flächendeckende Ausstrahlungen zuläßt, könnte es durchaus sein, daß das IOC die Rechte an den Spielen 2000 einem privaten Anbieter überträgt. Schon jetzt bieten die Privaten für Olympia wesentlich mehr als der EBU-Verband.«[12]

Es mußte also rechtzeitig und eindeutig Flagge gezeigt werden, und dafür sorgte die SFB-Spitze; auf ihr Betreiben wurde die ARD Gesellschafter der Marketing GmbH. Die Öffentlich-Rechtlichen verpflichteten sich mit 550 000 Mark.[13]

Bemerkenswert ist, daß schon 1992 die SFB Werbung GmbH für 540 000 Mark als Lizenznehmer von der Marketing GmbH gewonnen wurde.[14] Aufsichtsratmitglied der SFB-Werbung: Manfred von Richthofen.[15]

In der Folgezeit hatte der SFB, wie auch ARD und ZDF insgesamt, einen schwierigen Balanceakt vor sich. Wie konnten sie sich der Olympia GmbH und dem IOC andienen, ohne sich durch die Veröffentlichung tendenziöser Berichte zur Unterstützung der Bewerbung oder durch allzu plumpe Gefälligkeitssendungen für umstrittene IOC-Persönlichkeiten wie z. B. den Präsidenten Samaranch in der Öffentlichkeit zu diskreditieren? Ein schwieriges Unterfangen, besonders da die Berliner Bewerbung von Anfang an politisch umstritten war und von der Bevölkerung nicht mehrheitlich getragen wurde.

Der SFB zeigte keine Skrupel und gab eine eindeutige Marschrichtung vor: »Wir streben eine wohlwollende, aufklärende, kritische Berichterstattung an«,[16] erklärte SFB-Sportchef Jochen Sprentzel seinem Fernsehdirektor Horst Schättle. Konkret hieß das: Die kritische Berichterstattung war von vornherein auf Nebensächlichkeiten beschränkt. Wohlwollend ging der SFB dann wenig später auch mit dem Rauswurf des Olympia-Geschäftsführers Lutz Grüttke um, der wegen Verdachts auf unzulässige Auftragsvergabe gehen mußte, und zwar bevor sich der Skandal auf seinen Chef, Eberhard Diepgen, ausweiten und die gesamte Bewerbung in Frage stellen konnte. In dieser Situation protzte der SFB: »Dabei ist unsere Berichterstattung im Fall Grüttke besonders hervorzuheben ... Es gelang uns zu verdeutlichen, daß Verfehlungen einer Person nicht das gesamte Projekt in Frage stellen dürfen.«[17] »Gefälligkeit zahlt sich aus« lautete die Devise für die kommende Zeit. Am 14. November 1991 sah sich der Regierende Bürgermeister Eberhard Diepgen mit einer mündlichen Anfrage der Grünen-Abgeordneten Renate Künast konfrontiert und mußte zugeben, daß die Olympia GmbH 20 000 Mark an die ARD gezahlt hatte, um während einer Sendung anläßlich der Internationalen Funkausstellung präsentiert zu werden.[18] Weitere 7250 Mark kamen dem SFB durch die Senatsverwaltung für Bundesangelegenheiten für eine siebenminütige Live-Übertragung vom »Laubenpieperfest« in Bonn in der Abendschau vom 4. September 1991[19] zugute.

Der SFB stritt dagegen ab, je Geld erhalten zu haben, und spielte die gefällige Präsentation als »journalistische Selbstverständlichkeit« herunter«.[20] Ein halbes Jahr später bilanzierte der Sender diese »Selbstverständlichkeit« in einem internen Konzeptpapier allerdings als wichtiges Ereignis in der Unterstützungsarbeit des SFB für die Berliner Olympiabewerbung.[21] In dem Papier wurde auch ein weiterer Ausdruck des

Wohlwollens für die Olympia GmbH ins Visier genommen: »Bei der ARD-Sport-Gala in Ludwigsburg Ende des Jahres wird der Komplex Berlin Olympia 2000 diesmal einen noch breiteren Raum einnehmen.«[22] Am Schluß der Sendung *ARD-Sport-Gala* strömten Jugendliche, ausstaffiert mit gelben Bären-Pullovern (ein gelbes Bärengesicht war das Logo der Berliner Olympiabewerbung), fahnenschwenkend auf die Bühne. Der Kommentar des damaligen Geschäftsführers der Olympia GmbH, Dietrich Hinkefuß, zu dieser Olympia-Werbesendung lautete: »Das war das erstemal, daß wir Berliner Olympiabegeisterung vor mehreren Millionen Zuschauern vermittelt haben.«[23] Die Olympiabegeisterung war von vornherein eine Ware. Preis: 200 000 Mark.[24]

In der Folgezeit macht SFB-Intendant von Lojewski die Embleme von Berlins Olympiabewerbung zum heimlichen Logo seiner Sendeanstalt. Er ließ die Fahrzeuge des SFB mit Olympia-Aufklebern bekleben. Zu allem Überfluß wurde vor dem SFB-Haus in der Masurenallee die Olympia-2000-Fahne gehißt. Ein Blick auf die Fahne reichte, um zu wissen, aus welcher Richtung der Wind wehte.

Von Lojewski engagierte sich nicht nur in seiner Sendeanstalt, sondern auch privat für Olympia. So sah sich der SFB-Intendant veranlaßt, Pro-Olympia-Beiträge für die Olympia-Sonderbeilage im *Tagesspiegel* und für die *Frankfurter Allgemeine* zu schreiben, während sein Fernsehdirektor Horst Schättle und sein Sportchef Jochen Sprentzel Artikel für die Monatszeitschrift der Olympia GmbH, *Olympia Magazin*, verfaßten, wobei Sprentzel z. B. 300 Mark für seine paar Zeilen kassierte.[25]

Um das Olympiaprojekt durchzusetzen, scheute der SFB in der kritischen Schlußphase der Bewerbung sogar vor höchst fragwürdigen Verfahrensweisen nicht zurück, wie z. B. anläßlich von Samaranchs Berlin-Besuch am 16. August 1993. Die Redaktion des WDR-Magazins *Monitor*, eine der wenigen Sendungen, die Kritik an Berlins Olympiabewerbung artikulierte, wollte Filmmaterial über den Besuch des IOC-Präsidenten in Berlin haben. Statt ein eigenes Kamerateam in Berlin zu beauftragen, wurde – wie üblich – mit dem SFB vereinbart, das Filmmaterial des SFB-Tagesschau-Teams zu verwenden.[26]

Bei der Pressekonferenz von Samaranch im Schloß Charlottenburg waren Journalisten, die für ihre kritische Berichterstattung bekannt waren, ganz im Einklang mit der IOC-Medienpolitik ausgeschlossen. Während die olympiabegeisterte SFB-Sportredaktion[27] freien Zugang hatte, wurde unter anderem der SFB-Tagesschau, einer der wenigen kritischen Stimmen aus der Masurenallee, der Eintritt verwehrt. Aus Protest hielten die ausgeschlossenen Journalisten unter massiver Polizeipräsenz vor dem Tor des Schlosses spontan eine Pressekonferenz ab.[28] Es wurden Spekulationen laut, wonach der Ausschluß ein kleiner Vorgeschmack auf den zu erwartenden Umgang mit den Medien darstellte, sollten die Olympischen Spiele im Jahr 2000 in Berlin stattfinden. Einer der unerwünschten Korrespondenten meinte dazu: »Da könnt ihr die Spiele doch gleich nach Peking geben.«[29] Diese Aussage hätte sehr gut in die nächste *Monitor*-Sendung gepaßt – hätte *Monitor* sie bekommen!

Als zwei Tage später, am 18. August, das Filmmaterial geschnitten war, durfte es nicht zum WDR nach Köln überspielt werden. Es hieß, der Intendant des SFB müsse es höchstpersönlich freigeben – ein ungewöhnlicher Vorgang. Trotz formeller Anfrage aus Köln und mehrerer Telefonate hielt der SFB das Filmmaterial eine Woche unter Verschluß. Erst am 24. August kam der SFB-Film bei *Monitor* an. Die Szene mit der spontanen Pressekonferenz der ausgeschlossenen Journalisten vor dem Schloß Charlottenburg war nicht dabei.[30] Erst Monate später, nachdem Sydney zur Gastgeberstadt für die Olympischen Spiele im Jahr 2000 bereits ernannt war, bezog der SFB-Intendant von Lojewski Position. Die ungewöhnliche Verzögerung bei der Übersendung des Materials an den WDR sei das Ergebnis einer besonderen Sorgfaltspflicht, nichtgesendetes Filmmaterial bereitzuhalten, um es notfalls gleich an die Staatsanwaltschaft übergeben zu können. Dieses Argumentationsgebilde stürzt sofort in sich zusammen, wenn man bedenkt, daß das Originalmaterial sowieso im SFB-Archiv verbleibt. Schließlich behauptete Schättle, daß »das Material zu allen wichtigen Sujets des Ereignisses dem WDR zur Verfügung gestellt worden sei«.[31] Diese Behauptung wurde von der *Monitor*-Redaktion bestritten.[32]

Freilich ist interne Zensur in der ARD nichts Neues. Schon 1986 hatte sich das Bayerische Fernsehen geweigert, der *Tagesschau* Filmmaterial von einer Demonstration gegen die Wiederaufbereitungsanlage in Wackersdorf zu überspielen. Damaliger Chef von *Report München:* Günther von Lojewski.[33]

Auch im ZDF versuchte man, kritische Töne gegen die Olympiabewerbung zu unterbinden, sei es aus Opportunität oder aus Staatsräson. Dort traf es den Satiriker Matthias Deutschmann, der im August 1993 aus dem *ZDF-Morgenmagazin* verbannt wurde. Deutschmann hatte dort seit einem Jahr jeden zweiten Freitag eine Kolumne gehabt. In zwei dieser Sendungen nahm der Satiriker den IOC-Präsidenten und die Olympia-Seilschaft aufs Korn. Besonders in der zweiten Sendung am 20. August 1993, kurz nach der Leichtathletikweltmeisterschaft in Stuttgart und dem Kurzbesuch Samaranchs in Berlin, kommentierte er die Olympiabewerbung Berlins recht bissig. Mit Bezug auf Samaranchs faschistische Vergangenheit bezeichnete er den IOC-Chef als »Franco-Faschist a. D.«.[34] Deutschmanns Pech war es, daß ZDF-Intendant Stolte gerade im Urlaub war und offensichtlich nichts Besseres zu tun hatte, als das *ZDF-Morgenmagazin* anzuschauen. Stolte muß wohl in der scharfen Satire eine Bedrohung für die Host-Broadcaster-Rolle gesehen haben. Kleine Ursache, große Wirkung: Stolte zitierte den Chefredakteur des *Morgenmagazins*, Dr. Peter Frey, zu sich und ordnete den Rauswurf Deutschmanns an. Herr Frey kündigte dem Satiriker die Zusammenarbeit mündlich – aus formalen Gründen, versteht sich! Das Thema Olympia spielte dabei selbstverständlich keine Rolle. Bis heute hat Matthias Deutschmann keine schriftliche Begründung für die einseitige Kündigung seiner Mitarbeit erhalten.[35]

Als die Redaktion der WDR-Sendung *Parlazzo* sich für den Fall Deutschmann interessierte und eine Kopie der entsprechenden *Morgenmagazin*-Sendung anforderte, wurde sie durch das ZDF verweigert.[36]

Dafür erhielt der öffentlich-rechtliche Sender von den Berliner Olympiamachern großzügige finanzielle Unterstützung für sein Großprojekt *ZDF-Gala Berlin 2000*. Auch hier ging es nicht um kritische Fragestellungen oder die ausgewogene Darstellung der Pro- und Kontraargumente, sondern erklärtermaßen darum, daß »das Engagement der Berlin-Befürworter sowie die Unterstützung durch Sponsoren dargestellt werden« sollten.[37] Auch die Olympia GmbH half mit 200 000 Mark aus.[38]

Die Gelder gingen aber durchaus nicht nur an die eifrigen Öffentlich-Rechtlichen. Bertelsmann bekam im Zeitraum der Bewerbung mehrere Aufträge in Höhe von weit über 2,5 Millionen Mark.[39] Beim Deutschen Sport Fernsehen, beim Kabelkanal, bei RTL und Antenne Bayern plazierte die Olympia GmbH Fernseh- und Rundfunkspots.

Auch die Printmedien sind mit ihrer Pro-Olympia-Haltung gut gefahren. Eine Vertreterin des Süddeutschen Verlags stellte zufrieden fest, ihr Unternehmen habe durch die Beteiligung an der Berliner Bewerbung mehrere Druckaufträge bekommen.[40] So konnte auch die Berliner *BZ* Olympiabegeisterung mit Geschäftsvorteilen verbinden. In der Schlußphase der Bewerbung im Sommer 1993 half sie den Olympiapromotern aus einem Werbetief, in das diese trotz des großen Aufwands geraten waren. Obwohl Tausende von »Olympia 2000«-Aufklebern verteilt worden waren, viele davon umsonst, wurden kaum welche an Autos angebracht. Die meisten Berliner wußten nur zu gut, daß sie dann mit der Beschädigung von Lack, Reifen oder Außenspiegel durch Olympiagegner rechnen mußten. Die Anti-Olympioniken hatten sich außerdem das Grinsebären-Logo durch leichte Abwandlungen als Anti-Olympiazeichen angeeignet, das immer mehr Verbreitung in der Stadt fand.

In dieser mißlichen Lage sprang die *BZ* den Olympiamanagern aus der Breiten Straße hilfreich bei, indem sie die Aufkleberaktion »OlympJAde« initiierte. Während der letzten hundert Tage vor der Entscheidung in Monte Carlo wurden täglich fünf Personen, die mit einem solchen Aufkleber von einem *BZ*-Reporter gesichtet wurden, mit einem Olympia-T-Shirt und einem Olympia-Button beglückt. Am 23. September selbst sollte es eine Verlosung geben. Unter den Preisen war viel Olympiakitsch von der Marketing GmbH, aber auch ein von freundlichen Geschäftspartnern gestifteter Olympia-Astra-Caravan mit Bärengesicht-Felgen.

Der Hauptgewinner war die *BZ* selbst. Die Springer-Zeitung bekam nicht nur alle Preise gespendet, so zum Beispiel auch »Wein- und Pizza-Partys« von der Firma Freiberger, sondern erhielt zusätzlich eine direkte Unterstützung in Höhe von 50 000 Mark zur Durchführung dieser Aktion mit der auflagensteigernden Nebenwirkung. Insgesamt ein nettes Geschenk für ein Unternehmen, das sich so um die Olympiabewerbung sorgte.

Mit den 50 000 Mark zum Ankurbeln der Aktion hatte es allerdings eine besondere Bewandtnis. Sie stammten ursprünglich aus einer Spende an die Marketing GmbH. Eine Spende an diese GmbH ist von vornherein verdächtig, da diese – im Gegensatz zur Olympia GmbH oder zum Olympia-Förderverein – nicht als gemeinnützig anerkannt und eine Spende dementsprechend steuerlich nicht absetzbar war.

Warum spendet jemand an die Marketing GmbH und verschenkt damit Steuervorteile? Derjenige ist an einem anderen Vorteil interessiert: Bei einer Spende an die »Berlin 2000 Marketing GmbH« blieb die Anonymität des Spenders gewahrt, da sie nicht unter öffentlicher Aufsicht stand.

Der Spender der 50 000 Mark war »Europas größter Pizzabäcker«, Ernst Freiberger, der unter anderem eine Tiefkühlkostfabrik im Märkischen Viertel betreibt. Freibergers Unternehmen war weder Gesellschafter noch Lizenznehmer der Marketing GmbH. Der Konzern trat während der Olympiabewerbung in der Öffentlichkeit überhaupt nicht in Erscheinung – mit der erwähnten Ausnahme als Gewinnspender in der *BZ*-Verlosung.

Freiberger war in den Jahren zuvor groß ins Berliner Immobiliengeschäft eingestiegen. Unter seinen Großprojekten, zu denen u. a. der Moabiter »Spreebogen« und die »Humboldt-Mühle« in Tegel zählten, war auch das alte Bolle-Gelände in Moabit. Die Gebäude in der Kirchstraße 6–7 wurden zu Büros ausgebaut, an die Justizverwaltung vermietet und von dieser im Januar 1994 bezogen – vier Monate nachdem die Berliner Bewerbung in Monte Carlo abgeschmettert worden war. Für die 29 000 Quadratmeter Bürofläche sollten 45,00 DM Grundmiete pro Quadratmeter bezahlt werden – ein Preis, der in Berlin eigentlich nur für Spitzenlagen gezahlt wird. Für die Vermittlung der Räumlichkeiten sollte die Justizverwaltung außerdem eine Maklerprovision von über 2,3 Millionen Mark[42] an die Spreebogen GmbH zahlen, die in Alt-Moabit 104 residiert. Unter derselben Adresse ist zufälligerweise auch die Ernst-Freiberger-Hausverwaltung zu finden. Jeder Eindruck eines Zufalls wird allerdings durch die Tatsache zerstreut, daß zu diesem Zeitpunkt die einzige Gesellschafterin der Spreebogen GmbH Frau Freiberger hieß.

Der Präsident des Oberverwaltungsgerichts Dieter Wilke verweigerte die Bezahlung der Maklerprovision, da nach deutschem Gesetz ein Vermieter nicht gleichzeitig Makler sein darf. Dies gilt auch für den Ehepartner. Auch als er politisch zunehmend unter Druck gesetzt wurde, weigerte sich Wilke, von seiner Position abzurücken. Schließlich intervenierte die damalige Justizsenatorin Jutta Limbach (SPD), inzwischen Präsidentin des Bundesverfassungsgerichts, höchstpersönlich und ordnete die Auszahlung der Maklerprovision an Frau Freiberger an. Begründung: »Die GmbH ist keine Ehefrau und rechtlich eigenständig.«[43]

Der Landesrechnungshof, der sich in der Zwischenzeit eingeschaltet hatte, teilte die Ansicht von Wilke, daß eine wirtschaftliche Verflechtung zwischen Frau und Herrn Freiberger existiere.[44] Nun sah sich die Justizsenatorin gezwungen, einen Rückzieher zu machen.[45] Sie schloß sich der Ansicht des Rechnungshofs an, fand aber einen neuen Grund, die Provision trotzdem zu bezahlen – nach Verhandlungen, die nie aktenkundig geworden sind.

So blieb dem Landesrechnungshof nichts anderes übrig, als den Justizsenat dafür zu rügen, »daß die Senatsverwaltung nach Kenntnis der wirtschaftlichen und gesellschaftsrechtlichen Hintergründe im Sommer 1993 die Berechtigung der Provision nicht wenigstens zu diesem Zeitpunkt gegenüber der Maklergesellschaft in Frage gestellt hat«.[46]

Frau Limbachs Nachfolgerin als Berliner Justizsenatorin, Lore Maria Peschel-Gutzeit (SPD), die nun den Rechnungshof am Hals hatte, teilte offensichtlich die Meinung ihrer Vorgängerin nicht. Mit einemmal liefen Verhandlungen – nicht mit Frau, sondern mit Herrn Freiberger.[47]

1995 schlossen beide Parteien einen Vergleich, wobei der Multimillionär Freiberger, trotz der Intervention Jutta Limbachs, nur die Hälfte der umstrittenen 2,3 Millionen Mark erhielt.[48]

Festzuhalten ist die Tatsache, daß in dem vom Rechnungshof untersuchten Zeitraum, als der Berliner Senat Frau Freiberger unbedingt 2,3 Millionen Mark Maklergebühren geben wollte, Ernst Freiberger seine Leidenschaft für Olympia entdeckte und 50 000 Mark für Eberhard Diepgens »Vision« Berlin Olympia 2000 spendete.

Die *BZ* war nicht die einzige Zeitung, die während der Berliner Olympiabewerbung gute Geschäfte machte. Die »Olympia 2000«-Beilagen in der *Süddeutschen Zeitung*, der *Berliner Morgenpost*, der *Frankfurter Allgemeinen*, der *Berliner Zeitung* und im *Tagesspiegel* wurden zu einer Goldgrube für die Verlage. Diese Beilagen, die nicht als »Anzeigen« gekennzeichnet wurden, bestanden aus redaktionellen Beiträgen, waren aber auch prallvoll mit Anzeigen von Olympiasponsoren und somit die reinste Propaganda für die Olympiabewerbung. Die *Tagesspiegel*-Beilage zum Beispiel wurde mit einem Artikel von Eberhard Diepgen aufgemacht, der die erste Seite füllte. Die zweite Seite bestand aus Artikeln von Axel Nawrocki (Geschäftsführer der Olympia GmbH) und Volker Hassemer (damals Berliner Senator für Stadtentwicklung und Umweltschutz). Die meisten Beiträge stammten von Mitgliedern der Olympia GmbH, der Marketing GmbH und des »Förderkreises Olympia 2000«. Weit und breit kein einziges kritisches Wort.

In der *FAZ* sah es ähnlich aus. In der *Berliner Zeitung* durfte immerhin Sybille Volkholz von Bündnis 90/Grüne einen Beitrag schreiben, während die *Süddeutsche* und die *Morgenpost*, die gemeinsam ihre Beilagen entwarfen, ein zahmes Streitgespräch zwischen Nawrocki und Harald Wolf (PDS) abzudrucken wagten. Mit diesen beiden Artikeln war der Mut zum Dissens dann auch schon erschöpft. Als die Fraktion von Bündnis 90/Grüne an diese Zeitungen schrieb, um Anzeigen in den Sonderbeilagen zu plazieren, erhielt sie Absagen. Die *Morgenpost* wollte »aus grundsätzlichen Erwägungen« nicht.[49] *Der Tagesspiegel* lehnte ohne jede Erklärung ab.[50] Die *Süddeutsche* schien es immerhin noch für nötig zu befinden, sich zu rechtfertigen: »… das Thema Berlin 2000/ Olympia 2000 stößt in der breiten Öffentlichkeit auf unterschiedlichste Meinungen. Die Redaktion der Süddeutschen Zeitung setzt sich mit dieser Problematik immer wieder auseinander. Unsere Sonderveröffentlichung ›Berlin 2000‹, die wir gemeinsam mit der Berliner Morgenpost veröffentlichten, ist inhaltlich jedoch eine eindeutige Empfehlung für die Stadt Berlin. Aus diesem Grund sehen daher auch wir keine Möglichkeit, Ihre Anzeigen in dieser Sonderveröffentlichung zu schalten.«[51]

Die Investition der Verlage in das Thema Olympiabewerbung erwies sich als außerordentlich ergiebig. In ihrem Abschlußbericht schwärmte die Olympia GmbH von »kostenfreiem Anzeigenraum«: »Im Gegenwert von ca. 1,8 Mio. DM wurden von den Verlagen Olympia-Anzeigen geschaltet. Von der qualitativen und quantitativen Bedeutung her sind hier die F.A.Z. und die Süddeutsche Zeitung besonders hervorzuheben. Zum Dank an alle Unterstützer der Olympia-Bewerbung wurden am 24.09.93 und 25.09.93 Anzeigen in wichtigen regionalen (Berliner Morgenpost, Berliner Zeitung, B.Z.) und überregionalen (F.A.Z., Süddeutsche Zeitung) Medien geschaltet.« Diesmal selbstverständlich bezahlt.[52]

Trotz aller wirtschaftlichen Verflechtungen und publizistischen Eilfertigkeiten wäre es falsch zu behaupten, daß die Medien nur Jubelberichte hervorgebracht hätten. Gerade die überregionalen Medien präsentierten öfter fundierte Kritik. Auch in den Berliner Medien, die sich ja zum Teil als Mitträger der Bewerbung verstanden, wurden die Skandale im Laufe der Olympiabewerbung durchaus thematisiert, schon aus Gründen der Auflagensteigerung konnte man sie nicht ignorieren. Dabei wurde zwar über Verfehlungen berichtet und auch nach deren Ursache gefragt, aber der Sinn der Bewerbung insgesamt wurde nie in Frage gestellt. Das hatte System und entsprach den eingangs zitierten strategischen Überlegungen beim SFB. Auf Fehler hinzuweisen demonstriert journalistische Wachsamkeit, läßt aber trotzdem offen, ob diese nicht noch korrigiert werden können. Einzeln betrachtet sind solche Fehler deswegen auch harmlos – sogar wenn sie sich so häufen wie bei der Berliner Bewerbung. Und daß sie nur einzeln betrachtet werden dürfen, hatte ja die SFB-Leitung regelrecht vorgeschrieben. So wurde die Frage, ob nicht die Bewerbung selbst der Fehler war, der alle anderen nach sich zog, zwangsläufig ausgeblendet. Ergebnis war eine völlige Entpolitisierung der Berichterstattung, mit Ausnahme weniger Medien wie *Spiegel*, *Monitor*, *taz* und die Berliner Stadtmagazine.

Die Olympia GmbH hatte aber auch keine Anstrengungen gescheut, um sich die Journalisten gewogen zu machen und sie zum Jubeln zu veranlassen. Diese Vorgehensweise wird durch ein internes Papier vom August/September 1992 zum Konzept der Presse- und Öffentlichkeitsarbeit deutlich: »Es sollte *jeden* Monat ein abendliches Treffen mit Journalisten stattfinden. Hier können Hintergrundinformationen ›unter 3‹ [d. h. ohne Quellenangabe zu verwenden und nicht wörtlich zitieren; *Anm. d. A.*] gegeben werden, womit Journalisten mehr ins Vertrauen einzubinden sind und ihre Bedeutung ›erhöht‹ (wird). Es läßt sich ein ›Wir-Gefühl‹ (Wir Berliner!) aufbauen. Außerdem kommt man sich menschlich näher! Solche Treffen brauchen keine opulente Ausstattung, können deshalb preiswert gehalten werden. Dabei können ›kleine Geschenke‹ durchaus ›die Freundschaft vertiefen‹. Die Abteilung Presse und Öffentlichkeitsarbeit beginnt mit der September-Nummer des Olympia-Magazins, verstärkt Berliner Journalisten in die Arbeit einzubinden. So werden jeweils *zwei* journalistische Gastkommentare auftauchen. Bis zum Ablauf der Bewerbungsphase können damit 24 wichtige Meinungsbildner zu Wort kommen. Der GF [Geschäftsführer; *Anm. d. A.*] wird gebeten, dafür angemessene und übliche Honorare (je DM 300) zu bewilligen.«[53]

Offensichtlich hat der GF Axel Nawrocki die Gastkommentare bewilligt. In der Septemberausgabe des *Olympia-Magazins* erschien die neue Rubrik mit dem Titel »Außenansichten«. Interessant ist die Tatsache, daß nicht nur die olympiabegeisterten Journalisten von *Bild* und Radio Hundert,6 bis zur *Frankfurter Allgemeinen* Beiträge beisteuerten, sondern auch sogenannte Kritiker zu Wort kamen. Daß sie in ihren Beiträgen die Bewerbung nicht grundsätzlich in Frage stellen würden, lag auf der Hand. Mit einemmal waren sie die treue Opposition, und insofern adelte

Konzept Presse und Öffentlichkeitsarbeit
Giersberg Stand Aug./Sept. 92

1. Situationsbeschreibung

Die Berliner Bürger unterscheiden wenig oder gar nicht in die politische Gesamtverantwortung des Senats und die Einzelverantwortung der Olympia GmbH für die Bewerbung um die Spiele im Jahr 2000. Im Gegenteil: Es wird "alles in einen Topf geworfen, weshalb sich die Negativ-Stimmung gegenüber der Gesamtpolitik auch auf die Beurteilung der Olympia-Aktivitäten auswirkt. Hinzu kommt, daß eine Vorgehensweise wie beim Abbruch des Stadions der Weltjugend ohne gleichzeitige Bekanngabe von Ersatzstandorten sehr unpopulär ist und deshalb "Olympia 2000" schädigt.

Eine Abkopplung der Olympia-Bewerbung von der Gesamtpolitik ist unmöglich; wir "sitzen in einem Boot".

Die Spiele in Barcelona haben nur für kurze Zeit "Luft verschafft" und den Negativ-Trend ins Positive verkehrt. Insbesondere Berliner Presse, Rundfunk und Fernsehen knüpfen wieder an eine teilweise überkritische Berichterstattung an.

Dies hängt eindeutig mit dem scharfen Wettbewerb der Medien zusammen. "Stories müssen her - auf Teufel komm raus", so läßt sich die Situation beschreiben. Prescht ein Medium mit einer "heißen Geschichte" vor, mag sie auch noch so wenig stichhaltig sein, ziehen die anderen sofort nach, nicht selten ohne Recherche und unter Vernachlässigung aller "heiligen" journalistischen Prinzipien.

Das bedeutet nicht, daß einzelne Journalisten nicht positiv zu Olympia 2000 stünden. Eine bestimmte Erwartungshaltung in einigen Chefetagen sorgt jedoch für gegenteilige Veröffentlichungen. ("Was soll ich machen", fragte mich ein Kollege hilflos).

2. Problemlösung Presse

Der Kontakt mit den Berliner Medien muß auf eine neue, stark verbesserte Grundlage gestellt werden.

2.1.1.
Die Olympia GmbH muß viel mehr "positive" Meldungen produzieren. Es darf nicht mehr abgewartet werden, bis Journalisten anfragen. Eine sehr "offensive Informationspolitik" ist gefragt. Zu diesem Zweck sollte der GF die Mitarbeiter der besonders öffentlichkeitswirksamen Bereiche eindringlich auffordern, die Abteilung Presse und Öffentlichkeitsarbeit fortwährend mit Informationen zu beliefern. (Informationen sind eine Bringe- und keine Holschuld!)

Wie die Olympia GmbH das Presseproblem lösen will (Auszug).

ihre Reputation als bisher kritische Journalisten das Unternehmen Olympiabewerbung noch zusätzlich. Nicht immer mußte die Olympia GmbH harte Überzeugungsarbeit leisten, um »kritische Stimmen« für sich einzuspannen: So war der damalige Sportredakteur der *Jungen Welt*, Vol-

2.1.2
Die Zahl der Pressekonferenzen der Olympia GmbH / Marketing GmbH muß erhöht werden. Dabei sollten dem GF regelmäßig Mitarbeiter aus der GmbH mit F a c h - und D e t a i l w i s s e n beigeordnet werden, um die Kompetenz des Unternehmens nach außen sichtbar zu machen. Pressekonferenzen sind wichtig, weil auch Fragen aus anderen Bereichen als dem durch die PK vorgegebenen Thema gestellt werden können. Das erhöht den "Befriedigungsgrad" der Journalisten, läßt sie auch teilhaben an den Meinungsbildungsprozessen.

2.1.3.
Es sollte j e d e n Monat ein abendliches Treffen mit Journalisten stattfinden. Hier können Hintergrundinformationen "unter 3" gegeben werden, womit Journalisten mehr ins Vertrauen einzubinden sind und ihre Bedeutung "erhöht". Es läßt sich ein "Wir-Gefühl" (Wir Berliner!) aufbauen. Außerdem kommt man sich menschlich näher! Solche Treffen brauchen keine opulente Ausstattung, können deshalb preiswert gehalten werden. Dabei können "kleine Geschenke" durchaus "die Freundschaft vertiefen".

2.1.4.
Die Abteilung Presse und Öffentlichkeitsarbeit beginnt mit der September-Nummer des Olympia-Magazins, verstärkt Berliner Journalisten in die Arbeit einzubinden. So werden jeweils z w e i journalistische Gastkommentare auftauchen. Bis zum Ablauf der Bewerbungsphase können damit 24 wichtige Meinungsbildner zu Wort kommen. Der GF wird gebeten, dafür angemessene und übliche Honorare (je DM 300) zu bewilligen.

3. Problemlösung Öffentlichkeitsarbeit

3.2.1.
Mit unorthodoxen Mitteln muß versucht werden, thematisch verstärkt in Presse, Rundfunk und Fernsehen zu gelangen, und zwar mithilfe b e k a n n t e r Persönlichkeiten, die nur peripher mit der Olympia GmbH zu tun haben, sich aber inhaltlich mit ihr identifizieren. (Anfänge sind gemacht mit Bundesaußenminister Kinkel und Parlamentspräsidentin Laurien, für die die Abteilung Presse und Öffentlichkeitsarbeit Namens-Artikel verfaßt hat).

Auch Leserbriefe bekannter Personen besitzen einen hohen Informations-, vor allem aber "Glaubwürdigkeitsgrad". (Noch immer!) Argument: Geben sich der X und die Y für eine schlechte Sache her?

3.2.2.
Der gleiche Personenkreis kommt auch für öffentliche Diskussionsveranstaltungen in Frage. Warum sollte nicht ein Harald Juhnke an der Seite des RBM oder eines Senators sagen, warum er für Olympia ist?

3.2.3.
Mitarbeiter aus allen Bereichen der Olympia GmbH (die das Zeug dazu haben!) sollten in die zahlreichen Veranstaltungen in der Stadt einbezogen werden (das öffentliche Informationsbedürfnis ist gewaltig!)

ker Kluge, als Redakteur bei der Erstellung der Bewerbungsunterlagen der Olympia GmbH beschäftigt. Eine andere Methode, um Journalisten positiv zu stimmen, sind bezahlte Reisen. Als Berlins Senator für Schule und Sport, Jürgen Klemann, im Oktober 1995 zur Teilnahme an einem internationalen Sportkongreß in Sydney aufbrach, bezahlte das Rote Rathaus die Flüge für Journalisten zweier Berliner Zeitungen, um ihnen Gelegenheit zu geben, über Klemanns Werbezug zu berichten. Das taten sie denn auch bereitwillig.

Im März 1993 bezahlte die Olympia GmbH fünf Flüge für Journalisten nach Lillehammer,[54] wo eine Sitzung des Exekutiv-Komitees des International Paralympic Committee stattfand. Einer der mitreisenden Journalisten, Ernst Podeswa vom Berliner *Tagesspiegel*, konnte sein Taschengeld dadurch aufbessern, daß er über seine Reise einen Artikel für das *Olympia-Magazin* schrieb.[55] Kaum sieben Jahre zuvor war ein solcher Interessenkonflikt Grund für eine fristlose Kündigung beim *Tagesspiegel* gewesen. Während der Bewerbung schenkte die Olympia GmbH Journalisten aus der ganzen Welt Flugkarten.[56] Mußte sie aber auch, denn während die Olympia GmbH und die Berliner Regierung behaupteten, Berlins Bewerbung sei von Weltinteresse, fanden sich kaum ausländische Medien, die aus Interesse und auf eigene Kosten eine Reportage darüber finanziert hätten.

Diese Praxis des Roten Rathauses, Hofberichterstattungen im Ausland zu finanzieren, fand allerdings im September 1995 durch einen Beschluß des Berliner Verwaltungsgerichts ein jähes Ende.

Als Diepgen im April des gleichen Jahres nach Peking reisen wollte, hatte Dirk Wildt von der *taz* entdeckt, daß Lufthansa und die Senatskanzlei die Reisekosten für einen Troß von fünfzehn durch den Regierenden Bürgermeister handverlesenen Begleitjournalisten übernommen hatte.[57] Zu der Gesellschaft gehörten 15 der politisch Zuverlässigen der Berliner Medienlandschaft: unter anderem ein Filmteam des Fernsehsenders 1 A (heute Puls-TV), der Chef von *Bild*-Berlin sowie Lokalchefs und Redakteure von *Berliner Morgenpost*, *Berliner Zeitung*, *Berliner Kurier*, *Tagesspiegel* und der *Welt*.[58] Die *taz* vermutete System hinter dieser Vorgehensweise und reichte eine Klage ein:

> »Der Regierende Bürgermeister reist dieser Tage nach Peking, um sich
> dort von zweitrangigen Apparatschicks der chinesischen Partei- und

Staatsführung einen Bären, nämlich einen Pandabären aufbinden zu lassen. Dieses politische Ereignis von Weltbedeutung soll in der fernen Heimat des Mannes die ziemliche publizistische Aufmerksamkeit in den Monaten des Vorwahlkampfes erhalten. Daher sinnt die Beklagte danach, geeignete Journalisten von solchen Medien, bei denen sie vermuten kann, daß diese die außenpolitischen Leistungen des Regierenden Bürgermeisters bei diesem Besuch in seinem Sinne darzustellen bereit sind, nach Peking zu locken.«[59]

Bevor Diepgen und seine Journalisten-Entourage abflogen, hatte die *taz* gegen die Bevorzugung bestimmter Medien protestiert. Diepgens Pressesprecher Butz, der laut *taz* die begünstigten Journalisten ausgewählt hatte, sah nichts Anstößiges an den von der Lufthansa bezahlten Flugtickets: »Ich bin verpflichtet, die Kosten des Senats so niedrig wie möglich zu halten.«[60] Lufthansa sah die Lage differenzierter als Butz. Ihr Pressesprecher Wolfgang Weber kommentierte die Anfrage der *taz:* »Das geht Sie gar nichts an.«[61]

Trotz der dezidierten Rechtslageauslegung des Lufthansa-Sprechers war die *taz* der Meinung, daß die bezahlten Flüge sie sehr wohl etwas angingen, und verklagte das Land Berlin mit der Begründung, eine solche Subvention verzerre den Wettbewerb in der Medienlandschaft und sei damit ein Eingriff in die Pressefreiheit.[62] Während Diepgens Kuschel-Journalisten umsonst mitreisten, schlugen die Kosten bei den unliebsamen Verlagen zu Buche.

Offensichtlich wußte die Senatskanzlei, daß es bei ihrer Rent-a-Journalist-Politik nicht mit rechten Dingen zuging. Als sie von der Klage der *taz* erfuhr, schrieb Staatssekretär Kähne postwendend zurück, daß in Zukunft alles anders sein werde.[63] Alle Medien sollten künftig gleich behandelt werden. Die Angelegenheit wäre damit erledigt gewesen, wäre die Senatskanzlei, die in jener Legislaturperiode allein fast 210 000 Mark für Journalistenflüge ausgab,[64] nicht zu geizig gewesen, die Gerichtskosten zu bezahlen. Durch den Streit um die paar Mark mußte doch ein Gericht eingeschaltet werden, das einen Beschluß mit weitreichenden

Konsequenzen fällt. Das Gericht meinte, die Senatskanzlei habe die Gerichtskosten zu bezahlen, weil, wäre es zu einem Urteil in der Frage gekommen, ob Diepgens Senatskanzlei überhaupt Journalistenflüge bezahlen dürfe, die taz »voraussichtlich Erfolg gehabt« hätte.[65] Das Gericht ging in seiner Argumentation noch einen Schritt weiter und ließ wissen, daß es der Regierung untersagt sei, über die Auswahl mitreisender Journalisten zu entscheiden, auch wenn eine dritte Partei die Flüge bezahle. Die *Frankfurter Rundschau* titelte mit Wehmut zum Beschluß: »Ade, du glückliche Zeit der Fernreise auf Staatskosten«.[66]

Zurück zu Olympia. Wo die Olympia GmbH mit Zuckerbrot ihre Ziele nicht erreichte, zückte sie schon mal die Peitsche. Der damalige Leiter des Sport Informations Diensts (sid) in Berlin, Holger Schück, war zum unerbittlichen Kritiker der Berliner Olympiabewerbung geworden. Einen solchen Feind bei einer Firma, die sich selbst als »der Welt größte Sportnachrichtenagentur« bezeichnet, konnten sich die Berliner Olympiapromoter nicht leisten. In der *BZ* erschien daraufhin ein Artikel mit der Überschrift »SID und Olympia – wieder eine Falschmeldung«. Der Artikel begann: »SID-Meldungen über Olympia in Berlin sind mit Vorsicht zu genießen.«[67] Aufgrund der guten Verständigung zwischen der Olympia GmbH, dem Roten Rathaus und der Redaktion der *BZ* in allen Fragen, die die Olympiabewerbung betrafen, verwundert diese demonstrative Warnung wenig.

Aber Schück nahm weiterhin kein Blatt vor den Mund. Im Januar 1993 wurde daraufhin in der Chefetage ein Zuckerstückchen angeboten: Die Berliner nahmen Kontakt mit der sid-Zentrale in Neuss auf, um dem sid-Chefredakteur Michael Oberdieck die Stelle des gefeuerten Olympia-GmbH-Pressesprechers anzubieten. Zusätzlich sollte die sid-Schwesterfirma ProSport Presse Service die PR-Arbeit für die Olympia GmbH übernehmen. Im Vertragsentwurf wurde zwar die unabhängige Berichterstattung von sid über Olympia festgelegt. Trotzdem wäre es eine belastende Situation für Schück gewesen, wenn sein Chef in der Olympia GmbH gesessen hätte und seine Kollegen gleichzeitig für 1,2 Millionen Mark die Bewerbung propagiert hätten. Das Geschäft scheiterte letztlich am Preis.[68] Schücks Kollegen, Karl-Adolph Scherer, hielt das allerdings nicht davon ab, einen Vertrag für monatlich 5000 Mark mit der Olympia GmbH abzuschließen.[69]

Berlins Bewerbung für die Olympischen Spiele im Jahre 2000 hatte geballt gezeigt, was längst zum deutschen Alltag gehört. Viele Medienmacher, von der Chefetage bis zu den Lokalreportern, verstehen sich heute nicht mehr als eine vierte, selbständige Macht im Staat, sondern als Informationsvermarkter. Sie stehen weitgehend nicht mehr im Dienste der Information der Öffentlichkeit, sondern im Dienste der Public Relations des Höchstbietenden.

Sportförderung

9 Auf die Plätze, fertig, Filz!

An der Ecke Pallas/Gleditschstraße im Berliner Bezirk Schöneberg ist eine der schönsten Baustellen der Stadt zu besichtigen. Obwohl nur ein Rohbau, sieht man schon die geschwungenen Linien, die angenehmen Konturen und verspielten Kurven. Nur: Dieser Bau, von dem prominenten Berliner Architekten Hinrich Baller entworfen, droht nie das zu werden, was er werden sollte – eine Kindertagesstätte und Sporthalle. Dank der verfehlten Politik der Berliner Großen Koalition und der daraus entstandenen Notsparmaßnahmen geht der Stadt das Geld für solche Projekte aus. Dieser Bau hatte sich allerdings zuvor schon ungemein verteuert.

Der Schöneberger Baustadtrat Gerhard Lawrentz (CDU) und *BILD* geben vor, über die genauen Ursachen der Finanzschwierigkeiten bei diesem Bau Bescheid zu wissen:[1] »Die Baustelle verteuert sich ständig wie von selbst«, meinte Lawrentz, der außerdem Berliner CDU-Generalsekretär ist,[2] ein Amt, für das ihn Eberhard Diepgen höchstpersönlich vorgeschlagen hat.[3]

Bei diesem Bauvorhaben entdeckte *BILD* sage und schreibe »vier Skandale«: Auf dem Dach der Sporthalle sei ein Humusboden vorgesehen, für dessen Gewicht das Dach nicht ausgelegt sei, weshalb laut *BILD* nachgerüstet werden mußte. Der Humusboden benötige als Grundlage eine Schicht Lavastein, der aus Italien importiert werden müsse. Die Sporthalle solle auch für Rollhockey nutzbar sein, was Spezialfenster und einen gehärteten Boden voraussetze.[4] Nach der Darstellung von Lawrentz und der Springer-Presse könnte man fast das Gefühl gewinnen, dieses »rot-grüne Prestigeobjekt« (Lawrentz)[5] stelle alle vorhergegangenen Berliner Skandale in den Schatten. Was dabei verschwiegen wird, ist die Tatsache, daß die Berliner Staatsanwaltschaft, Abteilung Wirtschaftsvergehen und Korruption, im Umfeld dieser Baustelle ermittelt.[6]

Bei dieser Ermittlung geht es um Preisabsprachen unter Handwerksbetrieben und mögliche Verschiebungen von Aufträgen an dieselben Handwerker durch Mitglieder des Schöneberger Hochbauamts. Die Staatsanwaltschaft ermittelt jedoch weiter, und zwar gegen den Leichtathletik-Club »LAC Halensee«, der unter anderem von Mitarbeitern des Hochbauamts Schöneberg und von vielen jener Handwerker gegründet wurde, die vom Schöneberger Hochbauamt Aufträge erhalten haben sollen.[7]

Was wie eine Dorfposse klingt, ist Alltag im Berliner Sport. Die Hauptstadt ist als Sportstadt nicht gerade ruhmreich. Sie kann froh sein, wenn sie eine Mannschaft in der zweiten Fußballbundesliga hat. Abgesehen von der Basketballmannschaft »Alba« dümpeln viele Berliner Sportvereine in der Mittelmäßigkeit, bis sie in der Regel eines Tages bankrott gehen – oder bis sie wegen illegaler Machenschaften völlig abstürzen. In Wirklichkeit ist das Sportleben in Berlin jedoch höchst spannend, dynamisch und ausgesprochen phantasievoll. Aber leider eben nicht auf dem Spielfeld, sondern in den Büros der Geschäftemacher und Marketingabzocker. Berlins Sportwelt ist wie so vieles andere in dieser Stadt von Filz, Betrug und Gier beherrscht. Gier nicht unbedingt nach materiellem Gewinn, sondern nach Macht, Prestige und – wie der Fall 1. FC Union anschaulich zeigt – nach Wählerstimmen.

»Ohne Moos nichts los« ist das Motto in der Clubzeitung vom »LAC Halensee«.[8] In der Tat geht es um sehr viel Geld bei diesem Verein. Mit kaum mehr als 200 Mitgliedern und einem Rennstall von ungefähr einem Dutzend Athleten hat der Verein einen Etat von circa 350 000

Mark.[9] Laut Clubvorsitzendem Ernst-Wilhelm Kruse brachten die Mitgliedsbeiträge im Jahr 1993 25 000 Mark in die Vereinskasse. Den Rest, über 300 000 Mark, nahm der Club über Spenden ein.[10] Hertha BSC erhielt im Vergleichsjahr nur 40 000 Mark an Spenden.[11]

Für einen Amateursportverein sind die LAC-Spendenbeträge, die in den letzten Jahren mit jeweils 300 000 Mark konstant blieben, einmalig in Berlin. Während sich hier ansonsten ein Amateurverein über jede Spende in Höhe von 100 Mark freut, brachte der *Spiegel*-Redakteur Udo Ludwig in Erfahrung, daß im Jahre 1995 beim »LAC Halensee« keine Spende, die über den Landessportbund verbucht wurde, unter 3000 Mark lag. Das Geheimnis des Spendenaufkommens beim »LAC Halensee« sind die sogenannten Mäzene, die, wie die Clubleitung betont, im Gegensatz zu Sponsoren ungenannt bleiben.[12] Während bei anderen Berliner Leichtathletikclubs das Geld knapp wird, fällt der »LAC Halensee« mit prall gefüllter Kasse aus der Reihe.[13] Die Mäzenatenpraxis wird in der Zwischenzeit vom Staatsanwalt unter die Lupe genommen.[14]

Der »Leichtathletikclub Halensee« wurde erst 1988 gegründet.[15] Damals überwarf sich Ernst-Wilhelm Kruse, ein Beamter beim Berliner Landesrechnungshof, mit seinem Sportverein »SC Charlottenburg«. Zusammen mit Eberhard Foehre, der ebenfalls mit seinem Verein, »OSC«, unzufrieden war, gründete er einen eigenen Leichtathletikclub. Sein ausschließliches Ziel sollte die Förderung einer kleinen Gruppe von Spitzenathleten sein, ohne jegliche Nachwuchsarbeit.[16]

Kruse wurde zum ersten Vorsitzenden gewählt, Foehre Sportwart, der Bauingenieur Bodo Dietzmann wurde zweiter Vorsitzender und Hans-Peter Langer, der eine Jalousien- und Rolladenfirma besaß, Schatzmeister. Nach kaum zweijähriger Amtszeit starb Langer. Vor seinem Ableben wurde er jedoch angezeigt und zu einem Bußgeld als Kartellführer bei Preisabsprachen von Aufträgen für das Hochbauamt im Bezirk Schöneberg verurteilt.[17] Doch schien niemand den Verdacht zu hegen, es könnte darüber hinaus größere Zusammenhänge geben.

Der Ruf der »LAC Halensee« wuchs – auch in der Baubranche –, und die Spendenaufkommen wuchsen mit. 1992 konnte Foehre, Vereinssportwart und Bauleiter beim Hochbauamt Schöneberg, mitteilen, daß der Verein dicht vor dem Abschluß eines Dreijahresvertrags mit der Baufirma Strabag stand.[18]

Der LAC-Sportwart Foehre hatte pikanterweise nicht nur ein sportliches Verhältnis mit Strabag. Er war in seiner Tätigkeit als Bauleiter beim Hochbauamt des Bezirks Schöneberg für den Neubau des heute so umstrittenen Baus von Hinrich Baller zuständig. Die Firma Strabag hatte den Großauftrag für den Rohbau der Kindertagesstätte und Sporthalle erhalten.

Die Baustelle schien eine richtige Schaltstelle für den »LAC Halensee« geworden zu sein. Foehres dortiger Dienstraum und seine Faxnummer wurden als Kontaktadresse in der Vereinszeitung angegeben.[19] Vielleicht hatte die Überforderung durch diese Doppelfunktion als Bauleiter und Clubfunktionär zu einem internen Vermerk der Leitung des Schöneberger Hochbauamtes geführt – die sich Foehres Art der Baustellenleitung widmete –, »daß der zuständige Bauleiter möglicherweise nicht in der Lage ist, die ihm gestellten Aufgaben in allen Belangen fach- und sachgerecht, nach den einschlägigen Vorschriften ... durchzuführen«.[20] So erhob die Strabag, »LAC Halensees« potentieller Hauptsponsor, 5 Millionen Mark an Nachtragsforderungen beim Hochbauamt Schöneberg.[21]

Die Prüfung der Berechtigung dieser Forderung oblag Foehre. Er konnte aber wichtige Unterlagen nicht vorlegen, darunter das Originalleistungsverzeichnis, die Grundlage eines jeden Bauantrags.[22] Ein Prüfungsbericht zu den Nachforderungen des LAC-Hauptsponsors in spe wurde dann endlich unter Beteiligung des stellvertretenden Schöneberger Hochbauamtsleiters Hans Reimann und eines von Reimann vorgeschlagenen,[23] anscheinend unabhängigen Ingenieurs, Roland Wegener, erstellt. Reimann war zu jener Zeit als Nachfolger des verstorbenen Kartellführers Langer Schatzmeister des »LAC Halensee«, und auch Wegener war LAC-Mitglied.[24] Aufgrund der Empfehlung der LAC-Troika (das Bezirksamt wußte zu der Zeit von dem Zusammenhang überhaupt nichts) weigerte sich der Bezirk Schöneberg, der Strabag die volle Summe zu bezahlen. Am Schluß bezahlte der Bezirk nur 2 Millionen Mark und ersparte damit dem Steuerzahler 3 Millionen Mark.[25] Die Frage ist, ob diese eingesparte Summe nicht noch höher ausgefallen wäre, wenn nicht LAC-Mitglieder die Nachforderungen der Strabag kontrolliert hätten.

Diese Vorgänge schienen den Diepgen-Mann Lawrentz und *BILD* mit ihrer rot-grünen Verschwörungstheorie allerdings nicht zu kümmern.

Doch hier hörte die LAC-Connection noch längst nicht auf. Wie der Zufall es wollte, ergab es sich, daß auch die Baufirma des Vereinsvize-präsidenten Dietzmann auf Foehres Baustelle als Auftragsnehmer beteiligt war. Ebenfalls auf der Baustelle dabei waren mehrere Handwerksbetriebe, die zugleich LAC-Spender oder -Mitglieder sind,[26] darunter eine Fliesenlegerfirma, die offensichtlich beim Hochbauamt Schöneberg besonders hoch im Kurs steht. Berlins Landesrechnungshof stellte 1994 bei einer Untersuchung fest, daß diese Firma in den Jahren 1988 bis 1993 vom Hochbauamt Schöneberg 72 Prozent aller in ihrem Gewerk zu vergebenden Aufträge bekam.[27]

Ebenso unangenehm war die wiederauferstandene Firma BIV-Langer aufgefallen, die einst dem verstorbenen ersten Schatzmeister der LAC und rechtskräftig verurteilten Kartellführer Hans-Peter Langer gehört hatte und sich jetzt im Besitz einer Familie Behnisch befand. Der Auftrag für den Bau eines Metalltreppengeländers in dem von Baller geplanten Kindertagesstätte-Sporthallen-Komplex wurde durch eine begrenzte Ausschreibung vergeben. Das heißt, die Mitarbeiter des Hochbauamts Schöneberg baten nur einige wenige Firmen, ein Angebot für das Treppengeländer einzureichen. Sieben Firmen wurden angeschrieben.[28] In seiner Ausschreibung schätzte Bauleiter Foehre die Kosten auf 120 000 Mark. Die Angebote der Firmen lagen zwischen ca. 121 000 und ca. 136 000 Mark.[29] Den Zuschlag erhielt der niedrigste Anbieter – die Firma Behnisch.

Das Bezirksamt Schöneberg war in der Zwischenzeit wegen der Omni-präsenz des »LAC Halensee« im Hochbauamt mißtrauisch geworden und bat ein anderes Bezirksamt, das gleiche Treppengeländer auszuschreiben. Dort bot eine zuverlässige Firma an, die Arbeit für 24 167,85 DM zu erledigen – also für lediglich ein Fünftel des Preises, für den die Behnisch-Firma in Schöneberg den Zuschlag erhalten hatte.[30] 1993 entschied sich das Bezirksamt Schöneberg zu handeln: Anlaß war erneut eine begrenzte Ausschreibung – diesmal für den Einbau von Jalousien. Schon der Inhalt der Ausschreibung war auffällig. Statt einen amtlich vorgeschriebenen Preisrahmen vorher festzulegen, wurde lapidar eine »nach heutigen Marktpreisen voraussichtliche Angebotssumme« von 85 000 Mark auf dem Ausschreibungsformular eingetragen.[31] Ebenso bemerkenswert war die Tatsache, daß sich unter den Firmen, die in den engen Kreis der Ausschreibungsteilnehmer aufgenommen wurden, eine für Jalousien branchenfremde Tischlerei[32] befand und eine kleinerer Schlosserei aus Brandenburg, die nicht einmal im offiziellen Unternehmer- und Lieferantenverzeichnis des Landes Berlin eingetragen ist.[33] Den Zuschlag bekam abermals die Firma BIV-Langer der Familie Behnisch.

Erneut wurden von einem anderen Bezirksamt Angebote bei gleicher Ausschreibung für Jalousien eingeholt. Dort lag das Niedrigstangebot bei einem Drittel des Angebots von BIV-Langer. Da dieses Niedrigangebot aber von einer Firma aus einem östlichen Bezirk stammte, holte das Schöneberger Bezirksamt ein zusätzliches Angebot von einer Firma aus einem westlichen Teil der Stadt ein. Ohne Rabatte kam dieses Angebot ebenfalls schon 50 Prozent billiger als BIV-Langer.[34] Die Landeskartellbehörde wurde eingeschaltet.[35]

Am 26. November 1993 führten die Beamten der Landeskartellbehörde bei den Firmen, die die Angebote für die Jalousien abgegeben hatten, eine Durchsuchung durch.[36] Sie wurden fündig. Der eine Anbieter gestand gleich die Preisabsprache und bezeichnete Carsten Behnisch, dessen Familie BIV-Langer besitzt, als Kartellführer.[37] Bei Behnisch selbst wurde eine komplette Liste der Mitanbieter für die Jalousien gefunden – eine Liste, die nur das Hochbauamt Schöneberg hätte besitzen dürfen und können – und einiges andere mehr, wie zum Beispiel ein Direktauftrag des Hochbauamts Schöneberg – ebenfalls zu weit überhöhten Prei-

Behnischs Einladungsliste.

sen.[38] Für das Hochbauamt Schöneberg hatte der stellvertretende Hochbauamtsleiter und LAC-Schatzmeister Reimann unterschrieben.[39] Außerdem fanden die Ermittler einen Zettel aus einem Notizblock mit dem Logo der Firma Strabag. Mit der Hand eingetragen war: »Spende an LSB-Berlin [Landessportbund Berlin, *Anm. d. A.*] für LAC Halensee für laufenden Sportbetrieb« und die entsprechende Kontonummer.[40] Zusätzlich wurde bei der Durchsuchung der Behnisch-Firma eine Einladungsliste zur »Neueröffnung« der Firma BIV-Langer entdeckt – anläßlich des letzten Eigentümerwechsels, als Behnisch die Firma übernahm. Darauf befanden sich die Namen von 13 Mitarbeitern aus dem Hochbauamt Schöneberg,[41] des LAC-Vorsitzenden Kruse sowie der Besitzer vieler Handwerksfirmen aus dem Kreis der Auftragnehmer des Hochbauamts Schöneberg (und Spender des LAC).[42]

Die Landeskartellbehörde hegte den Anfangsverdacht der Untreue, Vorteilnahme und des Betrugs und übergab den Fall an die Berliner Staatsanwaltschaft. Diese ermittelt bis heute gegen Behnisch sowie drei Mitarbeiter des Schöneberger Hochbauamts, darunter den LAC-Sportwart Foehre und den LAC-Schatzmeister Reimann.[43]

Im November 1994, ein Jahr nach den Hausdurchsuchungen, verließ Foehre das Schöneberger Hochbauamt und ist heute im Bezirk Prenzlauer Berg als Gruppenleiter »Neubau« tätig.[44] Wegen möglicher Interessenkonflikte hat sich Reimann veranlaßt gesehen, sein Vereinsamt aufzugeben.[45] Dies schien den Spendenfluß jedoch kaum beeinträchtigt zu haben. 1995 flossen die Spenden in derselben Größenordnung weiter. Einer der größten »Mäzene« war die Firma SPR-Bau mit knapp 30 000 Mark.[46] Sie hatte im gleichen Jahr Aufträge vom Schöneberger Hochbauamt über 200 000 Mark[47] und vom Bezirksamt Prenzlauer Berg in Höhe von 110 000 Mark erhalten, wo seit Anfang 1995 – rein zufällig, versteht sich – Foehre beruflich tätig ist.[48] Nach jahrelangen Ermittlungen hat die Staatsanwaltschaft inzwischen immer noch keine Anklage erhoben. Wenn es um Korruption geht, scheinen die Berliner Staatsanwälte Meister in der Einstellung von Verfahren zu sein.

Kruse und Foehre, die Chefs des LAC, sind heute aufgrund ihrer »Erfolge« respektierte Funktionäre der Berliner Leichtathletikszene: Foehre ist Vizepräsident und Kruse Wettkampfwart des Berliner Leichtathletikverbands.

Und die Kindertagesstätte und Sporthalle in Schöneberg? Das Projekt scheint immer noch unter dem Chaos, das Foehre hinterließ, zu leiden. Das durchaus schwierig zu bewältigende Bauvorhaben konnten die in ihre LAC-Mäzene vernarrten Mitarbeiter des Schöneberger Hochbauamts nicht meistern. Heute betreut ein privates Ingenieurbüro das Projekt – was auch zu einer Verteuerung führt. Der Bezirk Schöneberg, der mit den katastrophalen Auswirkungen der Haushaltspolitik der Großen Koalition zurechtkommen muß, steht nun vor der Wahl: entweder die Mittel für die Jugendlichen und Sportler radikal zu kürzen oder die Kindertagesstätte und Sporthalle endlich fertigzubauen.

Der »LAC Halensee« hat seine Kindertagesstätte und Sporthalle in Schöneberg. Der 1. FC Union den Wuhlesportpark in Köpenick. Der Berliner Traditionsfußballverein Hertha BSC hatte eine Villa, woraus er im wahrsten Sinne Kapital schlug – auf Kosten des Steuerzahlers.

Der Ruhm des Fußballclubs Hertha BSC, der 1992 hundert Jahre alt wurde, liegt schon eine Weile zurück. Mit der Gründung der Bundesliga wurde Hertha zur »Skandalnudel« und bekleckerte sich eher mit negativen Schlagzeilen abseits des Spielfelds. 1965 wurde der Verein zum erstenmal zum Zwangsabstieg wegen unerlaubter, überhöhter Ablösesummen verdonnert. Nachdem Hertha in der Saison 1971 die gegnerische Mannschaft, Arminia Bielefeld, absichtlich hatte gewinnen lassen, erhielten gleich fünfzehn Hertha-Spieler wegen Spielmanipulation langjährige Sperren. 1972, als der Club astronomische Schulden angesammelt hatte und ein drohendes Konkursverfahren abwenden mußte, wurde das Sportplatzgelände des Clubs in Wedding zum Verkauf angeboten. Als nur knapp 2 Millionen Mark dafür geboten wurden, wandelte die damalige SPD-Regierung das Grundstück in Baugelände um – mit einem Wert von über sechs Millionen Mark. Im Laufe dieser und vieler andere Skandale gewann Hertha die Bezeichnung **B**erliner **S**chummel-**C**lub[49] – ein Ruf, der dem Verein bis heute anhaftet.

Im Jahre 1984 kam Hertha wieder mal mit Millionenschulden in finanzielle Schwierigkeiten. Während dieser Krise entschied sich der Clubvorstand, der Hertha eher als Prestigeobjekt denn als Fußballverein zu sehen schien, eine Villa in der Reichsstraße im Berliner Bezirk Charlottenburg für 1,6 Million Mark als Verwaltungsgebäude zu kaufen. Diese Entscheidung stieß vereinsintern auf erhebliche Kritik. Der berühmte ehemalige Hertha-Trainer Rudi Gutendorf meinte lakonisch dazu: »Hertha gehört in den Hühnerstall.«[50]

Durch diesen Kauf hatte sich der Verein erneut übernommen und bat den Senat sofort um ein zinsverbilligtes oder zinsloses Darlehen.[51] Berlins Landessportbund, der offensichtlich wenig Vertrauen in das Geschäftsgebaren des Vorstands von Hertha BSC hatte, war wie viele andere auch der Meinung, daß für einen Sportverein eine Villa als Verwaltungsgebäude völlig überzogen sei und Hertha sich statt dessen preiswerte Büros mieten könne. Aber auch aus formalen Gründen befürwortete der Landessportbund das Projekt nicht: Hertha hatte beim Kauf der Villa zunächst eine Handelsgesellschaft dazwischengeschaltet.[52] Nichtsdestoweniger, ähnlich wie zehn Jahre später beim 1. FC Union, fand die Diepgen-Regierung einen erfolgreichen Weg, die einschlägigen Vorschriften zur Unterstützung von Berliner Sportvereinen zu umgehen.

Herthas Clubvorstand stellte einen neuen Antrag an die damalige Senatorin für Schule, Berufsbildung und Sport, Hanna-Renate Laurien (CDU), um an Steuergelder heranzukommen. Der Verein bat Frau Lauriens Senatsverwaltung nun um Gelder, um die Villa selbst kaufen zu können. Leider war der Senatsetat für solche Finanzierungen im Sportbereich für das Jahr 1984 schon ausgeschöpft, aber Frau Lauriens Senatsverwaltung erklärte sich bereit, sich im kommenden Haushaltsjahr, 1985, um die notwendigen Mittel zu bemühen.[53] Der Hertha-Vorstand hatte anscheinend berechtigten Grund zu der Annahme, daß hinter den verbalen Bemühungen des Senats mehr als nur eine Absichtserklärung lag, und kaufte im August 1984 prompt die Villa.[54] Erst acht Monate später, im April 1985, stellte Hertha überhaupt den Antrag auf staatliche Finanzierung.[55]

Im Juni 1985 verweigerte der Deutsche Fußball-Bund Hertha BSC wegen ihrer katastrophalen Wirtschaftslage die Lizenz für eine weitere Saison. Aufgrund der Beschwerde des Vereins erklärte sich der DFB bereit, seine Entscheidung zurückzunehmen, wenn Hertha eine Geldreserve von einer Million Mark vorweisen könne. Es wurde eine Frist bis zum 25. Juni gesetzt.[56]

Am 19. Juni wandte sich der Hertha-Vorstand an die Senatsverwaltung für Sport mit der Bitte um Soforthilfe. Bereits am nächsten Tag erhielt der Club eine Zusage für eine Zuwendung in Höhe von 1,3 Millionen Mark (330 000 Mark war ein verlorener Zuschuß, die restlichen 970 000 sollten zurückgezahlt werden, waren dafür aber zinsfrei), um eine Vereinsvilla zu kaufen, die der Verein schon längst besaß.[57] Wer jemals mit der Bürokratie des Landes Berlin zu tun hatte, kann ermessen, was diese Reaktionsgeschwindigkeit der Verwaltung zu besagen hat. Diesmal wollte der Berliner Senat anscheinend kein Risiko eingehen. Entgegen den damaligen Gepflogenheiten wurde Berlins Landessportbund, der sich schon im Jahr zuvor gegen einen Landeskredit für Hertha ausgesprochen hatte, diesmal gar nicht erst um eine Stellungnahme gebeten.[58]

Sechs Wochen zuvor hatte CDU-Senatorin Laurien noch erklärt:

> »Der Senat ist nicht der Sachwalter von Hertha. Eine Ausfallbürgschaft oder Finanzspritzen sind anderen Vereinen gegenüber nicht zu rechtfertigen, zumal Hertha BSC keine überzeugende Lösung für das Meistern der finanziellen und sportlichen Krise vorlegen kann.«[59]

Bei der Villatransaktion behauptete Frau Laurien, nicht die »Förderung des gewerbsmäßig betriebenen Sports«, sondern ein neues Verwaltungsgebäude des Vereins finanziert zu haben. Ein Vorgang, der in Berlins Sportförderungsprogramm vorgesehen ist. Hertha bekam jedenfalls die Lizenz vom DFB, da dank der Hilfe Frau Lauriens der Verein das sogenannte Verwaltungsgebäude als Teil seines Vermögens vorweisen konnte. Übrigens klopfte der Hertha-Vorstand auch weiterhin an die Türen des Senats und sackte in den Jahren 1985 bis 1987 noch mal 110 000 Mark an Zinszuschüssen ein, die vermutlich vom Verein für den Schuldendienst der Villenkredite verwandt wurden.[60]

Berlins Landesrechnungshof, der Bund der Steuerzahler und die Opposition hatten damals diese Handlungsweise des Senats heftig kritisiert – ohne Auswirkung. Der Berliner Filz hatte erneut gesiegt.

Herthas Spieler zeigten sich von dem Steuergeschenk offenbar völlig unbeeindruckt: 1986 stieg der Verein in die Amateur-Oberliga ab, wo er bis 1988 auch verweilte.

Dazu muß ergänzt werden, daß Hertha immer einen besonderen Zugang zu Staatsgeldern hatte. Jedes Jahr bekam sie von der Regierung Zuschüsse für Reise- und Ordnerkosten, die jeweils bei 100 000 Mark lagen.[61] Der Verein wurde auch immer mitbedacht, wenn der Lotto-Stiftungsrat die Spielbankgelder verteilte.

Herthas schlechte Leistungen und die schlechte Finanzlage des Vereins waren hausgemacht. Der Clubvorstand setzte sich aus Männern zusammen, die anscheinend eher Interesse an Prestige als an Fußball hatten. Das persönliche Verhalten einiger Vorstandsmitglieder in den letzten zwanzig Jahren war zudem gelegentlich fragwürdig. So erhielt der Präsident beispielsweise fünf Jahre Amtsverbot als Fußballfunktionär wegen seiner Rolle im Bestechungsskandal bei dem Spiel gegen Arminia Bielefeld.[62] Ein anderer, Rechtsanwalt und Notar, wanderte wegen Veruntreuung von Mandantengeldern in Höhe von 2 Millionen Mark ins Gefängnis.[63] In den neunziger Jahren schließlich wurde ein früherer SPD-Finanzsenator, der wegen des Korruptionsskandals um den Steglitzer Kreisel hatte zurücktreten müssen, zum Schatzmeister von Hertha BSC gewählt.

Die Herren aus der Baubranche und Politik waren nicht selten Mitglieder in Herthas Wirtschaftsrat. Im September 1990 wurde zum Beispiel der Berliner Bundestagsabgeordnete Rupert Scholz (CDU) zum Vorsitzenden des Wirtschaftsrats gewählt[64] (kurz danach wurden Schulden, die Hertha bei der Landesregierung für Stadionmiete hatte, durch den CDU-Sportsenator Klemann gestundet und mit Geldern aus dem Spielbankfonds des Lotto-Stiftungsrats getilgt.[65])

Der vorletzte Präsident, zufälligerweise auch aus der Baubranche, Heinz Roloff, der neun Jahre im Amt war (1985–1994), setzte diese Tradition fort – zum Beispiel mit der Hertha-Villa.

Die Hertha-Villa, der Clubvorstand und ein CDU-Senator kamen 1995 erneut in die Schlagzeilen und beschäftigten wieder den Berliner Landesrechnungshof. Alles fing jedoch schon ein Jahr zuvor an. Hertha war erneut fast pleite und hoffnungslos überschuldet, diesmal schien der Weg vor den Konkursrichter unausweichlich. Die Schulden lagen bei über zehn Millionen Mark.[66] Vereinspräsident Roloff konnte aber vermelden, daß Angebote für den Kauf der Villa zwischen sechs und acht Millionen Mark vorlagen.[67] Käufer der Villa: ein Konsortium, an dem der Bauunternehmer und Hertha-Präsident Heinz Roloff selbst beteiligt war.[68] Dank des Mauerfalls und des darauffolgenden Immobilienbooms hatte sich der Wert der Hertha-Villa in der Reichsstraße, die in der Zwischenzeit kurioserweise zum Teil mit ABM-Kräften renoviert worden war,[69] vervierfacht.

Nachdem die Vereinsvilla für 6,3 Millionen Mark veräußert worden war, kam aber die ernüchternde Nachricht für Hertha: Von den Millionen blieb dem Verein nahezu nichts übrig. Hertha hatte sich offensichtlich über Jahre hinweg zum Teil dadurch finanziert, daß sie Kredite auf das Grundstück aufgenommen hatte. Zusätzlich zu zwei Hypotheken über 3,3 Millionen Mark mußten dem Senat etwa 700 000 Mark zurückgezahlt werden.[70] Außerdem existierte eine mysteriöse weitere Grundschuld von 1,58 Millionen Mark, deren Gläubiger und Ursprung unklar waren.[71] Auch wenn nicht viel Geld übrigblieb, konnte Hertha seinen Schuldenberg durch den Verkauf der Villa deutlich reduzieren und mußte nicht mehr um die Lizenzerteilung seitens des Deutschen Fußball-Bundes bangen.

Beim Landesrechnungshof aber läuteten wieder die Alarmglocken. Die

Prüfer mußten den Eindruck gewonnen haben, daß der Verkauf der Hertha-Villa eher einer Absprache am Stammtisch entsprach als einem verantwortlichen Umgang mit Steuergeldern. So hatte der Hertha-Vorstand die notwendige Zustimmung des damaligen Senators für Schule, Berufsbildung und Sport, Jürgen Klemann, zum Verkauf der Villa gar nicht erst eingeholt.[72] Im August 1994, fast ein halbes Jahr nach dem Villaverkauf, mußte der Rechnungshof Klemann bitten, Berlins Steuergelder von Hertha einzufordern. Dies erfolgte erst im Dezember. Anfang Januar 1995 beantragte der Hertha-Vorstand die Stundung der 714 000 Mark, die er an das Land Berlin zurückführen sollte.[73] Als ein halbes Jahr später ein Abgeordneter wissen wollte, ob Hertha nun dem Steuerzahler das Geld zurückgezahlt habe, erhielt er eine nur zu typische Antwort des Berliner Senats:

> »Unter Hinweis auf die Autonomie des Sports und den Vertrauensschutz, auf den Sportorganisationen insbesondere auch in vermögensrechtlichen Angelegenheiten in der partnerschaftlichen Zusammenarbeit mit der öffentlichen Sportverwaltung Anspruch haben, bitten wir um Verständnis, daß wir zu der angesprochenen Thematik keine ... Detailangaben geben können.«[74]

Am 23. Februar 1995 fing Hertha an, diese widerrufene Summe zurückzuzahlen. Dabei wurde eine günstige Zinsrate von ungefähr 6 Prozent festgelegt. Weil die Rückzahlung unregelmäßig blieb, einigten sich Senat und Hertha BSC im Juli 1996 darauf, daß die Schulden in 20 Monatsraten endgültig zurückgezahlt werden sollten.[75]

Gleichzeitig mit dem Kauf der Villa bekam Hertha einen neuen Vorstand, wobei der große Geldgeber, Roloff, Präsident blieb. Damit kehrte aber keine Ruhe in den Verein ein, in bester Hertha-Tradition gingen die stürmischen Zeiten im Vorstand weiter. Knapp sieben Monate nach der Wahl, im September 1994, vollzog sich eine Palastrevolte. Nach neun Jahren als Vereinspräsident trat Roloff zurück. Neuwahlen standen an. Diese Wahlen verliefen äußerst spannend. Auf der einen Seite stand der

bisherige Vizepräsident Manfred Zemaitat. Nachdem Roloff als Geldquelle für Hertha durch seinen Rücktritt verlorengegangen war, führte
Zemaitat die Ufa des Bertelsmann-Konzerns als neuen Geldgeber ein.
Die Ufa stellte 4,5 Millionen Mark für die Clubvermarktung in Aussicht.
Zemaitats Konkurrent um das Amt war der frühere Präsident Wolfgang
Holst, der an der desolaten Lage des Vereins viel Mitschuld trug. Holst
hatte aber einen Trumpf in der Hand: Die Einmischung von Bertelsmann
in den Berliner Sport schien den Herren aus dem Hause der Springer AG
nicht zu gefallen. Vor der Wahl stand in Springers *BZ* die Überschrift
»Holst vorn«, und in seiner Rede vor dem Wahlpublikum dankte Holst
dem Springer-Konzern für die versprochene Wahlhilfe. Dies reichte aber
nicht. Die Vereinsmitglieder verabschiedeten sich nur zu gern von den
alten Seilschaften. Zemaitat wurde neuer Präsident von Hertha BSC.
Zemaitat ist Rechtsanwalt, laut *Berliner Zeitung* allerdings ein smarter,
»der heute aber mehr ›in Immobilienfonds macht‹ und ›nicht mehr für
hundert Mark aufs Gericht rennt‹«.[76] *BILD am Sonntag* soll er erklärt
haben: »Mein Beruf ist, marode Unternehmen wieder flottzumachen«,
wobei *BILD* erklärte: »Die privaten Geschäfte des Motorradfahrers
(BMW 1100) flutschen. Kürzlich verkaufte er gewinnbringend seine Anteile an einem Berliner Privat-Radiosender und sein Kino im Nobelviertel
Dahlem.«[77] Der Radiosender, an dem Zemaitat beteiligt war, war eigentlich alles andere als marode. Zemaitat gehörte nämlich in der Zwischenzeit zum illustren Kreis der Inhaber von Radio Hundert,6. 1994 veräußer-
te er seine Anteile für 200 000 Mark an Dr. Erich Marx.[78]
Durch das Wahlgezänk kamen einige interessante Fakten ans Licht. Die
mysteriöse 1,6-Millionen-Mark-Grundschuld auf der Hertha-Villa, deren
Gläubiger bislang unbekannt war, wurde an keinen anderen als den
Ex-Präsidenten Heinz Roloff bezahlt.[79] Eine entsprechende Forderung
befand sich nicht in Herthas Bilanzbüchern.[80] Außerdem hatte Roloff im
Lizenzantragsverfahren dem DFB versichert, keinen Anspruch auf das
Geld zu erheben.[81] Der neue Hertha-Vorstand forderte das Geld von
Roloff zurück.[82] Das Wahlergebnis der Präsidentenkür wurde von der
alten Seilschaft jedoch nicht so ohne weiteres hingenommen. Drei Mo-

nate nach der Entscheidung für den neuen Hertha-Vorstand unter Zemaitat meldete sich ein Konsortium von mehr als dreißig Firmen, das bereit war, Hertha 13,5 Millionen Mark zu gewähren. Einzige Bedingungen waren der Rücktritt des neuen Vorstandes und der Rückzug vom Vertrag mit der Ufa.[83] Sprecher des Konsortiums war der geschäftsführende Gesellschafter der Otremba Baubetreuungs GmbH Detlef Heitzmann.[84] Zur damaligen Zeit nahm man in Berlin den Namen Otremba nicht auf die leichte Schulter. Dietmar Otremba (CDU),[85] damals Vorsitzender des Landesverbands Freier Wohnungsunternehmen Berlin/Brandenburg e. V. und CDU-Großspender, zählte zu den mächtigsten Berliner Baulöwen. Die *taz* wollte wissen, daß sich auch Banken und einige Großkonzerne in dem Konsortium befanden.[86] So uneigennützig war das Angebot jedoch auch nicht. Es ging nicht um eine Großspende an den Verein, sondern um einen Kredit.[87]

Der Hertha-Vorstand, der sich inzwischen abermals mit weit über 10 Millionen Mark Schulden in der Krise befand, brauchte dringend Geld. Mit Roloff wurde ein Deal ausgehandelt. Er wurde zum Ehrenpräsidenten von Hertha BSC ernannt. Außerdem sollte der Verein auf die 1,6 Millionen Mark, die Roloff aus dem Villaverkauf an sich genommen hatte, verzichten.[88] Roloff übernahm eine Bürgschaft für Hertha über vier Millionen Mark. Der Clou dabei war, daß Roloff im Falle eines Konkursantrags, vor dem Hertha sonst gestanden hätte, ohnehin für die Kredite hätte geradestehen müssen. Die *Berliner Morgenpost* wollte wissen, daß dies keine Spende von Roloff, sondern ein Darlehen war.[89] Damit hatte der Hertha-Vorstand den Konkurs abgewendet und konnte die nächste Fußballsaison planen.

Der Deutsche Fußball-Bund sah den Fall ganz anders. Anfang Mai 1995 traf ein Brief des DFB bei Hertha ein. Die Lizenz für die nächste Saison wurde nur unter Vorbehalt erteilt.[90] Die Begründung: Hertha hatte gegen Auflagen verstoßen. Die Öffentlichkeit spekulierte, ob es dabei um den fälschlich ausgewiesenen Gewinn aus dem Villaverkauf von 2,5 Millionen Mark[91] ging. Ebenso hatte der Hertha-Vorstand Roloffs Grundschuld von 1,6 Millionen Mark dem DFB verschwiegen.[92] Außerdem kam ans Tageslicht, daß im Jahr 1993 zwei Hertha-Vorständler persönlich an den Ablösesummen bei Spielertransfers Geld verdient hatten. Eine Tatsache, die offensichtlich auch dem DFB verheimlicht worden war.[93] Da der verantwortliche Vorstand aber nicht mehr im Amt war, beließ es der DFB bei einer Geldstrafe und Punkteabzug.

Damit ging die Ära Roloff und der Berliner Baumafia bei Hertha BSC zunächst zu Ende. Dafür aber formierte sich schon die nächste Seilschaft. Diesmal war Bernd Schiphorst Zugführer, Vorstandsmitglied der Bertelsmann AG. Als erstes wurde ein »Rat der 13« – eine Art Wirtschaftsrat – installiert. Der Rat war wie aus dem alten Guß. Schiphorst hatte durch die Berliner Olympiabewerbung gelernt, wie man das Terrain in Berlin für solch eine Unternehmung vorbereitet. Das bewies schon die Auswahl seines Wirtschaftsrats. Gleich drei Berliner Politiker aus CDU und SPD wurden ernannt: Rupert Scholz (CDU), Berliner Abgeordneter im Bundestag und schon unter Roloff Vorsitzender des Hertha-Wirtschaftsrats, Peter Radunski (CDU), Berlins Senator für Wissenschaft, Forschung und Kultur, und Klaus Böger (SPD), Fraktionsvorsitzender im Berliner Abgeordnetenhaus. Dazu kamen eher konservative Vertreter aus der Wirtschaft wie Georg Gafron, CDU-Mitglied und Geschäftsführer von Radio Hundert,6, Antonius Flaskamp von der Werbeagentur Flaskamp und Klaus Herlitz, Vorstandsmitglied von Herlitz, der, wie Bertelsmann, Gesellschafter bei der »Berlin 2000 Marketing GmbH« der Olympiabewerbung gewesen war – und auch ein Vertreter der Deutschen Bank durfte nicht fehlen.[94]

1996 wurde die Bertelsmann-Tochter Ufa zum Hauptsponsor von Hertha BSC. Allein für die Saison 1996/1997 wollte sie den Club mit sechs Millionen Mark unterstützen.[95] Der Vertrag dafür wurde aber erst nach der Wahl eines Hertha-Aufsichtsrats unterschrieben, der den Bertelsmann-Interessen entsprach.

Es gibt jedoch einen angenehmen Aspekt an der Tatsache, daß die Ufa als Hauptsponsor auftritt. Im Gegensatz zu so vielen vorherigen Geschäftsleuten, die Hertha »helfen« wollten oder ein »emotionales« Verhältnis zu Berlin oder sonst welche pathetischen Beweggründe vorgaben, geht Bertelsmann eher nüchtern ans Geschäft. Laut Äußerungen eines Bertelsmann-Vorstandsmitglieds will sein Konzern Hertha zum Aufstieg in die Bundesliga führen, denn: »Wir wollen Geschäfte machen, und das geht nur in der Bundesliga.«[96] Es bleibt nur die Frage, wie sportliche und geschäftliche Interessen aufeinander wirken werden.

Hermann Windler sollte sehr bald erfahren, was es heißt, wenn das Busineß den Sport beherrscht. Windler gehört zum Schlag der Berliner Sportvereinspräsidenten der Vorwendezeit. Seit seiner Gründung 1983 stand er dem Profi-Eishockeyverein »BSC Preussen« vor.[97] In den zwölf Jahren als Präsident baute Windler einen Spitzenclub auf, der regelmäßig im Halbfinale des Deutschen Eishockey-Bundes und dessen Nachfolger, der Deutschen Eishockey-Liga, spielte. Mit seinen Finanzierungen schrammte Windler an Grenzbereiche immer nur an, und das in einer Liga, die sich laut *FAZ* »über Jahre nur mit finanztechnischen Drahtseilakten, erwiesenen Betrügereien, fragwürdigen Finanzierungsmodellen und einer unanständigen Steuermoral über Wasser halten konnte«.[98] Mal schloß die Saison mit Überschuß, mal mit einem Minus. 40 Prozent der Einnahmen kamen vom Publikum, die anderen 60% stammten aus Senatszuschüssen, Spielbankgeldern und von Sponsoren,[99] darunter eine sechsstellige Summe von Klaus-Rüdiger Landowskys Berliner Hyp.[100] Zusätzlich wurden jährlich zwischen 350 000 und 600 000 Mark für den Amateurnachwuchs aufgebracht.[101] Windler hielt den Verein irgendwie finanziell über Wasser, offensichtlich auch mit kleinen Tricks und Bettelei – wo nötig. Hermann Windler ist halt einer dieser Typen, die ihre Sportart lieben.

1995 gab Windler den Vereinsvorsitz ab. Zwölf Jahre waren genug. Er wollte sich um sein Restaurant kümmern.[102] Die Übergabe wurde mit seinen Nachfolgern anscheinend sorgfältig vorbereitet.[103] Windler gab auch seinen Traum von einer Berliner Eissporthalle in Weltdimensionen mit 20 000 Zuschauern weiter – ein Plan, an dem er immer wieder gescheitert war. Er war sogar mit dem vorgesehenen neuen Präsidenten des BSC, Axel Banghard, in die finnische Stadt Turku gereist, um sich dort die gelungene Eissporthalle anzuschauen.[104]

Am Abend des 4. Mai 1995 anläßlich der Mitgliederversammlung des BSC Preussen sollte Windler die Clubpräsidentschaft an Axel Banghard übergeben. Anwesend waren 78 stimmberechtigte Mitglieder und die hohe Zahl von 47 Gästen.[105] Banghard wurde nominiert und ließ wissen, daß er nur gemeinsam mit den Herren David Goldberg als zweitem Vorsitzenden und Alfred Weiss als Schatzmeister kandidieren würde.[106] Diese Troika würde schon einen normalen Menschen zum Nachdenken bringen. Die drei haben nämlich weniger mit Eishockey zu tun als vielmehr mit der Berliner Baubranche.

Die Unternehmensgruppe Prinz zu Hohenlohe-Jagstberg & Banghard ist ein Begriff in Berlin. Axel Banghards Vater Egon, ein Schwabe, hatte das Unternehmen 1971 zusammen mit seinem Partner Prinz zu Hohenlohe-Jagstberg gegründet. Mit seinen Immobiliengeschäften konnte Banghard seinen »Anlegern sichere Wirtschaftlichkeit durch Subventionen«[107] garantieren, womit die Steuer-Bonanza der damaligen Frontstadt gemeint ist. Mitte der Achtziger übernahm Banghard senior die alleinige Unternehmensführung.[108] Seitdem ist sein Sohn Axel, der 1996 erst dreißig Jahre alt wurde, dazugestoßen und führt die »Phidias Generalübernehmergesellschaft für schlüsselfertiges Bauen mbH«,[109] die auch eigene Bauvorhaben abwickelt.[110] Die Banghard-Familie, auch Mitglied im Tennisclub »LTTC Rot-Weiß«, hat in den letzten 25 Jahren über 15 Milliarden Mark an Investitionen, hauptsächlich im Wohnungsbau, nach Berlin gebracht[111] und ist im Berliner Immobiliengeschäft einer der wesentlichsten Mitspieler.

David Goldberg, den *BILD* als »Diamanten-König mit dem goldenen Herzen« feiert, pflegt sein Image nicht nur als exklusiver Juwelier am Kurfürstendamm, sondern auch als »König der Wohltätigkeit«.[112] »Goldies« jährlicher Wohltätigkeitsball (»Heute kommt man nicht unter 1000 Mark rein … Und nicht jeder bekommt eine [Karte] – selbst zum Kauf muß man von Goldie eingeladen werden.«[113]) ist eines der wichtigen gesellschaftlichen Großereignisse des Berliner Filzes. Goldberg, der einer der ursprünglichen Investoren bei Radio Hundert,6 war, verkehrt laut *BILD* mit illustren Freunden aus der Berliner Immobilienszene, darunter Trigon-Besitzer Klaus Groenke und Axel Guttmann, Grundkredit-bankchef Jürgen Bostelmann, Möbelhaus-Chef Ingo Tegeler und Alfred Weiss. Mit Ausnahme von Tegeler sind alle Herren Mitglieder des »Freundeskreises der Nationalgalerie«,[114] ein wichtiges Stelldichein der Berliner Immobilienlöwen, weswegen der Club von vielen als »Bauver-ein« bezeichnet wird.[115]

Alfred Weiss ist Mitglied des Vereins »Freunde der Nationalgalerie«[116] und des Tennisclubs »LTTC Rot-Weiß«.[117] Das CDU-Mitglied Weiss[118] ist unter anderem Geschäftsführer von DIAL Berlin,[119] einem Zusam-menschluß von Berliner Großhotels, und somit Mitglied, wenn auch kein zahlendes, bei »Partner für Berlin«. Auch bei der Berliner Touris-mus GmbH, einem weiteren und auch eher fehlgeschlagenen »Public-Private-Partnership«-Projekt des Diepgen-Senats, bezahlt DIAL Berlin öf-ter nicht.[120] Weiss war nicht nur mit fünf Prozent[121] an der Deutsche Interhotel GmbH mit den Trigon-Partnern Guttmann und Groenke (90 Prozent)[122] beteiligt, sondern auch einer von deren Geschäftsfüh-rern.[123] Weiss behauptete 1992 über den Erwerb von 28 früheren DDR-Hotels von der Treuhand: »Was für einen Coup wir mit dem Kauf der Interhotel-Kette gelandet haben, wird uns erst allmählich klar.«[124] Ein paar Jahre später wurde dies tatsächlich klar: Die Herren hatten 302 Mil-lionen Mark mit der Interhotel-Unternehmung in den Sand gesetzt.[125] Um eine zweite Krise in der Immobilienbranche wie die bei Jürgen Schneider zu verhindern, mußten die Banken die Deutsche Interhotel GmbH mit vermutlich über einer Milliarde Mark retten.[126] Diese Berichte wurden selbstverständlich dementiert.[127] Die Banken wandelten 1995 ihre Kredite in Eigenkapital um und übernahmen die Interhotel-Gruppe selbst.[128] Weiss und die damaligen Coup-Macher sind als Geschäftsfüh-rer abgelöst worden.[129]

Banghard machte kein Hehl daraus, daß er vor seiner Wahl als Präsident des BSC eigentlich nichts mit Eishockey zu tun gehabt hatte.[130] Seine Firma hatte aber einige Erfahrung gesammelt, was das Planen einer großen Mehrzweckhalle für Berlin anging.

Kurz nach der Niederlage in Monte Carlo hatte Eberhard Diepgen höchstpersönlich, laut Banghard, seine Unternehmensgruppe gebeten, ein Konzept dazu vorzulegen, »weil man bereits damals erkannt hatte, daß der Haushalt des Landes Berlin nicht zum Besten bestellt war, um eine weitere neue Halle in einer Größenordnung von 20 000 bis 25 000 Plätzen, die Berlin als europäische Hauptstadt dringend benötigt, errichten zu können«.

Eberhard Diepgen hatte die Stadt erneut mit leeren Versprechungen, diesmal in Sachen Mehrzweckhalle, in die Sackgasse geführt. Während der Olympiabewerbung hatte er versprochen, daß die Spiele den Steuerzahler nichts kosten würden. Im Gegenteil, ein Gewinn sei zu erwarten, so meinte er jedenfalls. Bestimmte Bauten würden – unabhängig davon, ob die Spiele nach Berlin kämen oder nicht – in jedem Falle gebaut werden und müßten deswegen nicht als Kosten der Olympiabewerbung gerechnet werden. So sah sich Diepgen nach dem Scheitern der Olympiabewerbung gezwungen, einige dieser Hallen, etwa ein Velodrom, eine kleinere sogenannte Boxhalle (beide sollten maximal ungefähr zehntausend Zuschauerplätze anbieten)[131] sowie eine Schwimmhalle zu bauen. Alle drei Gebäude finden allerdings nicht wie vorgesehen Privatbetreiber, da sich ihre Größe wirtschaftlich nicht rechnet. Jetzt sitzt Berlins Steuerzahler auf drei von Diepgens weißen Elefanten. Zwar wurde der Bau der Schwimmhalle verschoben, wodurch wenigstens die Betriebskosten gespart werden können, die anderen zwei Hallen aber verschlingen heute schon Millionen an Steuergeldern für Betriebskosten. Auch nach einer erfolgreichen Verpachtung der Hallen könnte es sein, daß die Hallen von der Stadt subventioniert werden müssen.[132] Außerdem sollte eine große Olympiahalle ausschließlich mittels Privatgeldern (»ohne einen Pfennig öffentlicher Zuschüsse« laut damaligem Bausenator Nagel, SPD)[133] gebaut werden. Das Projekt ist bis heute nicht realisiert, obwohl – um vollendete Tatsachen zu schaffen – das Stadion der Weltjugend und umliegende Sportplätze gleich bei Ankündigung des Projekts im Jahre 1992 für über 30 Millionen Mark aus Steuergeldern abgerissen wurden.[134] Auch die Planungskosten, die laut den Grünen weitere Millionen Mark an öffentlichen Geldern betrugen, wurden als

Verlust abgeschrieben.[135] Der vorgesehene Bauplatz, in der Mitte von Berlin, liegt immer noch brach. Berlin besitzt als größere Mehrzweckhalle noch immer nur die marode Deutschlandhalle.

Die Banghardsche Unternehmensgruppe, die am Olympiahallen-Projekt interessiert war, legte im Mai 1994 im Roten Rathaus dem Regierenden Bürgermeister den von ihm gewünschten Plan einer rentablen Mehrzweckhalle für über 20 000 Zuschauer vor.[136] Axel Banghards Vision dieses Baus ist – im Gegensatz zu der des Berliner Senats – wenigstens auf Wirtschaftlichkeit ausgerichtet:

> »Wir dürfen uns nicht grundlegend mit dem Sport auseinandersetzen, wir dürfen uns nicht grundlegend mit der Kultur auseinandersetzen, ein Pop-Festival ist heute nicht nur zwei Stunden Michael Jackson, sondern wir reden über Entertainment, wir müssen die ganze Familie erreichen ... Sie müssen die gesamte Familie ansprechen ... Die Familie reist morgens an, man geht gemeinsam zum Shopping, die Ehefrau geht mit der Tochter in die Textilläden, zum Friseur usw. Der Vater geht mit dem Sohn zum Eishockey oder wie auch immer. Nach der Veranstaltung trifft man sich wieder, geht noch gemeinsam essen, man geht vielleicht gemeinsam in ein Multiplex-Kino.«[137]

Zu dem Mehrzweckhallenkomplex sollten laut Banghard Büros, Läden und – damals sicherlich zur Freude von Alfred Weiss – auch ein Hotel gehören.[138] Bei ihrer Klausurtagung im Februar 1995 in Cottbus sprach sich die Berliner CDU für den »Bau einer neuen privat zu errichtenden Mehrzweckhalle« mit 20 000 Zuschauerplätzen aus. »Die würde in erster Linie die Verlagerung des Eissports aus der Jafféstraße ermöglichen«, selbstverständlich auf dem Olympiagelände[139] – genau wie Windler und der aufstrebende neue Vorstand sich das vorgestellt hatten. Im April desselben Jahres gab es einen Senatsbeschluß – mit ähnlichem Inhalt –, die Halle zu bauen.[140] Die Weichen schienen gestellt zu sein. Mit den Aussichten auf ein solches Großprojekt war es nur logisch, die Karre, vor die die Steuerzahler gespannt werden sollten, auch abzusichern. Mit 48 Ja-Stimmen, 3 Nein-Stimmen und 8 Enthaltungen wurde die Troika Banghard-Goldberg-Weiss zum Vorstand des BSC Preussen, dessen Spielort die Eissporthalle in der Jafféstraße ist, gewählt.[141]

Kurz nach dieser Mitgliederversammlung griff diese Troika Windler an und unterstellte ihm eine Verschleierung der tatsächlichen Höhe der Vereinsschulden.[142] Es wurde Stimmung gegen Windler gemacht, was dazu führte, daß dieser nicht entlastet wurde.[143]

Wer Erfahrung mit den Finanzen eines Profisportvereins hat, weiß, wie heikel dies ist. Bis zu dem historischen Jean-Marc-Bosmann-Urteil des Europäischen Gerichtshofs im Jahr 1996 kalkulierte jeder Verein die Transferrechte seiner Spieler als substanzhaltigen Wert mit ein – genau wie ein Gebäude oder ein anderes Objekt. Die Spieler wurden manchmal von einer anderen Mannschaft gekauft und öfter auch wieder mit Gewinn weiterverkauft, eine damals übliche Praxis.

Auch die Berechnung der Lohnsteuer ist in einem Profisportverein schwierig, da viele Spiele am Wochenende stattfinden, Wochenendzuschläge an die Spieler aber, laut Finanzamt, nicht bezahlt werden, da das Wochenende als normale Arbeitszeit gilt. Dadurch ergibt sich eine laufende Auseinandersetzung mit den Finanzbehörden, wobei Steuerschulden öfter mit einem beträchtlichen Nachlaß für den Verein zwischen diesem und dem Finanzamt ausgehandelt werden. Außerdem bekommen Vereine Darlehen von Sponsoren. Solche Schulden werden irgendwann gestrichen oder nur zum Teil zurückgezahlt.

Wenn man aber alle diese Tatsachen ignoriert, entsteht auf dem Papier ein fast unüberwindbarer Schuldenberg. Genau das tat die neue Troika. Es sah so aus, als ob sie ihren eigenen Verein in den Konkurs treiben wollte.

Im Mai 1995 lagen die Altschulden des »BSC Preussen« bei 3 Millionen Mark.[144] Im November desselben Jahres waren sie laut Banghard auf rund 8 Millionen Mark angewachsen.[145] Außerdem warf Banghard seinem Vorgänger Windler »doppelte Buchführung« und »Steuerhinterziehung« vor.[146] In der Zwischenzeit hatte die Troika einen sehr raffinierten Schachzug durchgeführt. Einige Wochen nach ihrer Wahl zum Vereinsvorstand etablierten sie für die Profimannschaft eine neue GmbH: die »Preussen Devils Eishockey GmbH«. Axel Banghard und David Goldberg waren die Hauptteilhaber (Goldberg verkaufte seine Anteile einige Wochen später – unter anderem an Banghards Vater Egon).[147] Damit vereinnahmten die Herren die profitable Profimannschaft und ihre Transferrechte und hinterließen einen verschuldeten und verlustproduzierenden Amateurverein.

Die Strategie der Troika wurde Ende November eindeutig. Für den alten Verein BSC Preussen wurde Konkurs angemeldet.[148] Die Profimannschaft würde damit überleben. Im Handstreich hatten die Geschäftsleute also einen kompletten Verein samt der Transferrechte für die Spieler preiswert erhalten. Dem sollte eine Sporthalle, vom Steuerzahler mitgetragen, folgen.

Ende Dezember 1995 traf sich Windler mit Weiss in dessen Haus. Windlers Gesprächsnotizen zufolge soll Weiss dort sinngemäß ausgeführt haben:

> »Es war geplant, den BSC Preussen in den Konkurs zu treiben. Damit würde die neue Gesellschaft die Spieler umsonst haben, und außerdem würden ca. 1,8 Mio. DM gespart, da die Gehaltsausfälle der Staat über die KAUG bezahlen müßte, die Steuern und die Berufsgenossenschaft entfallen würden. Eine Diskriminierung und ein persönlicher Konkurs von Herrn Windler wurden extra in Kauf genommen.«[149]

Das hieß nichts anderes, als Windler und einen profilierten Berliner Eishockeyverein in den Konkurs zu treiben, die Steuerzahler zur Kasse zu bitten und den Verein zum Nulltarif einzusacken.

Der Plan ging aber auf der ganzen Linie schief. Der Deutsche Eishockey-Bund ließ nämlich wissen, die Vergabe einer Lizenz im Profi-Bereich sehe eine Unterstützung des Amateurprogramms vor. Damit sollte der Eishockeynachwuchs in Deutschland gesichert werden, statt nur Billigspieler aus den osteuropäischen Ländern einzukaufen. Demzufolge verlören die »Devils« ihr Recht, in der Profi-Liga zu spielen, sollte der »BSC

Preussen« Konkurs anmelden müssen. Kurz danach zog die Troika ihren Konkursantrag zurück.[150]

Offensichtlich bekamen aber Weiss und Goldberg kalte Füße, denn sie schrieben an Axel Banghard, sie würden den Konkursantrag nur dann endgültig zurückziehen, wenn die Devils den BSC Preussen »total entschulden«.[151] Ganz nüchtern machten Weiss und Goldberg darauf aufmerksam, daß der Wechsel der Spieler zur Devils GmbH »dazu geführt [hat], daß dem BSC Preussen e.V. jede Möglichkeit, Einnahmen aus dem Eishockey-Spielbetrieb zu erzielen, genommen wurde und, damit verbunden, eine Sanierung des Altvereins aus eigener Kraft nicht möglich ist.«[152]

Diese Entscheidung zur Entschuldung des Vereins wurde von der CDU vereinfacht. Denn Windler zufolge hatte Weiss mit dem damaligen Finanzsenator Elmar Pieroth und dessen Staatssekretär Peter Kurth gesprochen. Die CDUler erklärten, daß die steuerlichen Dinge abgesprochen seien und es im Endeffekt nichts mehr zu befürchten gebe.[153]

Banghard erzählte eine ähnliche Geschichte: »Herr Senator Klemann hat bei Rücknahme des Konkursantrags erhebliche Unterstützung durch den Berliner Senat versprochen.«[154] Danach wurde die BEWAG, die »Berliner Kraft- und Licht-Aktiengesellschaft«, (Landesanteil 50,8 Prozent)[155] zu einem der Hauptsponsoren der »Preussen Devils«. Es ist interessant zu wissen, daß der Hauptsponsor des anderen Berliner Eishockeyprofivereins, der »Eisbären«, die »GASAG Berliner Gaswerke AG« (Landesanteil 51,2 Prozent)[156] ist. Dadurch subventioniert das Land Berlin indirekt das professionelle Eishockey. Es ist zu vermuten, daß solche Sponsorentscheidungen nicht ohne den Segen des Roten Rathauses möglich sind. Ebenso auffällig ist der Wirtschaftsbeirat von Banghards Eishockeyverein, der dem von Hertha BSC verdächtig ähnlich sieht. Aus der CDU kommen Dieter Heckelmann und, wie bei Hertha, Rupert Scholz. Wie bei Hertha, so findet sich hier auch Georg Gafron, CDU-Mitglied und Chef von Radio Hundert,6. Der SPD-Mann und frühere Gewerkschaftsfunktionär Michael Pagels, der heute im Vorstand von BEWAG sitzt, gehört ebenfalls dem Beirat an.[157]

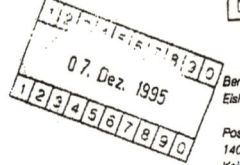
Auszug aus dem Schreiben von Alfred Weiss an Axel Banghard.

Dem in der Zwischenzeit in den Medien diffamierten Windler blieb
nichts anderes übrig, als Banghard und Weiss wegen Beleidigung, Ver-
leumdung und übler Nachrede anzuzeigen.[158] Anfang 1996 gab Banghard öffentlich zu, daß seine damalige Behauptung, Windler hätte
Schulden von 8 Millionen Mark beim BSC Preussen hinterlassen, nicht
richtig gewesen sei. Mit einemmal stimmte er mit Windlers Schätzung –
von 3 bis 4 Millionen Mark Schulden – überein.[159] Bei der nächsten Mitgliederversammlung des »BSC Preussen« am 4. Juli 1996 sah sich Banghard veranlaßt, eine Art Ehrenerklärung abzugeben, um Windlers Ruf
wiederherzustellen.[160]

Aus einem Brief von Weiss an Banghard vom 5. Dezember 1995 gewinnt
man Einblick hinter die Kulissen. Laut Weiss war Banghard federführend
darin, das Vermögen des »BSC Preussen« in den Profiverein zu holen
und die Schulden im Amateurverein zurückzulassen:[161] »Es kann nicht
sein, daß Du als Privatperson und Gesellschafter der Devils GmbH, Dich

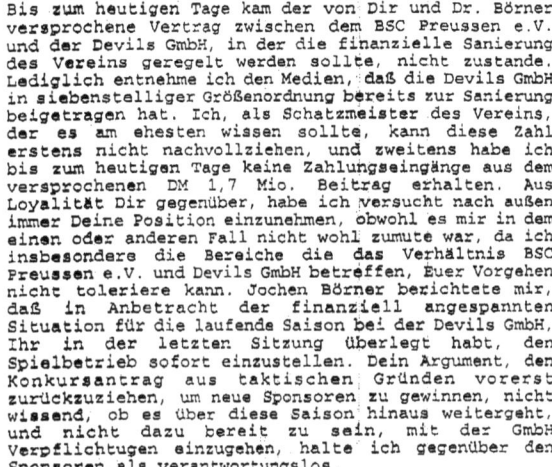

an dem Aktivvermögen, wie Hermann Windler dies so plastisch beschreibt, bedienst, und auf der anderen Seite nicht bereit bist, im Gegenzug schriftliche Verpflichtungen gegenüber dem BSC Preussen e. V. einzugehen.«[162] Was Banghards Erklärungen bezüglich eines siebenstelligen Beitrags zur Entschuldung des BSC Preussen betrifft, schrieb Weiss: »Ich, als Schatzmeister des Vereins, der es am ehesten wissen sollte, kann diese Zahl erstens nicht nachvollziehen, und zweitens habe ich bis zum heutigen Tage keine Zahlungseingänge aus dem versprochenen DM 1,7 Mio. Beitrag erhalten.«[163] Am Schluß bezieht sich Weiss auf das Schreiben von ihm und Goldberg, in dem sie verlangten, daß die Devils GmbH einen Vertrag unterschreiben sollte, der eine unwiderrufliche Entschuldung des »BSC Preussen« garantiere.[164]

Das ist bis heute nicht passiert. Diese Tatsache ist schwer zu erklären, da es offensichtlich am 4. Dezember 1995 zu einem Treff mit Oberfinanzpräsident Trendelenburg in den Räumlichkeiten der Oberfinanzdirektion

Berlin gekommen war. Und: »Herr Trendelenburg signalisierte die Bereitschaft, bei der Entschuldung des BSC Preussen e. V. mitzuwirken.«[165] Außerdem, behauptet Windler, seien die Banken bereit, 500 000 Mark als Nachlaß zu berechnen, wenn die restlichen Schulden bei ihnen beglichen würden.[166] Bei der Mitgliederversammlung des »BSC Preussen« vom 4. Juli 1996 schien die Entschuldung des Vereins im Kasten zu sein. Banghard sprach von einem Entschuldungskonzept, das nur 1,2 Millionen Mark kosten würde.[167] Die Transferrechte der Spieler, die Banghard, Goldberg und Weiss vom BSC übernommen hatten, lagen damals weit über dieser Summe.[168] Damit hätte die Affäre eigentlich erledigt sein müssen.

Am 6. November 1996 ging das Theater jedoch von vorne los. Bei einer außerordentlichen Mitgliederversammlung des »BSC Preussen« im Berliner Hotel Intercontinental ergriffen Banghard und Goldberg die Initiative und traten mit dem gesamten Vorstand zurück[169] (Weiss war bereits Mitte des Jahres zurückgetreten).[170] Sie verkündeten, der Verein würde angeblich über acht Millionen Mark Schulden vor sich her schieben und stünde vor dem Konkurs.

Wie schon anderthalb Jahre zuvor wurde erneut mit Zahlen jongliert. Die Lohnsteuerrückzahlung beim Finanzamt sollte sich nun auf 2 899 000 Mark belaufen. Der zweitgrößte Posten, nämlich 1 711 000 Mark, würde keinem anderen als dem Profiverein, der in der Zwischenzeit in »Berlin Capitals« umgetauft worden war, geschuldet. Damit wurde klar, daß Banghard das Geld zum Tilgen der Altschulden des Vereins in ein Darlehen umgewandelt hatte. Da außerdem kein größerer Posten der Altschulden getilgt worden war, kann man nur annehmen, daß diese Gelder nach der Übernahme durch Banghard, Goldberg und Weiss für den laufenden Betrieb des »BSC Preussen« (Spieler, Gehälter und Jugendprogramm) aufgewendet wurden und nicht zum Begleichen der Altschulden.

Auf diese Art konnte man – zum wiederholten Mal – versuchen, die Schulden des Amateurvereins endgültig loszuwerden. Ein Notvorstand sollte eingesetzt werden. Es scheint, als ob die Herren erneut versuchten, sich so billig wie möglich aus ihren Verantwortlichkeiten beim »BSC Preussen« zu stehlen und sich nur noch auf ihre neue Profi(t)mannschaft zu fokussieren.

Es mußte Windler höchst zynisch vorkommen, daß sich Banghard nach diesem Rücktritt erneut einen großen Auftritt verschaffte und Pläne für seine »ARENA Berlin« vorlegte. Diese Mehrzweckhalle soll über dem S-Bahnhof Olympiastadion gebaut werden – genau wie von Windler Jahre zuvor konzipiert.

Laut Banghard sollte die 80 Millionen Mark teure Halle[171] privat entwickelt und finanziert werden.[172] Später mußte Banghard aber zugeben, daß er mit Bundeszuschüssen von 20 Millionen Mark rechnete.[173] Das Nutzungskonzept scheint zwar in sich stimmig zu sein, doch es gibt einen Pferdefuß dabei: Wie Banghard selbst zugibt, würde eine Mehrzweckhalle, wie er sie sich vorstellt, »der Todesstoß« für die neue Boxhalle und das Velodrom sein.[174] Dann müßten Diepgen und der Senat eingestehen, daß sie Hunderte Millionen Mark mit einem falschen Sporthallenkonzept in den Sand gesetzt hätten.

David Goldberg bastelt zwar nicht an Sporthallen, aber weiter an seinem Image als der Mann mit dem goldenen Herzen. Am 1. Februar 1997 feierte er seinen fünfzigsten Geburtstag. Dabei waren alle, die Rang und Namen haben im Berliner Filz, sogar der rehabilitierte Baulöwe Dieter Garski.[175] Hannelore Kohl mußte wegen Grippe absagen.[176] Daß Goldberg Windler in den finanziellen Ruin treiben und das Amateureishockey in Berlin – und damit den Jugendbereich dieses Sports – in eine ernsthafte Krise bringen könnte, scheint den Mann mit dem goldenen Herzen wenig zu kümmern.

Hermann Windlers Glaube, die Berliner Staatsanwaltschaft werde ihm Gerechtigkeit verschaffen, ist inzwischen auch erschüttert. Seine Anzeige wegen übler Nachrede gegen Banghard und Weiss wurde, wie nicht anders zu erwarten, nicht weiterverfolgt. Die Erklärung von Oberstaatsanwalt Weimann dazu spricht Bände: »Nach Rücknahme des Konkursantrages konzentriert sich das öffentliche Interesse nur noch auf die sportlichen Leistungen des BSC Preußen Eishockey e.V. Ihre

Erwähnung in der Presse und im Fernsehen ist in der Öffentlichkeit ›vergessen‹.«[177]

Windler faßt heute seine Erfahrungen mit Bitterkeit zusammen: »Im Jahre 1995 habe ich dann den Vorsitz abgegeben, an eigentlich nach meinem Dafürhalten seinerseits sehr honorige Leute. Heute kann ich sagen, daß es ein großer Fehler war. Diese Leute sind in der Immobilienbranche tätig, und was sich dort abspielt, hat sich im Sport wieder niedergeschlagen.«[178]

10 Es war einmal ein Flughafen

Es war einmal ein Flughafen namens Schönefeld. Er war weder groß noch richtig schön, dafür aber auf jeden Fall klein und praktisch. Dieser kleine Flughafen fristete also sein Dasein am Rand der Stadt. Eines Tages kam auf ihrem langen Weg die Weltgeschichte durch die Stadt und leitete eine große Wende ein, indem sie eine kleine Mauer zum Einsturz bringen ließ, und die Stadt wurde in einer Nacht zum Mittelpunkt der Welt – das heißt: Für all jene Menschen, die sich als Mittelpunkt der Welt fühlen wollten, wurde sie zum Mittelpunkt der ganzen Welt für alle Tage und alle Nächte. Aber als Mittelpunkt der Welt hatte die Stadt große Probleme, für deren Lösung die Weltgeschichte nicht allzuviel hinterlassen hatte. Und mit der Zeit waren sich die Bürger der Stadt nicht mehr ganz sicher, ob sie nur noch der Mittelpunkt des Landes waren, in dem die Stadt lag, oder etwa doch der Mittelpunkt des Erdteils, in dem das Land lag, oder immer noch der Mittelpunkt der ganzen Welt. Sicher war nur, daß alle Menschen aus aller Welt in diese Stadt kommen wollten – auch Olympia. Das jedenfalls dachten jene Menschen in der Stadt, die daran dachten, wie schön es wäre, für immer Mittelpunkt der Welt zu sein.

Dann rief einer: »Wenn alle Menschen in unsere Stadt kommen wollen, dann brauchen wir einen großen Flughafen! Groß genug für mindestens 20 Millionen Fluggäste im Jahr!« »40 Millionen, *vierzig!*« meinte ein anderer. Ein Dritter rief: »Nein, 60 Millionen.« »80 Millionen«, »100 Millionen«, die Rufe hörten nicht auf. Die Herrscher aus dem Königshof des Landes und aus zwei Fürstentümern des Landes – zu jener Zeit hieß es offiziell »der Bund« und »die Bundesländer Berlin und Brandenburg« – entschieden sich, den kleinen Flughafen Schönefeld auszubauen – für ein paar Milliarden mehr oder weniger, was machte das schon. So kam es, daß sie zwei Lehnsknechte ernannten, um das Schönefelder Land zu kaufen. »Kaufen, kaufen, kaufen«, befahlen sie, »und lasset die bösen Spekulanten (die die heimlichen Kostgänger der Herrscher waren) keine Schikanierzwickel einbauen.« Und die Knechte taten, wie ihnen geheißen, und kauften und kauften und kauften – von jedem, der verkaufen konnte. Und die Herren Herrscher waren so damit beschäftigt herauszufinden, wie sie sich am besten als Mittelpunkt der Welt fühlen konnten, daß jeder von ihnen sein eigenes Flughafen-Süppchen kochte und das Treiben der Knechte, die von anderen Knechten kauften und kauften, allmählich vergaß.

Eines Tages jedoch, es war am Abend, da erwachten die Menschen der Stadt, sahen sich bestürzt um und merkten, daß sie nicht mehr der Mittelpunkt der Welt waren, und Olympia kam auch nicht. Und auch die Herrscher entdeckten, daß sie vielleicht doch keinen so großen Flughafen brauchten. Aber die Knechte hatten Land gekauft und gekauft und gekauft, und ohne Flughafen drauf war das Land überhaupt nichts wert. Doch wie bei Herrschern üblich fanden sie auch schnell die Schuldigen für dieses Desaster – alle anderen waren schuld. Um diese Schuldigen vor aller Welt zu brandmarken, ließen sie einen sogenannten Untersuchungsausschuß einberufen, aus dem rasch ein Märchenerzählerwettbewerb wurde. Soviel Humor hatten sie – immerhin. Aber die Knechte, an die sie sich in ihrer Not plötzlich wieder erinnert hatten, ließen sie alle köpfen.

All dies geschah sehr zur Freude des überaus humorvollen und gemütlichen Volkes. Aber dennoch: Irgendwie fühlten sich die Herrscher nicht schlecht gequält, denn wie um aller Welt Mittelpunkts willen sollte je aus Schönefeld schönes Geld werden?

Die Zeit ging ins Land, Gras wuchs, bis eines Tages einer der Herrscher rief: »Hört, hört, ich habe geträumt heute nacht. Mir träumte, daß viele Menschen aus aller Welt in unsere Stadt kommen wollen. Wir brauchen einen großen Flughafen! Mindestens für 20 Millionen Fluggäste im Jahr!« »Welch göttlicher Traum,« rief der nächste. »Ja, 40 Millionen, *vierzig!*« meinte ein anderer. Ein Dritter rief: »Nein, 60 Millionen.« …

Und so endet die Geschichte des Flughafens, der heute immer noch Schönefeld heißt. Und wenn sie nicht gestorben sind, dann zahlen die Bürger noch heute; für das Märchen der Politiker von der Stadt im Mittelpunkt der Welt und dem Flughafen »Schönegeld«.

> »Der Aufsichtsrat ermächtigt die Geschäftsführung, den Erwerb eines für den Flughafenausbau benötigten Areals von zunächst bis zu 30 ha vorzunehmen (bei einem m^2-Preis von ca. DM 200,00), und empfahl, die weitere Beschaffung durch die Brandenburgische Landesentwicklungs- gesellschaft betreiben zu lassen.«[1]

Ein einfacher, eindeutiger Satz. Dieser anscheinend harmlose Beschluß des Aufsichtsrates der Flughafen Berlin-Schönefeld GmbH sollte jedoch einiges verursachen: den Verlust von zunächst 350 Millionen Mark für die Steuerzahler,[2] Untersuchungen der Rechnungshöfe von Berlin, dem Land Brandenburg und der Bundesregierung sowie den Einsatz von Untersuchungsausschüssen in Berlin und Brandenburg.

Um das Phänomen »Flughafen Schönefeld« zu verstehen, muß man sich erst in jene Zeit zurückversetzen. Es war Juni 1991 – Berlin wird als Hauptstadt auserkoren. Diepgen und seine Freunde sind gerade dabei, die Olympischen Spiele für das Jahr 2000 nach Berlin zu bestellen. Die neue Hauptstadt soll die Handelsdrehscheibe mit den osteuropäischen Ländern, wenn nicht gar mit ganz Asien, werden. Spekulanten überfallen die Stadt, um »auf die schnelle« Riesengewinne zu erzielen. Viele »seriöse« Konzerne wollen »Berlin helfen«, was eine nette Ausdrucksform für das ist, was die Spekulanten auch vorhatten.

Zu dieser Euphorie, die sich ausschließlich im Reich der Superlative tummelte, gehörte auch das Projekt eines Großflughafens. Dieser sollte aber kein einfacher, alltäglicher Großflughafen oder Flugkreuz werden, sondern, wie der damalige Vorstandsvorsitzende der Lufthansa, Heinz Ruhnau, meinte: eine »Intercountryscheibe«![3]

Was nach der Wiedervereinigung passierte, war kein Wirtschaftsboom, sondern ein Goldrausch. Das Ziel eines jeden Investors ist es nicht, dafür zu sorgen, daß es einer Stadt gutgeht, sondern selbst Geld zu verdienen – auch wenn öffentlich gerne das Gegenteil beteuert wird. Um eine Wirtschaftsinfrastruktur aufzubauen, muß die Regierung planen und diese Pläne umsetzen. Wer heute die Berliner Wirtschaft betrachtet, weiß, daß in Berlin gerade das nicht erfolgt ist. Der Berliner Filz, der nur Subventionsabschöpfung kannte, wetteiferte darum, sich eine rosige Zukunft vorherzusagen und von »Visionen« zu faseln – und selbstverständlich vom Goldrausch selbst zu profitieren. Ansonsten aber warteten die Herrschaften, wie üblich, daß alles für sie gemacht wurde: Statt der notwendigen Politik der Konzeptionen machten sie eine reine Klientelpolitik. Vielleicht sogar in der Hoffnung, daß diese Klientel mit ihrem Gewinnstreben noch genug für die Stadt abfallen lassen würde. Diese Art der Konzeptionslosigkeit wird von vielen in Berlin für »Private-Public-Partnership« gehalten.

Gleiches gilt auch für Berlins Flughäfen. Bisher lag die Zahl der Fluggäste der Berliner Flughäfen (Schönefeld im Osten, Tegel und Tempelhof im Westen) bei zehn Millionen im Jahr.[4] 1990 redete der Berliner Senat schon von 40 Millionen Fluggästen im Jahr 2010,[5] der damalige Lufthansa-Chef Ruhnau gar von 60 Millionen.[6]

Im Vergleich dazu hatte der Frankfurter Flughafen, der das gesamte Rhein-Main-Gebiet bediente und sich über Jahre hinweg als internationales Luftkreuz etabliert hat, zu dieser Zeit um die 30 Millionen Fluggäste. Für 2010 wurde mit 52 Millionen Passagieren gerechnet.[7]

In der Realität müssen sich die Flughäfen in Frankfurt, München und Düsseldorf jedoch dem harten europäischen Wettbewerb um das transkontinentale Flugverkehrsaufkommen stellen. Gleichzeitig soll die Zahl der Inlandsflüge durch den Ausbau des Hochgeschwindigkeitsnetzes der Bahn reduziert werden. Mithin besteht in Deutschland keinerlei Bedarf für einen zusätzlichen Großflughafen.

Dessenungeachtet wird im Oktober 1990 die »Flughafen Berlin-Schönefeld GmbH« (FBS) gegründet mit dem Zweck: »Betrieb und Ausbau des Flughafens Berlin-Schönefeld zu einem internationalen, leistungsfähigen Flughafen, der den Bedürfnissen der Hauptstadt Berlin entspricht.«[8]

Die FBS schien jedoch für die möglichen Großauftragnehmer des Flughafenbaus und für einige Kreditgeber nicht schnell genug zu arbeiten. Daraufhin beglückte die deutsche Wirtschaft Berlin mit einem Plan, der wahrscheinlich den teuersten Weg zu einem Großflughafen beinhaltet – die sogenannte Mannesmann-Studie.

Anfang 1991 hatte sich eine Arbeitsgemeinschaft mehrerer deutscher Firmen, darunter AEG und Mannesmann, gebildet. Sie wurde von der Deutschen Bank, der Dresdner Bank und der Westdeutschen Landesbank beraten.[9] Daraus entstand die »Mannesmann-Studie«, die einen Ausbau der Berliner Flugkapazitäten in drei Stufen vorsah: Ein erster Schritt sollte der Ausbau des Flughafens Schönefeld für bis zu sechs Millionen Passagiere pro Jahr sein. Anschließend eine zusätzliche Erweiterung von Schönefeld, um auf 13 Millionen Fluggäste jährlich zu kommen.[10] Und dann als dritten Schritt der Bau eines Großflughafens an einem noch unbestimmten Ort (die Studie empfahl Sperenberg, 50 Kilometer von Berlin entfernt).[11] Darunter ist im Klartext wohl zu verstehen, daß der bis dato neu ausgebaute Flughafen Schönefeld dann »eingestampft« werden sollte. Dieser Plan, obwohl heute niemand mehr genau weiß, wie es dazu kam, galt als die Grundlage der Berliner Flughafenplanung. Sogar der Berliner Flughafen-Untersuchungsausschuß, der mit seiner CDU-SPD-Mehrheit nicht besonders kritisch war, mußte erkennen: »Bemerkenswert erscheint dem Untersuchungsausschuß, daß die verschiedenen Planungsentwürfe nicht von der Flughafengesellschaft selbst initiiert wurden, sondern von Kreisen an den Flughafen herangetragen wurden, die selbst als geschäftliche Interessenten an einem Ausbau gelten können.«[12]

Die Profilierungswünsche der Berliner und brandenburgischen Politiker schienen von Anfang an die Oberhand gewonnen zu haben. Im April 1991 stellen Mitglieder der Landesregierung Brandenburg und der derzeitige Berliner Finanzsenator Pieroth die »Mannesmann-Studie« der Presse und der Öffentlichkeit vor.[13] Damit ist die Katze aus dem Sack. Jeder, der spekulieren will, kann sich nun gut darüber informieren, welche Grundstücke für den Ausbau des Flughafens Schönefeld vorgesehen sind – und versuchen, diese rasch zu kaufen, um sie später wieder mit einem horrenden Gewinn an die Flughafengesellschaft weiterzuverkaufen. Diese unangenehme Erfahrung hatten schon die Flughäfen München und Hamburg gemacht, die dann bis zu 800 Mark pro Quadratmeter Ackerland bezahlen mußten.[14] Spekulanten, die vielleicht im Urlaub waren und die Gelegenheit verpaßt hatten, bei dieser Pressekonferenz die Einkaufspläne für den Flughafen Schönefeld näher zu betrachten, konnten das allerdings nachholen. Es genügte eine Stippvisite in die Schönefelder Randgemeinden, wo der Plan am Schwarzen Brett aushing, oder bei der Planungsabteilung der Flughafengesellschaft, wo einem zusätzlich zur Tasse Kaffee der Plan vorgelegt wurde.[15]

Nachdem die Politiker mögliche Spekulanten darüber ins Bild gesetzt hatten, wo eine schnelle Mark zu verdienen war, schienen sie ihren faktischen Gegnern auch einen mehr als fairen Vorsprung geben zu wollen. Erst sieben Monate nach der Pressekonferenz wurde die Flughafen Berlin-Schönefeld GmbH beauftragt, Grundstückskäufe zu tätigen – und auch dann nur zögerlich. Die Aktivitäten der Spekulanten waren den Geschäftsführern der FBS allerdings schon längst aufgefallen. So erzählt einer von ihnen, daß »eine Fülle von Immobiliengesellschaften in der Zeit April, Mai, Juni um Gesprächstermine ... nachgesucht haben. Daraus haben wir geschlossen, daß die Leute ja nicht nur unseren guten Kaffee trinken wollen, sondern sicherlich auch Informationen haben (wollten), wo es sich denn lohnt.«[16] Sie bekamen beides. Wie zu erwarten war, waren die Konsequenzen aus dieser großzügigen Informationspolitik verheerend.

Erst am 25. November 1991, die Immobilienbranche war bereits seit

April informiert, erteilt der Aufsichtsrat der FBS, der aus Vertretern Berlins, Brandenburgs, der Bundesregierung und der Treuhandanstalt besteht, ihren Geschäftsführern die berühmt-berüchtigte Ermächtigung für den ersten Grundstückskauf. Der Auftrag war anscheinend eindeutig: 30 Hektar für 200 Mark pro Quadratmeter.

So unglaublich es klingen mag, diese Entscheidung wurde getroffen, ohne daß ein Ausbauplan für den Flughafen existierte, der von irgendeinem Gremium, und sei es auch nur von dem zuständigen Aufsichtsrat, beschlossen worden wäre. Die Pläne, an denen sich die Mitarbeiter der FBS orientierten, beruhten immer noch auf der – wenn auch leicht revidierten – »Mannesmann-Studie«. Außerdem hatte der Aufsichtsrat bisher keinerlei Hinweis darauf gegeben, welche Grundstücke gekauft werden sollten!

Dieser Einkauf lag nicht gerade in den besten Händen. Nicht etwa ein gewiefter Fachmann war mit der Vorbereitung des Grundstückskaufs beauftragt, sondern ein 32jähriger Rechtsanwalt.[17] Gefragt, nach welchen Kriterien er die Grundstücke auswählte, antwortete der Anwalt: »Wir erhielten eine Flurstücksliste. Diese korrespondierte auch mit einem großen Plan des Flughafens, in dem farbig markiert war, welche Flächen da so als Ausbauflächen vorgesehen waren.«[18] Man könnte meinen, hier sei Monopoly gespielt worden, allerdings mit echtem Geld.

Ebenso fragwürdig war die Entscheidung des Aufsichtsrats, die »Landesentwicklungsgesellschaft für Städtebau, Wohnen und Verkehr des Landes Brandenburg mbH« (LEG) mit der Beschaffung der Grundstücke für den Flughafen Schönefeld zu beauftragen. Die LEG war erst im Oktober 1991 gegründet worden – also knapp einen Monat bevor sie den Kaufantrag der FBS erhielt.[19] Ihr Geschäftsführer, Germanus Pause, studierte und arbeitete seit 1969 in Australien. Dort hatte er unter anderem für die australische Regierung gearbeitet.

Nach der Wende wurde Pause im Rahmen des australisch-deutschen Abkommens über wissenschaftliche und technologische Zusammenarbeit nach Potsdam geschickt:[20] »So tauchte ich im Juli 1991 in Potsdam auf, ausgerüstet mit sechs Monatsgehältern von der australischen

Seite, und fand mich in der Rolle eines Gründungsbeauftragten der Landesentwicklungsgesellschaft ...«[21] Ein normaler Mensch wird sich vielleicht fragen, warum die Australier einen guten Mitarbeiter gehen ließen, und das mit einer abfindungsähnlichen Geldsumme.

Die Arbeitsbedingungen bei der LEG waren in Potsdam offensichtlich nicht die besten. Germanus Pause erinnert sich, daß sich sein erstes Büro im Keller hinter einer Bauschuttrutsche befand. »Sämtliche Papiere sowie meine eigene Person waren schon nach wenigen Stunden Arbeit mit einem grauweißen Staub bedeckt.«[22] Sein Telefon im Büro funktionierte nur sporadisch und ab vier Uhr überhaupt nicht.[23] Als die LEG ans Werk geht, die Grundstücke für die Flughafengesellschaft zu kaufen, verfügt sie über ganze fünf Mitarbeiter.[24] Ein späteres Gutachten, das im Auftrag der Flughafengesellschaft in Auftrag gegeben wurde, formulierte die Vermutung: »Unter diesen Umständen drängte sich geradezu auf, daß die LEG möglicherweise nicht den notwendigen professionellen Standard für Grundstückskäufe in der geplanten Größenordnung aufwies.«[25]

Berlins Landesrechnungshof stellte Jahre später fest: »Im übrigen ist nicht nachvollziehbar, wieso für diese schwierigen Grundstücksgeschäfte ausgerechnet die erst im Oktober 1991 gegründete LEG beauftragt wurde.«[26] Wie so oft im Fall Flughafen, wo eine kollektive Amnesie bei Fehlentscheidungen auftritt, scheinen die Aufsichtsratsmitglieder nicht so richtig zu wissen, wie es zu dieser Beauftragung gekommen ist.[27]

Zusammengefaßt läßt sich feststellen: Die Grundstückseinkäufe für den Ausbau des Flughafens Schönefeld finden ohne einen festgelegten genehmigten Plan statt, sie werden von unerfahrenen Leuten und Institutionen durchgeführt, und das ohne klare Richtlinien des zuständigen Aufsichtsrats. Außerdem hatte sich niemand die Mühe gemacht, weder der Aufsichtsrat noch die FBS oder die Landesregierungen, Wirtschaftlichkeits- oder Finanzierungsberechnungen einzuholen!

Doch wenn die erste GmbH mit ihrer Aufgabe nicht zu Rande kommt, entscheidet man einfach, eine weitere, noch größere zu gründen – wahrscheinlich in der Hoffnung auf endgültigen Erfolg. Als sich der

Ausbau von Schönefeld und die Schaffung eines Großflughafens abzeichnen, beschließen die Länder Berlin und Brandenburg und die Bundesregierung die »Berlin Brandenburg Flughafen Holding GmbH« (BBF) zu gründen. Berlin und Brandenburg besitzen jeweils 37 Prozent der Gesellschafteranteile und der Bund die restlichen 26 Prozent. Aufgabe der BBF ist es, die drei Flughäfen (Schönefeld, Tegel und Tempelhof) unter einheitlicher Geschäftsführung zu betreiben sowie einen neuen Großflughafen zu planen.[28] Die bisherige Flughafengesellschaft, die FBS, soll ihr unterstellt werden. Die BBF wird im Dezember 1991 gegründet. Berlin schickt vier Vertreter in den Aufsichtsrat: den damaligen Senator für Verkehr und Betriebe Herwig Haase (CDU), Diepgens Staatssekretär in der Senatskanzlei Volker Kähne und zwei weitere Staatssekretäre, jeweils einen aus Pieroths Senatsverwaltung für Finanzen und einen aus der Senatswirtschaftsverwaltung.

Die Politiker des Aufsichtsrats scheinen entweder wenig Interesse oder wenig Zeit für die Angelegenheiten der BBF zu haben, obwohl allein der Ausbau des Flughafens Schönefeld ein 15-Milliarden-Mark-Projekt werden soll. Die konstituierende Sitzung des BBF-Aufsichtsrats findet erst Ende März 1992 statt.[29] Bis dahin hatte sich jedoch einiges ereignet.

Als die Herren aus Berlin, Potsdam und Bonn am 30. März 1992 zur ersten BBF-Aufsichtsratssitzung zusammentreten, hat die LEG statt der ursprünglich geplanten 30 Hektar zu 200 Mark pro Quadratmeter mehr als 100 Hektar zu Quadratmeterpreisen von bis zu 400 Mark gekauft![30] Vor dem späteren Untersuchungsausschuß widersprachen sich die Versionen in den Darstellungen der geladenen Akteure. Weder kann erhellt werden, wie es zu den »Mehrausgaben« im Hundertmillionenbereich kommen konnte, noch wird klar, warum danach noch weitere Grundstückskäufe getätigt wurden.

Eins ist sicher. Seit der Pressekonferenz zum Ausbau des Flughafens Schönefeld – also fast ein Jahr vor der konstituierenden Sitzung des BBF-Aufsichtsrats – hatten Immobilienfirmen Grundstückskäufe um das existierende Flughafengelände herum getätigt. Das wahrscheinlich am wenigsten durchschaubare Unternehmen ist eine Gruppe von Briefkastenfirmen in Liechtenstein. Da die Vertreter aber aus der Bundesrepublik stammen und sehr gut über die Rechts- und Immobilienlage in Berlin und Brandenburg Bescheid zu wissen scheinen, ist nicht auszuschließen, daß Berliner Investoren an dieser Gruppe beteiligt sind oder waren. Es gelang diesem Unternehmen, sich große Flächen zu sichern, darunter ein 20-Hektar-Grundstück, das auch Teile des geplanten Rollfelds umfaßt. Der Berliner Untersuchungsausschuß konnte nicht herausfinden, was die Liechtensteiner Gruppe damit vorhatte. Ein Repräsentant des Unternehmens erzählte später vor dem Untersuchungsausschuß, das Grundstück sei »aus Versehen« gekauft worden.[31]

Ebenso dabei war eine Firma namens Ellinghaus. Dieser Name ist in Berlin nicht unbekannt. Gert Ellinghaus führte ein Prachtexemplar einer Berliner Karriere vor. Dem einstigen Bremer Sozialdemokraten[32] beim »roten« Radio Bremen gelang 1984 der gleichzeitige Wechsel des Parteibuchs (raus aus der SPD – rein in die CDU) und die Versetzung auf den Chefsessel des Regionalmagazins »Berliner Abendschau«[33] beim Sender Freies Berlin. Die Redakteure waren empört über dieses »Zugeständnis« an die CDU.[34] Wegen Ellinghausens CDU-freundlicher Haltung gibt es zahlreiche Beschwerden. Nachdem ein Bordellbesitzer jedoch in einem »Abendschau«-Interview Diepgen erneut in gefährliche Nähe zum »Antes-Skandal« bringt, sind Ellinghausens Tage bei der »Abendschau« gezählt (und das, obwohl im Sender behauptet wird, er habe solche Sendungen nicht ausdrücklich gefördert; er habe sie halt nur nicht verhindern können[35]). Es gibt Druck von der CDU und, noch wichtiger, von der Springer-Presse.[36] Laut Ellinghausens eigener Aussage war ihm klar, daß seine CDU-Freunde ihn absägen wollten.[37]

Ellinghaus ergreift die Flucht nach vorn. Vermeintlich um sich weiterzubilden, wird er vom SFB für fünf Jahre beurlaubt.[38] 1989 taucht Ellinghaus jedoch erneut in den Schlagzeilen auf – allerdings nicht als Journalist, sondern als Baulöwe.

Ellinghaus verdient schnelles Geld mit der Aufstellung von Wohncontainern für die vielen Flüchtlinge aus Polen und der ehemaligen DDR. Diese wurden damals als eher unwillkommene Gäste angesehen, die Berliner

Sporthallen und andere öffentliche Einrichtungen »verstopften«. Elling-hausens Lösung, auch wenn diese mehr als 34 Mark pro Übernachtung kostet,[39] ist für die Berliner Politiker eine willkommene, beschwichtigt sie doch die Bürger.

Mit der Wende nimmt sich Ellinghaus größere Immobilienprojekte vor. Im Bezirk Kreuzberg plant er die »Yorck-Plaza«, ein aus Hochhäusern bestehendes Büro- und Dienstleistungszentrum.[40] Das Projekt, wie so viele andere von Ellinghaus aus jener Zeit, kommt aber nicht richtig voran. Daraufhin engagiert Ellinghaus den damaligen Berliner SPD-Landesvorsitzenden und ehemaligen Regierenden Bürgermeister Walter Momper als Mitarbeiter in seiner Unternehmensgruppe. Momper ist im Bezirk Kreuzberg nicht nur politisch beheimatet, sondern wohnt auch dort.

Ellinghaus und seine Partner, die Firmen Hohenlohe & Banghard[41] und die Roland Ernst Unternehmensgruppe,[42] hatten frühzeitig mit Investi-tionen um den Flughafen Schönefeld herum angefangen. Vor dem Untersuchungsausschuß will sich Ellinghaus schon an Grundstücks-erwerbsaktivitäten im Jahre 1990 erinnern.[43] Wie Ellinghaus an Informa-tionen über das bevorstehende Projekt kommt und später über weiter-gehende Detailinformationen aus wichtigen internen Dokumenten der Flughafengesellschaften verfügen kann, ist unbekannt.[44]

Mompers Parteigenossen im Senat hatten damals schon Zugang zu solchen Informationen.

Ellinghaus bekommt problemlos Termine bei den führenden Politikern im SPD-dominierten Brandenburg. Laut Ellinghaus arrangiert Momper über einen Bekannten, den Leiter der brandenburgischen Staatskanzlei, Termine für Ellinghaus mit dem brandenburgischen Minister für Finan-zen und in der Staatskanzlei.[45]

Ebenfalls im Grundstückskauf nicht untätig war eine Firma Geranos. Hinter diesem Namen steckt nicht nur die Deutsche Lufthansa,[46] son-dern erneut auch der Bauriese Roland Ernst. Der Ex-Lufthansa-Vor-standsvorsitzende Heinz Ruhnau sitzt in den Aufsichtsgremien der zwei zuständigen Flughafengesellschaften, FBS und BBF, wodurch er immer genaue Kenntnisse über die Entwicklung des Flughafenprojekts haben kann. Trotz seiner Beteuerungen, daß die Lufthansa kein Spekulationsunternehmen sei und nur Grundstücke für den Flughafen sichern wollte,[47] wird innerhalb der Flughafengesellschaft festgestellt, daß auch Geranos gegen die Flughafengesellschaft Angebote für Grundstücke machte und damit die Preise in die Höhe trieb.[48]

Auf diesem aufgeheizten Immobilienmarkt hatten die Geschäftsführer der Flughafenholding BBF und der brandenburgischen Landesentwicklungsgesellschaft LEG weit mehr als die vom Aufsichtsrat festgelegten 30 Hektar Land eingekauft. Wie so oft in diesem Fall weiß später niemand mehr genau, wie das zustande gekommen ist. Mit Fingern wird immer nur auf die anderen gezeigt.

Wenn man den Beschluß vom 25. November 1991 betrachtet, fällt auf, wie unklar – trotz Politikerexpertise, oder vielleicht gerade deswegen – der Beschluß formuliert ist: den Kauf »von zunächst bis zu 30 ha vorzunehmen (bei einem m^2-Preis von ca. DM 200,00), und empfahl, die weitere Beschaffung durch die Brandenburgische Landesentwicklungsgesellschaft betreiben zu lassen«.

Die Geschäftsführer der BBF und LEG verstehen diesen Beschluß so, daß die BBF die ersten 30 Hektar zum vorgegebenen Preis kaufen soll und die LEG die restlichen zum Ausbau des Flughafens notwendigen Flächen erwerben soll.[49] Einer der beiden Geschäftsführer der BBF, Knut Henne, behauptet, mit mehreren Aufsichtsratsmitgliedern telefonisch Rücksprache genommen zu haben, bevor er der LEG den Auftrag gab loszulegen. Die Aufsichtsratsmitglieder können sich daran nicht erinnern.[50]

Wenn man Henne glaubt, betrieben die Politiker Mobbing mit ihm. Er, der BBF-Geschäftsführer, erzählte dem Berliner Untersuchungsausschuß, wie er unter Druck gesetzt wurde: »... irgendwann kurz vor Weihnachten dann, als die mich drängten und sagten: Das geht alles in die Hose, Sie sind der Schuldige nachher! – Und da habe ich gesagt: Mensch, ja gut!«[51] Führend im Druckmachen war offensichtlich der frühere Lufthansa-Chef, der laut Aussage des BBF-Geschäftsführers befohlen haben soll: »Nun stellen Sie sich nicht so bürokratisch an, und sehen Sie zu, daß da keine Schikanierzwickel gekauft werden, die uns nachher Probleme machen.«[52] An das Gespräch konnte sich Ruhnau nicht erinnern: »Ich finde es sehr eigenartig, wenn Herr Henne mit mir diese Gespräche geführt hätte, denn ich war doch in diesem Punkt gar nicht Meinungsführer. Meinungsführer waren doch ganz andere … Warum soll er eigentlich mit mir geredet haben?«[53]

Nun, gute Gründe gibt es mehr als genug. Ein Mitglied des Berliner Untersuchungsausschusses faßte es in die Worte: »… ein General-eindruck ist hier im Ausschuß inzwischen von allen Zeugen vermittelt worden: Ohne Herrn Ruhnau ging nichts, und gegen Herrn Ruhnau ging nichts! Und wenn man ihn nicht rief –.«[54]

Heinz Ruhnau nimmt man nicht auf die leichte Schulter. Von seinem Werdegang her besitzt er die größte Autorität. Aus der Gewerkschaft heraus steigt er in der Hamburger SPD auf. Er wird als Nachfolger von Helmut Schmidt Innensenator in der Hansestadt. Von dort geht er nach Bonn als Staatssekretär des Bundesministeriums für Verkehr. Er wird gleichzeitig Mitglied des Aufsichtsrats der Deutschen Lufthansa AG. 1982 übernimmt er den Vorstandsvorsitz bei Lufthansa. Dort bleibt Ruhnau acht Jahre, bis er 1990 in Pension geht. Ruhnau ist zusätzlich Berater der Westdeutschen Landesbank und Vorsitzender des Aufsichts-rats der Messe Berlin GmbH, die dem Land Berlin gehört.[55]

Die Geschäftsführer der Flughafenholding BBF befinden sich in einem Krieg an zwei Fronten. Auf der einen Seite sind verschiedene Immobilienfirmen dabei, die Flächen um den Flughafen Schönefeld aufzu-kaufen. Diese Grundstücke werden sie freiwillig nur mit einer Gewinn-spanne weitergeben wollen – wahrscheinlich mit einer sehr hohen Gewinnspanne. Auf der anderen Seite gibt es Aufsichtsräte, die offen-sichtlich entweder wenig Lust oder notorisch wenig Zeit haben, so im Falle des BBF-Aufsichtsrats, oder aber nicht in der Lage zu sein scheinen, klare Anweisungen zu geben – wie im Falle des FBS-Aufsichtsrats. In einer solchen Situation reagiert die Geschäftsführung auf den poli-tischen Druck und kauft Grundstücke, oder genauer gesagt, die LEG kauft nicht erschlossenes, nicht baureifes Ackerland – für Preise bis zu

400 Mark pro Quadratmeter! Abgesehen davon, daß die von der LEG eingekauften Grundstücke nicht mehr die preiswertesten waren, die Dienstleistung der LEG selbst war es auch nicht. Zunächst wurde davon ausgegangen, daß für den Auftrag an die LEG eine kostengünstige Pauschalsumme für das Tätigen und die Abwicklung der Grundstückskäufe berechnet wurde. Bei der LEG sollten sich Rechtsanwälte, Makler und Notare – alle unter einem Dach – befinden. Da die LEG aber zu dieser Zeit nicht in der Lage war, den Auftrag zu erledigen, engagierte der LEG-Geschäftsführer Pause freie Mitarbeiter. Dies wurde den Flughafengesellschaften zusätzlich in Rechnung gestellt. Was die Höhe der Anwalts- und Notarrechnungen anbelangt, meinte später ein Mitglied des Berliner Untersuchungsausschusses, der selbst Rechtsanwalt ist, »daß sich bei der Durchsicht der Kaufvertragsakten der Eindruck aufzwingt, daß hier alles getan wurde, um möglichst hohe Honorare zu erzielen – sowohl auf der einen wie auch auf der Seite der Notare.«[56] Bei weiteren Fragen ergab sich, daß der frei mitarbeitende Rechtsanwalt der LEG einen Notar vorgeschlagen hatte, der später die Grundstückskäufe notariell beglaubigte. Dieser Notar hatte seinen Sitz just in der Kanzlei, in der der besagte Rechtsanwalt kurz zuvor einen Teil seines Referendariats abgeleistet hatte. Wie sich weiter herausstellte, hatte derselbe Rechtsanwalt die Entwürfe für die Notariatsbeurkundungen angefertigt und sich auch vom Notar bezahlen lassen.[57] Es ging um die »Anwaltssozietät Boehmert & Boehmert, Nordemann und Partner« in der Berliner Uhlandstraße. Die Notare waren die Professoren Wilhelm Nordemann und Paul-Wolfgang Hertin.[58]

Die kostenerzeugenden Maßnahmen hörten damit aber längst noch nicht auf. Die Flughafengesellschaften und die LEG führten eine bislang einzigartige Kaufprozedur durch, wodurch je Grundstück dreimal Gebühren für die Notare und mindestens zweimal Grunderwerbssteuer fällig wurden![59] Der Berliner Untersuchungsausschuß erhält für diese ungewöhnlich teure Vorgehensweise keine »nachvollziehbare Erklärung«.[60] Laut Berliner Landesrechnungshof sind allein 1992

Bürgschaftserklärung

Die Landesentwicklungsgesellschaft für Städtebau, Wohnen und Verkehr des Landes Brandenburg (LEG), Bertinistraße 8, O-1560 Potsdam wurde von uns mit Vertrag vom 20. März 1992 beauftragt, die im Vertragsgebiet liegenden Grundstücke im eigenen Namen für unsere Rechnung zu kaufen und zu verwalten und die dafür erforderlichen Finanzmittel durch Aufnahme von Krediten zu beschaffen.

Für alle hieraus gegenüber den finanzierenden Kreditinstituten entstehenden Verbindlichkeiten der LEG übernehmen wir hiermit unter Verzicht auf die Rechte aus §§ 768, 776 BGB die selbstschuldnerische, unbefristete Bürgschaft in derzeit benötigter Höhe.

Die Flughafengesellschaft übernimmt eine unbefristete Bürgschaft für die Verbindlichkeiten der LEG (Auszug).

durch solche Nebenkosten 20 Millionen Mark zu Buche geschlagen worden.[61]

Vor diesem Hintergrund hält am 30. März 1992 der Aufsichtsrat der Flughafenholding BBF seine konstituierende Sitzung ab. Zwar wird ein interner Ausschuß gegründet, um Planungsfragen zu erarbeiten,[62] liest man jedoch das Protokoll der Sitzung, dann wird merkwürdigerweise wenig über die Grundstückskäufe berichtet und offensichtlich noch weniger dazu nachgefragt.[63] In diesem Zusammenhang wird jedoch um die Zustimmung zu einer Bürgschaftserklärung – mit einer Begrenzung auf 200 Millionen Mark – gebeten, die die LEG vermeintlich für die Grundstückskäufe benötigt.[64] Lediglich ein Vertreter des Bundes fragt – laut Protokoll – etwas dazu nach, was wohl zur Verschiebung der Unterzeichnung dieser Bürgschaftserklärung führt. Ansonsten wäre diese 200-Millionen-Mark-Bürgschaft wahrscheinlich gleich lautlos unterschrieben worden.[65] Laut Protokoll kommt niemand auf die Idee nachzufragen, nach welchen Plänen bisher Grundstücke gekauft wurden oder wie und nach welchen Kriterien noch zu kaufende Grundstücke ausgewählt werden sollen.

Der Stand der Dinge scheint offensichtlich nicht so wichtig zu sein. Eilig hat man es nur mit der Bürgschaftserklärung, deren Unterzeichnung in der BBF-Aufsichtsratssitzung verschoben worden war und die die Grundlage der Finanzierung der Grundstückskäufe ist. Ihr wollen die Beteiligten in einem Umlaufverfahren zustimmen. Ein Umlaufverfahren wird in Eilfällen eingesetzt. Die nächste Aufsichtsratssitzung – und eine weitere Diskussion – muß nicht abgewartet werden. Statt dessen erhalten alle Aufsichtsratsmitglieder Informationsunterlagen und einen vorbereiteten schriftlichen Beschluß, dem sie dann auch schriftlich zustimmen können.

In dem Umlaufbeschluß, der von den Geschäftsführern der Flughafengesellschaften vorbereitet wird, ist allerdings gar keine finanzielle Grenze für die Höhe der Bürgschaft mehr angegeben![66] Erneut ist es ausschließlich der Vertreter des Bundes, der diese Änderung hinterfragt.[67] Die Antwort läßt einen erschrecken: Laut Angaben der BBF-Geschäftsführer liegt der damals kalkulierte Gesamtaufwand für Grundstückskäufe schon bei 601 Millionen Mark. Zur Beruhigung schreiben die Geschäftsführer, daß davon einige für den Ausbau des Flughafens nicht notwendige Flächen zu einem Preis von 800 Mark pro Quadratmeter wiederverkauft werden können. Damit sollten die tatsächlichen Ausgaben für die Grundstückskäufe lediglich bei 321 Millionen Mark liegen.[68] Obwohl es zu jener Zeit keine feste Planung oder Wirtschaftsstudien gab, woran diese wahnwitzigen Behauptungen gemessen werden könnten, werden die Zahlen vom Aufsichtsrat nicht angezweifelt.[69] Laut Landesrechnungshof hat sich Berlins damaliger Verkehrssenator Haase (CDU), der im Aufsichtsrat saß, sogar dieser Auffassung der Geschäftsführung angeschlossen.[70]

Der Landesrechnungshof ist der Meinung, daß spätestens im Mai 1992 Haase und die anderen Berliner im Aufsichtsrat der Flughafenholding BBF hätten wissen müssen, daß etwas nicht in Ordnung war. Die Senatsverwaltung für Stadtentwicklung und Umweltschutz hatte erfahren, daß die LEG Grundstücke in Bohnsdorf, dem einzigen Teil Berlins, der direkt an den Flughafen angrenzt, für 350 Mark pro Quadratmeter kaufte,[71] also weit über der vorgegebenen Preisgrenze von 200 Mark. Keiner der Berlin-Vertreter im BBF-Aufsichtsrat sah sich jedoch irgendwie veranlaßt nachzufragen.[72]

Das Handeln – oder besser das Nichthandeln – des Berliner Senats im Falle des Flughafen Schönefeld ist nur ein weiteres Kapitel trostloser und verschwenderischer Berliner Klientelpolitik. Die Haltung der Berliner Aufsichtsratmitglieder war sehr unauffällig, man ist versucht zu sagen, desinteressiert. Dies ist um so verwunderlicher, als Berlin einen der offensichtlich führenden Flughafenexperten Deutschlands – zumindest wenn man seiner Selbstdarstellung vor dem Berliner Untersuchungsausschuß Glauben schenken darf – in den BBF-Aufsichtsrat entsandt hatte: den Staatssekretär der Senatskanzlei, Volker Kähne.

> »Nur am Rande, Herr Abgeordneter, darf ich erwähnen, daß ich eine persönliche Affinität zu all dem habe, was fliegt, jedenfalls in Gestalt von Flugzeugen, und ich habe auch den wesentlichen Teil meines bescheidenen Einkommens darauf verwendet, viel durch die Welt zu fliegen. Ich habe darüber sogar eine Statistik geführt und bin ungefähr in 150 oder 160 Flughäfen auf der ganzen Welt gewesen. Natürlich immer mit dem Interesse, zu sehen, wie das dort funktioniert. Das zu der Frage der Vorbereitung auf das Thema.«[73]

Mit solcher Expertise seitens der Berliner kann man sich nur wundern, daß der Rechnungshof schreiben konnte: »Es ist nicht erkennbar, daß die vier Vertreter Berlins im Aufsichtsrat der BBF ... Einfluß auf Entscheidungen genommen haben, obwohl sie dazu im Interesse Berlins verpflichtet gewesen wären.«[74]

Warum das so war, dazu gibt es mehrere mögliche Antworten, auf die das zweite und dritte Aufsichtsratssitzungsprotokoll der Flughafenholding hindeuten. In der zweiten Aufsichtsratssitzung beschwert sich eine Vertreterin der Arbeitnehmer, daß die Vertreter der Anteilseigner (der Bund, Berlin und Brandenburg) die Sitzung vor ihrem Ende verlassen.[75] Bei der nächsten Sitzung hat jemand im Protokoll die Abgänge der Politiker notiert. Knapp die Hälfte hielt es bis zum Schluß aus. Von den

Berlinern nur zwei. Flughafenexperte Kähne war einer der ersten, der die Sitzung verließ.[76] Leider hören mit diesem Protokoll die Berichte über die Verkehrsbewegungen der Politiker in BBF-Aufsichtsratssitzungen auf.

Einen zweiten möglichen Grund für das schlechte Abschneiden der Berliner Politiker glaubt der Untersuchungsausschuß festgestellt zu haben: Niemand fühlte sich eigentlich verantwortlich: »Dieses Prinzip der Verantwortungsverschiebung hat dazu geführt, daß eine Abstimmung über die Interessen des Landes Berlin zu keinem Zeitpunkt in nachvollziehbarer Weise erfolgte.«[77] Während der Landesrechnungshof feststellt, daß die Senatsverwaltung für Finanzen die Interessen des Landes Berlin bei dem Flughafenprojekt unzureichend wahrgenommen habe,[78] erklärte der damalige Finanzsenator Pieroth lapidar auf eine Frage des Untersuchungsausschusses, zu welchem Zeitpunkt er von den aus dem Ruder laufenden Grundstückskäufen erfahren habe: »Ganz klassisch. Ich las es auf dem Weg ins Büro in der Zeitung …«[79]

Eine dritte mögliche Erklärung liefert der frühere Lufthansa-Vorsitzende Ruhnau. Laut Ruhnau kochten verschiedene Berliner Interessengruppen ihr Süppchen, was den Flughafenausbau betraf. Dies fand in der Politik seinen Niederschlag: Einige wollten den Flughafen Tegel behalten und Schönefeld »ein bißchen« ausbauen; andere wollten den Großflughafen. Wieder andere wollten keinen der Berliner Flughäfen schließen. Laut Ruhnau hatten die Berliner überhaupt keine klare Linie.[80]

Dem vierten Grund, der als Erklärung für das Verhalten der Politiker der CDU-SPD-Koalition in Betracht käme, ist der Berliner Untersuchungsausschuß nur halbherzig nachgegangen: den Verbindungen zwischen der Politik, den Immobilienfirmen, den möglichen Auftragnehmern und den Banken.

Im Gegensatz zum Olympia-Untersuchungsausschuß ist der Einsetzung des Flughafen-Untersuchungsausschusses ein vernichtender Bericht des Berliner Landesrechnungshofes zum Thema vorausgegangen. Es wäre höchst kompromittierend gewesen, wenn der Untersuchungsausschuß danach, wie bei Olympia, alles in Ordnung gefunden hätte.

Der Abschlußbericht des Flughafen-Untersuchungsausschusses geht seltsamerweise kaum weiter als der Landesrechnungshofbericht. Der Landesrechnungshof ist in seinem Handlungsspielraum begrenzt. Er darf lediglich kontrollieren, ob das Haushaltsrecht eingehalten wird und ob die Interessen Berlins gewahrt wurden. Zu prüfen, inwieweit private Connections, Schiebereien, persönliche Vorteilnahme oder Kungeleien eine Rolle gespielt haben, das wäre eher das Aufgabenfeld eines parlamentarischen Untersuchungsausschusses. Vergleichbar mit dem Olympia-Untersuchungsausschuß ist auch hier durchaus halbherzig in diese Richtung gestartet worden.

Der Berliner Landesrechnungshof und der Untersuchungsausschuß stimmen allerdings darin überein, daß sich die Berliner CDU-SPD-Regierung nicht konsequent um die Steuergelder für den Flughafen gekümmert hat. In einer Reihe von Mißentscheidungen aufgrund fehlender Verantwortlichkeit, begünstigt durch das Verschieben von Verantwortung und miserable Kommunikation untereinander, marschierte der Berliner Senat, genau wie das Land Brandenburg und die Bundesregierung, schnurstracks auf den Eklat zu.

Unter diesen schlechten Bedingungen sollte einer unbegrenzten Bürgschaft zugestimmt werden. Laut des Vertreters des Bundes war dies wohl dringend notwendig, da die Flughafenholding ansonsten pleite gewesen wäre.[81] Der Flughafenexperte Kähne konnte dem zustimmen, weil er immer noch daran glaubte, daß nicht benötigte Flächen mit immens hohen Gewinnen wieder verkauft werden könnten.[82] Damit hat der Aufsichtsrat der Flughafenholding BBF eine Bürgschaft »in derzeit benötigter Höhe« für nicht genehmigte Grundstückskäufe erteilt, im Rahmen eines Flughafenausbaus, für den es weder einen festen Plan noch ein klares Wirtschaftskonzept gab.

Ende April 1993 bricht das Kartenhaus zusammen. Die Bremsen werden aber nicht vom Aufsichtsrat selbst gezogen, sondern von der Geschäftsführung der BBF. Sie stellt fest, daß große Flächen für den Flughafenausbau gekauft wurden, die nach der neusten Planung nicht nötig sind, und daß diese überflüssigen Flächen doch nicht zu den prognostizierten gewinnbringenden Preisen zu verkaufen sind. Im Gegenteil, ein Verlust ist vorauszusehen.[83]

Es dauert eine Weile, bis die Geschichte öffentlich bekannt wird. Danach hat Berlin einen weiteren Skandal und einen weiteren Untersuchungsausschuß. Die Geschäftsführer der BBF – selbstverständlich nicht der Aufsichtsrat – werden ersetzt. Nach der Einschätzung von LEG-Chef Pause, der die Grundstückskäufe für die BBF durchführt, wird die BBF 1996 550 Millionen Mark Verbindlichkeiten durch die von der LEG durchgeführten Flächenkäufe übernehmen müssen.[84]

In bester Berliner Manier, so könnte man meinen, wird erneut das Berliner Parlament hinters Licht geführt. Jedenfalls werden Informationen über die getätigten Grundstückskäufe und die finanziellen Folgen nicht den Abgeordneten vorgelegt.[85] Statt dessen tauchen die 1992 getätigten Grundstückskäufe unter der Rubrik »Planungsstudien« auf. Unter dieser Rubrik nämlich werden Ausgaben in der unvorstellbaren Höhe von 565 Millionen Mark aufgelistet.[86] Die endgültigen Verluste sind schwer zu beziffern, solange Berlin die Grundstücke, die sich nach wie vor aus nicht baureifen Ackerflächen zusammensetzen, noch besitzt. Laut einem Bericht des BBF vom März 1996 würde, wenn sie derzeit die Grundstücke veräußern sollte, inklusive der bis dahin aufgelaufenen Zinsen, Kosten und Wertverluste ein Minus von 321 Millionen Mark entstehen.[87] Die PDS Brandenburg redet sogar von 508 Millionen Mark.[88] Im Oktober 1996 hatte die BBF Verbindlichkeiten von mehr als 800 Millionen Mark.[89] Die Zinsuhr tickt aber täglich weiter.

1996 holt die BBF eine gutachterliche Stellungnahme zweier Rechtsanwälte wegen möglicher Schadensersatzforderungen – selbstverständlich – gegen die beiden Geschäftsführer ein. Das Ergebnis erzählt eine interessante Geschichte: »In diesem Zusammenhang stellt sich auch das besondere Problem, daß neben der Geschäftsführung … ins Auge gefaßt werden muß, auch Ersatzansprüche gegen die Mehrzahl der Mitglieder des damaligen Aufsichtsrats geltend zu machen.«[90] Die Rettung liegt jedoch wahrscheinlich im nächsten Debakel. Ende Mai 1996 empfahlen die Bundesregierung, Berlin und Brandenburg, den Flughafen

Schönefeld als Großflughafen für die Region auszubauen.[91] Diese Empfehlung wurde von der BBF übernommen.

Damit endet ein jahrelanges Tauziehen zwischen Berlin und Brandenburg um den Standort des Großflughafens, wodurch ziemlich viele Steuergelder für Gutachten und Gegengutachten ausgegeben wurden. Das Land Brandenburg zog den wirtschaftlich und strukturell schwachen Raum um Sperenberg vor in der Hoffnung, der Region dadurch auf die Füße zu helfen. Der Berliner Regierung dämmerte es langsam, daß eine Stadt, die nicht mehr allzu viele Subventionen bekommt, Arbeitsplätze benötigt, und wollte deshalb den Großflughafen so nah wie nur irgend möglich bei Berlin. Ausschlaggebend war aber offensichtlich der Bund. Trotz der Bereitstellung von Milliarden für den Bau des Transrapid wollten die Bonner bei den Verkehrsanschlüssen Geld sparen. Als Zahlmeister weigerte sich der Bund, die teuren Anfahrtswege nach Sperenberg zu finanzieren.

Die Entscheidung für Schönefeld bot auch eine Möglichkeit, die Grundstücksverluste um Schönefeld zu reduzieren. Es wurde sogar im Empfehlungsbeschluß explizit vorgeschrieben, die verlustbringenden Flächen im Konzept einzuplanen.[92]

Durch ihr Planungschaos haben die Vertreter des Bundes und der Länder Berlin und Brandenburg jedoch andere Verluste verursacht. 26 Millionen Mark Planungskosten für den Bau eines neuen Terminals in Schönefeld, das nicht mehr ins Flughafenkonzept paßt, und weitere sechs Millionen Mark Planungskosten für ein zweites Abfertigungsgebäude in Tegel, das nun doch nicht gebaut werden soll, sind – wahrscheinlich – hinfällig.[93] Erneut wird mit waghalsigen Prognosen gespielt, die brav von den Medien weitergegeben werden. Wieder wird eine Privatfinanzierung, nämlich 14 Milliarden Mark, für den Flughafenausbau als vollendete Tatsache hingestellt,[94] obwohl weder ein Planungskonzept noch irgendwelche Verträge unterschrieben worden sind. Auch Verkehrsminister Wissmann sagt voraus, daß Planung, Bau, Betrieb und Finanzierung von privaten Investoren übernommen werden.[95] Dieser Behauptung wurde aber im Dezember 1996 von Rüdiger von Maltzahn, Direktor der Deutschen Bank AG Berlin, widersprochen. Der Bankmanager meinte, daß die öffentliche Hand voraussichtlich 50 Prozent des gesamten Investitionsvolumens von rund 8 Milliarden Mark tragen müsse.[96] Tatsache ist, ganz umsonst soll der Ausbau von Schönefeld für den Steuerzahler nicht sein: Die ersten anfallenden Planungskosten von circa 40 Millionen Mark soll die öffentliche Hand tragen.[97]

Vorhergesagt werden schon 10 000 neue Arbeitsplätze. Bis zum Jahr 2010, so meint die Bundesregierung, wird der Flughafen 20 Millionen Fluggäste jährlich bedienen. Der neue Geschäftsführer der BBF spricht schon von 36 oder 37 Millionen Passagieren jährlich.[98] Fakt ist aber: In der zweiten Jahreshälfte 1996 ist entgegen aller Prognosen die Zahl der Passagiere der Berliner Flughäfen sogar leicht rückläufig gewesen.[99] Hinter geschlossenen Türen schätzt der Aufsichtsrat der Flughafen Holding die Lage ganz anders als in der Öffentlichkeit ein. Bei seiner Sitzung am 13. September 1996 wurden klare Rückgänge im Fluggastaufkommen erörtert. Tatsächlich sind Abwanderungen auf die Bahn zu verzeichnen. Lufthansa hat Langstreckenprobleme, die einen weiteren Rückgang der Flugpassagiere verursachen. Außerdem wird in der Bevölkerung der klare Trend, »weniger und billiger zu reisen«, ausgemacht.[100]

Baubeginn soll trotz der Tausende zu erwartenden Klagen der Flughafenanwohner schon in den Jahren 2000 und 2002 sein.[101] 2007 soll der Flughafen schon funktionsfähig sein.[102] Zum Vergleich: Die Fertigstellung des Großflughafens München II hat 28 Jahre gedauert.[103]

Im Empfehlungsbeschluß für den Flughafenstandort Schönefeld legen der Bund, Berlin und Brandenburg fest, daß beide innerstädtischen Flughäfen, Tempelhof und Tegel, geschlossen werden: Tempelhof nach Genehmigung der Planung, Tegel bei der Inbetriebnahme von Schönefeld.[104] Nur dann wäre Schönefeld gewinnbringend.

In der Zwischenzeit jedoch fangen die Politiker erneut an, ihre Privatpläne auszuhecken. Wissmann überlegt sich, die innerstädtischen Flughäfen zu behalten. CDU-Mitglieder wie Klaus-Rüdiger Landowsky wollen Tegel doch nicht schließen. Andere CDU-Genossen sind für die Beibehaltung von Tempelhof.[105]

Im Aufsichtsrat der Flughafen Holding wurde festgestellt, daß »aus der Bevölkerung eher Tegel als Schönefeld bevorzugt wird und deshalb eine Verteilung der Verkehre von Tegel nach Schönefeld schwierig sein dürfte.«[106] Statt Schönefeld attraktiver zu machen und dieses Problem in Angriff zu nehmen, beschloß der Aufsichtsrat, weitere 18 Millionen Mark für »Verbesserungen der gegenwärtigen Abfertigungsformen« in Tegel zu investieren.[107]

Der Kreis wurde geschlossen, als die Meldung einer Berliner Tageszeitung darauf aufmerksam machte, daß der Kauf von großen Grundstücksflächen für den Ausbau des Großflughafens bevorstehe. Da die BBF ihre Käufe 1993 wegen drohender Verluste unterbrechen mußte, sind viele dieser Grundstücke von privaten Immobilienfirmen aufgekauft worden.[108] Diese werden nun wohl für teureres Geld – wahrscheinlich mit Steuergeldern – erworben werden müssen. Man darf hier vermuten: wieder von der LEG.

Nach dieser vollständigen Kehrtwendung der Lage erklärte einer der vom BBF-Aufsichtsrat wegen der Grundstücksverluste geschaßten Geschäftsführer: »Ich empfinde heute keine Schadenfreude. So geht es eben in der Politik.«[109]

Nachwort

Daß es eben so geht in der Politik, steht außer Frage. Es steht aber ebenso außer Zweifel, daß es in einer Demokratie nicht so zugehen sollte. Die politische Kultur Berlins, durch jahrzehntelange Subventionen ein Treibhaus, das die Selbstbedienungsmentalität der Politiker besonders geprägt hat, ist sicherlich nicht nur auf die deutsche Hauptstadt begrenzt. Erwin K. und Ute Scheuch konnten 1993 in ihrem Buch *Cliquen, Klüngel und Karrieren*[1] zeigen, daß die politische Lage in Köln kaum anders ist. Eigentlich wäre es naiv zu denken, daß es in einem anderen Bundesland oder sogar bei der Bundesregierung nicht ähnlich zugeht. So zeugt zum Beispiel die fehlgeschlagene Diätenerhöhung des Bundestags 1996 von der unersättlichen Steuergeldgier der Volksparteien im Parlament. Wie in diesem Buch aufgeführt, sind mehrere Fälle in Richtung Bonn verlaufen – ohne größere Konsequenzen. Im Gegenteil: Anscheinend wird derjenige Politiker, der in Berlin nicht mehr haltbar ist, in den Bundestag oder ins Europaparlament weggelobt.

Diese Mentalität der organisierten Gier scheint unter der politischen Klasse Europas allgegenwärtig zu sein. In Italien sind viele führende Politiker und Manager aus der Wirtschaft und den Medien wegen Filz, Korruption und unmittelbarer Zusammenarbeit mit der Mafia angeklagt worden oder im Gefängnis gelandet. Der frühere Staatspräsident Craxi ist vor den Strafverfolgungsbehörden nach Tunesien geflohen. In Belgien scheint das Bild kaum anders zu sein, wobei dort sogar eigene Parteigenossen umgebracht worden zu sein scheinen. In England mußten Dutzende von Tory-Ministern wegen Fehlverhalten im Amt zurücktreten – eine Praxis, über die ihre deutschen Kollegen sicherlich nur mitleidig schmunzeln können. In Paris wird eine Affäre nach der anderen aufgedeckt, die deutlich macht, wie sich prominente Politiker auf Staatskosten bereichert haben.

Solcher Filz und Korruption gehören also auch zum deutschen Alltag. Gleichzeitig wird in Berlin und der Bundesrepublik die öffentliche Aufmerksamkeit auf die Russen-, Chinesen-, Vietnamesen- und andere ausländische Mafias gelenkt. Dahinter verschwindet die »Politikermafia«, von der man nichts hört.

Ein kurzer Blick zurück auf Berlin zeichnet eine weitere Tendenz auf. In den ersten neun Monaten des Jahres 1996 sind die Wirtschaftsdelikte in der deutschen Hauptstadt auf 9120 Fälle gegenüber 5750 im gleichen Zeitraum des Vorjahres gestiegen.[2] Im Jahre 1995 betrug der registrierte Schaden allein für das Land Berlin laut Angaben des Bundes der Kriminalbeamten 870 Millionen Mark.[3] Trotzdem ruft Berlins Innensenator Jörg Schönbohm – anders als bei der sogenannten Zigarettenmafia – die Berliner Bevölkerung nicht dazu auf, die »Nadelstreifenmafia« zu bekämpfen.

Gibt es denn einen grundlegenden Rassismus in Deutschland, der solche Ablenkungsmanöver ermöglicht? Es ist knapp sechzig Jahre her, daß die Deutschen ihre eigenen politischen Sünden anderen Völkern zuschoben. Wo früher die Juden das Krebsgeschwür der deutschen Gesellschaft sein sollten, scheinen heutzutage die ausländischen Mafias, Flüchtlinge oder irgendeine Ausländergruppe, die sich gerade dafür anbietet, als Sündenböcke für eigenes Versagen herhalten zu müssen. Zumindest für die real existierende Politikerkaste und einen großen Teil des deutschen Volkes scheint die Bereitschaft, die Verantwortung für das eigene politische Versagen selbst zu übernehmen, heute immer noch nicht vorstellbar.

Wenn man die Berliner Politik der letzten Jahre betrachtet, wird man das

Gefühl nicht los, daß die Berliner Politiker in CDU und SPD Recht und Gesetz nicht als Grundlage ihrer Arbeit betrachten, sondern als Hindernisse, die man mit viel Phantasie und Arroganz zu umgehen versuchen muß.

Um »ihre Politik« durchzusetzen und abzusichern, haben die Politiker beider großen Volksparteien in Berlin über Jahre hinweg die Menschen und Institutionen, die ihnen im Wege standen oder Schaden zufügen könnten, eingebunden oder zu Mittätern gemacht: In Aufsichtsräten, bei Empfängen, in den ausgewählten Clubs und bei »Spitzenevents« trifft sich dieser kleine Kreis von Männern und setzt die wichtigsten Knotenpunkte der Macht – über die Jahre haben sie die demokratischen Prozesse ausgehöhlt. Was übrigbleibt, ist eine leere Hülle.

Um dieser leeren Hülle – der Illusion einer Demokratie – den Anschein von Legitimität zu verleihen, versichern sie sich der Unterstützung ihrer zahlreichen Helfer und Helfershelfer, die glauben, so ein paar Krümel mehr als andere vom Herrentisch abzubekommen. Hierbei haben sich die Berliner Medien besonders verdient gemacht. Wer in dieser Branche nicht mitzieht, der wird an den Rand gedrückt – und nicht nur in Berlin. Immer häufiger werden in der Bundesrepublik die Büros und Wohnungen von Journalisten durchsucht. Mit großem Eifer wird nach »Lecks« und Informanten gesucht, während Untersuchungsausschüsse und staatsanwaltschaftliche Ermittlungen gegen Politiker wie Nebelkanonen vor den Blicken der noch nicht eingeschlafenen Bürger schützen. Während viele Politiker glauben, daß ihr Amt eine Lizenz zum Lügen beinhalte, wird die Wiedergabe der Wahrheit durch Journalisten zunehmend eifrig von der Politik verfolgt.

»Ihre Devise: Verdunkeln, wo es geht, und wenn doch etwas ans Licht kommt, Schadensbegrenzung; ansonsten Nachrichtensperre, Dementi oder Gedächtnisschwund. Für Dutzende geht es um Karriere, Status, gesellschaftlichen Ruf, die Existenz in der politischen Klasse. Die Akteure und Nutznießer des Berliner Sumpfes haben kein Interesse an Aufklärung.«[4]

Diesen Satz schrieben die Journalisten Michael Sontheimer und Jochen Vorfelder vor über zehn Jahren in ihrem Buch *Antes & Co.* Über die Jahre hat ihre Feststellung noch an Bedeutung gewonnen.

Es wirkt wie Ironie – liegt aber gleichzeitig in der Natur der Sache –, daß Berlin 1996 die strengsten Anti-Korruptionsgesetze der Bundesrepublik verabschiedet hat. Dazu gehört eine siebzehn Mitarbeiter zählende »Antikorruptions-Arbeitsgruppe der Berliner Verwaltung«, die aus Mitarbeitern der Staatsanwaltschaft, des Landeskriminalamtes, der Kartellbehörde, der Steuerfahndung, des Wirtschafts- und Bausenats[5] besteht. Da unter den Augen dieser Institutionen die Berliner Seilschaften in den letzten zehn Jahren gut gediehen sind, bleibt die Frage, was ein solches gemeinsames Gremium erreichen will? Allein die Schaffung dieser Arbeitsgruppe ist ein Eingeständnis, daß die eigentlich zuständigen Institutionen in der Vergangenheit völlig ineffektiv waren. Die Ursachen, die die Schaffung dieser Arbeitsgruppe erst nötig gemacht haben, werden jedoch nicht hinterfragt. Statt dessen wird dieses »noch weißere Weißwaschmittel« mit großen Schlagzeilen und noch größeren Versprechen angekündigt.

Es klingt ein bißchen wie George Orwells »Newspeak« aus seinem Roman *1984*, daß nun Berlin als »Hauptstadt der Anti-Korruption« hochgelobt wird. Aber wenn Filz und Korruption längst die Tagesordnung bestimmen, muß man sich wahrscheinlich um so mehr bemühen, den Schein zu wahren, daß es anders sei.

Aufträge verschieben, Pöstchen vergeben, Bundesverdienstkreuze verteilen und das Parlament und die Öffentlichkeit in die Irre führen: das scheint heute der politische Alltag in Berlin zu sein. Und die Bevölkerung der Stadt? Sie soll gefälligst den Mund halten und alle vier Jahre ihr Kreuzchen machen. Das Motto der ersten Werbekampagne von »Partner für Berlin« hatte dieses Verhalten auf den Punkt gebracht: »Berlin, Hauptstadt für Deutschland. Nicht reden – machen.«[6] Fast anderthalb Millionen Berliner haben diese Praxis bei den letzten Wahlen positiv bestätigt. Es wäre also lächerlich, die Berliner als Opfer der politischen Klasse zu bezeichnen.

Heute verkündet Berlins CDU/SPD-Koalition, daß Berlin in einer Wirtschaftskrise stecke. Tut die Stadt das wirklich, oder reichen die Steuergelder einfach nicht mehr aus, diese Art der Klientelwirtschaft zu unterhalten? Was würde denn passieren, wenn man die Gesellschafter von »Partner für Berlin« beim Wort nähme: Wie würden sie Berlin helfen, wenn man ihnen die öffentlichen Gelder streichen sollte? Was wäre, wenn man, wie es der Landesrechnungshof empfohlen hat, Nawrocki für die Verschwendung öffentlicher Gelder bei der Olympiabewerbung persönlich haftbar machte[7] – ganz zu schweigen von den sogenannten Sponsoren? Was wäre, wenn der damalige Senat für die 12 Millionen Mark zur Sanierung des Fußballclubs 1. FC Union haftbar gemacht würde? Was wäre, wenn man die Lottogelder aus den Klauen der CDU- und SPD-Spitzenpolitiker risse? Was wäre, wenn die »Sozialhilfe« für die Clubs von Klaus-Rüdiger Landowsky gestrichen würden? Was wäre, wenn endlich die öffentlichen Gelder, die auf den Konten der CDU-SPD-Seilschaften landen, gekappt würden?
Ja, was eigentlich?

Viele Politiker in Berlin leben wie die Made im Speck. Sie vertreten das eigene Bankkonto, die eigenen Vorteile, ihren eigenen Familien- und Freundeskreis, ihre Sponsoren und Mittäter aus der Politik und Wirtschaft. Und wenn die Kameras der Medien surren oder die lästige Öffentlichkeit dabei ist, dann spielen sie »Demokratie«. Doch Berlin ist nicht die Ausnahme von der Regel. Was sich in Berlin abspielt, ist exemplarisch für die restliche Bundesrepublik. »So geht es eben in der Politik.«

ANMERKUNGEN

Vorwort

1   *Abgeordnetenhaus Berlin – 13. Wahlperiode*, NDV Neue Darmstädter Verlagsanstalt, S. 152
2   Michael Sontheimer und Jochen Vorfelder, *Antes & Co.*, Rotbuch Verlag 1986
3   Andrew Jennings, *Das Olympia Kartell*, Rowohlt Taschenbuch Verlag 1996

1 Alter Filz in neuen Schläuchen

1   Abgeordnetenhaus von Berlin: Dokument 10/2444, S. 75–76. Johannes Ludwig, *Wirtschaftskriminalität*, Fischer Verlag 1994, S. 136, und Michael Sontheimer und Jochen Vorfelder, *Antes & Co.*, Rotbuch Verlag 1986, S. 130
2   *Der Tagesspiegel* 18. Mai 1996, »Der Doppelkopf«, und *Potsdamer Neueste Nachrichten* 22. November 1995, »Doppelkopf«
3   *Potsdamer Neueste Nachrichten* 22. November 1995, »Doppelkopf«, und *Abgeordnetenhaus Berlin: Volkshandbuch 12. Wahlperiode* (Fünfte, überarbeitete Auflage). S. 75
4   Verein der Freunde der Nationalgalerie: *Verein der Freunde der Nationalgalerie 8*, Berlin 1996, S. 33
5   Michael Sontheimer und Jochen Vorfelder, *Antes & Co.*, Rotbuch Verlag 1986, S. 137–138
6   *Potsdamer Neueste Nachrichten* 22. November 1995, »Doppelkopf«
7   Michael Sontheimer und Jochen Vorfelder, *Antes & Co.*, Rotbuch Verlag 1986, S. 137
8   ebd.

9   ebd., S. 144

10 *Süddeutsche Zeitung* 11./12. Januar 1986, »Der alte Filz in neuer Färbung«

11 *Der Spiegel* 2. Juni 1986, »Unter die Decke«, S. 104, und *taz* 26. März 1992, »Ein Schöngeist in den Niederungen der Politik«

12 Michael Sontheimer und Jochen Vorfelder, *Antes & Co.*, Rotbuch Verlag 1986, S. 33

13 Abgeordnetenhaus von Berlin: Drucksache 10/1297, S. 57

14 *Kölner Stadt-Anzeiger* 27. Mai 1986, »Rechtsamtsleiter scheiterte an Antes und ›schwarzem Filz‹«, und *Der Spiegel* 3. Juni 1986, »Unter die Decke«, S. 104

15 Abgeordnetenhaus von Berlin: 1. Untersuchungsausschuß, 26. Mai 1986, S. 82

16 ebd.

17 Michael Sontheimer und Jochen Vorfelder, *Antes & Co.*, Rotbuch Verlag 1986, S. 34, und *taz* 26. März 1992, »Ein Schöngeist in den Niederungen der Politik«

18 *taz*, ebd.

19 Abgeordnetenhaus von Berlin: Drucksache 10/1297, S. 55

20 ebd.

21 ebd., S. 56

22 Abgeordnetenhaus von Berlin: 1. Untersuchungsausschuß, 26. Mai 1986, S. 105

23 *Der Spiegel* 15. Dezember 1986, »Sump und Seide«

24 *Der Tagesspiegel* 16. März 1985, »Staatsanwaltschaft ermittelt gegen Baustadtrat Antes«

25 *Volksblatt* 8. Mai 1985, »Ermittlungen der Staatsanwaltschaft gegen Baustadtrat Antes eingestellt«, und *Der Tagesspiegel* 8. Mai 1985, »Verfahren gegen Antes eingestellt«

26 *Volksblatt* 29. Mai 1986, »Verzichtete Antes nach ›Geschäft‹ mit CDU auf Posten?«, und *Der Tagesspiegel* 29. Mai 1986, »Antes verzichtete auf Kandidatur offenbar nur für Gegenleistung«

27 *taz* 29. Mai 1986, »Amtsverzicht gegen ›Ehrenerklärung‹«

28 *stern* 30. Januar 1986, »Seilschaft vor dem Abgrund«, S. 141

29 *Berliner Morgenpost* 5. November 1985, »Charlottenburg: Antes verhaftet«, und *Der Tagesspiegel* 5. November 1985, »Ehemaliger Charlottenburger Baustadtrat Antes verhaftet«

30 *Der Spiegel* 15. Dezember 1986, »Sump und Seide«, S. 89

31 Michael Sontheimer und Jochen Vorfelder, *Antes & Co.*, Rotbuch Verlag 1986, S. 132

32 ebd., S. 42

33 ebd., S. 121 und 132

34 ebd., S. 121–131

35 ebd., S. 125, und Abgeordnetenhaus von Berlin: Drucksache 10/2444, S. 74–76

36 *taz* 9. Mai 1996, »Politik ist in der Familie am schönsten«

37 *Berliner Zeitung* 13. Januar 1997, »Stadtrat gibt seinen Posten auf«

38 *Berliner Zeitung* 7. Juni 1996, »Die Bezirksämter«

39 *Berliner Zeitung* 13. Januar 1997, »Stadtrat gibt seinen Posten auf«

40 Bezirksverordnetenversammlung des Bezirks Tiergarten, S. 13

41 ebd., S. 7 und 44

42 ebd., S. 7–8

43 Amtsgericht Charlottenburg – Vereinsregister »Förderkreis Junge Politik e. V.«, VR 3168 Nz

44 Michael Sontheimer und Jochen Vorfelder, *Antes & Co.*, Rotbuch Verlag 1986, S. 131

45 ebd., S. 130–131

46 Michael Sontheimer und Jochen Vorfelder, *Antes & Co.*, Rotbuch Verlag 1986, S. 129, und *stern* 31. Januar 1986, »Seilschaft vor dem Abgrund«

47 Abgeordnetenhaus von Berlin: Drucksache 10/2444, S. 75

48 Michael Sontheimer und Jochen Vorfelder, *Antes & Co.*, Rotbuch Verlag 1986, S. 130–131

49 *Volksblatt Berlin* 22. Dezember 1985, »›Fälle wie Herr Antes kommen bei uns in allen Parteien vor‹«

50 Munzinger-Archiv/Internat. Biograph. Archiv 42/94, »Diepgen«, S. 3

51 *Abgeordnetenhaus Berlin – 13. Wahlperiode,* Neue Darmstädter Verlagsanstalt, Stand März 1996, S. 51

52 Mitgliederliste Verein »Freunde der Nationalgalerie e. V.« von 1995

53 *taz* 23. November 1994, »Drei Abgeordnete müssen Ämter trennen«

54 *taz* 31. August 1990, »Parteienzank um Berliner Verfassung«, und *Berliner Zeitung* 9. Dezember 1995, »Polizisten ins Parlament«

55 *Abgeordnetenhaus Berlin – 13. Wahlperiode,* Neue Darmstädter Verlagsanstalt, Stand März 1996, S. 26

56 *Die Zeit* 6. November 1992, »Kontrolle ist besser«, und *taz* 17. September 1991, »›Befremdliche Stilelemente‹ werden überprüft«

57 ebd.

58 ebd.

59 ebd.

60 *Die Zeit,* ebd.

61 *taz* 17. September 1991, »›Befremdliche Stilelemente‹ werden überprüft«

62 ebd.

63 *Die Zeit* 6. November 1992, »Kontrolle ist besser«

64 ebd. und *taz* 17. September 1991 »›Befremdliche Stilelemente‹ werden überprüft«

65 *taz* 11. September 1991, »Gegendarstellung der Otto Benecke Stiftung e. V.«

66 *taz* 16. November 1991, »›Nachkontakt‹ bis nach Zimbabwe«

67 *taz* 11. September 1991, »Gegendarstellung der Otto Benecke Stiftung e. V.«

68 *Der Spiegel* 46/1991, »Spesen in bar«, S. 148

69 *taz* 17. September 1991, ›Befremdliche Stilelemente‹ werden überprüft«

70 *Süddeutsche Zeitung* 13. November 1992, »Vorläufiger Schlußstrich unter Finanz-skandal«

71 *Der Tagesspiegel* 20. Juni 1991, »Gibtner: Keine Weisung von Krause bei Raststätten-verträgen«, und *Berliner Zeitung* 21. Juni 1991, »Raststätten-Affäre um Krause offen-bar beendet«

72 *taz* 24. Juni 1991, »Verkehrsminister in der Sackgasse«

73 *taz* 20. Juni 1991, »Raststätten-Affäre: Diepgen mischte mit«

74 *Der Spiegel* 26/1991, »›Auf Ihr ausdrückliches Anraten‹«, S. 37

75 *Die Welt* 21. September 1991, »In puncto Raststätten-Lizenz wird weiter im dunkeln getappt«

76 *Der Tagesspiegel* 12. Juli 1991, »Die Raststätten-Verträge mit Van der Valk werden annulliert«

77 *taz* 15. September 1995, »Landesbank sponsert CDU-Wahlkampfblatt«

78 Amtsgericht Charlottenburg: »Bürgerverein Südende e. V.« 95 VR 7348 Nz

79 ebd.

80 *Der Südender* Ausgabe September 1995

81 Amtsgericht Charlottenburg: »Bürgerverein Südende e. V.« 95 VR 7348 Nz

82 *Der Südender* Ausgabe September 1995

83 *Abgeordnetenhaus Berlin: Volkshandbuch 12. Wahlperiode* (Fünfte, überarbeitete Auflage), S. 75

84 Senatsverwaltung für Finanzen von Berlin: Beteiligungen des Landes Berlin (Stand: 31. Dezember 1993), S. 86–87

85 ebd., S. 116–117

86 *Abgeordnetenhaus Berlin: Volkshandbuch 12. Wahlperiode* (Fünfte, überarbeitete Auflage), Verlag Gebr. Holzapfel, S. 58

87 Senatsverwaltung für Finanzen von Berlin: Beteiligungen des Landes Berlin (Stand: 31. Dezember 1993), S. 116–117

88 ebd., S. 103–104, und WIR Wohnungsbaugesellschaft in Berlin mbH, »Organe der Gesellschaft«

89 Pressedienst Bündnis 90/Grüne (AL)/UFV 15. September 1995, »CDU mißbraucht Parteieinfluß bei den Berliner Banken für illegale Finanzierung von Wahlkampf-Werbung«

90 *taz* 15. September 1995, »Landesbank sponsert CDU-Wahlkampfblatt«

91 *Berliner Morgenpost* 22. Oktober 1994, »Haases Vorstoß: Parkgebühren zum Bau von Park-Häusern nutzen«

92 *Berliner Morgenpost* 29. November 1994, »Millionenpoker um Groschengräber«

93 ebd. und *taz* 28. November 1994, »Windige CDU-Connection bei Millionengeschäft«

94 *Abgeordnetenhaus Berlin: Volkshandbuch 12. Wahlperiode* (Fünfte, überarbeitete Auflage), Verlag Gebr. Holzapfel, S. 92

95 *Volksblatt* 5. Dezember 1991, »Schuhhandelskette: Wo sind die Papiere der Mitarbeiter?«, *taz* 28. November 1994, »Windige CDU-Connection bei Millionengeschäft«, und *Berliner Zeitung* 21. Januar 1995 »Staatsanwaltschaft aktiv gegen CDU-Politiker«

96 *taz* 28. November 1994, »Windige CDU-Connection bei Millionengeschäft«

97 *Berliner Zeitung* 21. Januar 1995, »Staatsanwaltschaft aktiv gegen CDU-Politiker«

98 Michael Sontheimer und Jochen Vorfelder, *Antes & Co.*, Rotbuch Verlag 1986, S. 38, und *taz* 16. August 1986, »Kein gerichtliches Nachspiel«

99 *Berliner Morgenpost* 7. Januar 1995, »Amtlich: Am Kudamm soll das Parken vier Mark kosten«, und *Berliner Zeitung* 7. Januar 1995, »Park-Kassierer auch für West-City nominiert«

100 *Der Tagesspiegel* 24. Dezember 1994, »In Mitte und Spandau wird das Parken teurer«

101 *Berliner Morgenpost* 7. Dezember 1994, »Parkraum-Streit in Spandau: Bau-Stadtrat lehnt Firma ab«

102 *Abgeordnetenhaus Berlin: Volkshandbuch 12. Wahlperiode* (Fünfte, überarbeitete Auflage), Verlag Gebr. Holzapfel, S. 93

103 *Berliner Morgenpost* 29. Dezember 1995, »Berliner CDU will ehemaligen Spitzenmann loswerden«, *Bild* Berlin 22. August 1996, »Diese Berliner kaufen Cottbus auf«, und *Der Tagesspiegel* 24. August 1996, »3000 Wohnungen im Visier«

104 *Berliner Zeitung* 29. Oktober 1996, »Kaufe jede ›Platte‹«

105 *BILD*-Berlin 22. August 1996, »Diese Berliner kaufen Cottbus auf«, und *Neues Deutschland* 23. November 1991, »Die doppelte Bürde des Dr. Christian Neuling«

106 ebd.

107 *Der Tagesspiegel* 13. Oktober 1991, »Vom Umgang des Kontrolleurs mit dem Unkontrollierbaren«, und *taz* 19. Oktober 1991, »Treuhand-Kontakte ausgenutzt«, und 31. Oktober 1991, »Rücktritt: Neuling sieht ganz alt aus«

108 *Der Tagesspiegel* 18. Oktober 1991, »Vom Umgang des Kontrolleurs mit dem Unkontrollierbaren«

109 *Der Tagesspiegel* 30. Oktober 1991, »Neuling tritt als Vorsitzender des Treuhandausschusses zurück«

110 *BILD*-Berlin 22. August 1996, »Diese Berliner kaufen Cottbus auf«

111 *Der Tagesspiegel* 3. Januar 1995, »Wer steckt hinter der Parkplatzüberwachung?«

112 *BILD* 2. Februar 1994, »Hans-Ulrich-Bannert«

113 ebd. und *Berliner Morgenpost* 1. Juli 1984, »Bannert für mehr Flair in der City«

114 *Berliner Zeitung* 3. Januar 1995, »› Mister Kudamm‹ will am Alex kassieren«

115   *Neues Deutschland* 6. März 1996, »Parken in der City kein Kassen-Schlager«

116   *Berlin Kurier* 25. April 1996, »Knöllchen von Privat-Politessen unzulässig«

117   *Der Tagesspiegel* 29. August 1996, »Weniger Einnahmen, mehr Falschparker«, und *Berliner Zeitung* 14. Juni 1996, »Wachen bald Polizisten über die Parkplätze?«

118   *Berliner Zeitung* 26. Juli 1996, »Landowsky setzt auf Verkauf von Vermögen«, und *Die Welt* 7. Mai 1996, »Landowsky will mehr Schulden nicht ausschließen«

119   Michael Sontheimer und Jochen Vorfelder, *Antes & Co.*, Rotbuch Verlag 1996, S. 142

2 Jackpot ohne Lottoschein

1   Deutsche Klassenlotterie Berlin: »Tipp doch im Team«

2   ebd.

3   Abgeordnetenhaus von Berlin – 13. Wahlperiode Drucksache 13/279, S. 4, Abgeordnetenhaus von Berlin – 13. Wahlperiode Drucksache 13/100, S. 4, Abgeordnetenhaus von Berlin – 12. Wahlperiode Drucksache 12/6048, S. 4, Abgeordnetenhaus von Berlin – 12. Wahlperiode Drucksache 12/5828, S. 5

4   Auflistung der Geldverteilung des Stiftungsrats Deutsche Klassenlotterie Berlin für 1996

5   Abgeordnetenhaus von Berlin – 12. Wahlperiode Drucksache 12/668, S. 2

6   ebd.

7   ebd.

8   Abgeordnetenhaus von Berlin – 11. Wahlperiode, 13. Sitzung vom 14. September 1989, S. 494

9   ebd., S. 496

10   Abgeordnetenhaus von Berlin Drucksache 12/668

11   Abgeordnetenhaus von Berlin Drucksache 12/5131, S. 4

12   ebd.

13   Abgeordnetenhaus von Berlin Drucksache 12/3599, S. 3

14   Nachweisungen über die Verteilung der Zweckabgabe der Deutschen Klassenlotterie Berlin erscheinen regelmäßig in den Drucksachen des Abgeordnetenhauses von Berlin

15   Hans Herbert von Arnim, *Die Partei, der Abgeordnete und das Geld*, Knaur Verlag 1996, S. 167

16   *Abgeordnetenhaus Berlin – Volkshandbuch 12. Wahlperiode.* (Fünfte, überarbeitete Auflage), Verlag Gebr. Holzapfel, S. 57

17   Munzinger-Archiv/Internat. Biograph. Archiv 8/90

18   *Abgeordnetenhaus Berlin – Volkshandbuch 12. Wahlperiode,* (Fünfte, überarbeitete Auflage), Verlag Gebr. Holzapfel, S. 57

19 *Berliner Morgenpost*, 3. Mai 1988, »Keine Chance für Longolius bei Kreuzberger SPD«

20 *Berliner Morgenpost* 14. September 1988, »Longolius erteilt Momper eine Absage«

21 Satzung der »Initiative Berlin–USA« vom 17. Dezember 1990

22 Akten der Initiative Berlin–USA (VR 8479 NZ) im Vereinsregister, Amtsgericht Charlottenburg

23 »Ziele und Projekte der Initiative Berlin–USA e. V.« von Initiative Berlin–USA e. V.

24 Nachweisungen über die Verteilung der Zweckabgabe der Deutschen Klassenlotterie Berlin erscheinen regelmäßig in den Drucksachen des Abgeordnetenhauses von Berlin

25 Selbstdarstellungsblatt »Drogenhilfe Tannenhof Berlin e. V.«

26 Akten von Drogenhilfe Tannenhof Berlin e. V. (VR 5981 NZ) im Vereinsregister, Amtsgericht Charlottenburg

27 ebd.

28 ebd.

29 *Abgeordnetenhaus Berlin – Volkshandbuch 12. Wahlperiode,* (Fünfte, überarbeitete Auflage), Verlag Gebr. Holzapfel, S. 31

30 Abgeordnetenhaus von Berlin Drucksache 12/6048, S. 3

31 Akten der Europäischen Akademie (VR 3197 NZ) im Vereinsregister, Amtsgericht Charlottenburg

32 Abgeordnetenhaus von Berlin Drucksache 13/279 und Fax der Deutschen Klassenlotterie an den Autor vom 20. Juni 1996

33 *Neue Zeit* 21. September 1993, »Gegen das Verzagen«

34 Akten von Karl-Hofer-Gesellschaft – Freundeskreis der Hochschule der Künste e. V. (VR 5981 NZ) im Vereinsregister, Amtsgericht Charlottenburg

35 ebd.

36 *Abgeordnetenhaus Berlin – 13. Wahlperiode,* Neue Darmstädter Verlagsanstalt, S. 70

37 *Abgeordnetenhaus Berlin – Volkshandbuch 12. Wahlperiode* (Fünfte, überarbeitete Auflage), Verlag Gebr. Holzapfel S. 71

38 Abgeordnetenhaus von Berlin Drucksachen 10/897, 10/1934, 11/15, 12/1770, 12/5490

39 *Neue Zeit* 21. September 1993, »Gegen das Verzagen«

40 Abgeordnetenhaus von Berlin Drucksache 12/4373, S. 3

41 *Die Zeit* 5. September 1986, »Die Lottokönige«, und *Der Tagesspiegel* 9. Januar 1988, »Radio GeistderStadt«

42 Neuer Berliner Kunstverein e. V. »Satzung«, Berlin, Januar 1996

43 Abgeordnetenhaus von Berlin Drucksache 13/100, S. 2

44 »20 Jahre NBK«, S. 2. Der Katalog erschien aus Anlaß des zwanzigjährigen Bestehens des NBK 1989 und wurde mit Mitteln der Stiftung Deutsche Klassenlotterie gedruckt

45 *Abgeordnetenhaus Berlin – Volkshandbuch 12. Wahlperiode* (Fünfte, überarbeitete Auflage), Verlag Gebr. Holzapfel, S. 53

46 Abgeordnetenhaus von Berlin Drucksache 13/100, S. 2

47 Brief Helmut Höge an Frau Bergmann (Berliner Senatorin für Arbeit, Berufliche Bildung und Frauen) vom 18. Oktober 1996

48 ebd.

49 Briefe der Stiftung Deutsche Klassenlotterie Berlin an »Helle Panke« zur Förderung von Politik, Bildung und Kultur e. V. vom 20. März 1995, 6. Dezember 1994, 2. Oktober 1995 und 12. März 1996

50 Brief der Landeszentrale für politische Bildungsarbeit an »Helle Panke« vom 8. März 1994

51 ebd.

52 »Mitglieder des Stiftungsrates der Stiftung Deutsche Klassenlotterie Berlin«

53 *Berliner Zeitung* 20. November 1996, »Neue Mitglieder im Lotto-Stiftungsrat«

54 »Mitglieder des Stiftungsrates der Stiftung Deutsche Klassenlotterie Berlin«

55 Fax von Deutscher Klassenlotterie Berlin vom 5. 7. 1996

56 *Abgeordnetenhaus Berlin – Volkshandbuch 12. Wahlperiode* (Fünfte, überarbeitete Auflage), Verlag Gebr. Holzapfel, S. 98

57 *Handbuch Abgeordnetenhaus Berlin* 12. Wahlperiode Mai 1991

58 Aufsichtsrat, Vorstand, Direktoren und Treuhänder der Berliner Hypotheken- und Pfandbriefbank AG

59 Akten des International Club Berlin (VR 15169 NZ) im Vereinsregister, Amtsgericht Charlottenburg

60 Mitgliederverzeichnis des Lawn-Tennis-Turnier-Club »Rot-Weiß« e. V. (Stand Juli 1994), S. 76

61 Michael Sontheimer und Jochen Vorfelder, *Antes & Co.,* Rotbuch Verlag 1986, S. 91–95

62 ebd., S. 94–95

63 *taz* 11. November 1986, »›Geringfügige Aufmerksamkeiten‹«, und *Der Tagesspiegel* 12. November 1986, »Ermittlungen wegen Weinflaschen«

64 ebd.

65 Abgeordnetenhaus von Berlin Drucksache 10/1060

66 Johannes Ludwig, *Wirtschaftskriminalität*, Fischer Verlag 1992, S. 144

67 ebd., S. 186

68 ebd., S. 185

69 *Der Spiegel* 20. Oktober 1986, »Erarbeitetes Baurecht«, S. 143

70 Johannes Ludwig, *Wirtschaftskriminalität,* Fischer Verlag 1992, S. 144

71   *Der Tagesspiegel* 25. Oktober 1986, »Amtliche Meßwerte aus Buwitts Heizung waren in Ordnung«

72   *Die Tageszeitung* 28. Oktober 1986, »Logik der Ehre«

73   *Der Tagesspiegel* 11. Oktober 1986, Ruths soll Heizung in Buwitts Haus bezahlt haben«

74   *Der Tagesspiegel* 4. November 1987, »Verfahren gegen Ruths wegen Buwitt-Heizung wird eingestellt«

75   *Die Tageszeitung* 15. Oktober 1986, »Dank an Buwitt«

76   *Berliner Morgenpost* 3. Juni 1993, »Hohe Ehrung für Dankward Buwitt«, und *Landespressedienst Berlin* 2. Juni 1993, »Verdienstkreuz für Dankward Buwitt«

77   *Focus* 19. Juli 1993, »Der Kaufmann von Berlin«

78   Fax der »Angermann Internationale Immobilien Consultants GmbH« an den Autor vom 9. Januar 1997

79   *Focus* 21. Juni 1993, »Neues Justizministerium: Geschäft für Politiker«

80   *Focus* 19. Juli 1993, »Gegendarstellung« Dankward Buwitts

81   *Focus* 19. Juli 1993, »Der Kaufmann von Berlin«, und *Berliner Morgenpost* 23. September 1992, »Weicht die Münze der Justiz?«

82   *Neues Deutschland* 21. Juni 1994, »CDU-Filz zockt ab«

83   ebd.

84   *Der Tagesspiegel* 18. Juni 1994, »Schreyer spricht von CDU-Filz bei Käufersuche für Villa Lemm«

85   Kleine Anfrage Nr. 470 vom 16. April 1996, »Makler verdienen an Berlins Pleite«, und Antwort vom 15. Mai 1996 von der Senatsverwaltung für Finanzen

86   Senatsverwaltung für Finanzen: Antwort auf die Kleine Anfrage von Ida Schillen vom 29. Oktober 1996

87   Akten vom Notdienst für Suchtmittelgefährdete und Abhängige Berlin e. V. (VR 7649 Nz) im Vereinsregister, Amtsgericht Charlottenburg

88   Akten vom Drogentherapie-Zentrum Berlin e. V. (95 VR 5546 Nz) im Amtsgericht Charlottenburg

89   Michael Sontheimer und Jochen Vorfelder, *Antes & Co.*, Rotbuch Verlag 1996, S. 125

90   Amtsgericht Charlottenburg: »Fördererverein Junge Politik« VR 3168 Nz

91   *Der Tagesspiegel* 22. April 1986, »Millionär zieht Kandidatur für Wilmersdorfer Stadtratsposten zurück«

92   Abgeordnetenhaus von Berlin Drucksachen10/65, S. 10, und 10/948, S. 3

93   »Mitglieder des Stiftungsrates der Stiftung Deutsche Klassenlotterie Berlin«

94   Abgeordnetenhaus von Berlin Drucksachen 12/2680, S. 3, und 12/3319, S. 3; Deutsche Klassenlotterie Berlin: Presseerklärung 21. Februar 1996, S. 4

95   *Berliner Zeitung* 23. April 1996, »Peter Schwenkow, Unternehmer des Jahres 1996«

96   *BILD* 26. Januar 1994, »Peter Schwenkow«

97   *Die Woche* 11. August 1994, »Singspiel mit Seele«, *taz* 27. Mai 1995 »Eindringlinge im Kulturtempel?«, und *Der Tagesspiegel* 3. September 1995«, ›In einer Branche der Blinden bin ich der Einäugige‹«

98   *Die Welt* 19. April 1995, »Er macht keine Vorschläge, er macht es einfach vor«

99   Abgeordnetenhaus von Berlin Drucksache 12/2738, S. 46

100 *taz* 22. April 1992, »Mißtöne von der Waldbühne«

101 ebd.

102 ebd.

103 Abgeordnetenhaus von Berlin Drucksache 12/1770, S. 2

104 Abgeordnetenhaus von Berlin Drucksachen 12/1770, S. 2, 12/3064, S. 3, 12/3599, S. 4, und 12/4645, S. 2

105 Abgeordnetenhaus von Berlin Drucksache 12/2738, S. 46

106 ebd.

107 Programmheft der »German Open« 1993, S. 114

108 Fax Senatsverwaltung für Inneres 17. Juni 1996

109 Abgeordnetenhaus von Berlin Drucksache 12/2738, S. 45

110 ebd., S. 46

111 *taz* 17. September 1990, »Neue Geheimwaffe«

112 Abgeordnetenhaus von Berlin Drucksache 12/2738, S. 45

113 *Berliner Morgenpost* 22. Januar 1992, »Riesenscheck sorgte für gute Stimmung«

114 Programmheft der »German Open« 1993, S. 114

115 *Berliner Morgenpost* 4. März 1996, »Der Kampf um die Lotto-Millionen«

3 Ein Mann, drei Clubs und sechs Richtige

1   »Niederschrift über die ordentliche Mitgliederversammlung des LTTC Rot-Weiß e. V. am Samstag, dem 27. Januar 1996, im Pressezentrum auf der Clubanlage«, S. 9

2   ebd.

3   ebd.

4   Programmheft für den »Fred Perry Cup« 1992

5   Interview des Autors mit Eberhard Wensky, 16. Dezember 1994, S. 1

6   ebd., S. 6

7   ebd., S. 7

8   Alle aus dem »Mitgliederverzeichnis des Lawn-Tennis-Turnier-Club Rot-Weiß e. V.« (Stand Juli 1994)

9   Interview mit Eberhard Wensky, 16. Dezember 1994, S.7

10 Abgeordnetenhaus von Berlin Drucksache 12/668, S. 2

11 Abgeordnetenhaus von Berlin Drucksache 10/2347, S. 4

12 Interview mit Eberhard Wensky, 16. Dezember 1994, S. 6

13 Abgeordnetenhaus von Berlin Drucksache 12/1005, S. 2

14 »Berlin 2000 – Olympia Konzept«, herausgegeben vom Olympia-Büro Berlin, Dezember 1990, S. 15–16

15 Sitzungsprotokoll Ausschuß »Berlin 2000« vom 14. Oktober 1992, S. 1

16 Der Tagesspiegel 18. Mai 1996, »Der Doppelkopf«

17 Der Tagesspiegel 5. März 1992, »Olympiapläne: Tennisstadion im Grunewald«

18 ebd.

19 Kurzprotokoll über die 5. (ordentliche) Sitzung der Bezirksverordnetenversammlung Wilmersdorf von Berlin am Donnerstag, dem 15. Oktober 1992

20 Berliner Morgenpost 18. Mai 1992, »Wensky: Schnell Stadion planen«

21 Brief von Eberhard Wensky an die Fraktion Bündnis 90/Die Grünen vom 2. Juni 1994

22 Positionspapier zum olympischen Tennisstandort auf dem Gelände des »LTTC Rot-Weiß« Berlin, Oktober 1992, von Engel-Zillich, Architekten, BDA

23 Brief von der International Tennis Federation an die Berlin 2000 Olympia GmbH vom 13. Oktober 1992 und Bericht für den Ausschuß »Berlin 2000« am 14. Oktober 1992 von der Berlin 2000 Olympia GmbH

24 Pressemitteilung der Grüne/Alternative Liste, BVV-Fraktion Wilmersdorf, »Olympia-Tennis bei Rot-Weiß am Hundekehlesee fraglich geworden!«, 31. März 1993

25 Dringlichkeitsanfrage der Fraktion der Grünen/AL Wilmersdorf 21. Februar 1994

26 ebd.

27 ebd.

28 ebd.

29 Berliner Morgenpost 7. April 1996 »Noch gleicht der Center Court einer großen Baustelle«

30 Berliner Zeitung 15. Mai 1996, »Damen-Tennis ist schwer zu verkaufen«

31 taz 4. Juni 1994, »Millionengeschenk für Tennis-Club«

32 Presseerklärung Bündnis 90/Grüne (AL)/UFV vom 21. Mai 1994 (242/94), S. 2

33 Club-Magazin Ausgabe 1/1994, »Auszüge aus dem Protokoll über die ordentliche Mitgliederversammlung des LTTC ›Rot-Weiß‹ e. V. am Sonnabend, dem 15. Januar 1994, im Pressezentrum auf der Clubanlage«, S. 46

34 »Aufsichtsrat, Vorstand, Direktoren und Treuhänder der Berliner Hypotheken- und Pfandbriefbank AG«

35 Programmheft der »German Open« 1993, »Welcome …«, S. 8

36 Senatsverwaltung für Finanzen, Beteiligungen des Landes Berlin, 2. Gesamtberliner Bericht über die Beteiligungen des Landes Berlin an Unternehmen des privaten Rechts, Stand: 31. Dezember 1993, S. 20

37 *Berliner Morgenpost* 7. Dezember 1994, Grafik »Bankgesellschaft Berlin AG«

38 *Der Tagesspiegel* 15. September 1992, »›Heute würden wir den Antrag nicht mehr stellen‹«

39 *Berliner Morgenpost* 3. September 1992 »Geld aus der Senats-Kasse nur für ›wenige Reiche‹?«, und Abgeordnetenhaus von Berlin Drucksache 12/1985, S. 23–24

40 Presseerklärung Bündnis 90/Grüne (AL)/UFV vom 21. Mai 1994 (242/94), S. 1

41 Brief von Eberhard Wensky an die Fraktion Bündnis 90/Die Grünen vom 2. Juni 1994

42 Abgeordnetenhaus von Berlin Drucksache 12/5131, S. 2

43 *Berliner Morgenpost* 25. Oktober 1994, »Streit um Tennisstadion: Senator Nagel macht Dampf«

44 *Club-Magazin* 1/1995, S. 43

45 »Niederschrift über die ordentliche Mitgliederversammlung des LTTC ›Rot-Weiß‹ e. V. am Samstag, dem 27. Januar 1996, im Pressezentrum auf der Clubanlage«, S. 1

46 ebd., S. 7

47 ebd., S. 7

48 *Der Spiegel* 27/1993, »Unternehmen Berlin«, S. 40

49 Fax vom LTTC an Mathew D. Rose, 14. August 1996

50 *LTTC »Club Magazin«* Ausgabe 1/1996, S. 82

51 *LTTC »Club Magazin«* Ausgabe 1/1996, »Herzlichen Dank an Hans-Jürgen Pohmann, S. 26, und »So war das mit Dr. Kuhnke«, S. 28

52 *Die Welt* 4. Mai 1994, »›International Club‹ gegründet«

53 Liste »International Club Berlin Gründungsmitglieder«

54 *Berliner Zeitung* 11. Januar 1995, »Billig entspannen – das Land hilft«

55 *Berliner Morgenpost* 9. Mai 1994, »Very British: Der Club der Hauptstadt«

56 Abgeordnetenhaus von Berlin 67. Sitzung vom 19. Mai 1994, S. 5742

57 *Berliner Morgenpost* 21. November 1993, »CDU-Fraktionschef Landowsky auf dem Weg nach oben«

58 Abgeordnetenhaus von Berlin 75. Sitzung vom 10. November 1994, S. 6383, und International Club Berlin (ICB) VR 15169 Nz, 1. Mitgliederversammlung im International Club Berlins, Ergebnisprotokoll 6. Mai 1996

59 Abgeordnetenhaus von Berlin 79. Sitzung vom 19. Januar 1995, S. 6830

60 Abgeordnetenhaus von Berlin 75. Sitzung vom 10. November 1994, S. 6383, und International Club Berlin (ICB) VR 15169 Nz, 1. Mitgliederversammlung im International Club Berlin, Ergebnisprotokoll 6. Mai 1996

61 Abgeordnetenhaus von Berlin 79. Sitzung vom 19. Januar 1995, S. 6832

62 International Club Berlin (ICB) VR 15169 Nz, 1. Mitgliederversammlung im Internatio- nal Club Berlin, Ergebnisprotokoll 6. Mai 1996

63 Bericht der Senatskanzlei an den Vorsitzenden des Hauptausschusses des Abgeord- netenhauses von Berlin vom 29. April 1996, S. 4

64 International Club Berlin (ICB) VR 15169 Nz, 1. Mitgliederversammlung im Internatio- nal Club Berlin, Ergebnisprotokoll 6. Mai 1996

65 Abgeordnetenhaus von Berlin – Hauptausschußprotokoll vom 25. März 1996, S. 4, und *Berliner Zeitung* 26. März 1996, »Harte Diskussion um Berlins Finanzen«

66 *Berliner Zeitung* 14. September 1994, »Es bleibt britisch in Berlin«, *Berliner Morgen- post* 8. September 1994, »Hauptstadt-Club zieht in britischen Offiziersclub«, *Berliner Morgenpost* 9. Januar 1995, »Hauptstadt-Club: ›Läppische‹ Pacht für luxuriösen Freizeitpark«, *Mieter Magazin* 1/95, »Merkwürdiger Grundstückstausch«

67 Gedächtnisprotokoll eines Telefonats mit der Vorzimmerdame des ICB-Geschäftsfüh- rers Hans-Peter Schreiber von Severin Weiland

68 International Club Berlin (ICB) VR 15169 Nz, 1. Mitgliederversammlung im Internatio- nal Club Berlin, Ergebnisprotokoll 6. Mai 1996

69 ebd.

70 *Frankfurter Rundschau* 7. November 1996, »Gewinneinbruch in Berlin«; *Frankfurter Allgemeine Zeitung* 7. November 1996, »Bankgesellschaft denkt über Radikalkur bei Risikovorsorge nach«, und *Der Tagesspiegel* 7. November 1996, »Bankgesellschaft schreibt Vorsorge groß«

71 *Neue Zürcher Zeitung* 30. November 1996, »Die Bankgesellschaft Berlin in finanzieller Schieflage«, und *Die Welt* 30. November 1996, »Schwarzer Freitag für die Bank- gesellschaft«

72 *Berliner Morgenpost* 3. Dezember 1996, »Berliner Bank wechselt Vorstände aus«

73 *Berliner Zeitung* 9. August 1996, »Konkurrenz hängt Bankgesellschaft ab«, und *Berliner Morgenpost* 9. August 1996, »Bankgesellschaft Berlin enttäuscht mit Ge- winneinbruch im 1. Halbjahr«

74 *Berliner Zeitung* 3. Dezember 1996, »Bankgesellschaft legt an der Börse zu«, und *Der Tagesspiegel* 7. November 1996, »Bankgesellschaft schreibt Vorsorge groß«

75 *Frankfurter Rundschau* 9. April 1994, »Bankgesellschaft Berlin – Ein Kind der Not und ganz schön keck«

76 Abgeordnetenhaus von Berlin Drucksache 12/5452, S. 83

77 *Die Welt* 21. Dezember 1996, »»Keine Leichen mehr im Keller‹« und *Berliner Morgenpost* 21. Dezember 1996, »Wachwechsel bei der Bankgesellschaft«

78 *Welt am Sonntag* 8. Dezember 1996, »Hausputz bei der Berliner Bankgesellschaft«

79 Leitende Männer und Frauen der Wirtschaft – 1993, Hoppenstedt

80 ebd.

81 ebd.

82 ebd.

83 *Der Tagesspiegel* 26. Mai 1996, »Grüne kritisieren Billigpreis für Golfer«

84 Abgeordnetenhaus von Berlin Drucksache 12/5452, S. 59

85 *taz* 8. Februar 1995, »Society-Golfen zum Aldi-Schleuderpreis«

86 Abgeordnetenhaus von Berlin Drucksache 12/5452, S. 60

87 Abgeordnetenhaus von Berlin Drucksache 13/390, S. 46

88 ebd.

4 Die Sportsfreunde von Köpenick

1   Landespressedienst Berlin 27. Juni 1995

2   Senatsverwaltung für Finanzen – Antwort auf die Kleine Anfrage 6552 vom 15. März 1995

3   Landespressedienst Berlin 27. Juni 1995

4   Landespressedienst Berlin 27. Juni 1995

5   ebd.

6   *sid* 14. Juli 1993, »Gefälschte Bankbürgschaft brach Union das Genick«

7   *dpa* 2. Juli 1993, »Keine Lizenz für Union Berlin«

8   *sid* 17. Juni 1993, »Diepgen setzt sich beim DFB für 1. FC Union ein«

9   *Berliner Zeitung* 11. November 1993, »Union ist am Zuge«, *Berliner Zeitung* 14. Oktober 1993, »Der Senat hilft Union sofort mit 500 000 Mark«, und *sid* 29. Oktober 1993, »Bund der Steuerzahler: Steuergelder verschwendet«

10 *sid* 29. Oktober 1993, »Bund der Steuerzahler: Steuergelder verschwendet«

11 *sid* 3. November 1993, »Letzte Hoffnung: Lotto- und Spielbankgelder«

12 ebd.

13 GENV »Dokumentation zur Entwicklung und Vertragsstand des ›Union Sportpark‹«, S. 1

14 Fax vom Bezirksbürgermeister von Berlin-Köpenick vom 27. Juni 1996, *FAZ* 26. Juli 1995, »›Modell für private Sportanlagen‹ oder dubiose Geschäfte?«, und *Der Tagesspiegel* 29. Juli 1995, »›Eisern Union‹ reif für den Schrott?«

15 *Morgenpost* 23. Februar 1994, »Rettung oder Köpenickiade? Union träumt von 85-Millionen-Projekt in der Wuhlheide«

16 Brief der Senatsverwaltung für Schule, Berufsbildung und Sport 20. April 1994

17 »Vom ›Union-Sportpark‹ zum ›Wuhlesportpark‹ – Das Ende einer rettenden Idee???« 17. Mai 1995 von Detlef Bracht und Dr. Horst Reimann

18 Brief Edgar Grothkopp an Wolfgang Branoner vom 23. Mai 1995

19 Brief Wolfgang Branoner an Edgar Grothkopp vom 6. Juni 1995

20 »Vom ›Union-Sportpark‹ zum ›Wuhlesportpark‹ – Das Ende einer rettenden Idee???«
    17. Mai 1995 von Detlef Bracht und Dr. Horst Reimann

21 »Besetzung der Nomenklaturfunktion des Staatssekretärs« aus dem Bundesarchiv

22 *FAZ* 26. Juli 1995 »›Modell für private Sportanlagen‹ oder dubiose Geschäfte?«

23 *sid* 15. November 1994, »Dr. Kahstein neuer Präsident von Union Berlin«

24 *Berliner Zeitung* 11. Juli 1996, »Union in akuter Finanznot«

25 *ZDF Frontal* 15. November 1994, »Bauspekulation«

26 *ebd.*

27 *Berliner Morgenpost* 1. August 1995, »Konkurs oder kein Konkurs – was ist wirklich
    los mit den FC-Union-Finanzen?«

28 »Vom ›Union-Sportpark‹ zum ›Wuhlesportpark‹ – Das Ende einer rettenden Idee???«
    17. Mai 1995 von Detlef Bracht und Dr. Horst Reimann, S. 2

29 *sid* 22. September 1994, »Union Berlin hofft auf Bremer Beistand«

30 Brief Bezirksamt Köpenick von Berlin, Abteilung Kultur und Sport – Retzlaff an
    Albrecht 21. November 1994

31 Erklärung 1. FC Union Berlin von 22. November 1994

32 Vereinbarung zwischen der 1. FC Union Berlin e. V. und der Firma Albrecht GmbH Bau
    und Projektentwicklung vom 1. März 1995, S. 2

33 ebd.

34 Erbbaurechtsvertrag vom 25. April 1995 zwischen dem Land Berlin und der Firma
    Sport- und Einkaufspark Berlin-Köpenick Wuhlheide Immobilien GmbH & Co. KG,
    S. 10–11

35 Änderungsvertrag zum Erbbaurechtsvertrag vom 25. April 1995 zwischen dem Land
    Berlin und der Firma Sport- und Einkaufspark Berlin-Köpenick Wuhlheide Immobilien
    GmbH & Co. KG vom 3. November 1995, S. 4

36 Beschluß-Protokoll Unterausschuß »Vermögensverwaltung und Beteiligungen« des
    Hauptausschusses«, 91. Sitzung, 20. September 1995, S. 6

37 *Berliner Morgenpost* 6. Juni 1996, »12 Mio. Mark verloren? Streit um Wuhlesport-
    park«

38 Beurteilung der wirtschaftlichen Leistungsfähigkeit durch den DFB-Lizenzierungsaus-
    schuß gemäß § 8 Nr. 4 Lst. Spielzeit 1996/1997 – 2. Bundesliga 1. FC Union Berlin
    vom 3. April 1996

39 Brief von Dr. Klaus Ulbricht an den DFB vom 19. März 1996

40 Beurteilung der wirtschaftlichen Leistungsfähigkeit durch den DFB-Lizenzierungsaus-
    schuß gemäß § 8 Nr. 4 Lst. Spielzeit 1996/1997 – 2. Bundesliga 1. FC Union Berlin
    vom 3. April 1996

41 Pressemitteilung des Deutschen Fußball-Bundes Nummer 25/96 2. Mai 1996

42   Grundbuch von Köpenick Blatt 10137 N

43   Brief von Dr. Klaus Ulbricht an den DFB vom 19. März 1996

44   ebd.

45   ebd.

46   Senatsverwaltung für Finanzen, Brief von Peter Kurth an Dr. Ulbricht, 27. 2. 1996

47   Vereinbarung zum Grundstück An der Wuhlheide 250–270, Berlin Köpenick zwischen Sport- und Einkaufspark Köpenick-Wuhlheide Immobilien GmbH & Co. KG Dortmund und dem Bezirksamt Köpenick von Berlin 27. Februar 1996

48   *Morgenpost* 22. September 1995, »Wuhlheide: Wird Sportpark-Bau zur Millionen-Pleite?«

49   Sport- und Einkaufspark Wuhlheide – Anlage zum Kaufangebot vom 15. Mai 1996

50   Interview des Ostdeutschen Rundfunks Brandenburg – »Klartext« – mit Peter Kurth von Christian Booß und Mathew D. Rose

51   ebd.

52   Senatsverwaltung für Finanzen, Vermerk vom 12. Januar 1995, Legermann an Kurth, S. 3

53   ebd.

54   ebd., S .4

55   *Der Tagesspiegel* 9. Mai 1994, »Neuer Staatssekretär beim Finanzsenator« und »Des Senators jugendliche Stütze«, und *BILD-Berlin* 2. Juni 1994, »Berlins jüngster Staatssekretär: Mit 34 schon 12500 Mark Gehalt«

56   Protokoll des Abgeordnetenhauses von Berlin, 10. Sitzung vom 6. Juni 1996, S. 661

57   Grundbucheintrag Bezirk Köpenick, Blatt 10137N

58   Brief von Senatsverwaltung für Finanzen (Peter Kurth) an Herrn Albrecht 13. Oktober 1995

59   Presseerklärung von Manfred Albrecht

60   *Berliner Zeitung* 24. Januar 1996, »Die neue Finanzsenatorin«

61   *taz* 22. Januar 1994, »Einsatz mit Risiko und ohne Gewähr«

62   *Berliner Zeitung* 5. Juni 1996, »Die erste Panne der ›eisernen Lady‹«, und *Der Tagesspiegel* 7. Oktober 1996, »Der Union-Deal: Für den Senat wird es teuer«

63   *Berliner Zeitung* 14. Juni 1996, »In der FC Union-Affäre glänzen Dribbelkünstler der besonderen Art«

64   Brief von Tino Czerwinski an Eberhard Diepgen vom 15. Juni 1996

65   ebd.

66   *Der Tagesspiegel* 12. Juni 1996, »Neue Geldgeber sollen Sportpark-Projekt retten«

67   *Berliner Morgenpost* 12. Juni 1996, »Steuergeld für FC-Union-Schulden?«

68   *Der Tagesspiegel* 22. Juli 1996, »Millionenspiele mit Landesgeldern, und *Berliner Zeitung* 18. Juli 1996, »Entschuldung des FC Union ist grandios gescheitert«

69 Der Tagesspiegel 7. Oktober 1996, »Der Union-Deal: Für den Senat wird es teuer«

70 ebd.

71 Brief Manfred Albrecht an AOK Berlin 25. April 1996

72 Berliner Zeitung 15. Juli 1996, »Landesbank soll Wuhlheide-Projekt noch retten«

73 Landgericht Dortmund: Gerichtsurteil vom 18. Juli 1996

74 Kaufvertrag vom 16. August 1996

75 ebd., S. 7

76 Interessenbekundung vom 17. September 1996

77 Interview des Ostdeutschen Rundfunks Brandenburg – »Klartext« – mit Peter Kurth von Christian Booß und Mathew D. Rose

78 taz 2. Oktober 1996, »Union: Grundstücksverkauf gescheitert«

79 Berliner Zeitung 3. Juli 1996, »FC-Union-Affäre: Gelder flossen auch auf Privatkonten«

80 Interview mit Norbert Skowronek vom 20. August 1996

5 Ein 86-Millionen-Mark-Leichenschmaus ohne Leiche

1   sid 21. Juni 1991, »Eine Million Dollar und 27 Wagen«

2   taz 18. August 1993, »Glänzen für Olympia«

3   Stuttgarter Zeitung 13. September 1991, »›Einen Schreck ohne Ende akzeptieren wir nicht‹«

4   Jürgen Kiesling, Videoband

5   Brief von Lutz Grüttke an Frau Claßen, 10. Juli 1995, und Manager Magazin 5/1991, S. 28, »Dabeisein ist alles«

6   Werben & Verkaufen Nr. 18/30 April 1992, S. 16, »Berlin-Affäre: Grüttke sieht sich als Opfer der Bürokratie«

7   Selbstdarstellungsgrafik Bossard Consultants GmbH

8   Zitty Stadtmagazin 3/95, »Die Umverteiler«, S. 23, und Thomas Kistner und Jens Weinreich, Muskelspiele, Rowohlt Verlag 1996, S. 26, und Andrew Jennings Das Olympia Kartell, S. 185

9   Zitty Stadtmagazin 3/95, »Die Umverteiler«, S. 23, und Thomas Kistner und Jens Weinreich, Muskelspiele, Rowohlt Verlag 1996, S. 26

10 Frankfurter Allgemeine 15. Juni 1993, »Warum wir dabei sind …«

11 Lizenzvertrag zwischen der Berlin 2000 Marketing GmbH i. G. und der Daimler-Benz AG vom 1. April 1992, S. 12–13

12 Abgeordnetenhaus von Berlin (12. Wahlperiode) 5. Untersuchungsausschuß – Wortprotokoll Matthias Kleinert, 12. Juni 1995, S. 124–125

13   Telefax Axel Nawrocki an Walther Tröger 29. April 1993

14   Rechnungshof von Berlin, »Bericht über die Prüfung der Vergabe von Zuwendungen durch die Senatskanzlei an die Olympia Berlin 2000 Gesellschaft zur Vorbereitung der Olympischen Spiele mbH in den Haushaltsjahren 1991 bis 1993 sowie die Prüfung der Betätigung Berlins bei diesem Unternehmen«, 22. August 1996, S. 23 und 80–84; Wortprotokoll Matthias Kleinert, 12. Juni 1995, S. 124–125

15   Vertrag zwischen der Berlin 2000 Marketing GmbH i. G. und Daimler-Benz AG, S. 12

16   Vertrag zwischen der Berlin 2000 Marketing GmbH i. G. und Ufa Film- und Fernseh-GmbH

17   Brief von Wolfgang Händel an Schabel-Blessing (Daimler-Benz AG) vom 8. Juli 1993 und Gieron & Partner GmbH »Bericht über die Prüfung des Jahresabschlusses zum 31. 12. 1993 der Firma Berlin 2000 Marketing GmbH 10178 Berlin« 1993, Tz 313

18   Druck ausgewählter Verwendungsdaten der Olympia Berlin 2000 GmbH: Finanzjahr 1992 (Stand 5. Mai 1993), Blatt 1 und 7 und verschiedene Rechnungen

19   Abgeordnetenhaus von Berlin (12. Wahlperiode) 5. Untersuchungsausschuß – Wortprotokoll 11. September 1995, S. 28

20   Gieron & Partner GmbH »Bericht über die Prüfung des Jahresabschlusses zum 31. Dezember 1993 der Firma Berlin 2000 Marketing GmbH 10178 Berlin« 1993, Tz 304

21   Abgeordnetenhaus von Berlin (12. Wahlperiode) 5. Untersuchungsausschuß – Wortprotokoll 18. Mai 1995, S. 151. Auch diese Tatsache wurde vom Landesrechnungshof Berlin später bestätigt: Rechnungshof Olympia Berlin »Bericht über die Prüfung der Vergabe von Zuwendungen durch die Senatskanzlei an die Olympia Berlin 2000 Gesellschaft zur Vorbereitung der Olympischen Spiele mbH in den Haushaltsjahren 1991 bis 1993 sowie die Prüfung der Betätigung Berlins bei diesem Unternehmen«, 22. August 1996, S. 113

22   Berlin 2000 Marketing GmbH »Vermarktungsgesellschaft«

23   Vermerk Olympia-GmbH 21. Januar 1994

24   Rechnungshof von Berlin »Bericht über die Prüfung der Vergabe von Zuwendungen durch die Senatskanzlei an die Olympia Berlin 2000 Gesellschaft zur Vorbereitung der Olympischen Spiele mbH in den Haushaltsjahren 1991 bis 1993 sowie die Prüfung der Betätigung Berlins bei diesem Unternehmen«, 22. August 1996, S. 73–74

25   Aufsichtsrat-Protokoll der Olympia Berlin 2000 GmbH von der Sitzung am 12. Dezember 1991, S. 4, BMI Verwendungsnachweis für die Projektförderung im Haushaltsjahr 1992 und Einzelnachweis »Bewerbungsstrategie«

26   Abgeordnetenhaus von Berlin: 1. Bericht (Zwischenbericht) des 5. Untersuchungsausschusses ... Drucksache 12/5948, S. 74

27   Rechnungshof von Berlin »Bericht über die Prüfung der Vergabe von Zuwendungen

durch die Senatskanzlei an die Olympia Berlin 2000 Gesellschaft zur Vorbereitung der Olympischen Spiele mbH in den Haushaltsjahren 1991 bis 1993 sowie die Prüfung der Betätigung Berlins bei diesem Unternehmen«, 22. August 1996, S. 100

28 ebd., S. 109

29 Spendenunterlagen der Berlin 2000 Marketing GmbH

30 *Olympia Magazin* 9/92

31 *Berliner Zeitung* Ostern 1993, Anzeige

32 Satzung Förderkreis Olympia Berlin 2000 e. V.

33 Gieron & Partner GmbH »Bericht über die Prüfung des Jahresabschlusses zum 31. Dezember 1993 der Firma Berlin 2000 Marketing GmbH 10178 Berlin« 1993, Tz 328 und Spendenbescheinigung Förderkreis Olympia 2000 e. V.

34 *Werben & Verkaufen* Nr. 18/30 April 1992, »Berlin-Affäre: Grüttke sieht sich als Opfer der Bürokratie«, S. 16

35 ebd.

36 Bericht der Treuarbeit »über die bei der Olympia Berlin 2000 Gesellschaft zur Vorbereitung der Olympischen Spiele mbH, Berlin, vorgenommene Prüfung des Jahresabschlusses zum 31. Dezember 1991«, Punkt 48

37 ebd., Punkt 46

38 Senatskanzlei: Vermerk 25. November 1991, Aufsichtsrats-Protokoll der Olympia Berlin 2000 GmbH von der Sitzung am 12. Dezember 1991, S. 3, und Bericht der Treuarbeit, Punkt 75

39 Brief Dr. Christoph Vedder an Willi Daume, 8. November 1991, S. 3

40 ebd., S. 1

41 *SPORTjournalist* 10/91, »Geschäfte mit den Spielen«, S. 14

42 Abgeordnetenhaus von Berlin (12. Wahlperiode) 5. Untersuchungsausschuß – Wortprotokoll 18. Mai 1995, S. 50

43 Vollmacht von Lutz Grüttke an Dr. Volkmar Günther

44 *SPORTjournalist* 10/91, S. 14, »Geschäfte mit den Spielen«, und *Süddeutsche Zeitung* September 1991, »Mit Alleingängen und Kapriolen Unmut erregt«

45 Vermerk der Senatskanzlei von Berlin, 12. Dezember 1991

46 *SPORTjournalist* 10/91, S. 14, »Geschäfte mit den Spielen«

47 Bericht der Treuarbeit »über die bei der Olympia Berlin 2000 Gesellschaft zur Vorbereitung der Olympischen Spiele mbH, Berlin, vorgenommene Prüfung des Jahresabschlusses zum 31. Dezember 1991«, Punkt 75

48 Senatskanzlei von Berlin: Vermerk vom 7. November 1991, Seite 1

49 Senatskanzlei von Berlin: Vermerk vom 21. November 1991

50 Brief Bossard Consultants an den Geschäftsführer der Berlin Olympia 2000 GmbH, 21. November 1991

51 Dieser Vorgang wurde ein Jahr nach Mathew D. Roses und Jens Weinreichs Sendung im Ostdeutschen Rundfunk Brandenburg vom Landesrechnungshof bestätigt. Siehe Rechnungshof von Berlin »Bericht über die Prüfung der Vergabe von Zuwendungen durch die Senatskanzlei an die Olympia Berlin 2000 Gesellschaft zur Vorbereitung der Olympischen Spiele mbH in den Haushaltsjahren 1991 bis 1993 sowie die Prüfung der Betätigung Berlins bei diesem Unternehmen«, 22. August 1996, S. 43–46

52 Brief von Hinkefuß an RA Hans-Jürgen Dietrich vom 7. November 1991

53 Senatskanzlei 14. November 1991: Alternative Presseerklärungen für den Rücktritt Schirners

54 Aufhebungsvertrag zwischen der Olympia 2000 GmbH und Michael Schirner 14. November 1991

55 Abgeordnetenhaus von Berlin: 1. Bericht (Zwischenbericht) des 5. Untersuchungsausschusses, Drucksache 12/5948, S. 61

56 Abgeordnetenhaus von Berlin (12. Wahlperiode) 5. Untersuchungsausschuß – Wortprotokoll 12. Juni 1995, S. 29. Atlanta leugnet Fuchs' Aussage

57 Brief Manfred Lämmer an Lutz Grüttke 13. August 1991, S.3

58 Abgeordnetenhaus von Berlin (12. Wahlperiode) 5. Untersuchungsausschuß – Wortprotokoll 9. Oktober 1995, S. 64

59 Bussard Consultants: »Erfassungsmaske für Datei IOC-DATE«, Benutzerhandbuch

60 Abgeordnetenhaus von Berlin (12. Wahlperiode) 5.Untersuchungsausschuß – Wortprotokoll 9. Oktober 1995, S. 66 und 142

61 Bossard Olympia-Team »Bericht über Sondierungen in Athen, 11.–13. September 1991«, S. 2

62 Abgeordnetenhaus von Berlin (12. Wahlperiode) 5. Untersuchungsausschuß – Wortprotokoll 27. November 1995, S. 31

63 *AP* 30. Juni 1992, »Olympia-Marketing-Chef wirft ›Monitor‹ Fälschung vor«

64 Rechnungen Boden Oppenhoff Rasor Raue an Berlin 2000 Olympia GmbH vom 30. Juni 1992 und 21. Juli 1992

65 Senatskanzlei von Berlin: Vermerk 9. Juli 1992 Kronmüller

66 *Berliner Zeitung* 8. Juli 1992, »Senat lehnt unabhängige Olympia-Prüfer ab«

67 ebd.

68 ebd.

69 Abgeordnetenhaus von Berlin (12. Wahlperiode) 5. Untersuchungsausschuß – Wortprotokoll 27. November 1995, S. 30

70 Senatskanzlei von Berlin: Vermerke vom 9. und 13. Juli 1992

71 Senatskanzlei von Berlin: »Erläuterung zur Anlage 3« und Verträge der Senatskanzlei Berlin und Nationales Olympisches Komitee für Deutschland mit Nikolaus Fuchs

72 Rechnungshof von Berlin »Bericht über die Prüfung der Vergabe von Zuwendungen

durch die Senatskanzlei an die Olympia Berlin 2000 Gesellschaft zur Vorbereitung der Olympischen Spiele mbH in den Haushaltsjahren 1991 bis 1993 sowie die Prüfung der Betätigung Berlins bei diesem Unternehmen«, 22. August 1996, S. 79

73 Abgeordnetenhaus von Berlin (12. Wahlperiode) 5. Untersuchungsausschuß – Wortprotokoll 9. Oktober 1995, S. 126, und Olympia Berlin 2000 GmbH, Abt. Innere Dienste, Bereich Finanzen, Vermerk vom 19. Juni 1992: Liste der eingeladenen Gäste

74 Abgeordnetenhaus von Berlin (12. Wahlperiode) 5. Untersuchungsausschuß – Wortprotokoll 28. September 1995, S. 101

75 Prüfungsvermerk für Zuwendungsempfänger Olympia Berlin 2000 GmbH für das BMI 14. September 1994, S. 15–16

76 Rechnungshof von Berlin »Bericht über die Prüfung der Vergabe von Zuwendungen durch die Senatskanzlei an die Olympia Berlin 2000 Gesellschaft zur Vorbereitung der Olympischen Spiele mbH in den Haushaltsjahren 1991 bis 1993 sowie die Prüfung der Betätigung Berlins bei diesem Unternehmen,« 22. August 1996, S. 80

77 ebd., S. 77

78 ebd., S. 91

79 ebd., S. 94

80 ebd., S. 85

81 ebd.

82 *dpa* 22. November 1993, »Berliner Olympia GmbH wird zum Jahresende aufgelöst«

83 Olympia Berlin 2000 GmbH i. L: Vermerk 17. Februar 1994, *Sonntagsblatt* 11. Februar 1994, »Akten im Reißwolf, Lücken in den Regalen«, und *Focus* 7. Februar 1994, »Teuer umworben«

84 *stern* 10. Februar 1994, »Ich kann schweigen«

85 Rechnungshof von Berlin »Bericht über die Prüfung der Vergabe von Zuwendungen durch die Senatskanzlei an die Olympia Berlin 2000 Gesellschaft zur Vorbereitung der Olympischen Spiele mbH in den Haushaltsjahren 1991 bis 1993 sowie die Prüfung der Betätigung Berlins bei diesem Unternehmen«, 22. August 1996, S. 19

86 ebd., S. 22–23

87 Abgeordnetenhaus von Berlin (12. Wahlperiode) 5. Untersuchungsausschuß – Wortprotokoll 12. Mai 1995, S. 24

88 Quittung Journalisten-Verband Berlin GmbH 30. Dezember 1993 und Abgeordnetenhaus von Berlin (12. Wahlperiode) 5. Untersuchungsausschuß – Wortprotokoll 12. Mai 1995, S. 47

89 »Bericht über die bei der Olympia Berlin 2000 Gesellschaft zur Vorbereitung der Olympischen Spiele mbH i. L., Berlin, durchgeführte Prüfung, inwieweit die Gesellschaft die in § 257 HGB genannten Aufbewahrungspflichten erfüllt hat«, S. 7

90 Rechnungshof von Berlin »Bericht über die Prüfung der Vergabe von Zuwendungen durch die Senatskanzlei an die Olympia Berlin 2000 Gesellschaft zur Vorbereitung der Olympischen Spiele mbH in den Haushaltsjahren 1991 bis 1993 sowie die Prüfung der Betätigung Berlins bei diesem Unternehmen«, 22. August 1996, S. 21

91 »Bericht über die bei der Olympia Berlin 2000 Gesellschaft zur Vorbereitung der Olympischen Spiele mbH i. L., Berlin, durchgeführte Prüfung, inwieweit die Gesellschaft die in § 257 HGB genannten Aufbewahrungspflichten erfüllt hat«, S. 8

92 Abschlußbericht der Olympia GmbH – Band I, »Olympiakonzept«

93 Abgeordnetenhaus von Berlin (12. Wahlperiode) 5. Untersuchungsausschuß – Wortprotokoll 15. Juni 1995, S. 110

94 Brief Friedrich-Wilhelm Schulze an Volker Kähne 3. August 1994. Wie bei so vielen wichtigen Dokumenten konnte der Untersuchungsausschuß diesen Brief in den Unterlagen der Olympia GmbH nicht auffinden.

95 Abgeordnetenhaus von Berlin (12. Wahlperiode) 5. Untersuchungsausschuß – Wortprotokoll 18. Mai 1995, S. 165

96 Protokoll über die 2. Sitzung des Aufsichtsrates der Olympia Berlin 2000 GmbH i. L. vom 19. September 1994, S. 3

97 Abgeordnetenhaus von Berlin (12. Wahlperiode) 5. Untersuchungsausschuß – Wortprotokoll 12. Mai 1995, S. 45

98 Abgeordnetenhaus von Berlin (12. Wahlperiode) 5. Untersuchungsausschuß – Wortprotokoll 18. Mai 1995, S. 166

99 Protokoll über die 2. Sitzung des Aufsichtsrates der Olympia Berlin 2000 GmbH i. L. vom 19. September 1994, S. 3

100 Abgeordnetenhaus von Berlin (12. Wahlperiode) 5. Untersuchungsausschuß – Wortprotokoll 12. Mai 1995, S. 62

101 Fax Dr. Rüdiger Reif an Mathew D. Rose 19. März 1996

102 Rechnungshof von Berlin »Bericht über die Prüfung der Vergabe von Zuwendungen durch die Senatskanzlei an die Olympia Berlin 2000 Gesellschaft zur Vorbereitung der Olympischen Spiele mbH in den Haushaltsjahren 1991 bis 1993 sowie die Prüfung der Betätigung Berlins bei diesem Unternehmen«, 22. August 1996, S. 118–120

103 ebd., S. 18

104 Videoband Ostdeutscher Rundfunk Brandenburg

6 Schlechte Partner für Berlin

1 *Der Tagesspiegel* 25. Oktober 1994, »Was wollen die ›Partner für Berlin‹?«

2 ebd.

3   Antwort von Norbert Meisner auf Kleine Anfrage Nr. 6126 vom 2. November 1994
    von Judith Demba

4   Interview des Autors mit Wilhelm von Boddien am 24. Oktober 1996, S. 1

5   Pressemitteilung der Berlin 2000 Marketing GmbH, 18. November 1993

6   ebd.

7   ebd.

8   Senatsverwaltung für Wirtschaft und Technologie – Neukonzeption des Standort-
    marketings für Berlin

9   ebd.

10 Presseerklärung Senatsverwaltung für Wirtschaft und Technologie, 7. Oktober 1994

11 Abgeordnetenhaus von Berlin – 12. Wahlperiode, 88. Sitzung vom 7. September
    1995, S. 7599

12 Verschmelzungsvertrag zwischen »Berlin 2000 Marketing GmbH« und »Partner für
    Berlin Gesellschaft für Hauptstadt-Marketing mbH« vom 29. August 1994, S. 4–5

13 Partner für Berlin Gesellschaft für Hauptstadt-Marketing mit beschränkter Haftung –
    »Gesellschaftsvertrag«, S. 2

14 ebd.

15 Interview des Autors mit Wilhelm von Boddien am 24. Oktober 1996, S. 6

16 ebd.

17 ebd.

18 Interview mit Wilhelm von Boddien vom 2. November 1995

19 Senatsverwaltung für Wirtschaft und Technologie – Neukonzeption des Standort-
    marketing für Berlin, S. 10

20 Antwort auf Kleine Anfrage Michaela Schreyer 16. Mai 1995

21 ebd.

22 Brief Axel Nawrocki an Volker Kähne vom 26. Oktober 1992 und Landesverwaltungs-
    amt Berlin, Brief an Olympia Berlin 2000 GmbH vom 10. Februar 1994

23 Fax »Partner für Berlin« an den Autor«, 25. Oktober 1996

24 Interview des Autors mit Wilhelm von Boddien am 24. Oktober 1996, S. 4

25 Senatsverwaltung für Wirtschaft und Technologie – Neukonzeption des Standort-
    marketings für Berlin

26 ebd., S. 10

27 ebd., S. 8

28 »Bilanz der Arbeit von Berlin Partner« 1995

29 Fax von Georg Gafron (Geschäftsführer Radio Hundert,6 Gesellschafter von »Partner
    für Berlin«), an den Autor, 28. Februar 1995

30 Interview des Autors mit Wilhelm von Boddien am 24. Oktober 1996, S. 1

31 ebd., S. 2

32 ebd.

33 *Media Perspektiven* 1/92, S. 5

34 *Berliner Zeitung* 18. Juli 1995, »Berlin-Werber haben Image-Probleme«, *Süddeutsche Zeitung* 8. Juli 1995, »Werbung für die alte Brot-und-Spiele-Mentalität«, und *WirtschaftsWoche* Nr. 29/13. Juli 1995, S. 28, »Hilflos rudern«

35 *Süddeutsche Zeitung* 8. Juli 1995, »Werbung für die alte Brot-und-Spiele-Mentalität«, *taz* 6. Mai 1995, »Hoffen auf den Verpackungs-Selbstläufer«

36 Deutscher Bundestag, Drucksache 13/3390

37 Deutscher Bundestag, Drucksache 12/3950, 12/6140, 13/145, 13/3390

38 *Die Welt* 17. Januar 1996, »Schlag für Boddien: Gesellschafter steigt aus«, und *Berliner Kurier* 14. Januar 1996, »Berlin-Werber in Not: Die Teilhaber suchen das Weite«

39 *Berliner Zeitung* 31. Januar 1996, »Im Berliner Gestrüpp verheddert«, und Pressemitteilung SPD Nr. 181 18. Juli 1995

40 *Berliner Morgenpost* 10. Juli 1994, »Bisher verkaufte er Trecker, jetzt will von Boddien Berlins Image vermarkten«

41 *Neues Deutschland* 27. Juli 1995, »Im Marketing-Brei rühren viele Köche«

42 Wilhelm von Boddien, Vortrag vor der Gesellschafterversammlung (Dokument des Infopakets Berlin Partner, 28. November 1994)

43 *Berliner Morgenpost* 10. Juli 1994, »Bisher verkaufte er Trecker, jetzt will von Boddien Berlins Image vermarkten«

44 Unterlagen von Partner für Berlin im Amtsgericht Charlottenburg HRB 52685

45 *Der Spiegel* 42/90, »Mit Herz und Hand«, S. 157, und *taz* 17. Mai 1991, »AEG schreibt auch 1991 wieder tiefrote Zahlen«

46 *Der Spiegel* 42/90, »Mit Herz und Hand«, S. 157

47 *Die Welt* 16. Februar 1994, »S-Bahn-Manager Nawrocki auf dem Abstellgleis?«

48 »Berlin 2000 Marketing GmbH – Vermarktungsgesellschaft«

49 Hoppenstedt: Handbuch der Großunternehmen 1995

50 Fax »Partner für Berlin« an den Autor, 25. Oktober 1996

51 »Berlin Alles spricht dafür. Das Kommunikationskonzept für das Standort- und Hauptstadtmarketing«, Berlin, den 7. Oktober 1994

52 *WirtschaftsWoche* Nr. 29/ 13. Juli 1995, »Hilflos rudern«

53 Senatsverwaltung für Wirtschaft und Technologie – Neukonzeption des Standortmarketings für Berlin, 26. Mai 1994, Anlage: S. 4

54 Interview des Autors mit Wilhelm von Boddien am 24. Oktober 1996, S. 1

55 Abgeordnetenhaus von Berlin – 12. Wahlperiode, 88. Sitzung vom 7. September 1995, S. 7599

56 *Der Tagesspiegel* 11. August 1995, »PR-Agentur kündigt den Berlin-Partnern«, und
    BILD 12. August 1995, »Verlierer der Woche: Wilhelm von Boddien«

57 *Der Tagesspiegel* 11. August 1995, »PR-Agentur kündigt den Berlin-Partnern«

58 *Berliner Zeitung* 9. Oktober 1995, »Führungskrise bei ›Partner für Berlin‹«

59 ebd.

60 Partner für Berlin »Erste Adressen«

61 Fax »Berlin Partner« an den Autor vom 25. Oktober 1996

62 ebd.

63 *Berliner Zeitung* 16. Dezember 1996, »Auch die Dresdner Bank wird Berlin-Partner«

64 Interview des Autors mit Wilhelm von Boddien am 24. Oktober 1996, S. 7

65 Fax »Berlin Partner« an den Autor vom 25. Oktober 1996

66 *Berliner Zeitung* 9. Oktober 1995, »Führungskrise bei ›Partner für Berlin‹«, und *Die
    Welt* 10. Oktober 1995, »Ausgewiesen, aber nicht abgeführt«

67 *Der Tagesspiegel* 28. September 1995, »Ermittlungsverfahren gegen Boddien«

68 *BZ* 29. September 1995, »Steuerskandal um Berlin-Werbung«, und *Berliner Morgen-
    post* 29. September 1995, »Ermittlungen gegen Boddien«

69 *Berliner Zeitung* 31. Januar 1996, »Im Berliner Gestrüpp verheddert«

70 *Die Welt* 29. September 1995, »Boddiens doppeltes Ungemach«, *Die Welt* 19. De-
    zember 1995, »›Partner für Berlin‹ mit neuem Werbekonzept«, und *BILD* 17. Juli
    1996, »Eine Mio futsch in 9 Minuten«

71 *Der Tagesspiegel* 18. November 1995, »Standortwerbung mit doppelt gebremster
    Kraft«

72 Senatsverwaltung für Wirtschaft und Betriebe: 30. Mai 1996 – Antwort auf die Kleine
    Anfrage 605 vom 15. Mai 1996

73 ebd.

74 *Die Welt* 5. September 1995, »Glückloser Hoffnungsträger in Sachen Berlin-Image«

75 *Berliner Zeitung* 31. Januar 1996, »Im Berliner Gestrüpp verheddert«

76 Interview des Autors mit Wilhelm von Boddien am 24. Oktober 1996, S. 2

77 Pressemitteilung »Partner für Berlin«, 30. Januar 1996, »Dürr schlägt Hassemer als
    Chef von Berlin Partner vor«

78 *Berliner Zeitung* 26. April 1996, »Norbert Meisner geht zu Herlitz«

79 *Berliner Zeitung* 17. April 1996, »Ex-Bausenator Nagel geht in die Immobilien-
    branche«

80 *Berliner Morgenpost* 17. April 1996, »Ex-Senatoren beraten, bauen, schreiben,
    lehren«

81 *Die Welt* 9. März 1996, »›Berlin Partner‹ engagiert sich für Fusion«

82 Schaustelle Berlin Programm-Journal, S. 3

83 ebd., S. 4

84 ebd., S. 8

85 ebd., S. 38

86 ebd., S. 44

87 *Berliner Morgenpost* 26. August 1996, »Schaustelle: Über 500 000 Besucher – Hassemer und Händler zufrieden«

88 *Der Tagesspiegel* 27. August 1996, »Die ›Schaustelle Berlin‹ zog vor allem Berliner an«, und *taz* 27. August 1996, »Baustelle war Schaustelle«

89 *BZ* 26. August 1996, »Der Sonntags-Einkauf war ein Riesen-Erfolg«, und *Berliner Kurier* 26. August 1996, »Sonntags-Einkauf: Gut gelaufen«

90 *Welt Berlin* 14. März 1996, »Pieroth: Stadtmarketing aus einem Guß nötig«

91 *Berliner Morgenpost* 15. Juni 1996, »›Partner für Berlin‹: Laubenpieperfest in Bonn gerettet«

92 *taz* 6. November 1996, »Hassemer sieht rot«, und *Berliner Kurier* 6. November 1996, »Berlins Werbechef läßt suchen: Wo war die Mauer?«

7 Radio GeistderStadt

1 Schamoni Medien GmbH »Liste der weiteren Gesellschafter der Schamoni Medien-GmbH mit Angabe der übernommenen Einlagen«, 30. Mai 1986

2 *taz* 29. November 1988, »Klingbeil & Co weiter im Geschäft«

3 Christian Booß, »Memo SFB«

4 Abgeordnetenhaus von Berlin – 10. Wahlperiode: 59. Sitzung vom 24. September 1987, S. 3490

5 ebd.

6 ebd.

7 *Volksblatt Berlin* 2. Oktober 1987, »Verleger weisen Eingriffsversuch von Politikern zurück«

8 Brief Klaus-Rüdiger Landowsky an den Vorstand des Verlages Gruner + Jahr AG & Co., 17. Dezember 1986

9 ebd.

10 *taz* 7. Oktober 1987, »Senator hält Journalisten aus«

11 *Der Tagesspiegel* 20. Februar 1987, »Pieroths Poker«

12 *Der Tagesspiegel* 15. Februar 1987, »Tanker Berlin«

13 *Der Spiegel* 42/1987 »Großer Trickser«, S. 154

14 *Der Tagesspiegel* 17. Oktober 1987, »Senator Pieroth verzichtet nicht auf Beschäftigung von Redakteuren«

15 *Die Wahrheit* 6. Oktober 1987, »Jubelberichte für Pieroth gegen Honorar«

16 *Der Spiegel* 42/1987, »Großer Trickser«, S. 154

17 *Der Tagesspiegel* 31. Oktober 1987, »Senatssprecher präzisiert Äußerung Diepgens zur Kontrolle der Presse«

18 ebd.

19 *Der Tagesspiegel* 9. Januar 1988, »Radio, ›GeistderStadt‹«

20 *Süddeutsche Zeitung* 24. November 1988, »Kritik am Berliner Innensenator«

21 Interview mit Georg Gafron vom 31. August 1996, S. 1

22 ebd. S. 5

23 ebd.

24 Interview mit Ulrich Schamoni vom 5. September 1996, S. 3

25 Barbara Held und Thomas Simeon, *Die Zweite Stunde Null,* Spieß Verlag 1994, S. 18

26 Interview mit Ulrich Schamoni vom 5. September 1996, S. 2

27 ebd.

28 Interview mit Erich Marx vom 6. September 1996, S. 2

29 ebd.

30 *Der Tagesspiegel* 22. April 1986, »Millionär zieht Kandidatur für Wilmersdorfer Stadtratsposten zurück«

31 *Berliner Rundschau* Nr. 4 18. April 1986, »Eine Zuschrift an den Tagesspiegel«

32 *Der Tagesspiegel* 22. April 1986, »Millionär zieht Kandidatur für Wilmersdorfer Stadtratsposten zurück«

33 *Der Tagesspiegel* 6. August 1991, »Krenz bei Millionär eingestellt«

34 *taz* 5. Februar 1992, »Unglücklicher Millionär brachte sich um«

35 *Der Tagesspiegel* 7. Juni 1987, »Rücktritt im Kreisvorstand der Neuköllner CDU nach SPD-Vorwürfen«

36 *Der Tagesspiegel* 11. April 1987, »Schamoni rief, und alle, alle kamen«

37 *DLM – Jahrbuch der Landesmedienanstalten 1993/1994,* Verlag Reinhard Fischer, S. 189.

38 Interview mit Dr. Hans Hege, 23. August 1996, S. 7

39 Medienanstalt Berlin-Brandenburg: *Chronologie der Mitglieder des Kabelrates der Anstalt für Kabelkommunikation*

40 Telefon-Interview mit Sophie Behr vom 25. September 1996

41 *Der Tagesspiegel* 11. April 1987, »Schamoni rief, und alle, alle kamen«

42 Interview mit Ulrich Schamoni vom 5. September 1996, S. 9

43 ebd.

44 *epd/Kirche und Rundfunk* Nr. 54 vom 12. Juli 1989, »Privatradio Hundert, 6 wird mehr gehört als alle SFB-Programme«

45 Christian Booß, »Memo SFB«

46 *Der Morgen* 16. Januar 1991, »›Hundert,6‹ ganz vorn«

47 *Junge Welt* 24. Januar 1995, »Springer als Vorbild«

48 *dpa/bb* 15. August 1996, »Hundert,6 vor dem Neustart: Kosten und Belegschaft radikal gekürzt«, *ddp/ADN* 15. August 1996, »Hundert,6 setzt ab Montag auf Top Oldies und Top News – Gafron: ›Starke Positionierung gegenüber der PDS ändere ich nicht‹«, *BILD*-Berlin 16. August 1996, »Radio Hundert,6: Neues Programm, 80 Leute entlassen«

49 Interview mit Ulrich Schamoni vom 5. September 1996, S. 7

50 ebd., S. 5–6

51 Faksimile aus »5 Jahre SMG« von Klaus Georg Janoschka im Auftrag der Schamoni Medien GmbH

52 *medium* 1/88, »Eine große Familie«

53 Interview mit Ulrich Schamoni 5. September 1996, S. 9

54 *Der Tagesspiegel* 28. Juli 1987, »Frauenbeauftragte verläßt Kuratorium von ›Hundert,6‹«, und *Die Tageszeitung* 21. August 1987, »Feigenblatt«

55 ebd.

56 Pressemitteilung »Checkpoint Charlie Friedrichstraße« und Freie Universität Berlin: »Nachtrag zum Kommentierten Vorlesungsverzeichnis für das Wintersemester 1995/1996«

57 Interview mit Ulrich Schamoni 5. September 1996, S. 9

58 ebd., S. 4

59 *taz* 9. April 1987, »Staatstreu auf 100,sex«

60 *Der Tagesspiegel* 16. September 1987 »Senat und ›Hundert,6‹ zahlten Kurzurlaub für Polizisten«

61 *Der Tagesspiegel* 3. September 1987, »Im Polizeispiegel«

62 *Süddeutsche Zeitung* 15. Mai 1992, »›Wir sind doch stolz auf dich, Berlin‹«

63 Interview mit Ulrich Schamoni 5. September 1996, S. 4

64 ebd. S. 9

65 Abgeordnetenhaus von Berlin Drucksache 10/1663, S. 46-47

66 *Süddeutsche Zeitung* 13. Juli 1987, »Der Staat läßt's laufen«

67 *Der Tagesspiegel* 25. August 1987, »Wirtschaftssenator nennt Details zur Werbung für ›Hundert,6‹«

68 *Der Tagesspiegel* 31. Mai 1988, »Wie ein Privatfunk subventionierte Reisen verlost«

69 *taz* 7. September 1988, »Unfair im Senderverkehr«

70 *taz* 23. September 1988, »Gegendarstellung«

71 *Volksblatt* 8. April 1988, »100,6 in den schwarzen Zahlen«, und *Berliner Morgenpost* 8. April 1988, »Hundert,6 sendet mit Gewinn«

72 Interview mit Ulrich Schamoni vom 5. September 1996, S. 5

73 ebd.

74   ebd., S. 7

75   ebd.

76   *Die Welt* 27. April 1993, »Der erfolgreichste Radiomacher von Berlin«, und *taz* 11. April 1992, »Die nackten Tatsachen«

77   *Die Welt* 27. April 1993, »Der erfolgreichste Radiomacher von Berlin«

78   *Der Tagesspiegel* 25. Juni 1994, »Laßt nur Optimisten um den Meister sein!«

79   Interview mit Ulrich Schamoni vom 5. September 1996, S. 10

80   *taz* 11. April 1992, »Die nackten Tatsachen«

81   Interview mit Georg Gafron vom 31. August 1996, S. 4

82   Interview mit Ulrich Schamoni vom 5. September 1996, S. 3

83   *Der Tagesspiegel* 25. Juli 1994, »Laßt nur Optimisten um den Meister sein!«

84   Interview mit Ulrich Schamoni vom 5. September 1996, S. 7

85   ebd.

86   *taz* 10. September 1992, »Lautsprecher für innere Sicherheit«

87   *taz* 24. Dezember 1994, »Kollektives Schweigen nach Dienstagsgespräch«

88   Antwort auf die Kleine Anfrage Nr. 5635, 2. August 1994, S. 3

89   ebd., S. 2

90   ebd.

91   Deutscher Bundestag, Drucksache 13/3390, S. 48

92   EXPRESSO-Werbeblätter

93   *Berliner Zeitung* 6. Januar 1995, »Unter der Gürtellinie«, *Potsdamer Neueste Nachrichten* 6. Januar 1995, »Kleiner geiler Frosch«, und *Berliner Morgenpost* 6. Januar 1995, »Hubschraubereinsatz gegen Morgen-Muffel«

94   *Potsdamer Neueste Nachrichten* 24. Februar 1995, »Georg ›Chauvi‹ Gafron«

95   *taz* 25. Januar 1995, »Spargerichte und Reizwäsche«, und *Junge Welt* 27. Januar 1995, »Gafron hält's Maul«

96   *Junge Welt* 27. Januar 1995, »Gafron hält's Maul«

97   *Zitty Magazin* 14/94, »›Unser einziges Motto: Gewinne, Gewinne, Gewinne‹«, S. 19

98   Interview mit Ulrich Schamoni vom 5. September 1996, S. 12

99   ebd.

100 Interview mit Dr. Hans Hege, Direktor der Medienanstalt Berlin Brandenburg, vom 23. August 1996, S. 2

101 ebd.

102 ebd., S. 3

103 ebd.

104 Abgeordnetenhaus von Berlin: Programmheft »Tag der offenen Tür – Samstag, den 1. Juni 1996 ab 11.00 Uhr«

105   Brief der Abgeordneten Sibyll Klotz und Wolfgang Wieland an Parlamentspräsident Herwig Haase, 22. Mai 1996, S. 1

106   *taz* 24. Mai 1996, »Tag der halboffenen Tür«

107   Brief der Abgeordneten Sibyll Klotz und Wolfgang Wieland an Parlamentspräsident Herwig Haase, 22. Mai 1996, S. 2

108   Pressemitteilung Sender Freies Berlin 20. Mai 1996

109   Brief der Abgeordneten Sibyll Klotz und Wolfgang Wieland an Parlamentspräsident Herwig Haase, 22. Mai 1996, S. 1

110   *taz* 9. April 1987, »Staatstreu auf 100,sex«

111   *Zitty* 14/94, »›Unser einziges Motto: Gewinne, Gewinne, Gewinne‹«, S. 18

112   Amtsgericht Charlottenburg, HRB 50098

113   Amtsgericht Charlottenburg, HRB 25299 (Akten)

114   *Berliner Morgenpost* 14. Mai 1995, »Völkerverbindung auf einer Wellenlänge: Radio Charlie«

115   *epd/Kirche und Rundfunk* Nr. 37, 13. Mai 1995, »Das Berliner ›Radio Charlie‹ geht auf Sendung«, S. 16

116   *epd/Kirche und Rundfunk* Nr. 21, 18. März 1995, »›Radio Charlie‹ ein ›Symbol‹ für deutsch-amerikanische Beziehungen«, S. 19–20

117   *Berliner Morgenpost* 10. November 1995, »Hundert,6 kauft Soft Hit Radio von Peter Schwenkow«

118   ebd.

119   *Der Tagesspiegel* 8. Mai 1996, »›So nimmt er das nicht hin‹«

120   *Der Tagesspiegel* 17. Mai 1996, »Arbeitsplatz-Abbau. Reaktion von Hundert,6-Chef auf Verlust von 98,2 Frequenz«

121   Interview mit Erich Marx vom 6. September 1996, S. 4

122   Interview mit Georg Gafron vom 31. August 1996, Zusatzfragen

123   *dpa/bb* 15. August 1996, »Hundert,6 vor dem Neustart«, und *BZ* 16. August 1996, »Der Frosch speckt ab«

124   *dpa/bb* 15. August 1996, »Hundert,6 vor dem Neustart«

125   Interview mit Georg Gafron 31. August 1996, S. 1

126   ebd., S. 2

127   *Berliner Zeitung* 6. Juni 1996, »Die Bastion ist gefallen«

128   Interview mit Ulrich Schamoni vom 5. September 1996, S. 7

129   Interview mit Georg Gafron vom 31. August 1996, S. 2

130   Pressemitteilung Radio Hundert,6 20. November 1995 »HUNDERT,6 erweitert Gesellschafterkreis und Geschäftsführung«

131   *Die Welt* 15. Juni 1996, »In der Herausforderung liegt die Kraft«

8 Gründlich, sachlich, käuflich

1   Berlin 2000 Marketing GmbH »Vermarktungsgesellschaft«
2   Presse- und Informationsamt des Landes Berlin, Presserklärung vom 21. Oktober 1992
3   Olympiasonderdienst des *sid*, 23. September 1993, »Die Gesellschaften der Berliner Olympia Bewerbung«
4   »Berlin 2000-Förderkreis Olympia Berlin 2000 e. V.«
5   Fax vom SFB vom 27. Juni 1994
6   Aktennotiz Christian E. Fürstenwerth vom 7. April 1993 an Dr. Axel Nawrocki und Aktennotiz Dr. Wolfgang Händel vom 14. Januar 1993
7   *Zitty Magazin* 1/95, »Die Werber«, S. 27
8   Satzung der Rundfunkanstalt »Sender Freies Berlin«, Stand April 1992, S. 2
9   Aktennotiz des Intendanten von Lojewski, 23. Oktober 1990
10 Brief von Horst Schättle an Dr. Günther von Lojewski, 16. November 1990
11 Brief von Horst Schättle an Manfred von Richthofen, 6. Juni 1990
12 SFB: Olympia-Konzept der HA Sport, 7. Februar 1991, S. 3
13 Lizenzvertrag zwischen Berlin 2000 Marketing GmbH und ARD vom 21. Juni 1993, S. 13
14 Lizenzvertrag zwischen Berlin 2000 Marketing GmbH und SFB Werbung GmbH vom 9. April 1992, S. 11
15 Hoppenstedt, *Handbuch der Großunternehmen 1993*
16 SFB: Olympia-Konzept der HA Sport, 7. Februar 1991, S. 2
17 SFB: Olympia-Konzept des SFB, 28. April 1992, S. 3
18 Das Abgeordnetenhaus von Berlin, Plenarprotokoll 12/18, S. 1345
19 ebd.
20 *Der Tagesspiegel* 22. November 1991, Leserbrief von Horst Schättle
21 SFB: Olympia-Konzept des 28. April 1992, S. 2
22 ebd.
23 *Der Tagesspiegel* 10. Dezember 1991, »Erst wird der Chef fürs Interne gesucht«
24 ebd.
25 Rechnung von Master Media Beratungsgesellschaft für Kommunikation mbH an die Berlin 2000 Olympia GmbH vom 28. Mai 1993, S. 3–4
26 Fax von WDR (Mathias Werth) vom 25. Juli 1994
27 *taz* 17. August 1993, »Berlin-Besuch als geheime Mission«
28 *taz* 18. August 1993, »Die Bewerbung kann nur an uns selbst scheitern«
29 *taz* 28. August 1993, »SFB zensiert für Olympia«
30 *Abendzeitung* 28. August 1993, »Was Lojewski ›Monitor‹ vorenthielt«

31 SFB: Ergebnisprotokoll der Sitzung des Programmausschusses vom 15. Oktober 1993, S. 7

32 Fax von WDR (Mathias Werth) vom 25. Juli 1994

33 *Abendzeitung* 28. August 1993, »Was Lojewski ›Monitor‹ vorenthielt«

34 Andrew Jennings, *The New Lords of the Rings,* Simon and Schuster, London 1996 (dt.: *Das Olympia Kartell,* Rowohlt Taschenbuch Verlag, 1996), und *Der Tagesspiegel* 31. August 1993, »Zu kommentarhaft«

35 Eidesstattliche Erklärung Matthias Deutschmann und *Der Tagesspiegel* 31. August 1993, »Zu ›kommentarhaft‹«

36 Matthias Kremin, Redaktion »Parlazzo«, Fax 26. Juli 1994

37 *sid* 2. September 1993, »ZDF-Gala Berlin 2000 wirbt für Olympiakanditatur«

38 C&L Treuarbeit Deutsche Revision: »Bericht über die bei der Olympia Berlin 2000 Gesellschaft zur Vorbereitung der Olympischen Spiel mbH i. L., Berlin, vorgenommene Prüfung des Jahresabschlusses zum 31. Dezember 1993 sowie der Liquidationseröffnungsbilanz zum 1. Januar 1994«, S. 21, und »Kooperationsvertrag« zwischen ZDF und der Berlin 2000 Olympia GmbH vom 30. August 1993

39 Brief Berlin 2000 Marketing GmbH an Herrn Schabel-Blessing 8. Juli 1993, Wirtschaftsprüfung der Berlin 2000 Marketing GmbH von Gieron & Partner GmbH, »Druck ausgewählter Verwendungsdaten der Olympia Berlin 2000 GmbH – Finanzjahr 1992«, und verschiedene Rechnungen

40 Brief des Süddeutschen Verlags vom 30. Juni 1994

41 Fax vom Chefredakteur der *BZ* Wolfgang Kryszohn, 31. Mai 1994

42 »Bericht 1995 des Rechnungshofs von Berlin gemäß Artikel 83 der Verfassung von Berlin und § 97 der Landeshaushaltsordnung über die Prüfung der Haushalts- und Wirtschaftsführung sowie der Haushaltsrechnung 1993« und Abgeordnetenhaus von Berlin Drucksache 12/5452, S. 58

43 *Berliner Morgenpost* 13. Januar 1994, »Justitia zeigt sich verschwenderisch: 29000 m^2 Büros, 1,8 Mio. Mark Maklerprovision«

44 »Bericht 1995 des Rechnungshofs von Berlin gemäß Artikel 83 der Verfassung von Berlin und § 97 der Landeshaushaltsordnung über die Prüfung der Haushalts- und Wirtschaftsführung sowie der Haushaltsrechnung 1993« und Abgeordnetenhaus von Berlin Drucksache 12/5452, S. 58

45 ebd.

46 ebd.

47 Fax vom Senat für Justiz, 30. August 1996

48 ebd.

49 Brief der *Berliner Morgenpost* an Bündnis 90/Grüne (AL) vom 16. Juli 1993

50 Brief vom *Tagesspiegel* an Bündnis 90/Die Grünen (AL) UFV vom 4. August 1993

51 Brief vom Süddeutschen Verlag an Fraktion Bündnis 90/Grüne (AL) UFV vom 22. Juli 1993

52 Abschlußbericht der Berlin 2000 Olympia GmbH – Abteilung Marketing

53 Berlin Olympia 2000 GmbH »Konzept Presse und Öffentlichkeitsarbeit«, Stand Aug./Sep. 1992, S. 2

54 Kontoauszug Olympia Berlin 2000 GmbH vom 4. August 1993, »Reisek. externe Mitarb.«

55 Rechnung Ernst Podeswa an MasterMedia Berlin und Rechnung MasterMedia an die Berlin 2000 Olympia GmbH

56 Andrew Jennings, *Das Olympia Kartell*, Rowohlt Taschenbuch Verlag 1996, S.188

57 Beschluß Verwaltungsgericht Berlin, VG 27 A 72.95, S. 2

58 Liste der mitreisenden Journalisten nach Peking

59 Klagen der *taz* Verlags-und Vertriebs GmbH gegen das Land Berlin, 9. April 1995, S. 2

60 *taz* 5. April 1995, »Lufthansa bezahlt Diepgens Wahlkampf«

61 *taz* 6. April 1995, »Diepgen zahlt für Privat-TV Chinareise«

62 Klage der *taz* Verlags- und Vertriebs GmbH gegen das Land Berlin, 9. April 1995, S. 3

63 Brief Kähne an Johannes Eisenberg und Dr. Stefan König vom 11. April 1995

64 Antwort auf die Mündliche Anfrage Nr. 21 (5. Sitzung des Abgeordnetenhauses am 14. März 1996) von Dr. Michaele Schreyer, 14. März 1996

65 Beschluß Verwaltungsgericht Berlin, VG 27 A 72.95, S. 3

66 *Frankfurter Rundschau* 17. Oktober 1995, »Ade, du glückliche Zeit der Fernreise auf Staatskosten«

67 *BZ* 18. Januar 1993, »*SID* und *Olympia* – wieder eine Falschmeldung«

68 *Sports Marketing & Media News*, 25. Jahrgang – *Sport-Intern-Ausgabe* 3.–5. Februar 1993, S. 1–2, *NOK-Report* Nr. 3/93 1. März 1993, S. 15, und *dpa* 27. Oktober 1992, »Konflikt um Olympia-Sprecher«

69 »Liste der Mitarbeiter der Olympia Berlin 2000 GmbH 1993«

9 Auf die Plätze, fertig, Filz!

1 *BILD* 14. Mai 1996, »Die Luxuskita: Lava-Steine, Panzerglas«

2 CDU-Berlin: Ergebnisse der Wahlen des 11. Landesparteitages vom 23./24. Februar 1996

3 *Berliner Zeitung* 16. Februar 1996, »Diepgen schlägt Lawrentz als CDU-Generalsekretär vor«

4 *BILD* 14. Mai 1996, »Die Luxuskita: Lava-Steine, Panzerglas«

5 *Berliner Morgenpost* 3. September 1996, »Wird Sporthalle 20 Millionen Mark teurer?«

6 *Der Spiegel* 20/96 »Kalte Wut«, S. 184

7 Amtsgericht Charlottenburg: »Leichtathletikclub Halensee Berlin e. V.« VR 8374 Nz

8 *Wir vom LAC*, eine unregelmäßig erscheinende Zeitung des »LAC Halensee«. Diese Aufgabe stammt offensichtlich von Anfang 1994

9 *Der Tagesspiegel* 6. April 1994, »Wie kommt das Geld für Motchebons Waden zusammen?« *Der Spiegel* 20/96, »Kalte Wut«, S.184, und *Der Tagesspiegel* 12. Mai 1996, »Funktionäre unter Verdacht«

10 ebd.

11 *Die Morgenpost* 3. März 1994, »Hertha BSC: Neuer Vorstand verkündet rigorosen Sparkurs«

12 *Der Tagesspiegel* 25. November 1993, »Nico Motchebon läuft für den LAC Halensee«

13 *Der Tagesspiegel* 23. Dezember 1992, »Nur der LAC Halensee fällt noch einmal aus der Reihe«

14 *Der Tagesspiegel* 12. Mai 1996, »Funktionäre unter Verdacht«, und Amtsgericht Charlottenburg. »Leichtathletikclub Halensee Berlin e. V.« VR 8374 Nz

15 Amtsgericht Charlottenburg: »Leichtathletikclub Halensee Berlin e. V.« VR 8374 Nz

16 *Der Tagesspiegel* 25. November 1993, »Nico Motchebon läuft für den LAC Halensee«

17 Landespressedienst 14. November 1991, »Landeskartellbehörde Berlin verhängt Bußgelder«, und Bericht Bezirksamt Schöneberg von Berlin, Abteilung Bau- und Wohnungswesen 28. Dezember 1993, S. 1

18 *Berliner Morgenpost* 18. Dezember 1992, »LAC Halensee: Mit zehn Athleten zur Weltmeisterschaft nach Stuttgart«

19 *Wir vom LAC*, eine unregelmäßig erscheinende Zeitung des »LAC Halensee«. Diese Ausgabe stammt offensichtlich von Anfang 1994, und Bezirksamt Schöneberg von Berlin, Abteilung Bau- und Wohnungswesen, 25. März 1994, S. 4

20 Bezirksamt Schöneberg von Berlin, Abteilung Bau- und Wohnungswesen, 5. August 1993, S. 1

21 ebd., 25. März 1994, S. 4

22 Bezirksamt Schöneberg von Berlin, Antwortentwurf zur großen Anfrage der CDU, 10. Mai 1995

23 Bezirksamt Schöneberg von Berlin, Abteilung Bau- und Wohnungswesen, 5. August 1993, S. 2

24 *Wir vom LAC*, eine unregelmäßig erscheinende Zeitung des »LAC-Halensee«. Diese Ausgabe stammt offensichtlich von Anfang 1994

25 Bezirksamt Schöneberg von Berlin, Abteilung Bau- und Wohnungswesen, 25. März 1994, S. 4

26 *Der Tagesspiegel* 6. April 1994, »Wie kommt das Geld für Motchebons Waden zusammen?«, *Wir vom LAC,* eine unregelmäßig erscheinende Zeitung des »LAC Halensee« (diese Ausgabe stammt offensichtlich von Anfang 1994), und Amtsgericht Charlottenburg: »Leichtathletikclub Halensee Berlin e. V.« VR 8374 Nz

27 Rechnungshof Berlin: Brief an Bezirksamt Schöneberg von Berlin Abt. Bau- und Wohnungswesen – Hochbauamt, 21. Oktober 1994

28 Bezirksamt Schöneberg von Berlin, Abteilung Bau- und Wohnungswesen, Juli 1993, »Vermerk für die Vorbereitung der Vergabe«

29 Bezirk Schöneberg von Berlin, Abt. Bau- und Wohnungswesen – Hochbauamt: Verdingungsverhandlungen »Schlosserarbeiten – Umbau und Erweiterung Pallasstr. 15«

30 Angebot Pfarr-Schmiede an Hochbauamt Lichtenberg, 12. September 1994

31 Bezirksamt Schöneberg von Berlin, Abteilung Bau- und Wohnungswesen, 28.Dezember 1993, S. 6

32 ebd.

33 ebd.

34 ebd. S. 4

35 ebd.

36 ebd., S. 5

37 ebd.

38 ebd., 25. März 1994, S. 5

39 ebd.

40 *Der Spiegel* 20/1996, »Kalte Wut«, S. 184, und eine Kopie des Zettels

41 Bezirksamt Schöneberg von Berlin, Abteilung Bau- und Wohnungswesen, 25. März 1994, S. 5

42 Die Listen aus der Durchsuchung der Firma BIV-Langer

43 *Der Tagesspiegel* 12. Mai 1996, »Funktionäre unter Verdacht«

44 *Der Spiegel* 20/1996, »Kalte Wut«

45 Amtsgericht Charlottenburg Vereinsregister VR 8374 Nz

46 *Der Spiegel* 20/1996, »Kalte Wut«

47 ebd.

48 Auflistung Hochbauamt Prenzlauer Berg

49 *BZ* 24. Mai 1995, »Berlins Schummel-Club: DFB hat ihn durchschaut«

50 *Frankfurter Rundschau* 23. März 1991, »Verlust des Stallgeruchs konnte niemals wettgemacht werden«

51 Drucksache 11/258, Bericht 1987 des Rechnungshofs von Berlin, S. 24

52 ebd.

53 ebd.

54 ebd.

55 ebd.

56 ebd.

57 ebd.

58 ebd., S. 25

59 *Der Tagesspiegel* 30. Mai 1985, »DFB-Ligaausschuß verweigert Hertha BSC die Lizenz«

60 Drucksache 11/258, Bericht 1987 des Rechnungshofs von Berlin, S. 25

61 *Der Tagesspiegel* 8. Juni 1989, »Gewohnte Senatszuschüsse für Blau-Weiß und Hertha«

62 *Die Wahrheit* 25. Oktober 1985, »Fußball-Mafia machte Hertha BSC vom Traditions- zum Skandalclub«

63 *BILD-Berlin* 27. Dezember 1984, »Wg. Domrich: Verliert Hertha das Dach über dem Kopf?«, *Der Tagesspiegel* 3. Mai 1994, »Immer hart am Pfosten vorbei«, und *Der Tagesspiegel* 28. Dezember 1984, »Hertha BSC: Kein Schaden durch früheren Präsi- denten Domrich«

64 *taz* 17. September 1990, »Neue Geheimwaffe«

65 Abgeordnetenhaus von Berlin Drucksache 12/2738, S. 45

66 *dpa* 1. März 1994, »Heinz Roloff: Hertha BSC will Villa verkaufen – Etat wird gekürzt«, und *Die Welt* 2. März 1994, »Hertha verkauft seine Vereinsvilla«

67 ebd.

68 *Frankfurter Allgemeine Zeitung* 28. September 1994, »Das Geld ist auch bei Hertha in Berlin das beste Argument«, und *Frankfurter Allgemeine Zeitung* 3. September 1994, »Die Ufa will der Hertha über den Berg helfen«

69 Abgeordnetenhaus von Berlin Drucksache 12/4406 S. 37–38

70 *Der Tagesspiegel* 11. Juni 1995, »Die ›Hertha-Villa‹, der DFB und 1,3 Millionen vom Land Berlin«, *Die Morgenpost* 3. März 1994, »Villa: Von 6,3 Millionen bleibt eine übrig«, und Abgeordnetenhaus von Berlin Drucksache 12/5452, »Bericht 1995 des Rechnungshofs von Berlin«, S. 59

71 *Der Tagesspiegel* 11. Juni 1995, »Die ›Hertha-Villa‹, der DFB und 1,3 Millionen vom Land Berlin«, und *Die Morgenpost* 3. März 1994, »Villa: Von 6,3 Millionen bleibt eine übrig«

72 Abgeordnetenhaus von Berlin Drucksache 12/5452, »Bericht 1995 des Rechnungs- hofs von Berlin«, S. 59

73 ebd.

74 Abgeordnetenhaus von Berlin Drucksache 12/5683, S. 38

75 Fax von Jürgen Kiesling an den Autor vom 10. Oktober 1996

76 *Berliner Zeitung* 22./23. Oktober 1994, »Familienfotos auf dem Sofa wird es nicht geben«

77 *BILD am Sonntag* 2. Oktober 1994, »Herthas neuer Häuptling ist schon auf Kriegs-
    pfad«

78 Amtsgericht Charlottenburg, Handelsregister HRB 25229

79 *Der Tagesspiegel* 11. Juni 1995, »Die ›Hertha-Villa‹, der DFB und 1,3 Millionen vom
    Land Berlin«

80 *Frankfurter Allgemeine Zeitung* 28. September 1994, »Das Geld ist auch bei Hertha
    das beste Argument«

81 *Die Welt* 6. September 1994, »Roloff: Ente und Selbsttor«

82 *Der Tagesspiegel* 9. November 1994, »›… aber nicht hoffnungslos‹«

83 *Süddeutsche Zeitung* 3. Dezember 1994, »Wildes Buhlen um Herthas Gunst«, und
    Berliner Zeitung 2. Dezember 1994, »Neuer Machtkampf bei Hertha BSC«

84 *taz* 3. Dezember 1994, »Was kostet der Hertha-Vorstand?«, *Süddeutsche Zeitung*
    3. Dezember 1994, »Wildes Buhlen um Herthas Gunst«, und *Berliner Zeitung* 2. De-
    zember 1994, »Neuer Machtkampf bei Hertha BSC«

85 *taz* 1. Februar 1992, »Teurer Helfer für den Aufschwung Ost«

86 *taz* 3. Dezember 1994, »Was kostet der Hertha-Vorstand?«

87 *Berliner Morgenpost* 2. Dezember 1994, »Hertha BSC: Das Chaos ist zurückgekehrt«

88 *dpa* 15. März 1995, »Wichtiger Schritt für Lizenz: Hertha einigt sich mit Ex-Präsident«,
    Berliner Morgenpost 15. März 1995, »Hertha BSC: Einigung mit Roloff der Schlüssel
    zur Lizenz«, und *Berliner Morgenpost* 5. April 1995, »Hertha und Roloff – die
    Rückkehr der Muppet-Show«

89 *Berliner Morgenpost* 3. Mai 1995, »Hertha BSC schluckt eine Kröte für die Zukunft«

90 *Berliner Zeitung* 9. Mai 1995, »Das Sünder-Image klebt an den Stiefeln«

91 *Der Tagesspiegel* 11. Juni 1995, »Die ›Hertha-Villa‹, der DFB und 1,3 Millionen vom
    Land Berlin«, und *Berliner Morgenpost* 10. Juni 1995, »Liga Zwei, Hertha bleibt mit
    Lizenz dabei«

92 ebd.

93 *Berliner Zeitung* 9. Mai 1995, »Das Sünder-Image klebt an den Stiefeln«, und *Berliner
    Morgenpost* 9. Mai 1995, »Klub wartet noch auf den DFB-Brief«

94 *Berliner Zeitung* 17. November 1995, »Der ›Rat der 13‹ ist jetzt gefragt«

95 *Frankfurter Allgemeine Zeitung* 15. Oktober 1996, »›Bertelsmanns Betriebssport-
    gruppe‹ soll erste Klasse werden«

96 *Berliner Morgenpost* 12. Juni 1996, »Berliner Fußball: Nur Hertha birgt Hoffnung in
    der allgemeinen Trübsal«

97 *Frankfurter Allgemeine Zeitung* 13. April 1995, »Präsident tritt zurück, Trainer unter-
    schreibt«

98 Zitiert in *taz* 26. September 1989, »Eishockey wird Stück für Stück verkauft«

99 Interview des Autors mit Hermann Windler vom 20. August 1996, S. 2

100 ebd., S. 6

101 ebd., S. 2

102 ebd., S. 4

103 ebd., S. 1

104 ebd., S.5

105 Protokoll der Mitglieder-Jahreshauptversammlung des »BSC Preussen Eishockey e. V.« am 4. Mai 1995, S. 1

106 ebd., S. 2

107 *Die Welt* 13. September 1994, »Eine Woche ohne Berlin ist keine«

108 ebd.

109 Amtsgericht Charlottenburg, Handelsregister HRB 37974

110 *Die Welt* 13. September 1994, »Eine Woche ohne Berlin ist keine«

111 Interview des Autors mit Axel Banghard vom 17. Oktober 1996, S. 2

112 *BILD* 28. Januar 1994, »David Goldberg«

113 ebd.

114 Die Mitglieder des Vereins der Freunde der Nationalgalerie Januar 1995

115 *Der Spiegel* Nr. 6/92, »›Das kam für uns goldrichtig‹« 3. Februar 1992

116 Die Mitglieder des Vereins der Freunde der Nationalgalerie Januar 1995

117 Lawn-Tennis-Turnier-Club »Rot-Weiß e. V.« Mitgliederverzeichnis (Stand Juli 1994)

118 *Tip* 27. Juli 1995, »Politintrige«

119 Amtsgericht Charlottenburg, Handelsregister HRB 37701

120 *Der Tagesspiegel* 21. Juli 1995, »Marketing: Nur wer zahlt, soll mitreden«

121 *Der Spiegel* Nr. 6/92, »›Das kam für uns goldrichtig‹«

122 *Manager Magazin* 1. August 1992, »Traum vom großen Geld«

123 Hoppenstedt, *Handbuch der Großunternehmen 1995* Band I, S. 207

124 *Manager Magazin* 1. August 1992, »Traum vom großen Geld«

125 *Berliner Zeitung* 21. Januar 1997, »Interhotels kosten 302 Millionen Mark«

126 *BZ* 19. Juni 1995, »Bau-Löwen Groenke & Guttmann: Droht eine Riesen-Pleite?«, *Der Tagesspiegel* 26. Juli 1995, »Das Schiff ist leckgeschlagen«, und *taz* 20. Januar 1995, »Vom Jahrhundert-Deal zum Mega-Flop«

127 *Der Tagesspiegel* 25. Juli 1995, »Interhotel dementiert Berichte über Zahlungsprobleme«, und *Die Welt* 11. August 1994, »Interhotel: Verkauf von zwölf Häusern lange geplant«

128 *Berliner Zeitung* 21. Januar 1997, »Interhotels kosten 302 Millionen Mark«

129 Amtsgericht Charlottenburg, Handelsregister HRB 40518

130 *Berliner Zeitung* 9./10. September 1995, »Nicht nur auf der Brust die roten Teufel«

131 OSB Sportstättenbauten GmbH: »Cycling Arena and Swimming Hall«, und *Berliner Zeitung* 16. April 1996, »Eine Brücke zwischen Ost und West«

132 *Der Tagesspiegel* 23. Januar 1997, »Kosten und Nutzen neuer Hallen umstritten«

133 *Der Tagesspiegel* 9. Oktober 1994, »Bau der Olympiahalle steht in den Sternen«

134 ebd.

135 *Der Tagesspiegel* 22. Oktober 1994, »Endgültiges Aus für die Olympia-Halle«

136 Interview des Autors mit Axel Banghard vom 17. Oktober 1996, S. 2

137 ebd., S. 4

138 ebd.

139 *BILD* 8. Februar 1995, »Neuer Sportpalast wird doch gebaut – im Olympia Park!«

140 Interview des Autors mit Axel Banghard vom 17. Oktober 1996, S. 4

141 Protokoll der Mitglieder-Jahreshauptversammlung des »BSC Preussen Eishockey e. V.« am 4. Mai 1995, S. 3

142 ebd., S. 2

143 ebd.

144 *Die Welt* 27. Mai 1995, »Preussens minimale Hoffnung«

145 *dpa* 6. November 1995, »Nach Steuerskandal droht dem Berliner SC Preussen der Konkurs«

146 *Frankfurter Allgemeine Zeitung* 8. November 1995, »Ein teuflischer Plan soll die Preussen retten – Wer kommt wohl für wessen Schulden auf?«

147 Amtsgericht Charlottenburg, Handelsregister HRB 55487

148 *dpa* 23. November 1995, »Gossmann: ›Die Schulden der Preussen müssen abgetragen werden‹«

149 Gesprächsnotiz/Gedächtnisprotokoll von Herman Windler vom 20. Dezember 1995, S. 2

150 Pressemitteilung des »Berliner SC Preussen Eishockey e. V.«

151 Brief von Alfred Weiss und David Goldberg an Axel Banghard vom 5. Dezember 1995

152 ebd.

153 Gesprächsnotiz/Gedächtnisprotokoll von Herman Windler vom 20. Dezember 1995

154 Amtsgericht Charlottenburg, Vereinsregister, »Berliner Schlittschuh-Club Preussen Eishockey e. V.« VR 7318: Mitgliederversammlung 4. Juli 1996 Hotel Hamburg 19:30, S. 2

155 Senatsverwaltung für Finanzen – Beteiligungen des Landes Berlin: Gesamtberliner Bericht über die Beteiligungen des Landes Berlin an Unternehmen des privaten Rechts, Stand: 31. Dezember 1993

156 *Berliner Zeitung* 25. Oktober 1996, »Tafelsilber soll 5,8 Milliarden einbringen«

157 Fax »Berlin Capitals Eishockey GmbH« vom 1. Oktober 1996

158 *Berliner Zeitung* 13./14. Januar 1996, »Zwei Ansichten über eine Strafanzeige«

159 ebd.

160 Amtsgericht Charlottenburg, Vereinsregister, »Berliner Schlittschuh-Club Preussen

Eishockey e. V.« VR 7318: Mitgliederversammlung 4. Juli 1996 Hotel Hamburg 19:30, S. 3

161 Brief Alfred Weiss an Axel Banghard vom 5. Dezember 1993

162 ebd.

163 ebd.

164 ebd.

165 Protokoll der ordentlichen Mitgliederversammlung des »Berliner SC Preussen Eishockey e. V.« vom 4. Juli 1996, S. 3

166 Interview des Autors mit Hermann Windler vom 20. August 1996, S. 5

167 Protokoll der ordentlichen Mitgliederversammlung des »Berliner SC Preussen Eishockey e. V.« vom 4. Juli 1996, S. 3

168 Aktenvermerk/Gesprächsnotiz vom 15. Dezember 1995

169 Amtsgericht Charlottenburg, Vereinsregister, »Berliner Schlittschuh-Club Preussen Eishockey e. V.« VR 7318: Protokoll der außerordentlichen Mitgliederversammlung des »Berliner SC Preussen Eishockey e. V.« 6. November 1996, und *BILD-Berlin* 6. Dezember 1996, »5 Tage Frist! DEL droht Capitals mit Ausschluß!«

170 Amtsgericht Charlottenburg, Vereinsregister, »Berliner Schlittschuh-Club Preussen Eishockey e. V.« VR 7318: Mitgliederversammlung 4. Juli 1996 Hotel Hamburg 19:30, S. 1

171 *Der Tagesspiegel* 22. Januar 1997, »Neue Halle oder kapitales Luftschloß?«

172 Phidias: Präsentationsunterlagen für ARENA-Berlin, S. 1

173 *Der Tagesspiegel* 23. Januar 1997, »Kosten und Nutzen neuer Hallen umstritten«

174 Interview des Autors mit Axel Banghard vom 17. Oktober 1996, S. 5

175 *BZ* 3. Februar 1997, »Juwelier Goldberg lud zum 50. Geburtstag – 800 handverlesene Gäste im Interconti«

176 ebd.

177 Staatsanwaltschaft I beim Landgericht Berlin: Brief vom 13. Dezember 1995 an Hermann Windler

178 Interview des Autors mit Hermann Windler vom 20. August 1996, S. 1

10 Es war einmal ein Flughafen

1 Niederschrift über die 6. Sitzung des Aufsichtsrates der Flughafen Berlin-Schönefeld GmbH am 25. November 1991, S. 14–15

2 Berlin Brandenburg Flughafen Holding GmbH »Baufeld Ost – Geltendmachung von Schadensersatzforderungen im Zusammenhang mit Grundstückskäufen im ›Baufeld Ost‹«, 25. März 1996, S. 2

3 4. Untersuchungsausschuß des Abgeordnetenhauses von Berlin (12. Wahlperiode), Wortprotokoll 31. Mai 1995, S. 190

4 *Der Spiegel* 7/95, »Geschlampt und geschönt«, S. 85

5 *taz* 13. November 1990, »Im Jahr 2010 rund 40 Millionen Passagiere pro Jahr«

6 4. Untersuchungsausschuß des Abgeordnetenhauses von Berlin (12. Wahlperiode), Wortprotokoll 31. Mai 1995, S. 222

7 *taz* 29. Dezember 1994, »Flughafen zum Wolkenkuckucksheim«

8 Hoppenstedt, *Handbuch der Großunternehmen 1995* (Nachtragsband), S. 215

9 Bericht des 4. Untersuchungsausschusses des Abgeordnetenhauses von Berlin (12. Wahlperiode), S. 54

10 *taz* 25. August 1992, »Handelskammer: Schönefeld muß billig werden«

11 Bericht des 4. Untersuchungsausschusses des Abgeordnetenhauses von Berlin (12. Wahlperiode), S. 54

12 ebd. S. 61–62

13 ebd., S. 55

14 4. Untersuchungsausschuß des Abgeordnetenhauses von Berlin (12. Wahlperiode), Wortprotokoll 1. Februar 1995, S. 7

15 Bericht des 4. Untersuchungsausschusses des Abgeordnetenhauses von Berlin (12. Wahlperiode), S. 56

16 4. Untersuchungsausschuß des Abgeordnetenhauses von Berlin (12. Wahlperiode), Wortprotokoll 8. März 1995, S. 25

17 4. Untersuchungsausschuß des Abgeordnetenhauses von Berlin (12. Wahlperiode), Wortprotokoll 22. März 1995, S. 2

18 ebd., S. 55

19 4. Untersuchungsausschuß des Abgeordnetenhauses von Berlin (12. Wahlperiode), Wortprotokoll 1. Februar 1995, S. 3

20 *Der Tagesspiegel* 24. Juli 1991, »Gründungsbeauftragter kommt aus Australien«

21 *Welt am Sonntag* 12. Juni 1994, »›Einen solchen Geist des Aufbruchs wie hier habe ich noch nie erlebt‹«

22 ebd.

23 ebd.

24 Bericht des 4. Untersuchungsausschusses des Abgeordnetenhauses von Berlin (12. Wahlperiode), S. 88

25 Berlin Brandenburg Flughafen Holding GmbH »Baufeld Ost – Geltendmachung von Schadensersatzforderungen im Zusammenhang mit Grundstückskäufen im ›Baufeld Ost‹«, 25. März 1996, S. 3

26 Landesrechnungshof Berlin »Prüfungsmitteilung über die Betätigung Berlins bei der Berlin Brandenburg Flughafen Holding GmbH (BBF)«, S. 16

27 Bericht des 4. Untersuchungsausschusses des Abgeordnetenhauses von Berlin (12. Wahlperiode), S. 108–109.

28 Landesrechnungshof Berlin »Prüfungsmitteilung über die Betätigung Berlins bei der Berlin Brandenburg Flughafen Holding GmbH (BBF)«, S. 6–7

29 Senatsverwaltung für Finanzen »Gutachterliche Stellungsnahme betreffend mögliche Ansprüche der Berlin Brandenburg Flughafen Holding GmbH und der Flughafen Berlin-Schönefeld GmbH gegen Personen, die an der Grundstücksbeschaffung im ›Baufeld Ost‹ beteiligt waren«, S. 11

30 Landesrechnungshof Berlin »Prüfungsmitteilung über die Betätigung Berlins bei der Berlin Brandenburg Flughafen Holding GmbH (BBF)«, S.14, und Senatsverwaltung für Finanzen, »Gutachterliche Stellungnahme betreffend mögliche Ansprüche der Berlin Brandenburg Flughafen Holding GmbH und der Flughafen Berlin-Schönefeld GmbH gegen Personen, die an der Grundstücksbeschaffung im ›Baufeld Ost‹ beteiligt waren«, S. 9

31 Bericht des 4. Untersuchungsausschusses des Abgeordnetenhaus von Berlin (12. Wahlperiode), S. 91

32 *Süddeutsche Zeitung* 21. August 1992, »Vom Fernsehjournalisten zum Bauunternehmer«, und *Berliner Zeitung* 18. August 1992, »Gert Ellinghaus – vom Journalisten zum Bauunternehmer«

33 ebd.

34 *Neue Zeit* 15. August 1992, »Von der Vergangenheit des Chefs eingeholt«

35 ebd.

36 *Süddeutsche Zeitung* 21. August 1992, »Vom Fernsehjournalisten zum Bauunternehmer«, *taz* 14. August 1992, »Walter Momper: Als J. R. Ewing bei Miss Elli?«, und *BILD-Berlin* 27. Januar 1988, »SFB-Ellinghaus wird Chef der Fernseh-Unterhaltung«

37 *Der Tagesspiegel* 14. August 1992, »›Aktiv an der Aufdeckung von Bauskandalen beteiligt‹«, und *Der Tagesspiegel* 29. April 1994, »Das ›Yorck-Plaza‹ blieb ein 400-Millionen-Traum«

38 *Der Tagesspiegel* 27. Oktober 1989, »Beurteilung von Ellinghaus könnte Regreßanspruch nach sich ziehen«

39 *Berliner Morgenpost* 26. Juni 1989, »2050 weitere Aussiedler kommen«

40 *Der Tagesspiegel* 16. Dezember 1990, »Pläne für 400-Millionen-Bau an Kreuzberger Bahntrassen«

41 4. Untersuchungsausschuß des Abgeordnetenhauses von Berlin (12. Wahlperiode), Wortprotokoll 7. April 1995, S. 22

42 ebd.

43 ebd.

44 Bericht des 4. Untersuchungsausschusses des Abgeordnetenhauses von Berlin (12. Wahlperiode), S. 93

45 4. Untersuchungsausschuß des Abgeordnetenhauses von Berlin (12. Wahlperiode), Wortprotokoll 7. April 1995, S. 4 und 8

46 4. Untersuchungsausschuß des Abgeordnetenhauses von Berlin (12. Wahlperiode), Wortprotokoll 1. Februar 1995, S. 6, und 31. Mai 1995, S. 221

47 4. Untersuchungsausschuß des Abgeordnetenhauses von Berlin (12. Wahlperiode) Wortprotokoll 31. Mai 1995, S. 221

48 4. Untersuchungsausschuß des Abgeordnetenhauses von Berlin (12. Wahlperiode), Wortprotokoll 1. Februar 1995, S. 6, und 31. Mai 1995, S. 221

49 Bericht des 4. Untersuchungsausschusses des Abgeordnetenhauses von Berlin (12. Wahlperiode), S. 68

50 ebd., S. 65

51 4. Untersuchungsausschuß des Abgeordnetenhauses von Berlin (12. Wahlperiode), Wortprotokoll 28. Juni 1995, S. 46

52 4. Untersuchungsausschuß des Abgeordnetenhauses von Berlin (12. Wahlperiode), Wortprotokoll 1. Februar 1995, S. 126

53 4. Untersuchungsausschuß des Abgeordnetenhauses von Berlin (12. Wahlperiode), Wortprotokoll 31. Mai 1995, S. 226

54 ebd, S. 231

55 Munzinger-Archiv/Internat. Biograph. Archiv 40/96 »Heinz Ruhnau«

56 4. Untersuchungsausschuß des Abgeordnetenhauses von Berlin (12. Wahlperiode), Wortprotokoll 22. März 1995, S. 42

57 ebd.

58 ebd. und »Übersicht (Verträge) des Untersuchungsausschußbüros«

59 Bericht des 4. Untersuchungsausschusses des Abgeordnetenhauses von Berlin (12. Wahlperiode), S. 96

60 ebd., S. 97

61 Landesrechnungshof Berlin »Prüfungsmitteilung über die Betätigung Berlins bei der Berlin Brandenburg Flughafen Holding GmbH (BBF)«, S. 17

62 »Niederschrift über die 1. (konstituierende) Sitzung des Aufsichtsrats der Berlin Brandenburg Flughafen Holding GmbH am 30. März 1992«, S. 14–15

63 »Niederschrift über die 1. (konstituierende) Sitzung des Aufsichtsrats der Berlin Brandenburg Flughafen Holding GmbH am 30. März 1992«, S. 22

64 Vertragsentwurf »Über den treuhänderischen Erwerb und die Verwaltung von Grundstücken« zwischen BBF und LEG vom 20. März 1992 und »Bürgschaftserklärung«

65 »Niederschrift über die 1. (konstituierende) Sitzung des Aufsichtsrats der Berlin Brandenburg Flughafen Holding GmbH am 30. März 1992«, S. 22

66 »Bürgschaftserklärung« Berlin Brandenburg Flughafen Holding GmbH, 20. März
    1992

67 Landesrechnungshof Berlin »Prüfungsmitteilung über die Betätigung Berlins bei der
    Berlin Brandenburg Flughafen Holding (GmbH (BBF)«, S. 17

68 Anlage der Berlin Brandenburg Flughafen Holding GmbH »Grunderwerb für Ausbau
    Flughafen Berlin-Schönefeld«, S. 2

69 Landesrechnungshof Berlin »Prüfungsmitteilung über die Betätigung Berlins bei der
    Berlin Brandenburg Flughafen Holding GmbH (BBF)«, S. 18

70 ebd.

71 ebd.

72 ebd., S. 6

73 4. Untersuchungsausschuß des Abgeordnetenhauses von Berlin (12. Wahlperiode),
    Wortprotokoll 14. Juni 1995, S. 2

74 Landesrechnungshof Berlin »Prüfungsmitteilung über die Betätigung Berlins bei der
    Berlin Brandenburg Flughafen Holding GmbH (BBF)«, S. 5

75 »Niederschrift über die 2. Sitzung des Aufsichtsrats der Berlin Brandenburg Flughafen
    Holding GmbH am 1. Juni 1992«, S. 17

76 »Niederschrift über die 3. Sitzung des Aufsichtsrats der Berlin Brandenburg Flughafen
    Holding GmbH am 4. September 1992«, S. 1

77 Bericht des 4. Untersuchungsausschusses des Abgeordnetenhauses von Berlin
    (12. Wahlperiode), S. 87

78 Landesrechnungshof Berlin »Prüfungsmitteilung über die Betätigung Berlins bei der
    Berlin Brandenburg Flughafen Holding GmbH (BBF)«, S. 4

79 4. Untersuchungsausschuß des Abgeordnetenhauses von Berlin (12. Wahlperiode),
    Wortprotokoll 30. August 1995, S. 126

80 4. Untersuchungsausschuß des Abgeordnetenhauses von Berlin (12. Wahlperiode),
    Wortprotokoll 31. Mai 1995, S. 227–228

81 ebd., S. 22

82 ebd., Wortprotokoll 17. Mai 1995, S. 22

83 ebd., Wortprotokoll 14. Juni 1995, S. 142–145

84 ebd., Wortprotokoll 30. August 1995, S. 4

85 Bericht des 4. Untersuchungsausschusses des Abgeordnetenhauses von Berlin
    (12. Wahlperiode), S. 81–82

86 4. Untersuchungsausschuß des Abgeordnetenhauses von Berlin (12. Wahlperiode),
    Wortprotokoll 14. Juni 1995, S. 107

87 Berlin Brandenburg Flughafen Holding GmbH »Baufeld Ost – Geltendmachung von
    Schadensersatzforderungen im Zusammenhang mit Grundstückskäufen im ›Baufeld
    Ost‹«, 25. März 1996, S. 2

88   *Berliner Zeitung* 29. Oktober 1996, »508 Millionen Verlust durch Grundstücksdeal«

89   ebd., »Holding-Chef: Flughafen-Planung auf Pump«

90   Berlin Brandenburg Flughafen Holding GmbH »Baufeld Ost – Geltendmachung von Schadensersatzforderungen im Zusammenhang mit Grundstückskäufen im ›Baufeld Ost‹«, 25. März 1996, S. 9

91   Gemeinsame Empfehlung des Bundesministers für Verkehr, Matthias Wissmann, des Regierenden Bürgermeisters von Berlin, Eberhard Diepgen, und des Ministerpräsidenten des Landes Brandenburg, Manfred Stolpe, zum Flughafenkonzept Berlin/Brandenburg vom 28. Mai 1996

92   ebd., S. 5

93   *Märkische-Oderzeitung* 26. September 1996, »Flughafen-Holding segelt weiter im Minus«, und *Berliner Zeitung* 28./29. September 1996, »BBF kaschiert Finanzrisiken von mehr als 50 Millionen Mark«

94   *Frankfurter Rundschau* 3. Juli 1996, »Ein Flugplatz in der Warteschleife«

95   ebd.

96   *Der Tagesspiegel* 5. Dezember 1996, »Großflughafen könnte Fiskus Milliarden kosten«

97   *Berliner Zeitung* 29. Oktober 1996, »Holding-Chef: Flughafen-Planung auf Pump«

98   *Neues Deutschland* 10. September 1996, »Großflughafen soll 2007 funktionieren«

99   Berlin Brandenburg Flughafen Holding GmbH »Verkehrsbericht« 06/96, und *Der Tagesspiegel* 31. Oktober 1996, »Abwärtstrend im Flugverkehr gebremst«

100 Niederschrift über die 23. Sitzung des Aufsichtsrats der Berlin Brandenburg Flughafen Holding GmbH am 13. September 1996, S. 6

101 *Potsdamer Neueste Nachrichten* 19. Juli 1996, »Großflughafen soll schon im Jahr 2000 entstehen«

102 *Der Tagesspiegel* 9. September 1996, »Schönefeld soll 2007 ›voll funktionsfähig‹ sein«

103 Landesrechnungshof Berlin »Prüfungsmitteilung über die Betätigung Berlins bei der Berlin Brandenburg Flughafen Holding GmbH (BBF)«, S. 25

104 Gemeinsame Empfehlung des Bundesministers für Verkehr, Matthias Wissmann, des Regierenden Bürgermeisters von Berlin, Eberhard Diepgen, und des Ministerpräsidenten des Landes Brandenburg, Manfred Stolpe, zum Flughafenkonzept Berlin/Brandenburg vom 28. Mai 1996, S. 3

105 *Berliner Zeitung* 20. September 1996, »Flughafen-Planung: Wissmann stellt Beschlüsse in Frage«

106 Niederschrift über die 23. Sitzung des Aufsichtsrats der Berlin Brandenburg Flughafen Holding GmbH am 13. September 1996, S. 5

107 *Berliner Morgenpost* 16. Dezember 1996, »Flughafen Tegel: 18. Mio. Mark für die

Modernisierung, und *Berliner Zeitung* 17. Dezember 1996, »Flughafen Tegel wird vorerst nur renoviert«

108 *Berliner Zeitung* 11. Oktober 1996, »Freie Fahrt für Grundstücks-Spekulanten«

109 *Berliner Morgenpost* 11. Juli 1996, »Großflughafen: Vier Chefs geschaßt, fünf Jahre vergeudet«

Nachwort

1 Erwin K. und Ute Scheuch, *Cliquen, Klüngel und Karrieren,* rororo 1993

2 *Berliner Zeitung* 24. Oktober 1996, »Polizei kann Kriminelle in Nadelstreifen nicht stoppen«

3 ebd.

4 Michael Sontheimer und Jochen Vorfelder, *Antes & Co.,* Rotbuch Verlag 1986, S. 9–10

5 *Handelsblatt* 6. Juni 1996, »Berlin setzt auf Abschreckung«

6 Antwort vom Norbert Meisner auf die Kleine Anfrage Nr. 6126 vom 2. November 1994 von Judith Demba

7 Rechnungshof von Berlin »Bericht über die Prüfung der Vergabe von Zuwendungen durch die Senatskanzlei an die Olympia Berlin 2000 Gesellschaft zur Vorbereitung der Olympischen Spiele mbH in den Haushaltsjahren 1991 bis 1993 sowie die Prüfung der Betätigung Berlin bei diesem Unternehmen«, 22. August 1996, S. 122–123

Register

ABB (Asea Brown Boveri AG) 128, 131
Abgeordnetenhaus-Wahl von 1990 7
1899 e. V. Blau-Weiß 64
AEG 135, 227
AG City 32 f., 35
Alba 194
Albrecht GmbH Bau- und Projektentwicklung 85 f.
Albrecht, Manfred 83 f., 86, 88, 90, 92 ff., 97 ff.
Alternative Liste 23 f., 47, 148
Angermann Internationale Vermietungs Consultants GmbH 49 f.
Antenne Bayern 180
Antes, Wolfgang 17 ff., 22, 33
Antes-Affäre 9, 13 f., 16, 19, 22, 28, 47, 50, 145 f., 154, 232
Antikorruptions-Arbeitsgruppe 250
AOK Berlin 98
APCOA 34
ARD 128, 132, 171 f., 175 f., 179
ARD-Sport-Gala 177
ARENA Berlin 221
Arminia Bielefeld 201, 204
ASK Vorwärts 78 f.
»Astrid« 114, 117 f.
Aubis-Gruppe 34
»Augustinus« 114
Autobahnraststätten-Affäre 27
Avus 60
Axel Springer AG 128, 132, 153, 162, 171 f., 194

Baller, Hinrich 193, 196
Banghard, Axel 211 f., 214 ff., 221
Banghard, Egon 216
Bankgesellschaft Berlin 23 f., 43, 63, 69, 72 ff., 75, 132, 136, 166
Bannert, Hans-Ulrich 34 f.
Bastian, Heiner 154
Bau Union 83
Bayer, Wolfgang 12
Beck, Diana 12
Becker, Achim 12
Behnisch, Carsten 197 f., 200
Behr, Sophie 156
Benda, Ernst 155

Benner, Hauke 12
Bergmann, Christine 46, 164
Berlin 2000 Marketing GmbH (*siehe auch* Partner für Berlin Gesellschaft für Hauptstadt-Marketing mbH) 104 ff., 118, 125, 127, 130, 136, 172 f., 175, 180 ff., 209
Berlin Brandenburg Flughafen Holding GmbH (BBF) 231, 233, 235, 237 ff., 241 ff.
Berlin Capitals 220
Berlin Tourismus Marketing GmbH (BTM) 129
Berlin, Förderprogramm für Vereinsinvestitionen des Landes (20-20-60-Programm) 62, 64
Berlin-Golf-Club 75
Berliner Abendschau 232
Berliner Bank AG 31, 42, 63, 74
Berliner Commerzbank 43
Berliner Hyp 24, 104, 129, 210
Berliner Hypotheken- und Pfandbriefbank AG 23 f., 31, 46, 63, 74
Berliner Kraft- und Licht-Aktiengesellschaft (BEWAG) 132, 217
Berliner Kurier 188
Berliner Landesbank 63
Berliner Morgenpost 183 f., 188, 208
Berliner Olympia GmbH 61
Berliner Pfandbriefbank 44, 151
Berliner Revisions-AG 23
Berliner Rundfunk 165
Berliner Stadt-Reinigung 118
Berliner Verkehrsbetriebe (BVB) 118
Berliner Wasserwerke 132
Berliner Zeitung 138, 180 ff., 188, 190, 207
Bertelsmann AG 106, 128, 132 ff., 171 f., 175, 180, 207, 209
BFC Dynamo Berlin 78 ff.
Bild 27, 51, 157, 185, 188, 193, 211 f.
Bild am Sonntag 207
Bildungswerk für Demokratie und Umweltschutz e. V. 41
BIV-Langer 197 f., 200
Blankenburg, Christa-Maria 42
Blau-Weiß 90 Berlin 54
blub (Freizeitbad) 47
BMF 70
Boddien, Wilhelm von 125 ff., 129 f., 133 ff., 137 ff., 141 f.